maria stuart

stefan zweig

tradução ◆ lya luft

maria stuart

7ª edição

JO JOSÉ OLYMPIO

Rio de Janeiro, 2025

CIP-BRASIL. CATALOGAÇÃO NA PUBLICAÇÃO
SINDICATO NACIONAL DOS EDITORES DE LIVROS, RJ

Z96m
7ª ed.
Zweig, Stefan, 1881-1942
Maria Stuart / Stefan Zweig; tradução de Lya Luft. – 7ª ed. –
Rio de Janeiro: José Olympio, 2025.

Tradução de: Maria Stuart: Biographie einer Königin
ISBN 978-85-03-01348-2

1. Maria, Rainha dos escoceses, 1542-1587. 2. Escócia – Reis e
governantes – Biografia. I. Luft, Lya. II. Título.

CDD: 923.1
CDU: 929:320

17-46604

Título original em alemão:
MARIA STUART: BIOGRAPHIE EINER KÖNIGIN

Copyright da tradução © Lya Luft, 2018
Copyright da edição © Editora José Olympio, 2018

Texto revisado segundo o novo Acordo Ortográfico da Língua Portuguesa.

Todos os direitos reservados. Proibida a reprodução, armazenamento ou transmissão
de partes deste livro, através de quaisquer meios, sem prévia autorização por escrito.

Direitos exclusivos de publicação em língua portuguesa para o Brasil
adquiridos pela
EDITORA JOSÉ OLYMPIO LTDA.
Rua Argentina, 171 – 3º andar – São Cristóvão – 20921-380 – Rio de Janeiro, RJ
Tel.: (21) 2585-2000

Seja um leitor preferencial Record.
Cadastre-se em www.record.com.br e receba informações
sobre nossos lançamentos e nossas promoções.

Atendimento e venda direta ao leitor:
sac@record.com.br

ISBN 978-85-03-01348-2

Impresso no Brasil:
2025

Sumário

	Personagens do drama	7
	Introdução	11
1	Rainha no berço (1542–1548)	15
2	Juventude na França (1548–1559)	25
3	Rainha, viúva e mesmo assim rainha (julho de 1560 a agosto de 1561)	36
4	Regresso à Escócia (agosto de 1561)	51
5	A pedra começa a rolar (1561–1563)	65
6	O grande mercado político de casamentos (1563–1565)	77
7	O segundo casamento (1565)	95
8	A noite sinistra de Holyrood (9 de março de 1566)	109
9	Os traidores traídos (março a junho de 1566)	125
10	Trama terrível (julho a Natal de 1566)	139
11	Tragédia de uma paixão (1566–1567)	154
12	Caminho para o assassinato (22 de janeiro a 9 de fevereiro de 1567)	178
13	*Quos deus perdere vult...* (fevereiro a abril de 1567)	193
14	O caminho sem saída (abril a junho de 1567)	210
15	O destronamento (verão de 1567)	232
16	Despedida da liberdade (verão de 1567 a verão de 1568)	245
17	Tece-se uma rede (16 de maio a 28 de junho de 1568)	258
18	Fecha-se a rede (julho de 1568 a janeiro de 1569)	268
19	Os anos decorridos na sombra (1569–1584)	279
20	Última tentativa (1584–1585)	291
21	Assunto encerrado (setembro de 1585 a agosto de 1586)	302
22	Elizabeth contra Elizabeth (agosto de 1586 a fevereiro de 1587)	323
23	Em meu fim está meu começo (8 de fevereiro de 1587)	343
	Epílogo (1587–1603)	355

Personagens do drama

Primeiro cenário: Escócia (1542–1548)
Segundo cenário: França (1548–1561)
Terceiro cenário: Escócia (1561–1568)
Quarto cenário: Inglaterra (1568–1587)

ESCÓCIA

Jaime V (1512–1542), pai de Maria Stuart.

Maria de Guise-Lorena (1515–1560), sua mulher, mãe de Maria Stuart.

Maria Stuart (1542–1587).

Jaime Stuart, conde de Moray (1533–1570), filho ilegítimo de Jaime V com Margarida Douglas, filha do conde de Erskine, meio-irmão de Maria Stuart, regente da Escócia antes e depois do governo de Maria Stuart.

Henrique Darnley Stuart (1546–1567), bisneto de Henrique VII pela sua mãe Lady Lennox, sobrinha de Henrique VIII. Segundo marido de Maria Stuart e, como tal, elevado a corregente da Escócia.

Jaime VI (1566–1625), filho de Maria Stuart e Henrique Darnley. Depois da morte de Maria Stuart (1587), legítimo rei da Escócia; depois da morte de Elizabeth (1603), rei da Inglaterra, como Jaime I.

Jaime Hepburn, conde de Bothwell (1536–1578), mais tarde duque de Orkney e terceiro marido de Maria Stuart.

Guilherme Maitland de Lethington, chanceler de Maria Stuart.

Jaime Melville, diplomata e homem de confiança de Maria Stuart.

Jaime Douglas, conde de Morton, regente da Escócia depois do assassinato de Moray, executado em 1581.

Mateus Stuart, conde de Lennox, pai de Henrique Darnley, principal acusador de Maria Stuart depois do assassinato do filho.

Argyll, Arran, Morton, Douglas, Erskine, Gordon, Harries, Huntly, Kirkcaldy de Grange, Lindsay, Mar, Ruthven: os lordes, ora seguidores, ora opositores de Maria Stuart, incessantemente ligados entre si ou uns contra os outros, cujo fim, quase sem exceção, foi violento.

Maria Beaton, Maria Fleming, Maria Livingstone e Maria Seton: as quatro Marias, companheiras de juventude de Maria Stuart.

John Knox (1505–1572), pregador da "Kirk" (Igreja da Escócia), principal adversário de Maria Stuart.

Pierre de Chastelard, poeta francês na corte de Maria Stuart, executado em 1563.

David Rizzio, músico e secretário na corte de Maria Stuart, assassinado em 1566.

Jorge Buchanan, humanista e professor de Jaime VI, autor dos mais odiosos panfletos contra Maria Stuart.

FRANÇA

Henrique II (1518–1599), rei da França, a partir de 1547.

Catarina de Médici (1519–1589), sua esposa.

Francisco II (1544–1560), filho mais velho deles, primeiro marido de Maria Stuart.

Carlos IX (1550–1574), irmão mais moço de Francisco II; depois da morte dele, rei da França.

Henrique de Guise, Francisco de Guise, Cláudio de Guise e o cardeal de Lorena: os quatro Guise, tios de Maria Stuart.

Ronsard, Du Bellay e Brantôme: os escritores, autores de obras em honra de Maria Stuart.

INGLATERRA

Henrique VII (1457–1509), desde 1485 rei da Inglaterra. Avô e bisavô de Maria Stuart e Darnley.

Henrique VIII (1491–1547), seu filho, rei a partir de 1509.

Ana Bolena (1507–1536), segunda mulher de Henrique VIII, declarada adúltera e executada.

Maria I (1516–1558), filha de Henrique VIII do casamento com Catarina de Aragão; depois da morte de Eduardo VI (1553), rainha da Inglaterra.

Elizabeth (1533–1603), filha de Henrique VIII e Ana Bolena, durante a vida do pai foi declarada bastarda, mas, depois da morte de sua meia-irmã Maria (1558), rainha da Inglaterra.

Eduardo VI (1537–1553), filho de Henrique VIII, em criança foi noivo de Maria Stuart, rei a partir de 1547.

Jaime I, filho de Maria Stuart, sucessor de Elizabeth.

Guilherme Cecil, lorde Burleigh (1520–1598), todo-poderoso e fiel chanceler de Elizabeth.

Sir Francisco Walsingham, secretário de Estado e chefe da polícia.

Guilherme Davison, segundo secretário.

Roberto Dudley, conde de Leicester (1532–1558), amante e homem de confiança de Elizabeth, que sugeriu como marido de Maria Stuart.

Thomas Howard, duque de Norfolk, primeiro nobre do reino, que desejava a mão de Maria Stuart.

Jorge Talbot, conde de Shrewsbury, a quem por quinze anos Elizabeth confiou a vigilância sobre Maria Stuart.

Amyas Paulet, último carcereiro de Maria Stuart.

O carrasco de Londres.

Introdução

O que é claro e evidente se explica por si próprio, mas o mistério age de maneira criativa. Por isso, as figuras e os acontecimentos da História que são rodeados por um véu de incerteza sempre exigem interpretação e literatura. Podemos tomar a tragédia da vida de Maria Stuart como exemplo clássico desse inesgotável encanto do mistério de um problema histórico. Poucas mulheres nos acontecimentos mundiais provocaram uma eclosão tão abundante de dramas, de romances, de biografias e de discussões. Por mais de três séculos, ela seduziu escritores e ocupou eruditos, e ainda hoje sua personalidade se impõe, fortemente, à nossa análise. Pois tudo o que está difuso anseia por clareza, e tudo o que está escuro deseja a luz.

Mas o mistério da vida de Maria Stuart tem sido escrito e interpretado de forma tão frequente quanto contraditória: talvez não haja uma mulher descrita de forma tão paradoxal quanto ela, ora como assassina, ora como mártir, ora como intrigante insensata, ora como uma santa celestial. Mas essa variedade de sua imagem singularmente não se deve à falta de material e sim à sua perturbadora superabundância. São muitos milhares de documentos preservados, atas, protocolos, cartas e relatórios: há três séculos, de ano em ano, se renova com novo zelo o processo em torno de sua culpa ou inocência. Quanto mais minuciosamente examinamos os documentos, porém, tanto mais dolorosamente nos damos conta da precariedade de todo o testemunho histórico (e da descrição dos fatos). Pois mesmo se confirmado como legítimo, antigo e arquivado, em manuscrito, nem por isso um documento é necessariamente confiável e humanamente verdadeiro. Dificilmente se pode constatar tão bem, como no caso de Maria Stuart, com que enormes distorções testemunhos contemporâneos podem relatar na mesma hora o mesmo fato. Contra cada "sim" documentado existe um "não" igualmente documentado, contra cada acusação uma absolvição. O falso é tão perturbadoramente misturado ao legítimo, o inventado ao efetivo, que na verdade se pode acrescentar de maneira absolutamente crível qualquer tipo de concepção: quem quiser provar que ela foi culpada do assassinato de seu marido pode trazer dúzias de testemunhas oculares, e da mesma forma quem quiser dizer que ela era alheia a tudo aquilo pode fazer o mesmo; para cada desenho de seu caráter as cores são mescladas antecipadamente. Se nessa confusão dos relatos existentes ainda se misturar a parcialidade da política ou da política nacionalista, a distorção da imagem fica ainda mais violenta. Além disso, sempre que há uma disputa entre ser ou não ser de duas pessoas, duas ideias, duas visões de mundo, é difícil escapar da tentação de tomar partido, dar razão a um e não a outro, dizer que um é culpado e o outro inocente. Mas quando, como neste caso, os narradores pertencem ao partido, a uma das duas partes em litígio, ou a religiões ou cosmovisões, a sua parcialidade está determinada quase à força; de modo geral, os autores protestantes sempre atribuíram toda a culpa a Maria Stuart, e os católicos a Elizabeth. Nas narrativas inglesas, ela quase sempre aparece como assassina; entre os escoceses, como vítima imaculada de uma difamação reles. As cartas, mais disputado objeto de discussões, são confirmadas sob juramento por alguns com a mesma firmeza com que outros juram que tudo é falsificação. Até no menor acontecimento mescla-se a coloração partidária. Talvez por isso o não inglês e o não escocês, a quem falta aquela postura e ligação de sangue, tenha uma possibilidade mais pura e desprevenida para a objetividade; talvez consiga mais facilmente aproximar-se dessa tragédia apenas com o interesse ao mesmo tempo apaixonado e imparcial do artista.

No entanto, ele também seria audacioso se quisesse conhecer a verdade sobre a vida de Maria Stuart. O que pode fazer é apenas tentar um máximo de probabilidade, e aquilo que na melhor das hipóteses sente como objetividade ainda será subjetivo. Pois, como as fontes não são puras, ele terá de ter clareza sobre coisas obscuras. Como os relatos de uma mesma época são contraditórios, a cada detalhe nesse processo ele terá de escolher entre testemunhos que acusam ou que inocentam. E, por maior que seja a cautela com que ele faz essa escolha, às vezes, o mais honesto será colocar um ponto de interrogação em sua opinião, e admitir que em um ou outro fato da vida de Maria Stuart a verdade permanece obscura, e possivelmente ficará para sempre assim.

Na tentativa presente, por isso, mantive rigorosamente o princípio de não avaliar nenhum daqueles testemunhos extraídos sob tortura ou por efeito de medo ou força — confissão obtida assim jamais pode ser inteiramente aceita por quem de fato busca a verdade. Da mesma forma, os relatos de espiões e embaixadores (naquela época eram quase a mesma coisa) foram usados com extrema cautela, e cada texto escrito é um objeto de antecipada dúvida. Ainda que aqui se defenda a ideia de que os sonetos e grande parte das cartas devem ser considerados legítimos, isso ocorre sob rigoroso exame e apresentando os motivos pessoais para essa convicção. Por toda parte, onde nos documentos se encontram afirmações opostas, umas e outras foram cuidadosamente examinadas quanto à origem e à motivação política, e quando a escolha entre um e outro era inevitável, foi critério último para sua aceitação até que ponto o fato se poderia psicologicamente pôr de acordo com o caráter total.

Pois, em si, o caráter de Maria Stuart nem é tão misterioso: só é heterogêneo em seu desenvolvimento externo, mas, internamente, desde o começo até o fim, foi unívoco e claro. Maria Stuart é um daqueles tipos muito raros e excitantes de mulher cuja verdadeira capacidade de vivenciar se condensa em um prazo muito breve, que desabrocha breve mas intensamente, que não se gasta em uma vida inteira mas só no espaço estreito e ardente de uma única paixão. Até seus 23 anos, suas emoções respiram tranquilas e superficiais, e, da mesma forma, a partir dos 25 nem uma única vez ascendem intensamente, mas no intervalo, em dois breves anos, há uma irrupção de grandiosidade elementar, violenta como um furacão, e de um destino mediano ergue-se de repente uma tragédia antiga, grande e poderosa como *A Oresteia*. Só nesses dois anos Maria Stuart é realmente uma figura trágica, só sob essa pressão ela se ergue acima de si própria, destruindo sua vida com essa desmedida, e ao mesmo tempo preservando-a para a eternidade. E só graças a essa única paixão, que a destruiu enquanto ser humano, o seu nome ainda hoje sobrevive na literatura e na interpretação.

Com essa vivência interna condensada em um momento tão explosivo, qualquer descrição de Maria Stuart na verdade está prescrita desde o início em sua forma e ritmo; quem a quiser reconstituir precisa esforçar-se apenas em fazer aparecer essa curva de vida que sobe tão verticalmente e subitamente recai sobre si mesma, em toda a sua surpreendente singularidade. Por isso, não sinto como contradição que dentro deste livro os amplos períodos de tempo de seus primeiros 23 anos e os quase vinte de sua prisão não ocupem juntos mais espaço do que os dois anos de sua apaixonada tragédia. Pois só aparentemente na esfera de um destino vivido o tempo exterior e interior é o mesmo; na verdade, só a plenitude preenche com vivência a medida de uma alma — de resto, ela registra como um calendário frio o transcurso das horas. Inebriada de emoção, frouxa de felicidade e fecundada pelo destino, ela pode viver uma plenitude ilimitada em breve lapso de tempo e, livre dessa paixão, voltar a viver intermináveis anos de vazio, como sombra que desliza, como um nada embotado. Por isso na história de uma vida só contam os momentos intensos e decisivos, por isso só neles e a partir deles ela é narrada com precisão. Só quando um ser humano põe em jogo todas as suas forças ele é realmente vivo para si e para os outros; apenas quando a sua alma arde e queima ele assume forma exterior.

1
Rainha no berço
(1542–1548)

Maria Stuart tinha seis dias de vida quando se tornou rainha da Escócia: já nesse começo cumpre-se sua regra de vida, de receber tudo de presente do destino, cedo demais e sem alegria consciente. No sombrio dia de dezembro de 1542, em que nasce no castelo de Linlithgow, no castelo vizinho, em Falkland, seu pai, Jaime V, está à beira da morte, com apenas 31 anos, já alquebrado pela vida, cansado da coroa, cansado da luta. Fora um homem cavalheiro e valente, apaixonado pelas mulheres e amigo do povo. Muitas vezes comparecera disfarçado às festas das aldeias, dançando e brincando com os camponeses, e muitas canções e baladas escocesas que ele escreveu permaneceram por muito tempo na memória de sua pátria. Mas essa herança infeliz de uma linhagem infeliz estava destinada desde o começo a um tempo selvagem e um país rebelde. Um vizinho voluntarioso e inescrupuloso, Henrique VIII, pressiona-o para introduzir a Reforma, mas Jaime V permanece fiel à Igreja, e imediatamente os nobres escoceses, sempre inclinados a criar dificuldades para seus governantes, aproveitam-se dessa divisão e levam aquele homem pacífico e alegre a meter-se contra a sua vontade em constantes inquietações e guerras. Já quatro anos antes, cortejando Maria de Guise como esposa, Jaime V descrevera claramente o destino funesto de ser rei contra esse clã obstinado e rapinante. "Madame", escrevera naquela carta chocantemente sincera com que lhe pedia a mão, "tenho apenas 27 anos, e a vida já me pesa tanto quanto a minha coroa... Órfão desde a infância, fui prisioneiro de nobres ambiciosos; a poderosa casa dos Douglas me manteve por longo tempo sob seu jugo, e odeio esse nome e qualquer coisa que me lembre dele. Arquibaldo, conde de Angus, Jorge seu irmão, e todos os seus parentes banidos estão incessantemente lançando contra nós o rei da Inglaterra, e em meu país não vive mais nenhum nobre a quem ele não tenha seduzido com suas promessas ou subornado com seu dinheiro. Não há segurança para a minha pessoa, nem garantia para a minha vontade nem para as leis justas. Tudo isso me assusta, Madame, e espero da senhora força e conselho. Sem dinheiro, limitado unicamente ao apoio que recebo da França, ou graças às insignificantes contribuições dos meus sacerdotes ricos, tento ornamentar meus castelos, manter minhas fortalezas e construir navios. Mas meus barões encaram um rei que deseja ser de verdade rei como um rival intolerável. Apesar da amizade do rei da França e do apoio de suas tropas, e apesar do amor de meu povo, receio não obter a vitória decisiva sobre os meus barões. Eu superaria todos os obstáculos para liberar o caminho da justiça e da paz para esta nação, e talvez conseguisse isso no meu tempo, se os nobres de meu país estivessem sozinhos. Mas o rei da Inglaterra semeia constantemente a discórdia entre eles e mim, e as heresias que plantou em meu país devoram até os círculos da Igreja e do povo, destruindo tudo. Porém, desde sempre a minha força e a de meus antepassados repousou unicamente nos cidadãos das cidades e na Igreja, e devo perguntar-me: Ainda teremos essa força por muito tempo?"

Toda a desgraça que o rei previu nessa carta de Cassandra se realizou, e coisas ainda mais pesadas recaem sobre ele. Os dois filhos que Maria de Guise lhe deu morrem no berço, e assim, nos seus melhores anos viris, Jaime V ainda não tem herdeiro para a sua coroa que a cada ano lhe comprime mais dolorosamente a fronte. Por fim, contra a sua vontade, seus barões escoceses o impelem para a guerra com a Inglaterra, muito mais poderosa que ele, e traiçoeiramente o abandonam na hora decisiva. Em Solway Moss, a Escócia não perde apenas uma batalha, mas também sua honra: abandonada por seus líderes sem ter realmente lutado, as tropas escocesas fogem em desordem. Quanto ao soldado de cavalaria que tinha sido o rei, havia muito tempo, nessa hora trágica, a febre o mantém acamado no seu castelo em Falkland, e ele não luta mais contra o inimigo estrangeiro, mas contra a morte.

Ali, naquele sombrio dia de inverno de 9 de dezembro de 1542, com nevoeiro obscurecendo a janela, um mensageiro bate à porta. Anuncia ao moribundo exausto que lhe nascera uma filha, uma herdeira. Mas a alma exaurida de Jaime V não tem mais forças para sentir alegria ou esperança. Por que não é um filho, um herdeiro? O ungido pela morte só consegue ver desgraça, tragédia e derrocada por toda parte. E responde resignado:

— A coroa nos veio de uma mulher, e com uma mulher há de desaparecer.

Essa profecia sombria é ao mesmo tempo a sua última palavra. Ele apenas suspira, vira-se para a parede, deitado na cama, e não responde mais a nenhuma pergunta. Poucos dias depois foi enterrado, e Maria Stuart, ainda antes de abrir direito os olhos para a vida, torna-se herdeira do seu reino.

Mas é uma herança sombria, ser uma Stuart e rainha da Escócia, pois nenhum Stuart até então foi feliz nesse trono ou nele durou muito tempo. Dois dos reis, Jaime I e Jaime III, foram assassinados; dois outros, Jaime II e Jaime IV, tombaram no campo de batalha; e dois de seus sucessores, aquela criança inocente e seu neto de sangue, Carlos I, tiveram destino ainda mais cruel: a forca. Nenhum dessa linhagem fatídica conseguiu atingir as alturas da vida, para nenhum brilharam a felicidade e a estrela da sorte. Os Stuart sempre tiveram de lutar contra inimigos de fora, inimigos no país, e contra si próprios; ao seu redor sempre reinou a inquietação, e havia inquietação em seu interior. Seu país não tinha paz, como eles próprios não a tinham, e os mais infiéis são exatamente aqueles que deveriam ser os mais fiéis — os lordes e os barões, essa raça de cavalheiros ávida e forte, selvagem e indomável, ambiciosa e guerreira, obstinada e inflexível: "ung pays barbare et une gent brutelle", um país bárbaro e um povo bruto, queixa-se, magoado, Ronsard, o poeta perdido naquele país nevoento. Eles próprios pequenos reis em suas propriedades rurais e seus castelos, imperiosamente arrastando consigo seus camponeses e pastores como rebanho de gado para o matadouro em suas eternas pequenas batalhas e saques, esses senhores todo-poderosos de seus clãs não conhecem outra alegria senão a guerra, a briga é o seu prazer, a inveja o seu acicate, o desejo de poder é o lema de sua vida. "Dinheiro e vantagens", escreve o embaixador francês, "são as únicas sereias que os lordes escoceses escutam. Querer pregar-lhes dever para com seus príncipes, honra, justiça, virtude e ações nobres, seria provocar-lhes riso." Semelhantes aos *condottieri* da Itália em seu desejo amoral de brigar e de saquear, apenas mais incultos e mais desinibidos em seus instintos, eles brigam incessantemente pela primazia, os velhos clãs poderosos dos Gordon, dos Hamilton, dos Arran, dos Maitland, dos Crawford, dos Lindsay, Lennox e Argyll. Ora brigam anos a fio uns contra os outros em feudos, ora em alianças solenes unem-se contra um terceiro, numa efêmera lealdade, sempre formando bandos e quadrilhas, mas interiormente ninguém é fiel a ninguém, e, embora aliados, todos a todos por laços de sangue e linhagem, permanecem implacavelmente invejosos e inimigos uns dos outros. Algo de bárbaro e pagão sobrevive em suas almas selvagens, não importa se se dizem protestantes ou católicos, na verdade são netos de Macbeth e Macduff, todos eles, os sangrentos *thanes* como os viu Shakespeare de maneira grandiosa.

Só em uma ocasião esse bando indomável e invejoso concorda imediatamente: sempre que se trata de resistir ao próprio senhor comum, ao seu rei, porque para todos eles a obediência é igualmente intolerável e a lealdade, desconhecida. Se esse "bando de moleques", como os designou Burns, o legítimo escocês, ainda tolera o espectro de um rei sobre seus castelos e propriedades, é unicamente por inveja de um clã em relação a outro. Os Gordon só deixam a coroa com os Stuart para que não caia nas mãos dos Hamilton, e os Hamilton por inveja dos Gordon. Mas ai de um rei da Escócia que realmente ousar ser governante e impuser disciplina e ordem no país, se, na audácia da juventude, pensarem enfrentar a arrogância e cobiça dos lordes! Então, imediatamente o bando hostil se unirá para deixar o soberano impotente, e, se não o conseguem com a espada, o punhal assassino fará confiavelmente essa tarefa.

É um país trágico, rodeado de paixões fatais, escuras e românticas como uma balada, esse reino insular pequeno e rodeado de mar, no extremo norte da Europa. Além disso, um país pobre, pois aqui toda a força é destruída pela guerra incessante. As poucas cidades, que na verdade são apenas casinholas pobres agachadas em torno de uma fortaleza para se protegerem, sempre saqueadas e queimadas, nunca atingem riqueza ou sequer oferecem bem-estar aos cidadãos. Mas as fortalezas da nobreza, ainda hoje erguendo-se sombrias e imponentes em suas ruínas, não são verdadeiros castelos com pompa e magnificência; foram dedicadas à guerra, como fortalezas inconquistáveis, desprovidas da doce arte da hospitalidade. Entre essas poucas grandes linhagens e seus membros falta inteiramente a força que nutre e preserva um Estado, que é a criativa classe média. O único território densamente povoado entre Tweed e Firth está perto demais da fronteira inglesa e é constantemente devastado por ataques, ficando desabitado. Mas ao norte é possível andar horas a fio junto a lagos abandonados, prados desertos ou escuras florestas nórdicas, sem conhecer uma aldeia, fortaleza ou cidade sequer. Não se vê povoado junto de povoado como nos superlotados países europeus, não há estradas amplas que transportem gente e comércio para o interior, nem há navios partindo de estaleiros, como na Holanda, Espanha e Inglaterra, para trazer de oceanos distantes o ouro e as especiarias; aqui se vive parcimoniosamente da criação de ovelhas, da pesca e da caça, como nos tempos dos patriarcas: em lei e costumes, em riqueza e cultura, a Escócia daqueles tempos está atrasada em pelo menos cem anos em relação a outros países. Enquanto em todas as cidades costeiras os bancos e as bolsas de valores começam a florescer com a chegada dos tempos modernos, ali, como nos tempos bíblicos, toda a riqueza se mede em terras e ovelhas. Jaime V, pai de Maria Stuart, possui 10 mil, esta é toda a sua fortuna. Não tem nenhum tesouro da coroa, não tem exército, nem guarda pessoal para assegurar seu poder, pois não poderia pagar por eles, e o Parlamento no qual os lordes decidem jamais concederá verdadeiros meios de poder ao seu rei. Tudo o que esse rei possui, além da mera subsistência, lhe é emprestado ou presenteado por seus aliados ricos, a França e o Papa, cada tapete, cada lustre em seus aposentos e castelos foi comprado com humilhação.

Essa eterna pobreza é uma ferida purulenta que suga a força política do corpo da Escócia, terra nobre e bela. Pois pela carência e cobiça de seus reis, seus soldados e seus lordes, ela é permanentemente uma bola sangrenta nas mãos de potências estrangeiras. Aquele que luta contra o rei em favor do protestantismo, recebe seu soldo de Londres; quem luta pelo catolicismo e os Stuart, recebe-o de Paris, Madri e Roma — todas essas forças estrangeiras pagam com prazer pelo sangue escocês. O equilíbrio ainda oscila entre Inglaterra e França, as duas grandes nações, por isso esse vizinho mais próximo de Albion é um parceiro insubstituível no jogo. Sempre que os exércitos ingleses avançam pela Normandia, a França aponta rapidamente o punhal para as costas da Inglaterra; imediatamente os escoceses, sempre desejosos de guerrear, avançam sobre as fronteiras contra seus "velhos inimigos", e mesmo em tempos de paz formam uma constante ameaça. Fortalecer militarmente a Escócia é a eterna preocupação da política francesa, e, por isso, nada mais natural do que de sua parte a Inglaterra tente romper essa força incitando os lordes e promovendo constantes rebeliões. Assim, esse infeliz país é palco de uma longa e dolorosa guerra, cujo resultado está ligado ao destino dessa criança inocente que acabou de nascer.

É um símbolo magnífico e dramático que esse combate comece efetivamente no berço de Maria Stuart. Esse bebê ainda não sabe falar, nem pensar, nem sentir, mal move no berço suas minúsculas mãozinhas, e a política já se aproveita de seu corpo e de sua alma que de nada sabe. Pois esse é o destino fatal de Maria Stuart, estar para sempre enredada nesse jogo calculista. Nunca lhe será permitido deixar agir livremente o seu eu; sempre estará prisioneira da política, objeto de diplomacia, brinquedo da ganância estrangeira — ela será apenas rainha, guarda da coroa, aliada ou inimiga. Mal o mensageiro levou para Londres as duas notícias, de que Jaime V morrera e sua filha recém-nascida era herdeira e rainha da Escócia, Henrique VIII da Inglaterra decidiu pedir rapidamente a mão dessa preciosa noiva para seu filho menor e herdeiro, Eduardo; decide-se sobre um corpo ainda incompleto, uma alma ainda adormecida, como sobre uma mercadoria. A política não valoriza sentimentos e sim coroas, terras e direitos de herança. O indivíduo não conta diante dos valores materiais do jogo mundano. Dessa vez, no entanto, a ideia de Henrique VIII, de noivar a herdeira do trono da Escócia com o herdeiro do trono da Inglaterra, era sensata e até humana. Pois aquela divisão permanente entre os países irmãos havia muito perdera o sentido. Formando a mesma ilha, rodeados pelo mesmo mar e por ele assolados, raças aliadas e parecidas as condições de vida, os povos da Inglaterra e da Escócia sem dúvida têm uma tarefa única: unir-se; a natureza manifestou seu desejo. Só a inveja das duas dinastias, Tudor e Stuart, ainda se opõe a esse objetivo; mas se for possível transformar a oposição das duas casas em aliança através de um casamento, os sucessores dos Stuart e dos Tudor juntos poderão ser ao mesmo tempo reis da Inglaterra, da Escócia e da Irlanda; uma Grã-Bretanha unida poderá entrar em um combate maior: a luta pela supremacia mundial.

Mas é uma fatalidade: sempre que aparece na política, excepcionalmente, uma ideia lógica e clara, é prejudicada pela sua execução insensata. No começo, tudo parece dar certo. Os lordes, que logo recebem dinheiro nos bolsos, concordam alegremente com o contrato de casamento. Mas um mero pergaminho não basta para o astuto Henrique VIII. Muitas vezes ele sentiu a cobiça e a traição desses homens de honra por não saber que nenhum contrato prende pessoas de pouca fé, e que diante de uma oferta maior logo estariam dispostos a entregar a rainha-menina para o herdeiro da coroa francesa. Por isso, ele exige como primeira condição dos mediadores escoceses que a criança seja enviada à Inglaterra. Mas se os Tudor desconfiam dos Stuart, os Stuart não desconfiam menos dos Tudor. A mãe de Maria Stuart especialmente se rebela contra esse acordo. Como uma Guise, severamente educada na religião católica, ela não quer entregar sua filhinha à educação de hereges, e além disso, não teve muita dificuldade em descobrir um perigoso lapso nesse contrato. De fato, em uma cláusula secreta, os mediadores escoceses, subornados por Henrique VIII, obrigaram-

-se a, caso a criança morresse prematuramente, intervir para que "todo o domínio e as propriedades do reino passassem para as mãos de Henrique VIII". E essa é uma grave consideração. Pois um homem que já mandara cortar a cabeça de duas esposas, poderia apressar um pouquinho a morte da menina para pegar mais rapidamente aquela herança. Assim, a rainha, mãe preocupada, recusa-se a mandar a filha para Londres. Dessa forma, esse contrato de noivado quase acaba em guerra. Henrique VIII manda tropas para apoderar-se à força daquela presa valiosa.

A ordem ao seu exército dá uma imagem cruel da brutalidade daquele século. "É desejo de Sua Majestade que tudo seja aniquilado com fogo e espada. Queimem Edimburgo e arrasem-na assim que tiverem tirado dela tudo o que puderem saquear... saqueiem Holyrood e tantas cidades e povoados em torno de Edimburgo quantos puderem, saqueiem, incendeiem e subjuguem Leith e todas as outras cidades, acabem com homens, mulheres e crianças sem piedade, onde quer que haja resistência." Os bandos armados de Henrique VIII irrompem como hordas de hunos sobre as fronteiras. Mas no último momento mãe e filha são postas em segurança na fortaleza de Stirling, e Henrique VIII tem de contentar-se com um tratado no qual a Escócia se obriga a mandar Maria Stuart (sempre negociada e vendida como um objeto) para a Inglaterra assim que ela completar 10 anos.

Mais uma vez, tudo parece bem acertado. Mas a política é sempre a ciência do paradoxo. As soluções simples, naturais e sensatas a aborrecem. Ela prefere as dificuldades, seu elemento é a discórdia. Logo o partido católico começa a realizar intrigas ocultas, para ver se a criança — que ainda nada sabe além de sorrir e balbuciar — não deveria ser afinal entregue ao herdeiro da coroa francesa em lugar do da Inglaterra. E quando Henrique VIII morre, a tendência dos escoceses a manter o acordo já é muito pequena. Mas agora o regente inglês Sommerset exige para o rei-menino Eduardo a entrega da sua noiva em Londres, e, ante a resistência da Escócia, ele manda um exército para que os lordes entendam a única linguagem que respeitam: a força. A 10 de setembro de 1547, no combate — ou melhor, carnificina — de Pinkie Cleugh as forças escocesas são esmagadas, mais de 10 mil mortos cobrem o campo. Maria Stuart ainda não completou 5 anos e já correram rios de sangue por sua causa.

Agora a Escócia está aberta e indefesa diante da Inglaterra. Porém, no país saqueado, há pouco para roubar agora; para os Tudor, contém, na verdade, uma única preciosidade: aquela criança que encarna a coroa e seus direitos. Mas para desespero dos espiões ingleses, Maria Stuart desapareceu subitamente do castelo de Stirling sem deixar rastros; ninguém fora do círculo mais íntimo sabe onde a rainha-mãe a esconde. Pois o ninho protetor foi escolhido com perfeição: de noite, em segredo, criados absolutamente confiáveis levaram a menina para o convento de Inchmahome, em uma pequena ilha no lago de Menteith, *dans le pays des sauvages*,[1] como diz o embaixador francês, muito bem oculto. Nenhum caminho conduz a esse local romântico: é preciso transportar a preciosa carga de barco até a margem da ilha, e ali ela é cuidada por mulheres devotas que jamais deixam seu convento. Lá, totalmente escondida, apartada do mundo nervoso e inquieto, a criança inocente vive à sombra dos acontecimentos, enquanto sobre países e mares a diplomacia trama zelosamente seu destino. Enquanto isso, a França entrou ameaçadoramente no cenário para impedir a Inglaterra de submeter a Escócia ao seu jugo. Henrique II, filho de Francisco I, envia uma armada forte e em seu nome o general francês pede a mão de Maria Stuart para o filho do rei, o herdeiro do trono Francisco. Do dia para a noite, o destino daquela menina mudou graças ao vento político que sopra intenso e belicoso sobre o Canal: em vez de se tornar rainha da Inglaterra, a filha dos Stuart de repente foi destinada a se tornar rainha da França. Mal se concluiu esse negócio novo e mais vantajoso, a 7 de agosto de 1548, o precioso objeto desse jogo, Maria Stuart, com 5 anos, foi enviada para a França, onde reside o novo noivo, igualmente desconhecido para ela, como o primeiro.

A ignorância é uma dádiva da infância. O que sabe uma criança de 5 anos sobre guerra e paz, batalhas e acordos? O que significam para ela

---

[1] "No país dos selvagens". (*N. da T.*)

nomes como França e Inglaterra, Eduardo ou Francisco, o que é para ela toda a loucura deste mundo? Por que a pequena Maria teria medo, neste navio alto cujas velas brancas voavam ao vento, entre guerreiros e marinheiros barbudos? Todo mundo é gentil e amigável com ela; Jaime, seu meio-irmão de 17 anos — um dos muitos bastardos que Jaime V teve antes do casamento — acaricia seu cabelo loiro, e as quatro Marias também estão lá. Uma ideia encantadora em meio à barbárie — desde o começo lhe deram como companhia quatro amiguinhas da mesma idade, escolhidas entre as mais nobres famílias da Escócia, o trevo de quatro folhas das quatro Marias: Maria Fleming, Maria Beaton, Maria Livingstone e Maria Seton. Essas crianças são hoje suas alegres companheiras, amanhã serão amigas que farão com que o estrangeiro pareça menos hostil, e mais tarde serão suas damas da corte, prometendo não se casar enquanto ela própria não tivesse escolhido um esposo. E quando três se afastarem dela na infelicidade, uma a acompanhará no exílio e ficará a seu lado até hora da morte: um brilho da feliz infância permanecerá assim até a sua hora mais escura. Mas como ainda está longe agora esse tempo sombrio e obscuro! Agora as cinco menininhas ainda brincam alegres, dia após dia, no navio de guerra francês, entre os brutos marinheiros, felizes e encantadas com qualquer novidade. Porém, lá no alto, no cesto do mastro grande, um marujo espia amedrontado: ele sabe que a frota inglesa está cruzando o Canal para na última hora ainda apanhar a noiva inglesa do rei, antes que se torne noiva do herdeiro francês. Mas a criança só vê o imediato e o novo, apenas vê que o mar é azul, as pessoas amáveis, o navio na torrente é forte, e respira como um gigantesco animal.

A 13 de agosto, finalmente o galeão atraca em Roscoff, um pequeno porto em Brest. Os barcos vão até a margem. Infantilmente entusiasmada com aquela aventura colorida, rindo, eufórica e sem de nada saber, a rainha da Escócia, com menos de 6 anos, salta sobre a terra francesa. Mas com isso termina sua infância, agora começam dever e provação.

2
Juventude na França
(1548–1559)

A corte francesa é muito experiente em nobres e impecáveis costumes na misteriosa ciência dos cerimoniais. Um Henrique I, um Valois, sabe que honras convêm à noiva de um Delfim. Ainda antes da chegada dela, ele assina um decreto dizendo que *"la reinette"*, a rainhazinha da Escócia, deve ser saudada por todas as cidades e aldeias em seu caminho com as mesmas honrarias que lhe dariam se fosse sua própria filha. Assim, já em Nantes, aguarda por Maria Stuart uma abundância de delicadezas encantadoras. Não apenas em todas as esquinas ergueram-se galerias com emblemas clássicos, deusas, ninfas e sereias, não apenas o humor dos acompanhantes é animado por alguns barris de precioso vinho, não apenas se acendem em homenagem a ela fogos de artifício e se disparam salvas de artilharia — também um exército liliputiano, 150 criancinhas, todas com menos de 8 anos, marcha jubiloso ao encontro da pequena rainha, em vestidinhos brancos, como uma espécie de regimento de honra, com apitos e tambores, com lanças e alabardas em miniatura. E assim vai de povoado em povoado: numa série ininterrupta de festas, a rainha-criança Maria Stuart finalmente chega a Saint-Germain. Lá a menina vê pela primeira vez seu noivo, um rapazinho raquítico e pálido, fraco, de 4 anos, a quem o sangue envenenado destinou antecipadamente à enfermidade e morte prematuras, e que, tímido e assustado, saúda aquela noiva. Mas os outros membros da família real a recebem tanto mais afetuosamente, encantados com sua elegância infantil, e Henrique II, em uma carta, fala dela entusiasmado como *la plus parfayt enfant que je vys jamès*.[2]

---

[2] "A criança mais perfeita que já vi." *(N. da T.)*

Naqueles anos, a corte francesa é uma das mais brilhantes e grandiosas do mundo. A Idade Média acaba de passar com sua escuridão, mas sobre aquela geração de transição paira ainda um último clarão romântico. Força e coragem ainda se manifestam alegremente na caça, no jogo de aros e nos torneios, na aventura e na guerra à velha maneira máscula e dura, mas o espiritual já assumiu direitos no círculo dos soberanos, e o humanismo conquistou, depois de conventos e universidades, os palácios reais. Da Itália chegou o amor pela pompa dos papas, o gosto pelo prazer espiritual e sensual da Renascença, a alegria com as belas-artes avançou vitoriosa pela França; então testemunharam uma aliança quase única de força e beleza, coragem e despreocupação: a nobre arte de não temer a morte e amar a vida. Mais natural e livre do que em qualquer outra parte, une-se na natureza francesa o temperamento com a leveza, o "cavalheirismo" galês se liga maravilhosamente com a cultura clássica da Renascença. Exige-se que um nobre, em torneio, avance vigorosamente em sua armadura brandindo a lança contra o adversário, e realize com elegância as figuras artísticas da dança; ele tem de dominar a árdua ciência da guerra tão bem quanto as delicadas regras da cortesia palaciana — a mesma mão que maneja a pesada espada na luta corporal tem de saber tocar delicadamente o alaúde, e escrever sonetos à mulher amada: ser as duas coisas em um só, forte e delicado, rude e cultivado, treinado na luta e formado nas artes — eis o ideal daquele tempo. De dia, o rei e seus nobres, com matilhas que espumam pela boca, perseguem horas a fio cervos e javalis, quebram-se espadas e lanças, mas à noite reúnem-se nobres cavaleiros e damas nos salões dos palácios grandiosamente reformados do Louvre, ou de Saint-Germain, Blois e Amboise, para convívio intelectual. Leem-se versos, faz se música, cantam-se madrigais, jogos de máscaras despertam o espírito da literatura clássica. A presença de muitas mulheres belas e enfeitadas, a obra de poetas e pintores como Ronsard, Du Bellay e Clouet conferem àquela corte principesca cor e alegria sem igual, expressadas generosamente em todas as formas da arte e da vida. Como por toda a Europa antes da infeliz guerra religiosa, a França de então está diante de um impulso de grande cultura.

Quem deve viver nessa corte, sobretudo um dia governá-la, tem de adaptar-se a essas novas exigências culturais. Precisa buscar a perfeição em todas as artes e ciências, precisa treinar o espírito tanto quanto o corpo. Será para sempre uma das maiores glórias do humanismo, tornar dever de todos os que querem atuar nos círculos superiores a familiaridade com todas as artes. Dificilmente em qualquer época se prestou tanta atenção em uma educação perfeita, não só para homens de posição, mas também para as mulheres nobres — e com isso começou uma nova época. Como Maria da Inglaterra e Elizabeth, também Maria Stuart tem de estudar línguas clássicas, grego e latim, bem como italiano, inglês e espanhol. Mas graças a um espírito claro e ágil, e a alegria com a cultura herdada de seus antepassados, a talentosa criança sente todo o esforço como brincadeira. Já aos 13 anos recita um discurso em latim escrito por ela própria — pois aprendeu latim dos *Colóquios* de Erasmo — perante toda a corte no salão do Louvre, e seu protetor, o cardeal de Lorena, pode escrever, orgulhoso, à mãe de Maria Stuart, Maria de Guise: "Sua filha está tão crescida, e cresce todos os dias de tal maneira em grandeza interior, beleza e inteligência, que já está tão perfeita quanto possível em todas as coisas boas e honradas, e neste reino não há nenhuma filha da nobreza ou de outras classes que a ela se possa comparar. Posso dizer que o Rei tem tamanho prazer com ela que muitas vezes se ocupa dela por mais de uma hora, e ela o distrai tão bem com suas falas inteligentes e sensatas como só o faria uma mulher de 25 anos!" E, de fato, o desenvolvimento intelectual de Maria Stuart é extraordinariamente precoce. Logo domina o francês com tal segurança que também se atreve a expressar-se de maneira artística, respondendo dignamente aos versos com que a homenageiam Ronsard e Du Bellay. E não apenas em eventuais jogos da corte, mas exatamente nos momentos de aflição interior, a partir dali ela confiará suas emoções aos versos, amando a literatura e amada por todos os poetas. Também em todas as demais formas de arte ela revela um gosto extraordinário; canta muito bem com o alaúde, sua dança é elogiada, seus bordados não são apenas o trabalho de mãos hábeis, eles revelam um talento particular, sua roupa permanece discreta e jamais parece sobrecarregada como os vestidos de sino com que Elizabeth anda; no kilt escocês bem como no vestido de seda formal ela parece natural com sua elegância de menina. Tato e senso de beleza são inerentes a Maria Stuart, e sua postura altiva, mas não teatral, lhe confere para sempre uma aura poética, preservada por essa filha dos Stuart mesmo nas piores horas, como herança preciosa de seu sangue real e sua educação principesca. Mas também nos assuntos esportivos ela fica pouco atrás dos mais hábeis nessa corte cavalheiresca: amazona incansável, caçadora apaixonada, hábil jogadora de bola; seu corpo alto e esguio de mocinha, apesar de toda a graça, não conhece cansaço nem abatimento. Luminosa e alegre, despreocupada e feliz, ela bebe de todas as taças dessa juventude romântica e rica, sem adivinhar que com isso já está esgotando a mais pura felicidade de sua vida.

Não apenas as musas, também os deuses abençoam essa infância. Além dos maravilhosos dons intelectuais, Maria Stuart também recebeu uma singular elegância física. Mal a criança virou uma moça, todos os poetas já competiam entre si para louvar sua beleza.

"Nos seus 15 anos, sua beleza começou a brilhar como a luz no dia claro", anuncia Brantôme e mais apaixonadamente ainda Du Bellay:

> *En vostre esprit le ciel s'est surmonté*
> *Nature et art ont en vostre beauté*
> *Mis tout le beau dont la beauté s'assemble.*[3]

Lope de Vega devaneia:

"As estrelas emprestam seu mais belo brilho aos olhos dela, e a seus traços as cores que a tornam tão maravilhosa", e Ronsard atribui a Carlos IX, na morte de seu irmão Francisco, as seguintes palavras de admiração quase invejosa:

---

[3] "Em vosso espírito o céu se superou/ natureza e arte em vossa beleza/ colocaram todo o bem onde se reúne a beleza." (*N. da T.*)

Avoir joui d'une telle beauté
Sein contre sein, valoit ta royauté.[4]

E Du Bellay reúne todo o louvor das muitas descrições e poemas na invocação eufórica:

Contentez vous mes yeux,
Vous ne verrez jamais une chose pareille.[5]

Poetas são sempre exagerados por profissão, especialmente poetas da corte, quando se trata de louvar as vantagens de sua soberana; por isso olhamos com curiosidade os retratos dessa época, aos quais a mão de mestre de Clouet confere confiabilidade, e não ficamos nem decepcionados nem inteiramente conquistados por aquele lírico entusiasmo. Não vemos uma beleza radiante, mas antes picante: um oval elegante e delicado, ao qual o nariz um pouco pontudo confere o encanto de uma leve irregularidade, que sempre torna especialmente atraente um rosto de mulher. Olhos escuros e doces contemplam misteriosos e com brilho velado, e a boca repousa quieta e calada: é preciso reconhecer que para essa filha de reis a natureza realmente empregou seu material mais valioso, uma pele maravilhosamente alva, limpa e brilhante, opulenta cabeleira de um louro cinza, que ela gosta de tramar com pérolas, mãos longas, finas e brancas como a neve, um corpo alto e ágil, *dont le corsage laissait entrevoir la neige de sa poitrine et dont le collet relevé droit découvrait le pur modelé de ses épaules.*[6] Não se vê defeito nesse rosto, mas, por ser tão frio, impecável, tão inteiramente belo, falta-lhe ainda qualquer traço decisivo. Nada se sabe dessa moça encantadora olhando assim o seu retrato, e ela mesma ainda nada sabe de sua verdadeira natureza. Esse semblante ainda não foi repassado de dentro para fora

---

[4] "Ter apertado tal beleza/ peito contra peito valeu a tua realeza." (*N. da T.*)
[5] "Contentai-vos, olhos meus,/ jamais vereis coisa semelhante." (*N. da T.*)
[6] "Onde a blusa deixava entrever a neve de seu peito e o decote descobria o desenho puro de seus ombros." (*N. da T.*)

com alma e sensualidade; ali nessa mulher ainda não nos fala a mulher: amável e agradável, encara-nos uma bela e doce mocinha de pensionato.

Esse quê de inacabado, esse não-ter-ainda-despertado, são confirmados por todos os relatos orais, apesar de seus excessos líricos. Pois exatamente por louvarem sempre apenas o que há de impecável, a extraordinária boa educação, a aplicação e correção de Maria Stuart, falam dela como de uma aluna incomum. Sabemos que aprende de maneira excelente, que é agradável ao conversar, de boas maneiras e devota, que se destaca em todas as artes e jogos, sem ter nenhum talento especial. Obediente e comportada, tem a formação prescrita para a noiva de um rei. Mas estas são apenas qualidades sociais, da corte, que todos admiram, o impessoal nela em lugar do pessoal. Não há um só relato sobre a pessoa, o caráter, e isso testemunha que o verdadeiro, o essencial de sua natureza, por enquanto continua vedado a qualquer olhar, simplesmente porque ainda não desabrochara. Por anos a fio, a boa educação e a cultura mundana da princesa impedirão que se adivinhe a força interior da paixão de que a alma da mulher será capaz quando profundamente tocada e aberta. Sua fronte ainda brilha clara e fria, sua boca sorri amável e delicada, o olhar, que ainda contempla apenas o mundo externo e não sua própria profundeza, sonha e busca obscuramente: os outros e a própria Maria Stuart ainda nada sabem da herança no seu sangue, nada ainda de seus próprios perigos. É sempre unicamente a paixão que desvenda a alma mais profunda de uma mulher, só no amor e no sofrimento ela atinge sua verdadeira medida.

Como a menina se transforma tão promissoramente numa futura princesa, prepara-se o casamento antes do que fora determinado: mais uma vez Maria Stuart está destinada a ter o relógio de sua vida correndo em todos os sentidos mais depressa do que os de outras mocinhas de sua idade. O Delfim do qual é noiva por contrato mal tem 14 anos e, além disso, é particularmente fraco, um rapazinho macilento e enfermiço. Mas aqui a política é mais impaciente do que a natureza, que não quer nem deve esperar. A corte francesa tem uma pressa bastante suspeita, exatamente porque conhece os relatórios preocupados dos médicos, a debilidade e o risco da condição enferma desse herdeiro. E para os Valois, o mais importante nesse casamento é assegurarem-se da coroa escocesa; por isso, arrastam tão precipitadamente as duas crianças para o altar. No contrato de casamento, feito com o embaixador do parlamento escocês, o Delfim recebe a *crown matrimonial*, coroa de "co-rei" da Escócia, mas ao mesmo tempo os parentes dela, os Guise, secretamente extraem da jovem Maria, aos 15 anos, ainda inconsciente da sua responsabilidade, um segundo documento, que deve permanecer oculto do Parlamento escocês, no qual ela deve obrigar-se antecipadamente a, no caso de morte prematura ou de permanecer sem herdeiro, passar para a coroa francesa o seu país — como se a Escócia fosse propriedade pessoal sua — e até seus direitos de herdeira sobre a Inglaterra e a Irlanda.

Naturalmente, esse contrato — a assinatura em segredo já comprova isso — era uma desonestidade. Pois Maria Stuart nem tem direito a modificar arbitrariamente a sucessão por herança e, em caso de morte, passar seu país para uma dinastia estranha, como se fosse um manto; mas os tutores forçam a mão daquela que de nada sabe a assinar. Trágico símbolo! A primeira assinatura que Maria Stuart põe num documento político sob pressão de seus parentes representa ao mesmo tempo a primeira mentira dessa natureza profundamente sincera, confiável e íntegra. Mas para tornar-se rainha, para continuar rainha, a partir dali não lhe será mais permitido ser inteiramente verdadeira: uma pessoa que se entregou à política não pertence mais a si mesma e tem de obedecer a outras leis que não a sagrada lei de sua natureza.

Mas essas maquinações secretas são mascaradas pelo magnífico espetáculo dos festejos de casamento. Havia mais de duzentos anos nenhum Delfim da França se casara em sua pátria. Assim, a corte de Valois julga seu dever oferecer um exemplo de pompa inaudita. Catarina de Médici conhece de sua pátria os traços festivos da Renascença esboçados pelos primeiros artistas, e ambiciona superar as festas mais pomposas de sua infância nessa festa de casamento do seu filho: Paris torna-se, nesse 24 de abril de 1558, a cidade-festa do mundo. Diante da Notre-Dame ergue-se um pavilhão aberto com um dossel de seda azul de Chipre bordado com lírios dourados, e a ele se chega por um tapete azul também bordado com lírios. Músicos marcham à frente, em trajes vermelhos e amarelos, tocando variados instrumentos, depois segue o cortejo real, saudado com grande júbilo, e trajando as mais caras vestes. O casamento se realiza aos olhos do povo, milhares e milhares de olhares saúdam, admirados, a noiva ao lado do rapazinho magro e macilento, quase esmagado pela sua pompa. Os poetas da corte superam-se também nessa ocasião em descrições extáticas da beleza de Maria. Brantôme, que habitualmente prefere contar suas anedotas galantes, escreve como num hino que "ela é mil vezes mais bela do que uma deusa celestial", talvez realmente naquela hora o brilho da felicidade tenha conferido a essa mulher apaixonadamente ambiciosa um brilho especial. Pois nessa hora, sorrindo e distribuindo saudações para todos os lados, talvez essa mocinha em flor esteja saboreando o momento mais magnífico de sua vida. Nunca mais Maria Stuart será tão rodeada de riqueza, admiração e júbilo como agora, quando, ao lado do primeiro príncipe de toda a Europa, segue à frente de seus cavaleiros ricamente enfeitados pelas ruas onde gritos de alegria e entusiasmo reboam até os telhados. À noite, no Palácio da Justiça, realiza-se um banquete público. Toda a Paris, acotovelando-se entusiasticamente, pode agora admirar a jovenzinha que acrescentou uma nova coroa à França. O glorioso dia termina com um baile para o qual os artistas imaginaram as mais maravilhosas surpresas. Seus navios inteiramente ornados de ouro com velas de tecido prateado, imitando artificialmente os movimentos de uma viagem tempestuosa, são conduzidos por maquinistas invisíveis. Em cada um deles, vestido em ouro e usando uma máscara, senta-se um príncipe e cada um conduz com gesto galante uma das mulheres da corte até o seu navio, Catarina de Médici, a rainha, Maria Stuart, a herdeira do trono, depois a rainha de Navarra e as princesas Elizabeth, Margareth e Claudia. Uma feliz travessia por esta vida, com pompa e opulência, é o que deve simbolizar essa viagem. Mas o destino não se deixa controlar pelos desejos humanos, e a partir daquele único instante despreocupado o navio da vida de Maria Stuart se dirige para outras praias mais perigosas.

O primeiro perigo chega de maneira totalmente inesperada. Maria Stuart é rainha da Escócia desde que nasceu, e o herdeiro do reino da França a elevou à condição de sua esposa; com isso, uma segunda coroa ainda preciosa paira invisível sobre sua cabeça. E, então, como mais uma tentação, o destino lhe oferece uma terceira coroa, e com jeito infantil ela estende para o seu brilho as mãos desavisadas e deslumbradas. No mesmo ano de 1558, em que se torna esposa do herdeiro do trono francês, morre Maria Tudor, rainha da Inglaterra, e imediatamente sua meia-irmã Elizabeth sobe ao trono inglês. Mas Elizabeth será realmente a rainha legítima? Henrique VIII, o Barba-Azul, deixou três filhos, Eduardo e duas meninas, Maria, de seu casamento com Catarina de Aragão, e Elizabeth, de sua união com Ana Bolena. Depois da morte prematura de Eduardo, Maria é herdeira do trono por ser a mais velha e nascida de um casamento indubitavelmente legítimo, mas agora, depois que Maria morre sem deixar filhos, Elizabeth tem direitos reais para assumir a coroa da Inglaterra? Sim, dizem os juristas da coroa inglesa, pois um bispo realizou o casamento e o papa o reconheceu. Não, dizem os juristas da coroa francesa, pois Henrique VIII posteriormente mandou anular seu casamento com Ana Bolena, e, assim, por decreto do Parlamento, Elizabeth tornou-se bastarda. Mas se, nesse conceito válido para todo o mundo católico, Elizabeth é indigna do trono por ser bastarda, o direito ao trono real da Inglaterra é unicamente de Maria Stuart, bisneta de Henrique VIII.

Com isso, do dia para a noite, uma decisão desmedida e histórica atinge uma menina inexperiente de 16 anos. Maria Stuart tem duas possibilidades. Pode ceder e agir politicamente, reconhecendo sua prima Elizabeth como legalmente rainha da Inglaterra, e renunciar a seu próprio direito, que sem dúvida só será imposto pelas armas. Ou, audaciosa e determinada, pode declarar que Elizabeth é uma usurpadora da coroa, e ordenar ao exército francês e ao escocês que derrubem à força a usurpadora do trono. Funestamente, Maria Stuart e seus conselheiros escolhem um terceiro caminho, o mais infeliz que há na política: o caminho do meio. Em vez de um golpe forte e decidido contra Elizabeth, a corte francesa dá apenas um golpe jactancioso no ar: por ordem de Henrique II, o casal de príncipes reais inclui em seu brasão também a coroa real inglesa, e, mais tarde, em todos os documentos, Maria Stuart se faz chamar publicamente de *"Regina Franciae, Scotiae, Angliae et Hibernae"*. Portanto, reclamam o direito, mas não o defendem. Não guerreiam contra Elizabeth, apenas a incomodam. Em lugar de uma verdadeira ação com ferro e espada, escolhem o gesto impotente de um direito fixado em madeira pintada e papel escrito; estabelecem uma ambiguidade permanente, pois, assim, o direito de Maria Stuart à coroa inglesa existe e não existe ao mesmo tempo. Conforme o desejo, ele é escondido aqui e retomado ali. Então Henrique II responde a Elizabeth, quando, conforme tratado, ela exige a devolução de Calais: "Nesse caso, Calais deve ser entregue à esposa do Delfim, a rainha da Escócia, que consideramos, todos nós, rainha da Inglaterra." Mas, por outro lado, Henrique II não fez um gesto para defender esse direito de sua nora, e continua negociando com a suposta usurpadora do trono como se ela fosse uma rainha de direitos iguais aos dele.

Com essa atitude insensata e vazia, com esse brasão infantilmente pintado, Maria Stuart nada conseguiu; pelo contrário, isso causou-lhe um enorme prejuízo. Por uma inabilidade política cometida na infância mais por obstinação e vaidade do que por reflexão consciente, Maria Stuart transforma a mulher mais poderosa da Europa em inimiga irreconciliável. Um verdadeiro soberano pode permitir e tolerar tudo menos isto: que outra pessoa duvide de seu direito de governar. Não se pode, pois, acusar Elizabeth, se a partir desse momento considera Maria Stuart sua mais perigosa rival, a sombra por trás do seu trono. Não importa o que a partir dessa hora tenha sido dito e escrito pelas duas. É preciso disfarce e floreio verbal para encobrir a hostilidade, mas a fissura permanece para sempre. Meias palavras e desonestidades na política sempre causam mais mal do que decisões claras e enérgicas. A coroa inglesa pintada apenas simbolicamente no brasão de Maria Stuart causou mais derramamento de sangue do que uma verdadeira guerra pela coroa. Pois um combate aberto teria decidido definitivamente a situação, mas aquela luta traiçoeira se renovava permanentemente, e perturbou o exercício do poder e a vida das duas mulheres.

Esse brasão fatídico com o sinal da realeza inglesa é orgulhosamente carregado diante do Delfim e da Delfina em julho de 1559, altaneiro e visível, em um torneio em Paris, comemorando a paz de Cateau-Cambrésis. O cavalheiresco rei Henrique II não perde a ocasião de quebrar uma lança *pour l' amour des dames*, e todo mundo sabe a que dama se refere: Diana de Poitiers, que, bela e arrogante, do alto de seu camarote, baixa os olhos para seu amante real. Mas, de repente, esse jogo se torna terrivelmente sério. Nesse duelo, decide-se a História. Pois o capitão da guarda pessoal escocesa, Montgomery, depois de já ter quebrado sua lança, ataca tão desajeitadamente seu adversário, o rei, com o pedaço que sobrou, que uma lasca entra fundo no olho deste através da viseira, e o rei cai do cavalo, desmaiado. No começo, pensam que o ferimento não é perigoso, mas o rei não recupera a consciência. A natureza forte do intrépido Valois luta contra a morte ainda por alguns dias; mas, por fim, a 10 de julho, seu coração para de bater.

Mesmo na mais profunda dor, a corte real francesa ainda honra a etiqueta como lei suprema. Quando a família real deixa o castelo, Catarina de Médici, esposa de Henrique II, de repente para na porta. A partir daquele momento, à viúva não cabe mais o primeiro lugar na corte, mas a jovem que na mesma hora é elevada a rainha. Com passo hesitante, inibida e perturbada, Maria Stuart, sendo esposa do novo rei da França, tem de passar à frente daquela que ainda ontem era rainha. E com esse único passo ela, aos 16 anos, superou todas as companheiras de sua idade e atingiu o mais alto degrau do poder.

3
Rainha, viúva e mesmo assim rainha (julho de 1560 a agosto de 1561)

Nada conferiu uma direção tão trágica à vida de Maria Stuart quanto o destino colocar em suas mãos tão traiçoeiramente, sem nenhum esforço, todo o poder terreno. Aparentemente tudo cai sobre ela como de uma cornucópia inesgotável; nada disso foi conquistado por vontade própria, através da luta; nada é fruto de esforço nem merecimentos — tudo foi herança, graça e presente. Como num sonho em que tudo passa voando colorido, ela se vê em roupas de casamento e de coroação, e, antes que possa perceber lucidamente essa primavera precoce, ela já passou, murchou, acabou, e a jovem desperta decepcionada, saqueada, perturbada. Numa idade em que outras apenas começam a desejar, esperar e cobiçar, ela já passou por todas as possibilidades de triunfo, sem tempo nem esforço para assimilar tudo isso. É nessa precipitação de seu destino que termina também o segredo de sua inquietação e insatisfação: quem foi tão cedo a primeira em um país e um mundo jamais poderá se contentar com uma vida mais modesta. Só naturezas fracas renunciam e esquecem, as fortes não se dobram e desafiam para a luta até o destino mais forte.

Na verdade, o reinado de Maria Stuart na França flui como um sonho breve, inquieto, assustado e cheio de preocupações. A catedral de Reims oferece, durante a cerimônia de coroação, um espetáculo de colorido único e radiante: o arcebispo coloca a coroa na cabeça daquele rapazinho pálido e doente, e a bela jovem rainha, ornada com todas as joias do tesouro real, brilha no meio da nobreza como um lírio esguio, esbelto e ainda entreaberto. De resto, as crônicas não mencionam festas nem alegrias. O destino não dá a Maria Stuart tempo para criar aquela corte de trovadores, a corte das artes e da literatura com a qual ela sonhava, nem tempo aos pintores para preservarem em quadros a imagem do monarca e de sua bela esposa com toda a sua pompa, nem tempo aos cronistas para descrever o seu caráter, nem tempo ao povo para conhecer seus soberanos nem aprender a amá-los; como duas sombras apressadas impelidas por um vento mau, essas duas figuras infantis passam correndo na longa série de reis da França.

Pois Francisco II está doente e desde o começo marcado para a morte prematura, como uma árvore na floresta, assustado, com olhos pesados, fatigados, como quem acorda sobressaltado; um menino pequeno e pálido, com rosto redondo e inchado, que encara quem o contempla, e seu crescimento súbito diminui ainda mais sua resistência. Os médicos o vigiam constantemente, e aconselham que ele se poupe. Mas nesse menino pulsa uma ambição louca e infantil, de não querer ser inferior à esposa esbelta e musculosa que ama apaixonadamente a caça e os esportes. Ele se força a participar de cavalgadas intensas e esforços físicos para fingir que tem saúde e virilidade; mas a natureza não se deixa enganar. O sangue dele é incurável, herança ruim de seu avô Francisco I. A febre o ataca seguidamente, a cada mudança de clima ele tem de ficar sentado em casa, impaciente, assustado e cansado, uma sombra lamentável, rodeado por muitos médicos preocupados. Esse pobre rei desperta mais compaixão do que respeito na corte, e entre o povo, surgem rumores desagradáveis a seu respeito: dizem que sofre de lepra e que, para se curar, se banha no sangue de crianças recém-assassinadas; os camponeses olham com ar sombrio aquele rapazinho lastimoso quando passa trotando abatido e lento em seu cavalo, mas os cortesãos já começam a rodear, cheios de presságios, a rainha-mãe, Catarina de Médici, e o herdeiro do trono, Carlos. Aquelas mãos abatidas e débeis não podem segurar com firmeza por muito tempo as rédeas do governo; de vez em quando, com sua escrita dura e desajeitada, o rapazinho escreve o seu "Francisco" nos documentos e decretos, mas na verdade os parentes de Maria Stuart, os Guise, governam em lugar dele.

Francisco II luta apenas por uma coisa: preservar o maior tempo possível sua vida e sua limitada força.

Dificilmente se pode falar em um casamento feliz, se é que houve casamento de verdade, com aquele convívio em quartos de enfermo, essa constante preocupação e cuidados. No entanto, nada sugere que as duas quase-crianças não tenham se dado bem, pois até uma corte tão maldosa e mexeriqueira como aquela, sobre a qual Brantôme registrava todo caso de amor em sua *Vie des dames galantes*, diz uma palavra de censura ou suspeita sobre o comportamento de Maria Stuart. Muito antes que a razão de Estado os ligasse diante do altar, Francisco e Maria eram companheiros, os brinquedos em comum os uniram muito tempo antes, e o erótico deve ter tido papel muito pequeno entre esses dois adolescentes: hão de se passar anos antes que desperte em Maria Stuart a capacidade de uma entrega apaixonada, e Francisco, menino abatido pelas febres, seria o último a despertar esse sentimento. Certamente, com sua natureza bondosa e compassiva, Maria Stuart cuidou dedicadamente de seu marido, pois se não pela ligação que tinham, pela razão ela devia saber que todo o seu poder e a sua magnificência dependiam da respiração e das pulsações do coração daquele pobre rapazinho enfermo, e que protegendo a vida dele estava defendendo sua própria felicidade. Mas não havia espaço para uma verdadeira felicidade naquele breve reinado; a rebelião huguenote desencadeia-se no país, e depois do tumulto de Amboise, que ameaça pessoalmente o casal real, Maria Stuart tem de prestar um triste tributo ao dever de soberana. Precisa estar presente na execução dos rebeldes, tem de assistir — esse momento há de gravar-se fundo em sua alma, talvez brilhe como um espelho mágico de uma hora para outra — a um ser humano vivo ser lançado com braços amarrados sobre o cepo, e com duro golpe do verdugo, num rangido abafado, o machado penetrar na nuca e uma cabeça rolar na areia, ensanguentada: imagem cruel o bastante para apagar aquela radiante lembrança da coroação em Reims. E depois, uma mensagem ruim dispara atrás da outra: sua Maria de Guise, que administra a Escócia para ela, morreu em julho de 1560, deixando o país em disputa religiosa e rebelião, guerra nas fronteiras, tropas inglesas se embrenhando no interior, e Maria Stuart veste o traje de luto em lugar das roupagens de festa com que infantilmente sonhava. A amada música tem de se calar, cessaram as danças. Mas a mão ossuda bate mais uma vez no coração e na casa. Francisco II está cada vez mais fraco, o sangue envenenado em suas veias pulsa inquieto e zumbe em seus ouvidos. Ele não consegue mais andar, nem cavalgar, e tem de ser carregado de um lugar a outro. Finalmente, a infecção irrompe, purulenta, em seus ouvidos; os médicos não sabem mais o que fazer, e a 6 de dezembro de 1560 terminam os sofrimentos do pobre rapaz. Mais uma vez símbolo trágico representa renovação: junto ao leito de morte, a cena entre as duas mulheres, Catarina de Médici e Maria Stuart. Mal Francisco II soltara seu último suspiro, Maria Stuart, que já não é mais rainha da França, recua à frente de Catarina de Médici na porta, a viúva real mais jovem tem de ceder lugar à mais velha. Ela já não é a primeira mulher do reino, mas novamente apenas a segunda; em um só ano o sonho terminou e Maria Stuart já não é rainha da França, é apenas o que foi do primeiro instante de sua vida e continuará sendo até o derradeiro: rainha da Escócia.

Segundo a etiqueta da corte francesa, dura quarenta dias o tempo mais rigoroso de luto de uma viúva de rei. Durante essa clausura implacável, ela não pode deixar seus aposentos nem por um instante; nas primeiras duas semanas, ninguém senão o novo rei e seus parentes mais próximos devem visitá-la naquela abóbada sepulcral artificial, aquele aposento escurecido e iluminado apenas com luz de velas. Naqueles dias, uma viúva de rei não se veste como as mulheres do povo, em negro sombrio, eterna cor do luto, mas só a ela cabe o *deuil blanc* [luto branco]. Branca a touca sobre o rosto pálido, vestido de brocado branco, as meias e os sapatos brancos. Assim Maria Stuart aparece nesses dias, assim a mostra Clouet em sua famosa pintura, e Ronsard a descreve em seu poema:

Un crespe long, subtil et délié
Ply contre ply, retors et replié
Habit de deuil, vous sert la couverture,
Depuis le chef jusques à la ceinture,
Qui s'enfle ainsi qu'un voile quand le vent
Soufle la barque et la cingle en avamt,
De tel habit vous étiez accoutrée
Partant, hélas! de la belle contrée
Dont aviez eu le sceptre dans la main,
Lorsque, pensive et baignant votre sein
Du beau cristal de vos larmes coulées
Triste manchiez par les longues allées
Du grand jardin de ce royal château
Qui prend son nom de la beauté des eaux.[7]

E, com efeito, dificilmente em outro quadro se manifestou melhor do que aqui o aspecto simpático e suave desse jovem semblante, o tom pensativo e grave nos olhos habitualmente inquietos, e a cor sem enfeites deixa luzir mais clara a palidez tão pura. No luto, sente-se a nobreza, a realeza da humanidade dela mais nítida do que nos quadros de antes, que representam em pompa e magnificência toda a sua dignidade, coberta de joias e enfeitada com todas as insígnias do poder.

Essa nobre melancolia também é exalada nas estrofes que ela própria nesses dias dedica como lamento fúnebre ao marido morto, versos não indignos de seu mestre e professor Ronsard. Mesmo se não fosse escrita por mão de rainha, essa suave cantiga tocaria o coração pelo tom simples de sua sinceridade. Pois a que ficou não se louva de um amor

---

[7] "Um crespo longo, sutil e delineado,/ prega contra prega, retorcido e ondulado,/ hábito de luto, vos serve de cobertura,/ depois se fecha na cintura,/ e se infla como um voo quando o vento/ sopra a barca e a impele adiante,/ de tal roupagem estais vestida,/ partindo, hélas, da bela região/ onde tivestes na mão o cetro;/ assim que, pensativa e banhando vosso seio/ com o belo cristal das lágrimas que correm/ triste marchais pelas longas alamedas/ do grande jardim do castelo real/ que tem seu nome da beleza das águas." (*N. da T.*)

apaixonado pelo morto — Maria Stuart jamais mentiu na literatura, só na política — e faz falar apenas a sua sensação de perda e abandono:

> *Sans cesse mon coeur sent*
> *Le regret d'un absent*
> *Si parfois vers les cieux*
> *Viens à dresser ma veue*
> *Le doux traict de ses yeux*
> *Je vois dans une nue;*
> *Soudain je vois dans l'eau*
> *Comme dans un tombeau*
> *Si je suis en repos*
> *Sommeillant sur ma couche,*
> *Je le sens qu'il me touche:*
> *En labeur, en recoy*
> *Toujours est près de moy.*[8]

Não há dúvida de que esse luto de Maria Stuart por Francisco II foi mais do que uma ficção poética, que foi uma tristeza honesta e sincera. Pois com Francisco II, Maria Stuart não perdeu apenas um companheiro bondoso e generoso, um terno amigo, mas também sua posição na Europa, seu poder e sua segurança. Em breve, a jovem viúva sentirá a diferença, verá o quanto significa ser a primeira em uma corte, a rainha, e como significará pouco ser de repente a segunda, pensionista da misericórdia do sucessor. Essa situação difícil em si é agravada pela hostilidade que Catarina de Médici, sua sogra, lhe revela mal volta a ser a primeira mulher na corte; parece que alguma vez Maria Stuart ofendeu mortalmente essa Médici arrogante e traiçoeira com uma palavra

---

[8] "Sem cessar meu coração sente/ a tristeza de uma ausência/ se às vezes para os céus/ dirijo minha visão/ vejo o doce traço dos seus olhos/ dentro de uma nuvem;/ seguidamente vejo nas águas/ como num sepulcro/ se estou em repouso/ dormindo no meu leito,/ eu o sinto que me toca/ trabalhando ou recolhida/ sempre perto de mim." (*N. da T.*)

insensata, comparando desdenhosamente a insignificante origem da "filha de comerciantes" com sua própria dignidade de rainha, herdada de geração em geração. Esses atos impensados são mais funestos entre mulheres do que ofensas óbvias. E Catarina de Médici, que durante duas décadas teve de controlar sua ambição por causa de Diana de Poitiers e depois por Maria Stuart, mal obtém o poder político, faz sentir de maneira imperiosa e desafiadora às duas mulheres caídas todo o seu ódio.

Mas Maria Stuart — agora aparece claramente o traço decisivo de seu caráter: o seu orgulho indomável, virilmente duro — não quererá ficar em nenhum lugar onde for apenas a segunda, seu coração nobre e intenso jamais se contentará com uma posição inferior, a meia altura na hierarquia. Preferirá o nada, preferirá a morte. Por um momento pensa em recolher-se para sempre em um mosteiro, abdicar de sua posição, já que não conseguirá mais atingir o primeiro posto nesse país. Mas as tentações da vida ainda são grandes demais para uma mocinha de 18 anos renunciar eternamente, seria contrário à sua natureza. Além disso, ela ainda pode trocar a coroa perdida por outra, igualmente preciosa. O enviado do rei de Espanha já se apresenta para pedir sua mão para dom Carlos, futuro senhor de dois mundos; a corte austríaca já manda secretamente seus negociadores; os reis da Suécia e da Dinamarca oferecem-lhe a mão e o trono. E, afinal, a coroa de herdeira ainda é dela, aquela da Escócia, e existe a possibilidade da outra coroa, a da vizinha Inglaterra. Possibilidades imensuráveis rondam essa jovem viúva, essa mulher que recém-desabrocha em sua plena beleza. Contudo, já não serão apresentadas e trazidas pelo destino: agora tudo tem de ser conquistado, com habilidade e paciência, de adversários duros. Mas com tanta coragem no coração, com tanta beleza no rosto, com tanta juventude no corpo ardente, também se pode ousar, sem muito refletir, as mais altas apostas. E com alma determinada Maria Stuart luta pela sua herança.

Sem dúvida, não lhe será fácil despedir-se da França. Ela viveu por doze anos nessa corte principesca. Aquele país belo, rico, sensual e alegre se tornara mais sua pátria do que a Escócia dos distantes dias da infância. Aqui estão os parentes do lado materno que a protegem, aqui os castelos onde foi feliz, aqui os poetas que a louvam e a entendem, aqui a elegância leve e cavalheiresca de vida, para a qual ela sabe que nasceu. Por isso, ela adia de mês a mês a volta ao seu reino, embora a chamem com urgência. Em Joinville e Nancy, ela visita parentes, em Reims, assiste à coroação de seu cunhado de 10 anos, Carlos IX. Como se prevenida por algum secreto pressentimento, ela procura adiar a viagem com um ou outro pretexto. É como se na verdade aguardasse algum decreto do destino que lhe poupasse a volta para casa na Escócia.

Por mais inexperiente que seja aos 18 anos, sobre assuntos de Estado, Maria Stuart deve ter percebido que na Escócia a esperam duras provações. Desde a morte de sua mãe, que como regente administrava sua herança, os lordes protestantes, seus piores adversários, predominam e mal escondem sua resistência à ideia de chamar para o país uma católica devota, seguidora da odiada missa. Declaram abertamente — e o enviado inglês transmite isso entusiasmado a Londres — "que a viagem da rainha para a Escócia deveria ser adiada ainda alguns meses, e se não tivessem o dever de obedecer, nem fariam questão de a ver de novo". Por um longo tempo, eles secretamente fizeram seu jogo perverso, tentaram oferecer à rainha da Inglaterra, como esposo, o próximo herdeiro legítimo do trono, o protestante conde de Arran, colocando assim ilegalmente na mão de Elizabeth uma coroa que claramente pertence a Maria Stuart. Ela também não pode confiar mais no seu meio-irmão Jaime Stuart, conde de Moray, que por incumbência do Parlamento escocês viaja ao seu encontro na França, pois ele é muito chegado a Elizabeth, e talvez até seja pago para estar a serviço dela. Só o rápido regresso para casa pode sufocar essas intrigas obscuras e sombrias, só com a coragem herdada de seus antepassados, os reis Stuart, ela pode defender seu reino. E assim, para não perder uma segunda coroa no mesmo ano, de coração pesado e mau pressentimento, Maria Stuart decide finalmente seguir um chamado que não vem de um coração sincero, e que ela própria só escuta com pouca confiança.

Mas, ainda antes de retornar ao reino, Maria Stuart sente que a Escócia se limita com a Inglaterra, e que ali a rainha é outra, não ela. Elizabeth não tem motivo nem inclinação para facilitar a vida dessa rival e candidata à coroa, e, com cínica franqueza, seu ministro de Estado Cecil instiga todos os atos hostis:

— Quanto mais tempo permanecer incerta a situação da rainha escocesa, tanto melhor para a causa de Vossa Majestade.

Pois a disputa daquele direito ao trono ainda não acabou. Os enviados escoceses a Edimburgo fizeram um acordo com os ingleses, no qual, em nome de Maria Stuart, assumiram o compromisso de reconhecer Elizabeth como rainha legítima da Inglaterra *for all times coming*, portanto para sempre. Mas quando o documento foi levado a Paris e precisaram assinar embaixo daquele acordo indubitavelmente válido, Maria Stuart e seu marido Francisco II tinham-se esquivado; sua pena se recusa a reconhecer aquilo, e jamais ela, que uma vez mandou carregar como uma bandeira a sua frente, no brasão, símbolo do direito ao trono inglês, baixará essa mesma bandeira. Está disposta a colocar seu direito em segundo plano por razões políticas, mas jamais se disporá a renunciar aberta e honestamente à herança dos seus antepassados.

Elizabeth não pode tolerar essa ambivalência entre o sim e o não. Os enviados da rainha escocesa assinaram em nome dela o acordo de Edimburgo; consequentemente, Maria Stuart está obrigada a validar essa assinatura. Um reconhecimento *sub rosa*, um consentimento secreto, não basta para Elizabeth, pois para ela, como protestante, com metade do reino ainda apaixonadamente católico, uma pretendente católica não é apenas um perigo para o seu trono, mas um perigo de vida. Se a rainha adversária não renunciar claramente a toda sorte de exigências, Elizabeth não será verdadeiramente rainha.

Ninguém pode negar que Elizabeth está com razão nessa disputa; mas ela se priva rapidamente dessa razão procurando resolver o conflito político de maneira estreita e mesquinha. Na política, as mulheres sempre tiveram a perigosa característica de ferir suas rivais apenas com alfinetadas, e envenenar antagonismos com maldades pessoais; também agora essa soberana, em outras coisas tão clarividente, comete essa eterna falha.

Para sua viagem à Escócia, Maria Stuart pediu formalmente um *safe conduct* — um salvo-conduto, isto é, uma espécie de um visto para passar — o que de sua parte se pode interpretar até como cortesia oficial e formal, pois o caminho pelo oceano até sua pátria lhe está aberto: se quiser, porém, viajar pela Inglaterra, oferece com isso à adversária, silenciosamente, uma ocasião de amigável conversa. Mas Elizabeth responde com uma grosseria e declara que nega o *safe conduct* a Maria Stuart enquanto esta não assinar o acordo de Edimburgo.

Agora o conflito interno dessas duas mulheres ficou exposto, o orgulho de uma e de outra enfrentam-se com olhos duros e ardentes. Imediatamente Maria Stuart chama o embaixador inglês e o interpela:

— Nada me dói mais do que ter-me esquecido de mim mesma a ponto de pedir à sua senhora, a rainha, esse favor que eu nem precisava pedir. Não preciso da permissão dela para viajar, assim como ela não precisa da minha, e posso voltar ao meu reino também sem o visto dela e sua permissão. Pois embora o rei morto tenha acionado todos os impedimentos para me deter quando cheguei a este país, o senhor sabe, embaixador, que cheguei aqui sã e salva, e da mesma forma encontraria bons meios e caminhos para chegar em casa do mesmo modo, se quisesse convocar meus amigos... Muitas vezes o senhor me disse abertamente que seria desejável, e uma vantagem para nós duas, uma amizade entre mim e a rainha. Agora tenho razões para pressupor que a rainha não pensa assim, pois do contrário não recusaria tão inamistosamente meu pedido. Parece que ela valoriza mais a amizade dos meus súditos desobedientes do que a minha, eu que, como soberana, estou na mesma altura dela na hierarquia, ainda que seja inferior em inteligência e experiência, mas sou sua parenta mais próxima e sua mais próxima vizinha... Nada peço dela senão amizade, não promovo agitação no seu país, nem negócio com seus súditos, e mesmo assim sei que muitos no reino dela aceitariam com prazer as minhas ordens.

Essa é uma ameaça séria, talvez mais perigosa do que inteligente. Pois ainda antes que Maria Stuart coloque o pé na Escócia, já revela sua intenção secreta de transferir a luta contra Elizabeth também para a Inglaterra. O embaixador esquiva-se educadamente e ressalta que todas as dificuldades decorrem apenas do fato de que Maria Stuart um dia incluíra o brasão da Inglaterra no seu. Maria Stuart tem uma resposta rápida:

— Senhor embaixador, naquela ocasião eu estava sob influência do rei Henrique, meu sogro, e do rei, meu senhor e esposo, e o que quer que tenha acontecido foi por ordem e comando deles. Desde a sua morte, o senhor sabe, jamais usei o brasão nem o título de rainha da Inglaterra. Penso que esse modo de agir deveria ter tranquilizado a rainha. De resto, não seria tão grande desonra para minha prima, a rainha, que eu, como rainha, também usasse o brasão da Inglaterra, pois sei que outros, inferiores a mim na hierarquia e não tão próximos dela em parentesco, usam esse brasão. Afinal, o senhor não pode negar que minha avó foi uma das duas irmãs do rei, pai dela, e, na verdade, a mais velha.

Mais uma vez, sob a forma amigável, reluzia uma exortação perigosa: na medida em que Maria Stuart enfatiza que descende da linha mais antiga, reforça de novo seu direito. Mesmo que o embaixador a exorte a manter a palavra dada para resolver aquele incidente inamistoso, assinando também o acordo de Edimburgo, como sempre que se toca o ponto delicado, Maria Stuart recorre a adiamentos: não pode fazer isso antes de aconselhar-se com o Parlamento escocês; da mesma forma, o embaixador não quer dar garantias em nome de Elizabeth. Sempre que as negociações tocam o ponto crítico, onde uma ou outra rainha deveria clara e obviamente ceder um pouco de seus direitos, começa a insinceridade. Cada uma segura crispadamente na mão seu trunfo; e assim o jogo se prolongará trágica e interminavelmente. Por fim, Maria Stuart interrompe bruscamente as negociações sobre sua passagem livre; é um rasgão áspero, como quando se corta um tecido:

— Se meus preparativos não estivessem tão avançados, talvez a descortesia da rainha, sua senhora, pudesse impedir minha viagem. Mas agora estou decidida a arriscar, não importa o que venha a acontecer. Espero que o vento seja favorável e que eu não precise tocar a costa inglesa. Mas, se isso acontecer, a rainha, sua senhora, me terá nas mãos.

E, nesse caso, pode fazer comigo o que quiser, e, se tiver coração duro a ponto de pedir a minha morte, que aja segundo seu conceito e me sacrifique. Talvez essa solução fosse melhor para mim do que continuar vivendo. Que a vontade de Deus se cumpra nesse assunto.

Essa é a primeira vez que Maria Stuart fala nesse tom decidido, orgulhoso e enérgico. Por natureza antes branda, negligente, superficial e mais devotada ao prazer da vida do que à luta, essa mulher se torna dura como ferro, teimosa e atrevida, quando se trata de sua honra, assim que se toca o direito que ela exige como rainha. Melhor sucumbir do que dobrar-se — é preferível uma insensatez de rainha a uma fraqueza de pessoa medíocre. O embaixador, consternado, anuncia a Londres seu fracasso, e Elizabeth, com uma política hábil e flexível, cede imediatamente. Aprontam um visto, que é enviado a Calais. Mas ele chega dois dias atrasado. E Maria Stuart decide atrever-se a viajar ainda que navios ingleses cruzem o canal. Prefere escolher livre e ousada o caminho perigoso a usar o mais seguro ao preço de uma humilhação. Elizabeth perdeu uma oportunidade única de remover do mundo, pela magnanimidade, aquele conflito ameaçador, de receber como hóspede a que teme como rival. Mas sensatez e política raramente seguem os mesmos caminhos: talvez sejam essas oportunidades perdidas que deem à História seu caráter dramático.

Mais uma vez, como o brilho do crepúsculo incendeia ilusoriamente uma paisagem, Maria Stuart vive nessa hora da despedida toda a pompa e magnificência do cerimonial francês em sua honra. Pois ela, que entrou nesse país como noiva do rei, não deverá deixar sem séquito nem acompanhamento esse lugar do seu perdido poder; deve-se tornar público que não é como pobre viúva abandonada, como mulher indefesa e frágil, que a rainha da Escócia retorna a sua pátria, mas que a honra da França está velando pelo seu destino. De Saint-Germain segue-a até Calais uma grande cavalgada. Sobre cavalos ricamente ornados, luxuosamente vestida com a pompa da Renascença francesa, com armas tilintando e armaduras douradas e artisticamente ornamentadas, a elite da nobreza francesa cavalga com a rainha viúva, na frente em carruagem pomposa os seus três tutores, o duque de Guise e os cardeais de Lorena e Guise. Ela está rodeada pelas quatro fiéis Marias, por damas nobres e criadas, pajens e poetas e músicos, pesadas cargas de preciosos utensílios domésticos são conduzidas no cortejo colorido, e em um cofre fechado as joias da coroa. Como rainha, da maneira que chegou, respeitada e honrada, em brilho e grandeza, Maria Stuart sai da pátria de seu coração. Falta apenas a alegria que outrora iluminava com magnífica despreocupação os olhos de uma menina. Uma despedida é sempre brilho de anoitecer: metade ainda é luz, metade é já treva.

Em Calais, a maior parte do cortejo principesco fica para trás. Os nobres voltam para casa. Amanhã, no Louvre, servirão a outra rainha, pois para os cortesãos vale sempre a dignidade, não a pessoa que a porta. Todos esquecerão Maria Stuart assim que o vento soprar nas velas dos galeões, todos os que agora, erguendo o olhar, encantados, se ajoelham diante dela e prometem fidelidade eterna a distância, a esquecerão: uma cerimônia patética como uma coroação ou enterro, foi tudo isso para os cavaleiros daquele cortejo de despedida, nada mais. Verdadeiro luto, verdadeira dor sentem com a partida de Maria Stuart apenas os poetas porque têm fina sensibilidade para pressentimento e exortação. Eles sabem que, com essa jovem que desejaria criar uma corte de alegria e beleza, as musas abandonam a França; agora virão anos escuros para ela e para todos: um tempo de política, briga e discórdia, as lutas dos huguenotes, a noite de São Bartolomeu, os zelotes e os brigões. Acabou-se o cavalheiresco, o romântico, o claro e o despreocupadamente belo, o triunfo das artes foi-se com aquela figura juvenil. A constelação da "plêiade", setestrelo da literatura, empalidecerá em breve no céu escurecido da guerra. Com Maria Stuart, queixam-se eles, parte a alegria sublime e espiritualizada:

Ce jour le même voile emporta loin de France
Les Muses, qui songeoient y faire demeurance.[9]

---

[9] "Esse dia mesmo leva longe da França/ as musas que sonham e se demoram." *(N. da T.)*

Mais uma vez Ronsard, cujo coração se rejuvenescia diante da juventude e da elegância, louva em sua elegia "Au départ" [À despedida] toda a beleza de Maria Stuart, como se quisesse reter o que seu olhar ardente sentia estar perdendo para sempre, e, na sinceridade de seu luto, ele forma um lamento realmente eloquente:

> *Comment pourroient chanter les bouches des poètes,*
> *Quand, par vostre départ les Muses sont muettes?*
> *Tout ce qui est de beau ne se garde longtemps,*
> *Les roses et les lys ne règnent qu'un printemps.*
> *Ainsi votre beauté seulement apparue*
> *Quinze ans en notre France, est soudain disparue,*
> *Comme on voit d'un éclair s'évanouir le trait,*
> *Et d'elle n'a laissé sinon le regret,*
> *Sinon le déplaisir qui me remet sans cesse*
> *Au coeur le souvenir d une telle princesse.*[10]

Enquanto a corte, a nobreza, e os cavaleiros da França esquecem a ausente, os poetas permanecem a serviço de sua rainha; pois, para os poetas, a infelicidade é apenas outro tipo de nobreza, e aquela que louvaram como soberana pela beleza amarão duplamente em sua dor. Fiéis até o fim, hão de cantar e acompanhar sua vida e sua morte. Sempre que um ser humano vive sua vida até o fim como literatura, como drama, como balada, haverá poetas para lhe dar uma vida sempre renovada.

Em 14 de agosto de 1561, um suntuoso galeão pintado de branco e exibindo as cores da França e da Escócia levou Maria Stuart ao porto de

---

[10] "Como poderiam cantar as bocas dos poetas,/ quando, por vossa partida, as musas ficam mudas?/ Tudo que há de belo há muito não se vê,/ As rosas e os lírios não reinam mais que uma primavera./ Assim vossa beleza somente aparece/ Quinze anos em nossa França, e subitamente desaparece,/ Como se vê um clarão se desvanecer,/ E dela só ficou a tristeza,/ Se não o desprazer que me remete incessantemente/ Ao coração da lembrança de tal princesa." (*N. da T.*)

Calais. Mas antes de sair do porto, nem bem as velas foram içadas, e um acontecimento trágico se desdobra diante de seus olhos; malgovernado, um barco que estava chegando se despedaça e seus passageiros começam a se afogar. A primeira imagem que Maria Stuart vê ao deixar a França para assumir sua regência é um símbolo sombrio: um navio que, mal pilotado, é arrastado para as profundezas.

É um medo secreto por esse presságio, é a sensação da pátria perdida, e o pressentimento de que jamais voltará: seja como for, Maria Stuart não consegue afastar o olhar marejado da terra onde passou a juventude feliz e despreocupada. Brantôme descreve de modo comovente a tristeza dessa despedida:

"Assim que o navio saíra do porto e se ergueu uma brisa, começaram a içar as velas. Os dois braços sobre a amurada ao lado do leme, ela rompeu num pranto fortíssimo, sempre olhando para trás com seus belos olhos, para o porto e lugar de onde haviam partido, e sempre repetindo as tristes palavras: 'adeus, França', até que começou a anoitecer. Sugeriram que fosse repousar e descesse para o camarote, mas ela rejeitou tudo isso, decidida. Assim, prepararam seu leito no convés. Ela enfatizou expressamente ao timoneiro que assim que amanhecesse, caso ainda se pudesse ver ao longe a França no horizonte, a acordassem imediatamente e não hesitassem. E realmente a sorte atendeu ao seu desejo. Pois como o vento baixou e tiveram de recorrer aos remos, não progrediram muito naquela noite. Ao amanhecer, ainda se via a costa francesa. Mal o timoneiro cumprira seu dever, ela se levantou e começou a contemplar, repetindo incessantemente as palavras: 'Adeus, França; adeus, França! Acho que não vou te rever nunca mais.'"

4
Regresso à Escócia
(agosto de 1561)

Um nevoeiro denso, como raramente ataca essas costas nórdicas no verão, envolve a praia quando Maria Stuart atraca em Leith, a 19 de agosto de 1561. Mas essa chegada à Escócia é diferente da despedida da *douce France*. Lá, acompanhada pela flor da aristocracia francesa no cortejo majestático, príncipes e condes, poetas e músicos, recebera respeito e cumprimentos à maneira da corte. Aqui ninguém esperava por ela; só quando os barcos encostam na praia o povo se reúne, espantado e curioso: alguns pescadores em seus trajes de trabalho, alguns soldados ociosos, alguns vendedores e camponeses que vinham vender suas ovelhas na cidade. Mais tímidos do que entusiasmados, assistiram a damas e cavalheiros em suas roupas ricas e suntuosas desembarcando. Todos se entreolham com estranheza. Uma saudação seca, dura e severa como a alma dessa terra do norte. Logo nas primeiras horas, Maria Stuart reconhece dolorosamente a terrível pobreza de sua pátria, e constata que nesses cinco dias de viagem por mar, na verdade, recuou um século — de uma cultura vasta, rica, opulenta, esbanjadora e prazerosa, para um mundo estreito, sombrio e trágico. Pois dezenas de vezes saqueada e incendiada por ingleses e rebeldes, essa cidade não possui um palácio, uma só moradia nobre que a pudesse receber dignamente: a rainha de seu país tem de passar a noite na casa de um simples comerciante, apenas para ter um teto sobre a cabeça.

Primeiras impressões têm grande poder sobre a alma; elas se cravam fundo e cheias de presságios. Talvez nem a jovem mulher saiba o que a comove tanto quando agora, como estrangeira depois de treze anos de ausência, pisa outra vez em seu reino. É saudade, um desejo inconsciente de todo o calor e a doçura da vida que aprendeu a amar na terra francesa, é a sombra do céu cinzento e estranho, é o pressentimento de perigos iminentes? Seja como for, mal fica sozinha — relata Brantôme —, Maria Stuart rompe em pranto. Não coloca o pé na ilha britânica segura de si nem com sentimento de domínio, como Guilherme, o Conquistador. Sua primeira sensação é opressão, pressentimento e medo do que vai acontecer no futuro.

No dia seguinte, chegam o regente, seu meio-irmão, que foi avisado, Jaime Stuart — mais conhecido sob o nome de conde de Moray — e alguns outros nobres chegam rapidamente a cavalo para preparar-lhe uma escolta razoavelmente segura até Edimburgo. Mas não será um cortejo festivo. Sob o pretexto de que procuram piratas, os ingleses detiveram um dos navios, no qual estão os cavalos da corte, e na cidadezinha de Leith mal se consegue um cavalo razoável, e não inteiramente domado, para a rainha; suas mulheres e acompanhantes nobres têm de se contentar, aborrecidos, com toscas éguas de carga, que foram requisitadas rapidamente de currais e galpões próximos. Nesse instante, os olhos de Maria Stuart se enchem de lágrimas, mais uma vez sente o quanto perdeu com a morte do marido, e como significa menos ser apenas rainha da Escócia do que da França. O orgulho a impede de mostrar-se a seus súditos naquele cortejo pobre e indigno. Por isso, em lugar de uma *joyeuse entrée* pelas ruas de Edimburgo, ela cavalga com seu séquito imediatamente para o castelo de Holyrood, fora dos muros da cidade. Construído por seu pai, com suas torres redondas, jaz escuro no fundo da paisagem; de fora, para um primeiro olhar, parece grandiosa em suas formas claras e a imponência de suas pedras. Mas como a saúdam gelados, vazios e tristes os aposentos internos, a ela, a amada da França! Nada de brilho de candelabros, transmitindo-se de parede a parede nos espelhos italianos. Nada de tecidos preciosos, nem reluzir de ouro e prata. Há anos ali não se manteve a corte, nem um riso se aninha nos aposentos abandonados, nem uma mão real renovou ou enfeitou aquela casa desde a morte de seu pai: também ali a encara com olhos fundos a pobreza, velha maldição do seu reino.

Mal os moradores de Edimburgo perceberam que sua rainha chegara a Holyrood, todos saem, ainda de noite, para lhe darem as boas-vindas. Não admira que essa saudação seja um tanto rude e camponesa demais para o gosto refinado dos nobres franceses; os cidadãos de Edimburgo não têm *musiciens dela cour* para alegrar a discípula de Ronsard, com seus madrigais ternos e canções artísticas. Só sabem festejar a rainha de sua terra à maneira tradicional, empilhando nas praças troncos de árvores, única coisa que é realmente abundante nessa região, fazendo-as arder em chamas claras na noite. Depois reúnem-se debaixo das janelas dela, e com gaitas de foles, apitos e instrumentos estranhos, produzem algo que para eles é música, mas para os hóspedes parece um barulho infernal: e como textos profanos lhes são proibidos pelos padres calvinistas, entoavam com ásperas vozes masculinas salmos e cânticos devotos; não têm mais a lhe oferecer, apesar de toda a boa vontade. Mas Maria Stuart alegra-se com aquela recepção, ou ao menos mostra-se amável e alegre. E pelo menos naquela primeira hora de seu retorno após décadas volta a haver harmonia entre uma rainha e seu povo.

Nem a rainha nem seus conselheiros se iludem quanto ao fato de que uma tarefa imensuravelmente difícil aguarda aquela soberana totalmente inexperiente. Maitland de Lethington, mais inteligente cabeça da aristocracia escocesa, escrevera profeticamente sobre a chegada de Maria Stuart, que ela causaria extraordinárias tragédias (*"it could not fail to rise wonderful tragedies"*). Mesmo um homem enérgico e decidido, com pulso de ferro, não poderia impor ali uma paz duradoura, muito menos aquela mulher de apenas 19 anos, estranha em seu país, totalmente destreinada no governo. Um país pobre, uma aristocracia corrupta que aproveita qualquer oportunidade para promover rebelião e guerra, incontáveis clãs vivendo em eternas disputas, esperando apenas uma oportunidade para transformar o ódio em guerra civil, sacerdotes católicos e protestantes que lutam encarniçadamente pelo poder, uma vizinha vigilante e perigosa que, com mão hábil, instiga a agitação, e, além disso, a hostilidade das potências mundiais que querem impiedosamente arrastar a Escócia para seu jogo sangrento: essa é a situação que Maria Stuart encontra.

No momento em que ela pisa em seu reino, essa luta está numa fase decisiva. Em lugar de um tesouro bem provido, ela assume de sua mãe uma herança funesta, uma verdadeira *damnosa hereditas*: a disputa religiosa que ali perturba as almas mais amargamente do que em qualquer outra parte. Nos anos em que Maria Stuart viveu na França, ignorante e feliz, a Reforma conseguira avançar na Escócia. Essa cisão terrível atravessa a corte e a casa, a cidade e a aldeia, os clãs e as famílias: parte da nobreza é protestante, parte, católica, as cidades voltadas para a nova fé, o interior devotado à antiga, clã contra clã, geração contra geração, e os dois partidos tendo seu ódio constantemente instigado por padres fanáticos, e politicamente apoiados por potências estrangeiras. Mas, para ela, perigoso é, sobretudo, que a parte mais influente e poderosa da nobreza está do lado adversário, o do calvinismo; a ocasião de se apoderar dos ricos bens da Igreja teve um efeito mágico sobre esse bando rebelde e desejoso de poder. Finalmente têm um belo pretexto pseudoético para se rebelar contra sua soberana como defensores da verdadeira igreja, como *Lords of the Congregation*, e para essa oposição conseguem a todo momento ajuda da Inglaterra. Mais de 200 mil libras já foram sacrificadas pela econômica Elizabeth para que, por meio de rebeliões e guerras, pudesse arrancar a Escócia dos Stuart católicos, e também agora, depois de uma paz solenemente firmada, grande parte dos súditos de Maria Stuart são secretamente pagos por ela. Maria Stuart poderia instalar o equilíbrio se passasse para a religião protestante, e parte de seus conselheiros insiste com ela sobre isso. Mas Maria Stuart é uma Guise. Vem de uma família de ardentes defensores do catolicismo, e ela mesma, embora não com devoção de ardente, é fiel e apaixonadamente entregue à fé de seus pais e antepassados. Jamais renunciará a sua convicção, e, segundo sua natureza audaciosa, mesmo em extremo perigo preferirá a luta eterna a uma só ação covarde contra sua consciência. Mas com isso cria-se uma fissura insanável entre ela e a nobreza; é sempre perigoso um soberano ser de outra religião que seus súditos. Pois a balança não pode oscilar eternamente, tem de haver uma decisão; na verdade, Maria Stuart só pode optar entre dominar a Reforma ou submeter-se a ela. A discórdia constante entre Lutero, Calvino e Roma se concretizará de maneira dramática exatamente no destino dela, por um singular acaso: a luta pessoal entre Elizabeth e Maria Stuart, entre Inglaterra e Escócia, decide também — e por isso será tão importante — a batalha entre Inglaterra e Espanha, Reforma e Contrarreforma.

Essa situação, perigosa por si só, é agravada pela discórdia religiosa que invade sua família, seu castelo e seu conselho. O mais influente homem da Escócia, seu meio-irmão Jaime Stuart, conde de Moray, a quem tem de confiar a administração dos assuntos de Estado, é um protestante determinado, protetor daquela Kirk que ela, católica crente, tem de condenar como heresia. Há quatro anos, foi ele o primeiro a assinar o juramento dos protetores, dos *Lords of the Congregation*, que se comprometeram a "renunciar à doutrina de Satã — a Igreja católica —, sua superstição e sua adoração de imagens, declarando-se, a partir de então, abertamente como seus adversários". Com isso, entre a rainha e o regente escancara-se desde o começo um desacordo na concepção última e mais essencial de vida, e essa situação não promete paz. Mas, no seu íntimo, a rainha tem um único desejo: esmagar a Reforma na Escócia; e seu irmão e regente também tem apenas uma única vontade: fazer da Reforma na Escócia a única religião dominante. Esse contraste tão brutal de convicções só pode desencadear, na primeira oportunidade, um conflito aberto.

Esse Jaime Stuart está destinado a ser uma das figuras mais decisivas no drama de Maria Stuart. O destino lhe atribuiu um papel importante, e ele sabe representá-lo com maestria. Filho do mesmo pai, mas de sua longa relação amorosa com Margaret Erskine, filha de uma das mais nobres famílias da Escócia, ele parece convocado pelo sangue real, e igualmente pela energia férrea, a ser o mais digno sucessor da coroa. A fragilidade política de sua posição forçara outrora Jaime V a renunciar a um casamento legal com sua amada lady Erskine, e, para fortalecer seu poder e suas finanças, teve de casar-se com uma princesa francesa, mãe de Maria Stuart. Assim, paira sobre esse ambicioso filho de rei a nódoa de um nascimento ilegítimo, que lhe fecha para sempre o acesso ao trono. Ainda que, a pedido de Jaime V, o papa o tenha reconhecido publicamente como portador de sangue real, Moray continua bastardo, e excluído de qualquer direito ao trono do pai.

Incontáveis vezes a História e seu maior retratista, Shakespeare, descreveram a tragédia espiritual do bastardo, esse filho e não filho, a quem uma lei do Estado, uma espiritual e uma terrena, impiedosamente impede o direito que a natureza lhe inscreveu no sangue e na aparência. Julgado pelo preconceito — mais dura e implacável de todas as sentenças —, esses ilegítimos, esses não gerados no leito real, ficam, geralmente, atrás dos herdeiros mais fracos e não gerados por amor, mas por razões políticas, eternamente rejeitados, expulsos e condenados a mendigar quando deveriam possuir e comandar. Quando uma pessoa é visivelmente marcada pela inferioridade, esse sentimento constante pode enfraquecer ou fortalecer; tal pressão pode quebrar uma personalidade, ou endurecê-la magnificamente. Personalidades covardes e mornas tornam-se menores ainda por essa humilhação; mendigos e aduladores obtêm presentes e cargos dos filhos legítimos. Mas, nas naturezas fortes, a rejeição fortalece todas as capacidades obscuras e inibidas; onde o caminho do poder não lhes é concedido de boa vontade, aprenderão a criar poder por si próprias.

Moray é uma natureza forte. A louca determinação de seus antepassados reais, os Stuart, seu orgulho e sua vontade de comando, circulam em seu sangue, fortes e sombrios; supera em inteligência e determinação a pequena raça refinada dos outros lordes e barões. Seus objetivos são amplos, seus planos politicamente pensados; inteligente como a irmã, esse homem de 30 anos é imensamente superior a ela em experiência e em reflexão. Baixa o olhar sobre ela como para uma criança que brinca, e deixa-a brincar enquanto essa diversão não o estorva. Ele não escuta, como a irmã, seus impulsos intensos, nervosos e românticos, nada tem de heroico como governante, mas, em compensação, conhece o segredo de esperar e tolerar, que garante mais a vitória do que impulso rápido e apaixonado.

Primeiro sinal de verdadeiro talento político é que renuncie, acima de tudo, a querer alcançar o inatingível. Para o ilegítimo Moray, esse inacessível é a coroa real. Ele sabe que jamais poderá se intitular Jaime VI. Assim, desde o início, esse político reflexivo retira sua exigência de ser rei da Escócia para permanecer, com maior certeza, regente. Renuncia as insígnias do poder, a aparência visível, apenas para segurar mais firmemente o verdadeiro poder. Quando jovem, assume a mais sensória forma de poder. Herda muita riqueza de seu pai, aproveita a dissolução dos tesouros dos conventos, aproveita a guerra; a cada puxar das redes, a sua é a primeira a retornar repleta. Sem nenhuma inibição, ele aceita subsídios de Elizabeth, e quando sua irmã Maria Stuart chega, como rainha, tem de reconhecê-lo imediatamente como homem mais rico e poderoso do país, forte o bastante para não ser posto de lado por ninguém. Mais por necessidade do que por verdadeira simpatia, ela procura a amizade dele; para se assegurar de seu próprio poder, ela entrega nas mãos do meio-irmão tudo o que ele deseja, alimenta sua ambição insaciável de riqueza e poder. E as mãos de Moray, para sorte de Maria Stuart, são realmente confiáveis; sabem segurar, e sabem ceder. Estadista nato, Moray se mantém como homem justo: é protestante, mas não iconoclasta; patriota escocês, mas gozando dos favores de Elizabeth; amigo dos lordes, mas sabe mostrar-lhes o punho fechado na hora certa; no todo, um calculista frio e sem nervos, a quem a aparência de poder não ofusca e que só se satisfaz com o poder.

Esse homem tão extraordinário será um apoio considerável para Maria Stuart enquanto estiver do lado dela. E um perigo inaudito assim que a ela se opuser. Ligado pelo mesmo sangue, como seu meio-irmão, também por mero egoísmo, Moray tem todo o interesse em manter sua irmã no poder, pois um Hamilton ou um Gordon em lugar dela jamais lhe concederia poder e liberdade tão absolutos para reger; por isso, com prazer ele a deixa representar; sem inveja nas ocasiões festivas, vê como carregam o cetro e a coroa dela à frente, desde que saiba que o verdadeiro poder continua em suas mãos. Mas no momento em que ela tentar governar, e diminuir a autoridade dele, o orgulho dos Stuart há de se chocar como ferro contra o orgulho dos Stuart. E nenhuma inimizade é mais terrível do que o embate de semelhantes, pelos mesmos impulsos e com a mesma força.

Maitland de Lethington, segundo homem mais importante da corte, secretário de Estado de Maria Stuart, também é protestante. Mas no começo está do lado dela. Maitland, espírito ágil e cultivado — *the flower of wits*,[11] como diz Elizabeth dele —, não aprecia o poder imperioso e arrogante como Moray. Como diplomata, alegra-se apenas com o jogo confuso e perturbador da politicagem e da intriga, a arte da combinação; não se interessa por princípios rígidos, religião e pátria, rei e reinado, mas pela arte de imiscuir-se em tudo, e fazer ou desfazer os nós segundo seu capricho. Ele não é nem fiel nem infiel a Maria Stuart, por quem pessoalmente tem um singular afeto — uma das quatro Marias, Maria Fleming, será sua mulher. Ele a servirá enquanto ela tiver sucesso, e vai abandoná-la na hora do perigo; por ele, aquela bandeira meteorológica colorida, ela pode adivinhar quando o vento é favorável ou desfavorável. Pois, como verdadeiro político, ele não servirá a ela, a rainha, à amiga, mas unicamente à sorte dela.

Chegando, Maria Stuart não encontra à direita nem à esquerda, na cidade e na própria casa — péssimo augúrio! — sequer um amigo confiável. Mesmo assim, com um Moray e um Maitland, é possível governar e fazer acordos — em compensação, desde o primeiro momento, enfrenta impecável, irreconciliável, com hostilidade dura e assassina, o poderoso homem do povo John Knox, pregador de Edimburgo, organizador e senhor da Kirk escocesa, mestre na demagogia religiosa. Com ele, começa uma luta pelo ser e não ser, pela vida e morte.

---

[11] "Flor da inteligência." (*N. da T.*)

Pois o calvinismo de John Knox não é apenas uma renovação e reforma da Igreja, mas um rígido sistema estatal divino, e, de certa forma, um superlativo do protestantismo. Seu jeito é de dominador e senhor; exige até dos reis submissão servil ao seu mandamento teocrático. Devido a sua natureza branda e flexível, talvez Maria Stuart tivesse concordado com uma Igreja anglicana, uma Igreja luterana, uma Igreja protestante mais moderada. Mas o caráter ditatorial do calvinismo exclui imediatamente qualquer possibilidade de entendimento para um verdadeiro governante, e mesmo Elizabeth, que usa Knox politicamente para contrariar sua rival, pessoalmente tem repulsa por ele e por sua insuportável arrogância. Quanto se aborrecerá, com essa competição sombria, a humana e humanista Maria Stuart. Nada mais inconcebível para sua natureza, de quem ama a vida e os prazeres, do que a severidade sombria, a hostilidade à vida, e o ódio à alegria desse professor de Genebra; nada mais insuportável do que a teimosia altiva que proíbe o riso e sentencia a beleza como crime, que quer destruir tudo o que lhe é caro, as formas alegres da etiqueta, música, poesia e dança, que naquele mundo já sombrio assume um tom escuro ainda mais singular.

Esse caráter pétreo, de Velho Testamento, é a marca de John Knox em Edimburgo, mais teimoso e impiedoso de todos os fundadores de Igrejas, superando em dureza e intolerância até mesmo seu mestre Calvino. Originalmente um pequeno padre de posição inferior, ele se lançou na Reforma com toda a selvageria e fúria de sua alma obstinada, discípulo de Jorge Wishart, a quem a mãe de Maria Stuart mandou queimar vivo como herege. Essa chama na qual sucumbiu seu mestre continua ardendo em sua alma. Como um dos líderes da rebelião contra a regente, ele é preso pelas tropas francesas e trancafiado nas galés na França. Lá fica longo tempo acorrentado, mas sua vontade em breve se torna tão férrea quanto as correntes. Libertado, foge para junto de Calvino; lá aprende a força da palavra e o ódio impiedoso e puritano contra tudo o que é claro e helênico, e mal volta para a Escócia, em poucos anos, com a violência de seu gênio, impõe a Reforma aos lordes e ao povo.

Talvez John Knox seja o tipo mais perfeito de fanático religioso que a história conhece, mais duro do que Lutero, a quem muitas vezes uma alegria interior comovia a alma, mais severo do que Savonarola, porque não tinha o brilho e a iluminação mística da fala. Totalmente honesto em sua retidão, por esse assustador tapa-olhos do pensamento, ele se torna um desses espíritos estreitos e severos para os quais só é verdadeira a própria verdade, só a própria virtude é virtuosa, só o próprio cristianismo é cristão. Quem não pensa como ele passa por criminoso, quem se desvia um milímetro de suas exigências passa por servo do Diabo. Knox tem ânimo sombrio de quem está possuído por si mesmo, a paixão do extático obtuso, e o orgulho malcheiroso de quem se julga um justo: em sua brutalidade, vive ao mesmo tempo uma alegria perigosa na própria dureza; em sua intolerância, um obscuro prazer na sua própria infalibilidade. Com as barbas ondulantes, parecendo um Jeová escocês, ele se posta todos os domingos no púlpito de St. Giles, trovejando ódio e maldição sobre todos os que não escutam seus sermões; ele, o *kill joy*, assassino da alegria, lança infâmias sobre os despreocupados que não servem a Deus exatamente segundo as palavras dele e sua concepção pessoal. Pois esse velho fanático não conhece outra alegria que não o triunfo da sua teimosia, nenhuma outra justiça senão a vitória da sua causa. Rejubila-se de modo bem ingênuo sempre que um católico ou outro adversário é eliminado ou humilhado. E se um inimigo é tirado do caminho da Kirk por mão assassina, naturalmente foi Deus quem quis esse ato louvável e o exigiu. Knox, em seu púlpito, entoa cantos de triunfo quando o pus brota mortalmente do ouvido do pobre pequeno Francisco II, marido de Maria Stuart, esse ouvido "que não quis ouvir", e quando Maria de Guise, mãe de Maria Stuart, morre, ele prega com entusiasmo:

— Que Deus e Seu poder em breve nos livrem dos outros do sangue dos Guise, amém!

Nada da doçura e bondade divina dos evangelhos na sua fala, ele brande ameaçador como uma vara; só o deus da vingança e o seu Deus, ciumento e implacável, e só o Velho Testamento sanguinário e barbaramente severo é sua verdadeira Bíblia.

De Moab, de Amaleque, de todas as figuras adversárias do povo de Israel que devem ser eliminados com fogo e espada, é que ele fala incessantemente, contra os inimigos da verdadeira — portanto da sua — fé. Com palavras odiosas, ele fustiga a rainha Jezabel da Bíblia, e seus ouvintes bem sabem de que rainha ele na verdade está falando. Como uma tempestade escura e imponente obscurecendo o céu livre e amedrontando eternamente a alma com raios e trovões, o calvinismo recobre a terra escocesa, e a qualquer momento pode descarregar, destruidora, a sua tensão.

Com um homem assim infalível e insubornável, que só quer comandar e só aceita a crença obediente, não há acordos; toda a gentileza e o esforço por conquistá-lo só o tornam ainda mais duro, mais sarcástico e mais exigente. Fracassa qualquer tentativa de reaproximação, de quebrar o bloco de pedra de arrogante obstinação, de entendimento. Os que dizem lutar por Deus são sempre as pessoas menos pacíficas da Terra; porque pensam escutar a mensagem divina, seus ouvidos estão cerrados para qualquer palavra humana.

Maria Stuart ainda não está uma semana em seu país e já tem de sentir a presença desse fanático sombrio. Antes de assumir seu governo, ela não apenas assegurara a todos os seus súditos a total liberdade de crença — o que não era nenhum sacrifício para seu temperamento tolerante — mas também reconhece a lei que proíbe a celebração pública da missa na Escócia — dolorosa admissão para os seguidores de John Knox, para quem, segundo palavra dele, "seria melhor ver dez mil inimigos na Escócia do que saber que rezaram uma única missa". Naturalmente, ela, a católica rigorosa, a sobrinha dos Guise, preferiu exercer sua religião na capela de sua casa, e, sem problemas, o Parlamento concordara com esse pedido justo. Porém, no primeiro domingo, mal tinham sido concluídos os preparativos para a celebração de uma missa católica na capela de Holyrood, quando, uma ameaçadora multidão incitada avança até as entradas; arrancam à força das mãos do sacristão as velas bentas que ele levava ao altar e as quebram. Com gritos cada vez mais altos, exigem que se afaste e até que matem o "padre idólatra", os gritos contra o "serviço do diabo" são sempre mais fortes, a qualquer momento a multidão pode invadir a igreja dentro da casa da rainha. Por sorte, lorde Moray, embora defensor da Kirk, se lança contra a massa fanática e defende a entrada. Depois da missa concluída, ele leva depressa o assustado sacerdote de volta aos seus aposentos; impediu-se uma desgraça pública, a autoridade da rainha foi salva com esforço. As festas alegres em honra da chegada dela, as *joyousities,* como debocha Knox, são brutalmente interrompidas, para alegria dele: pela primeira vez, a romântica rainha sente em seu país a dureza da realidade.

Um acesso de ira de Maria Stuart é a resposta a essa ofensa. Em lágrimas e com palavras duras, explode sua amargura sufocada. E, com isso, cai de novo uma luz mais clara sobre seu caráter até ali indistinto. Essa jovem mulher mimada pela sorte desde a infância, em seu íntimo é delicada e terna, tolerante e fácil de conviver; dos primeiros nobres de sua corte até suas criadas e amas, todos louvam seu modo amável, modesto e cordial. Ela sabe conquistar a todos porque nunca ostenta sua majestade, e com sua naturalidade faz esquecer sua posição superior. Mas essa cordialidade generosa tem como fundamento uma altivez forte, invisível enquanto ninguém mexe com ela, mas irrompendo apaixonadamente assim que alguém a contradiz. Muitas vezes essa mulher singular soube esquecer ofensas pessoais, mas jamais o menor ato contra seu direito de rainha.

Portanto, eis o motivo para ela não tolerar essa primeira ofensa. Tal arrogância tem de ser esmagada. E ela sabe contra quem tem de se defender, sabe daquele homem de longas barbas na Igreja dos hereges, que instiga o povo contra a fé da rainha, e também os mandou contra sua casa. Decide imediatamente repreendê-lo. Pois, habituada desde criança à onipotência dos reis da França e à obediência, crescendo a sensação de estar sob as graças de Deus, Maria Stuart nem pode imaginar que um súdito, um cidadão, a contradiga. Estaria preparada para tudo, menos para aquilo: que alguém ousasse contradizê-la aberta e até grosseiramente. Mas John Knox está disposto a isso, e com alegria.

— Por que um belo rosto de mulher me assustaria, eu que olhei nos olhos tantos homens furiosos e nunca me assusto sem motivo?

Ele vai entusiasmado ao palácio, pois brigar — brigar por Deus, como pensa — é a maior alegria de um fanático. Se Deus concedeu a coroa aos reis, concedeu a palavra de fogo aos sacerdotes e enviados d'Ele. Para John Knox, acima do rei está o sacerdote da Kirk como protetor do direito divino. Sua tarefa é defender o reino de Deus na Terra, não pode hesitar em castigar os desobedientes com sua ira como fizeram Samuel e os juízes da Bíblia. Assim, ocorre uma cena como no Velho Testamento, quando a altivez de um rei e a arrogância de um sacerdote se enfrentam. Ali não são apenas uma mulher e um homem que lutam pela primazia, mas duas ideias antiquíssimas que se encontram pela milésima vez num combate duro.

Maria Stuart tenta ser branda. Quer um entendimento, esconde sua amargura, pois quer paz no seu país; conduz a conversa de maneira cortês. Mas John Knox está decidido a ser descortês, e mostrar àquela idólatra que não se curva uma só polegada para os poderosos desta terra. Mudo e sombrio, não como acusado, mas como acusador, ele escuta a rainha enquanto ela o censura por seu livro *The first blast of trumpet against the monstrous regiment of women*,[12] no qual nega às mulheres qualquer direito ao reinado. Mas o mesmo Knox que se desculpou humildemente diante da protestante Elizabeth pelo mesmo livro, insiste diante da sua rainha "papisa" e, com toda a espécie de palavras ambíguas, mantém sua opinião. Aos poucos, o diálogo se torna mais enérgico. Maria Stuart pergunta diretamente a Knox se súditos devem ou não obedecer incondicionalmente a seus soberanos. Mas em vez de responder a isso com um "naturalmente", o que Maria Stuart esperava, o hábil tático limita o dever de obediência com uma parábola: "Quando um pai perde o juízo e quer matar seus filhos, os filhos têm direito de amarrar suas mãos e lhe tirar a espada. Se príncipes perseguem os filhos de Deus, estes têm direito de reagir." A rainha imediatamente entende nesse subterfúgio a resistência do teocrata contra o direito dela de governar.

---

[12] "Primeiro toque de trombeta contra o monstruoso governo das mulheres." (*N. da T.*)

— Então — pergunta ela —, meus súditos devem obedecer ao senhor e não a mim? Então eu lhe sou subordinada, e não o senhor a mim?

Essa é, com efeito, a opinião de John Knox. Mas ele é cauteloso demais para dizer isso claramente na presença de Moray.

— Não — responde ele, desviando o assunto —, ambos, rainha e súditos, devem obedecer a Deus. Reis devem ser os protetores da Igreja, e rainhas suas nutrizes.

— Mas sua Igreja não é aquela que eu quero alimentar — responde a rainha, amargurada com a ambiguidade dele. — Quero cultivar a Igreja católica romana, que considero a Igreja de Deus.

Agora é o embate de duas durezas. Atingiu-se o ponto onde não há entendimento entre uma católica crente e um protestante fanático. Knox fica muito descortês e diz que a Igreja católica romana é uma prostituta que não deve ser noiva de Deus. E como a rainha lhe recusa tais palavras porque ofendem sua consciência, ele responde desafiador:

— Consciência exige conhecimento.

E diz que receia que a rainha não tenha o conhecimento correto. Em lugar de uma reconciliação, aquele primeiro diálogo só promove um endurecimento dos antagonistas. Knox sabe agora que esse "Satanás é forte" e que não pode esperar que a jovem rainha ceda. "Na disputa com ela deparei com uma determinação que nunca vi em alguém dessa idade", escreve amargurado, "desde então a corte está acabada para mim, e eu para a corte." De outro lado, a jovem mulher pela primeira vez sentiu o limite do seu poder real. Knox sai do aposento de cabeça erguida, arrogante e orgulhoso por ter enfrentado uma rainha, e Maria Stuart fica perturbada, rompendo em lágrimas amargas ao perceber sua impotência. E não serão as últimas. Em breve reconhecerá que o poder não se herda apenas no sangue, mas que precisa ser reconquistado incessantemente com lutas e humilhação.

5
A pedra começa a rolar
(1561–1563)

Os três primeiros anos que a jovem rainha passa na Escócia como rainha--viúva transcorrem razoavelmente calmos e sem incidentes: faz parte da singular forma do destino que todos os grandes acontecimentos com ela sempre (e foi isso que tanto atraiu os dramaturgos) se condensem em episódios breves e elementares. Moray e Maitland regem naqueles anos, Maria Stuart representa, e essa distribuição de poder é excelente para todos. Pois tanto Moray quanto Maitland regem com inteligência e cautela; Maria Stuart, por seu lado, representa com perfeição. Com beleza e elegância inatas, hábil nas artes cavalheirescas, já pela aparência externa ela conquista a admiração geral: o povo de Edimburgo olha com orgulho a filha dos Stuart quando cedo de manhã, com falcão no punho erguido, ela sai no meio de sua cavalgada colorida, respondendo amável e alegremente a todas as saudações — algo divertido, algo comovente e romântico entrou naquele país severo e sombrio com aquela rainha juvenil; e a beleza e a juventude de um governante conquistam misteriosamente o amor de qualquer nação. Os lordes, por sua vez, respeitam a audácia viril de sua natureza. Essa jovem é capaz de cavalgar, dias a fio, no mais desabrido galope à frente de sua comitiva. Assim como, sob sua amabilidade sedutora e calma, oculta uma altivez férrea ainda não desenvolvida; esse corpo esguio, delicado e feminino esconde uma força inaudita. Nenhum esforço é excessivo para seu ânimo ardente, e certa vez, no meio do prazer de disparar selvagemente a cavalo, ela diz a um acompanhante que preferia ser homem para saber como era passar a noite no campo de batalha. Quando o regente Moray sai em campanha contra o clã rebelde dos Huntly, ela cavalga com ele, determinada, punhal do lado, pistola no cinto; aquela aventura lhe faz um bem admirável, com seu novo e forte encanto de selvageria e perigo, pois empenhar-se inteiramente, com toda a força, toda a paixão, é característico dessa personalidade forte. Mas se nessas cavalgadas ela tem a simplicidade e a resistência de um caçador e de um guerreiro, por outro lado, como soberana em seu castelo, sabe agir com arte e cultura, a mais alegre e mais amável em seu pequeno mundo. Sua juventude reúne de maneira exemplar o ideal de sua era, coragem e leveza, força e brandura, numa combinação de romantismo e audácia. Uma última claridade de cavalheirismo de trovadores brilha com sua figura naquele frio e enevoado mundo nórdico, já escurecido pela sombra da Reforma.

Nunca a imagem dessa menina-mulher romântica brilhou mais radiante do que nesses seus 20 ou 21 anos: seu triunfo também chega cedo, mas ela não entende sua importância e não tira proveito disso. Sua vida interior ainda não despertou inteiramente. A mulher dentro dela ainda não conhece o desejo do seu sangue, a sua personalidade ainda não se formou, não se desenvolveu. É somente na paixão, no perigo, que se revelará a verdadeira Maria Stuart, mas aqueles primeiros anos na Escócia são só um tempo de espera indiferente, um "passatempo" brincando sem destino certo, um preparar-se sem que a vontade interior já soubesse para que e para quem. É como inspirar fundo antes de um grande esforço decisivo, um momento pálido e desinteressante. Pois para Maria Stuart, que ainda criança já tivera poderes na França, não bastava a vida de rainha da Escócia. Ela não voltara para casa para governar aquele país pobre, estreito e remoto; desde o início, ela contempla essa coroa apenas como um pretexto para conquistar outra mais brilhante no jogo do mundo, e enganam-se todos aqueles que pensam ou dizem que Maria Stuart não desejara nada diferente nem mais elevado do que reger sossegada e pacificamente — como comportada administradora da coroa da Escócia — a herança de seu pai. Quem lhe atribui uma ambição tão pequena diminui sua dimensão espiritual, pois nessa jovem mulher vive uma vontade indomável de grande poder; jamais ela, casada aos 15 anos na catedral de Notre-Dame com um filho de reis da França, pomposamente festejada por milhões como soberana no Louvre, há de se contentar em governar apenas duas dúzias de condes e barões meio campônios e inadequados, rainha de algumas centenas de pastores de ovelhas e pescadores. Nada é mais artificial e falso do que atribuir-lhe *a posteriori* um sentimento nacional patriótico, que na verdade é invenção de séculos posteriores. Os príncipes dos séculos XV e XVI — com exceção de sua grande adversária Elizabeth — ainda nem pensam em seus povos, mas só no poder pessoal. Reinos são cortados e remendados como roupas, guerra e casamento formam os Estados e não a vontade da nação. Portanto, não tenhamos ilusões sentimentais: Maria Stuart, naquele tempo, estava disposta a trocar a Escócia pela coroa espanhola, inglesa, francesa ou outra qualquer, e provavelmente não teria derramado lágrimas por despedir-se das matas, dos lagos nem dos românticos castelos de sua pátria; pois sua ambição jamais considerou aquele seu pequeno reino senão como trampolim para um objetivo mais alto. Ela sabia que, por herança, estava destinada a governar, que pela beleza e cultura era digna de qualquer coroa da Europa, e com a mesma paixão imprecisa com que outras mulheres de sua idade sonham com um amor desmedido, ela, em sua ambição, sonha unicamente com desmedido poder.

Por isso também ela, no começo, deixa com Moray e Maitland os assuntos de Estado, sem nenhum ciúme e até sem verdadeiro e participativo interesse; sem inveja — que interessa a ela, tão cedo coroada, aquele pobre e pequeno país? —, permite que os dois administrem e decidam. Administrar e multiplicar sua propriedade, essa mais alta arte política nunca foi o forte de Maria Stuart. Ela só sabe defender, não preservar. Só quando seu direito é ameaçado, seu orgulho desafiado, só quando uma vontade alheia ataca a sua, então sua energia desperta, selvagem e impulsiva: só nos grandes momentos essa mulher se torna grande e ativa; nos tempos medianos, é mediana e indiferente.

Nesse período tranquilo, a hostilidade de sua grande rival também está quieta. Pois sempre que o coração ardente de Maria Stuart se acalma e se controla, Elizabeth se tranquiliza. Uma das mais importantes vantagens políticas dessa grande realista foi desde sempre reconhecer fatos e não reagir caprichosamente contra o inevitável. Ela se opusera com toda a sua força ao retorno de Maria Stuart à Escócia, e fizera tudo para adiá-lo. Agora que aconteceu, Elizabeth já não luta contra o fato inarredável, e prefere fazer tudo para ter uma relação amigável com sua rival, enquanto não puder eliminá-la. Elizabeth não aprecia a guerra — essa é uma das mais fortes qualidades positivas do seu caráter errático e obstinado —, tem um temor de decisões e responsabilidades violentas; de natureza calculista, ela prefere tirar vantagens de negociações e acordos, procura matar a primazia por um hábil jogo intelectual. Mal soube do retorno de Maria Stuart à Escócia, lorde Moray exortara Elizabeth em palavras comoventes a travar com ela uma amizade sincera.

— Sois ambas rainhas jovens, e não deveis permitir ao vosso gênero aumentar vossa glória com guerra e derramamento de sangue. Cada uma de vós sabe de que razão surgiu esse sentimento hostil, e desejo, perante Deus, que minha senhora, a rainha, jamais tivesse tentado reivindicar direito ou título sobre o reino de Vossa Majestade. Apesar disso, ambas devíeis ter sido e permanecido amigas. Mas, como de sua parte ela certa vez manifestou aquele pensamento, receio que enquanto esse motivo não for eliminado, entre vós permanecerá para sempre um mal-entendido. Vossa majestade não pode ceder nesse ponto, e ela, por sua vez, deve sentir duramente que, sendo tão próxima da Inglaterra pelo sangue, seja tratada como estranha. Não seria possível aqui um caminho intermediário?

Elizabeth não se mostra inacessível a essa sugestão. Como simples rainha da Escócia e sob proteção de Moray, que é pago por Elizabeth, Maria Stuart de saída não é mais tão perigosa como fora quando duplamente rainha, da Escócia e da França. Por que não mostrar amizade por ela, sem ter esse sentimento no fundo do coração? Logo ocorre uma troca de cartas entre Elizabeth e Maria Stuart, em que uma das *dear sisters* transmite à outra no papel seus mais afetuosos sentimentos. Maria Stuart manda como presente a Elizabeth um anel de brilhantes, que esta retribui com outro ainda mais valioso. Para o mundo e para si próprias, representam o alegre teatro de afeto parental. Maria Stuart assegura que "não tem maior desejo na terra do que ver sua boa irmã", quer desfazer sua aliança com a França, pois valoriza o afeto de Elizabeth *more than all uncles of the world*,[13] e Elizabeth, de sua parte, desenha em sua grande letra solene, só usada em ocasiões importantes, os protestos exagerados de sua simpatia e lealdade. Logo que se trata de realmente fechar algum acordo e decidir um encontro pessoal, porém, as duas se esquivam, cautelosas. Pois, no fundo, as velhas negociações ainda estão em ponto morto: Maria Stuart quer assinar o acordo de Edimburgo reconhecendo Elizabeth somente quando esta lhe tiver assegurado o direito de sucessão; Elizabeth acha que isso significa assinar sua própria sentença de morte. Nenhuma cede um centímetro de seu direito, e assim todas aquelas frases floridas apenas encobrem uma fissura intransponível. Como disse Gêngis Khan, conquistador do mundo, "não pode haver dois sóis no céu nem dois Khan na terra". Uma das duas terá de ceder, Elizabeth ou Maria Stuart. As duas sabem disso em seu íntimo, e as duas esperam o momento certo. Mas, enquanto essa hora não chegar, por que não se alegrar com uma breve trégua na guerra? Onde a desconfiança vive, inextinguível, no fundo do coração, não faltará oportunidade de deixar arder a chama escura, numa fogueira devoradora.

Nesses anos, a jovem rainha é oprimida por preocupações. Às vezes, o peso dos assuntos de Estado a aborrece; com cada vez mais frequência sente-se estranha no meio desses nobres duros e briguentos; ela detesta aquelas disputas com os padres zelosos e os intrigantes ocultos. Nessas horas, refugia-se, em pensamento, na França, a pátria do seu coração. Não pode abandonar a Escócia; portanto, fundou no seu castelo de Holyrood uma pequena França, um minúsculo pedaço de mundo, seu Trianon, onde pode viver livre seguindo suas mais caras inclinações. Na torre redonda de Holyrood ela organiza, segundo gosto francês, uma corte romântica. De Paris trouxe gobelins e tapetes turcos, camas e móveis e quadros magníficos, seus livros lindamente encadernados,

---

[13] "Mais do que a todos os tios deste mundo." (*N. da T.*)

seu Erasmo, o seu Rabelais, o seu Ariosto e o seu Ronsard. Aqui se fala francês e se vive à maneira francesa; aqui, com as velas bruxuleantes, se faz música à noite, se realizam jogos de salão, se leem versos, são entoados madrigais. Pela primeira vez nessa corte em miniatura aparecem as *masques*, pequenas peças clássicas de além do Canal da Mancha, que mais tarde o teatro inglês haverá de desenvolver e fazer florescer. Ali se dança fantasiado até bem depois da meia-noite, e numa dessas danças de máscaras, *The purpose*, a própria jovem rainha aparece vestida de homem, com calças de seda preta justas, enquanto seu parceiro — o jovem poeta Chastelard — está disfarçado de dama, visão que certamente teria provocado o maior horror em John Knox.

Mas puritanos e outros resmungões estão excluídos dessas horas de alegria, e em vão John Knox se indigna com tais *souparis* e *dansaris* e troveja do púlpito de St. Giles, fazendo sua barba balançar como um pêndulo:

— Príncipes são mais treinados em fazer música e participar de banquetes do que em ler e ouvir a sagrada palavra de Deus. Músicos e bajuladores, que sempre prejudicam a juventude, lhes agradam mais do que os homens velhos e sábios, que com suas exortações sagradas querem abater parte daquele orgulho com que todos nascemos.

Mas aquele círculo jovem e alegre tem pouco desejo das "exortações redentoras" do *kill joy*, o assassino da alegria; as quatro Marias, e alguns cavalheiros de tendências francesas estão felizes por esquecer, naquele iluminado e aquecido espaço da amizade, a escuridão daquele país severo e trágico, e sobretudo Maria Stuart alegra-se em poder tirar a fria máscara da majestade e ser apenas uma mulher jovem no círculo de gente da sua idade e da mesma disposição.

Esse é apenas um desejo natural. Mas para Maria Stuart há sempre o perigo de ceder à negligência, a cautela permanente lhe é intolerável, mas exatamente essa virtude do "não-poder-se-conter", esse *Je ne sais point déguiser mes sentiments*[14] (como ela certa vez escreve),

---

[14] "Eu não sei esconder meus sentimentos." (*N. da T.*)

cria-lhe mais aborrecimentos políticos do que todas as demais traições maldosas. Pois a naturalidade com que a rainha se move entre esses jovens, aceitando com um sorriso suas homenagens e talvez até provocando-os sem saber, produz nesses desinibidos uma camaradagem inadequada, e para naturezas apaixonadas é até sedução. Algo naquela mulher, cuja beleza não se entrevê inteiramente nos retratos, devia ser sensualmente provocador. Talvez em sinais imperceptíveis, alguns homens já pressentissem, naquele tempo, que, sob o jeito suave, social e aparentemente seguro daquela mulher-menina, se escondia uma incrível capacidade de paixão, como um vulcão sob uma paisagem adorável; talvez, muito antes que Maria Stuart reconhecesse seu próprio mistério, eles tenham adivinhado por instinto masculino essa falta de controle, farejando-a, pois havia nela algum poder que atraía os homens mais fortemente para o sensual do que para o amor romântico. Talvez, exatamente por ainda não ter despertado para esses impulsos, ela ousasse pequenas intimidades físicas — a carícia de uma mão, um beijo, um olhar convidativo — mais facilmente do que uma mulher consciente, que conhece os perigos dessa desinibição. Seja como for, às vezes ela permite aos jovens ao seu redor esquecerem que a mulher dentro dela, sendo rainha, tem de permanecer inatingível a qualquer pensamento ousado. Certa vez, um jovem capitão escocês chamado Hepburn se permitiu insolências grosseiras e atrevidas com relação a ela, e só a fuga lhe evitou o castigo extremo. Mas Maria Stuart passa docemente demais sobre esse incidente desagradável, levianamente o perdoa como pecadilho admissível, e, com isso, dá nova coragem a outro nobre de seu pequeno círculo.

Essa aventura acontece de modo absolutamente romântico; como quase todos os episódios desse país escocês, ele se transforma numa balada sombria e sangrenta. O primeiro admirador de Maria Stuart na corte real francesa, monsieur Danville, confiara aquele seu devaneio romântico a seu jovem amigo e companheiro, o poeta Chastelard. Agora monsieur Danville, que acompanhara a rainha com os outros nobres em sua viagem para a Escócia, tem de voltar para a França, para sua esposa, e seu dever; mas o trovador Chastelard permanece na Escócia, como personificação de uma tendência estrangeira. E não é desprovido de perigo fazer sempre versos amorosos, pois desse jogo facilmente brota a realidade. Maria Stuart aceita as homenagens poéticas desse jovem huguenote bem versado em todas as artes cavalheirescas, e até responde com poemas próprios; que jovem mulher sensível, no meio de um ambiente rude e reservado, não ficaria lisonjeada ouvindo-se homenageada em estrofes tão admirativas?

Oh Déesse immortelle
Escoute donc ma voix
Toy qui tiens en tutelle
Mon pouvoir sous tes loix
Afin que si ma vie
Se voit en bref ravie
Ta cruauté
La confesse périe
Par ta seule beauté.

Especialmente se não se sente culpada? Pois Chastelard não pode se gloriar de ser correspondido na sua paixão. Melancolicamente, ele tem de admitir:

Et néanmoins la flâme
Qui me brûle et enflâme
De passion
N'émeut jamais ton âme
D'aucune affection.[15]

---

[15] "Ó deusa imortal/ Escuta a minha voz/ Tu que tens sob a tutela/ O meu poder sob tuas leis/ A fim de que a minha vida/ Se veja em breve contente/ Tua crueldade/ a faz perecer/ somente pela tua beleza." "E nem ao menos a chama/ que queima e inflama/ de paixão/ não comove tua alma/ com nenhuma afeição." (*N. da T.*)

Provavelmente, Maria Stuart, que sendo poeta conhece os exageros da lírica, aceita com um sorriso as estrofes de seu belo Céladon, e sem nenhuma outra intenção senão a do jogo, tolera galanteios que nada significam de estranho numa romântica corte de mulheres. Na sua maneira desinibida, ela brinca com Chastelard com a mesma inocência com que brinca com suas quatro Marias. Distingue-o com pequenos favores, e escolhe-o como parceiro na dança (quando pela hierarquia ele mal deveria chegar perto dela). Certa vez, durante a dança, se apoia bem junto do ombro dele; permite-lhe que faça comentários mais livres do que seria apropriado, a três ruas de distância do púlpito de John Knox — ele que descreve *such fashions more lyke to the bordell than to te comeliness of honest women;*[16] talvez no jogo de máscaras ou prendas até permita a Chastelard um beijo rápido. Mas, sendo em si insignificantes, essas intimidades têm o danoso efeito de fazer com que, à semelhança de Torquato Tasso, o jovem poeta não distinga mais direito as barreiras entre rainha e servo, respeito e camaradagem, entre galantaria e conveniência, seriedade e brincadeira, e siga ardentemente seus próprios sentimentos. Assim acontece um incidente desagradável e inesperado: certa noite, as jovens que servem a Maria Stuart encontram Chastelard no quarto de dormir da rainha, escondido atrás das cortinas. Inicialmente, nada suspeitam de mau, mas consideram aquela tolice juvenil como travessura; com palavras enérgicas e aparentemente iradas, as moças expulsam o atrevido do quarto. Maria Stuart também encara a falta de tato antes com brandura e perdão do que com verdadeira indignação. O incidente é cuidadosamente escondido do irmão de Maria Stuart, e, em breve, não se fala mais de um castigo sério para um crime tão ofensivo contra a etiqueta. Mas essa tolerância aconteceu no lugar errado. Pois ou o tolo se sentiu animado pela pouca importância que as jovens deram ao fato, ou uma verdadeira paixão por Maria Stuart o privou de toda a inibição — seja como for, secretamente ele segue a rainha na sua viagem a Fife,

---

[16] "Tais costumes são mais semelhantes aos do bordel do que convém a mulheres honestas." (*N. da T.*)

sem que ninguém da corte saiba de sua presença, e só quando Maria Stuart já está meio despida descobrem de novo o tresloucado no quarto de dormir dela. No primeiro susto, a mulher ofendida grita; seu chamado estridente ecoa pela casa. Do quarto ao lado, corre Moray, seu meio-irmão, e agora não há mais como calar nem perdoar. Dizem (não é provável) que Maria Stuart pediu que Moray liquidasse imediatamente o atrevido com um punhal. Mas Moray — inteligente e calculista, contrário em tudo a sua irmã passional —, refletindo sobre todas as consequências, sabe muito bem que o assassinato de um jovem no quarto de dormir de uma rainha não apenas mancharia o criminoso, mas a honra dela. É preciso acusar publicamente esse crime, na praça da cidade. O delito tem de ser pago, para provar ao povo e ao mundo a total inocência da rainha.

Poucos dias depois, Chastelard é conduzido à morte. Seu atrevimento foi considerado crime pelos juízes, sua leviandade como má intenção, e unanimemente dão-lhe o mais duro castigo: decapitação. Maria Stuart, ainda que quisesse, não tem mais como absolver o insensato. Os enviados já anunciaram o incidente em todas as cortes, Londres e Paris observam curiosamente o comportamento dela. Qualquer palavra em favor dele agora seria interpretada como admissão de sua própria culpa. Assim, ela tem de parecer mais dura do que provavelmente queria ser, e de deixar sem esperança e sem ajuda em sua hora mais difícil aquele companheiro de horas alegres e agradáveis.

Chastelard morre de forma romanesca, como convém na corte de uma rainha romântica. Rejeita qualquer ajuda sacerdotal, só a poesia o deve consolar, e a consciência de que

Mon malheur déplorable
Soit sur moy immortel.[17]

O valente trovador sobe altivo até o local de execução, e, em lugar de salmos e orações, recita em voz alta, no trajeto, o famoso *Epitre à la mort* de seu amigo Ronsard:

---

[17] "Meu mal deplorável/ Seja em mim imortal." (*N. da T.*)

Je te salue, heureuse et profitable mort
Des extrêmes douleurs médicin et confort.[18]

Diante do cepo ergue mais uma vez a cabeça para uma invocação, mais um suspiro do que uma acusação: *Ô cruelle dame*, depois curva-se, controlado, para receber o golpe assassino. Esse romântico morre como numa balada, num poema.

Mas esse infeliz Chastelard é apenas um num bando obscuro, é apenas o primeiro que morre por Maria Stuart, apenas precede os demais. Com ele começa a espectral dança da morte de todos aqueles que seguirão até o cepo do carrasco por aquela mulher, atraídos pelo destino dela e arrastando-a consigo para o próprio fim. Eles vêm de todos os países; como no quadro de Holbein, arrastam-se sem vontade atrás do tambor negro, passo a passo, ano a ano, príncipes e regentes, condes e nobres, padres e guerreiros, adolescentes e anciãos, todos se sacrificando por ela, todos por ela sacrificados — ela que, inocentemente culpada pelo seu trajeto sombrio, como penitência há de encerrar. Raramente o destino colocou tanta magia mortífera em uma mulher: como um ímã, ela atrai da maneira mais perigosa todos os homens ao seu redor, numa sedução funesta. Quem cruzar seu caminho, gozando de seus favores ou desfavores, cai em desgraça e tem morte violenta. Não trouxe sorte a ninguém, odiar Maria Stuart. E mais duramente ainda pagaram os que se atreveram a amá-la.

Por isso, só aparentemente o episódio de Chastelard foi um mero acaso. Pela primeira vez revela-se aqui a lei de seu destino: que nunca lhe fosse permitido ser negligente, leve e confiante. Desde o primeiro momento, sua vida foi feita de modo a sempre precisar ser a figura representativa, rainha, personalidade pública, boa no jogo do mundo, e o que no começo parecia uma graça, sua coroação prematura, sua inata superioridade, era

---

[18] "Eu te saúdo, feliz e proveitosa morte/ Remédio e conforto das dores extremas." (*N. da T.*)

na verdade uma maldição. Pois sempre que tenta pertencer a si mesma, seguir apenas seu capricho, suas verdadeiras inclinações, é terrivelmente castigada. Chastelard é apenas o primeiro aviso. Depois de uma infância sem ser criança, no breve lapso antes de negociarem pela segunda e terceira vez seu corpo e sua coroa com algum homem estranho em troca de mais uma coroa, ela tentou por alguns meses ser apenas jovem e despreocupada, apenas respirar, apenas viver e alegrar-se, e então mãos duras a arrancam daquele brinquedo. Inquietos com o incidente, agora o regente, o Parlamento, os lordes urgem com novo casamento. Maria Stuart deve escolher um marido: naturalmente, não alguém que lhe agrade, mas alguém que aumente o poder e a segurança do país. Apressam-se as negociações que andavam lentas, pois tomou conta dos responsáveis uma espécie de medo de que aquela mulher impensada no fim pudesse destruir totalmente sua fama e seu valor com outra insensatez. Mais uma vez começa o leilão no mercado de casamentos: Maria Stuart é novamente empurrada para o círculo da política, que rodeia implacável sua vida, da primeira à última hora. E sempre que ela tenta quebrar esse anel frio em torno de sua verdadeira e cálida vida, por um instante ao menos, destrói-se o destino dos outros e o seu próprio.

6

O grande mercado político de casamentos (1563–1565)

Neste momento, duas jovens mulheres são as mais cortejadas do mundo: Elizabeth da Inglaterra e Maria da Escócia. Quem tem direito à coroa na Europa e ainda está sem esposa, envia agora seus negociadores; os Habsburgo e os Bourbon, Filipe II da Espanha e seu filho dom Carlos, o arquiduque da Áustria, os reis da Suécia e da Dinamarca, anciãos e meninos, homens e adolescentes — há muito o mercado político de casamentos não estava tão animado. Pois o casamento com uma princesa ainda é a forma mais cômoda de um governante ampliar seu poder. Não pela guerra, mas pelo casamento se construíram no tempo do absolutismo os maiores direitos de herança, a França unida, a Espanha universal e o poder dos Habsburgo. E agora, inesperadamente, as últimas joias da coroa europeia ainda são atração. Elizabeth ou Maria Stuart, Inglaterra ou Escócia: quem ganhar pelo casamento um ou outro país, também ganhou no jogo mundial, e ao mesmo tempo, com a competição nacional, se decide outra guerra, espiritual e intelectual. Pois se pelo casamento com uma das duas soberanas a ilha britânica recair para um rei católico, na luta entre catolicismo e protestantismo o pequeno peso na balança terá decidido definitivamente em favor de Roma, e a *ecclesia universalis* será novamente vencedora. Por isso essa precipitada corrida à noiva significa imensuravelmente mais do que uma ocasião familiar; nela se incorpora uma decisão mundial.

Uma decisão mundial, mas para essas duas mulheres, essas duas rainhas, também uma decisão vital. Pois as linhas de seus destinos estão indissoluvelmente enlaçadas. Se uma das duas rivais for erguida por um casamento, o outro trono passará a balançar incessantemente; se um prato da balança subir, o outro terá de baixar. A tênue amizade entre Maria Stuart e Elizabeth só poderá durar enquanto as duas continuarem solteiras, uma delas apenas rainha da Inglaterra, a outra apenas rainha da Escócia; se os pesos se deslocarem, uma delas, a vencedora, será mais poderosa. Mas orgulho firma-se contra orgulho; obstinadamente, nenhuma quer ceder. Só um combate de vida e morte pode resolver esse nó terrível.

Para esse espetáculo magnífico, a História escolheu duas adversárias de grande estilo. Maria Stuart e Elizabeth são talentos singulares e incomparáveis. Ao lado de suas personalidades enérgicas, os demais monarcas daquele tempo — Filipe II da Espanha, com sua rigidez monacal, Carlos IX, com seus caprichos de adolescente, o insignificante Francisco da Áustria — pareciam personagens secundários; nenhum deles chega perto da altura intelectual na qual aquelas duas mulheres extraordinárias se enfrentam. Inteligentes — e muitas vezes inibidas por caprichos e paixões femininas —, ambas desenfreadamente ambiciosas, desde o começo da juventude se prepararam especialmente para sua alta posição. A postura de ambas era modelar no sentido da representação externa, a cultura das duas estava repleta de valores humanistas. Cada uma delas fala fluentemente além da língua materna, latim, francês e italiano. Elizabeth, além disso, ainda o grego, e as cartas das duas superam em muito em expressão aquelas de seus melhores ministros — as de Elizabeth mais coloridas e cheias de imagens do que as de seu inteligente secretário de Estado Cecil, as de Maria Stuart mais buriladas e singulares do que as simplesmente diplomáticas de Maitland e Moray. A inteligência de ambas, seu senso artístico e sua postura principesca podem enfrentar os mais severos juízes, e se Elizabeth provoca admiração em Shakespeare e Ben Jonson, Maria Stuart é admirada por Ronsard e Du Bellay. Mas nessa igualdade de nível cultural esgota-se qualquer semelhança entre as duas mulheres; tanto mais fortemente marca-se o contraste interno que, desde o começo, os poetas sentiram e descreveram como tipicamente dramático.

Esse contraste é tão completo que já as linhas da vida os expressam de modo geometricamente visível. Diferença decisiva: para Elizabeth o começo é duro; para Maria Stuart, duro é o fim. A sorte e o poder de Maria Stuart ascendem com facilidade, clara e rapidamente como uma estrela matutina no céu claro; nascida como rainha, ainda criança ela será ungida rainha uma segunda vez. Mas com a mesma rapidez e verticalidade vai ocorrer sua queda. Seu destino se concentra em três ou quatro catástrofes isoladas, portanto é tipicamente dramática — motivo pelo qual é sempre escolhida como heroína de tragédias —; enquanto a ascensão de Elizabeth é lenta e tenaz (por isso na verdade só a descrição épica lhe fará justiça). Nada lhe foi dado, nem concedido por Deus com mão leve. Declarada bastarda quando criança, lançada na Torre de Londres pela própria irmã, ameaçada com sentença de morte, só com astúcia e prematura diplomacia ela teve de conquistar primeiro a mera existência, depois a tolerância alheia. Por herança, Maria Stuart recebeu dignidades desde o começo, Elizabeth as criou com o próprio corpo e a própria vida.

Duas linhas de vida tão diferentes precisam necessariamente se separar. Podem cruzar-se eventualmente e se entrecortar, mas jamais se ligam de fato. Pois em cada oscilação e nuance de caráter age a diferença fundamental, de que uma nasceu com a coroa como se fosse da própria cabeça, enquanto a outra teve de conquistar essa posição com luta, astúcia; uma desde o começo rainha legítima, outra sempre com seu título sob dúvida. Cada uma dessas duas mulheres extrai outra força dessa forma singular de destino. Em Maria Stuart, a leveza e a facilidade com que tudo lhe foi concedido — cedo demais! — adquirem uma incomum leviandade e segurança, a vida lhe dá aquela ousadia que é sua grandeza e sua ruína. Deus lhe deu a coroa, ninguém a pode tirar dela. Deve mandar, os outros devem obedecer, e ainda que o mundo todo duvidasse do seu direito, ela sente arder-lhe no sangue o dom da soberania. Leve e sem muito refletir, ela se entusiasma, toma decisões rápidas e acaloradas como um golpe de espada, e, assim, como amazona ousada fazendo seu garanhão saltar num arranco sobre todos os obstáculos, pensa também poder passar por cima de todas as dificuldades e perigos da política com a simples coragem alada. Se para Elizabeth governar é um jogo de xadrez, um jogo de reflexão, um permanente esforço tenso, para Maria Stuart é apenas um prazer intenso, um aumento do prazer de viver, um torneio cavalheiresco. Como certa vez disse o papa sobre ela, "o coração de um homem num corpo de mulher", e exatamente esse atrevimento leviano, egoisticamente soberano, que a torna tão atraente para a poesia, a balada, a tragédia, causa o seu prematuro fim.

Pois, apesar de sua natureza positiva, seu senso de realidade quase brilhante, Elizabeth só consegue sua vitória explorando de maneira inteligente a precipitação e a insensatez de sua cavalheiresca adversária. Com seus olhos claros e penetrantes como uma ave de rapina, ela encara o mundo, desconfiada — um mundo cujos perigos precocemente aprendeu a temer. Já em criança teve ocasião de perceber com que velocidade a roda da fortuna gira para cima e para baixo, e que só um passo separa trono e cadafalso, e mais um passo leva da Torre de Londres, antessala da morte, até Westminster. Por isso ela considera eternamente o poder algo transitório, e tudo que é seguro como algo ameaçado; Elizabeth segura coroa e cetro cautelosa e amedrontada, como se fossem de vidro e pudessem lhe escapar das mãos a qualquer momento; na verdade, passa toda a sua vida preocupada e indecisa. Todos os retratos completam aqui de modo convincente as descrições que nos foram transmitidas de sua personalidade: em nenhum deles seu olhar é claro, livre e altivo como o de uma verdadeira soberana; seu rosto nervoso está sempre assustadiço e inquieto, como se estivesse à escuta, à espera de algo, o sorriso da segurança jamais ilumina sua boca. Tímida e vaidosa a um tempo, ela ergue o semblante pálido acima do enfeite pomposo das vestimentas cobertas de joias, ao mesmo tempo sentindo frio sob aquela magnificência excessiva.

Mal está a sós consigo mesma, mal deslizou de seus ombros ossudos o vestido oficial, mal a maquilagem sai de suas faces estreitas, também a alteza cai de cima dela e sobra uma pobre mulher perturbada e prematuramente envelhecida, um ser humano solitário, que mal consegue dominar a própria aflição, muito menos um mundo. Essa postura tímida pode não ter efeito muito heroico numa rainha, e essa eterna hesitação e a incapacidade de decidir-se não são vistas de forma majestática; mas a grandeza de estadista de Elizabeth reside em outro plano que não o romântico. Sua força não se evidenciava em planos e decisões audaciosos, mas em um trabalho de tenacidade resistente e cuidadoso para aumentar e assegurar, poupar e juntar, em virtudes burguesas e domésticas: exatamente suas falhas, seus medos, sua cautela são produtivos no sentido do estadista. Pois, enquanto Maria Stuart vive por si mesma, Elizabeth vive por seu país, e, realista, assume seu governo como profissão, mas Maria Stuart, em contraposição, a romântica, considera seu reino uma predestinação que a isenta de todas as obrigações. Cada uma das duas é forte e fraca em sentidos diferentes. Se para Maria Stuart a audácia heroica e insensata se torna ruína, para Elizabeth a hesitação se torna ganho. Pois, na política, sempre vence a tenacidade lenta sobre a força descontrolada, o plano elaborado vence o pulso improvisado, o realismo vence o romantismo.

Nessa luta, contudo, o contraste vai ainda mais fundo. Não apenas com rainhas, também como mulheres Elizabeth e Maria Stuart são tipos totalmente polares, como se a natureza tivesse prazer em executar linhas opostas até no último detalhe nas duas, uma grande antítese mundial em duas grandes figuras. Maria Stuart é mulher da cabeça aos pés, da primeira à última linha é mulher, e as decisões mais importantes de sua vida vieram dessa fonte mais profunda de sua natureza. Não que fosse uma personalidade sempre apaixonada e unicamente dominada por instintos — ao contrário, o que primeiro caracterizou Maria Stuart foi a sua longa reserva feminina. Demorou anos até despertar nela a vida emocional. Por muito tempo vemos apenas (os retratos confirmam isso) uma mulher amável, macia, suave, indiferente, nos olhos uma leve zombaria, um sorriso quase infantil nos lábios, uma natureza indecisa e apática, uma mulher-menina. E extraordinariamente sensível (com toda a natureza realmente feminina), seu ânimo facilmente oscila, cora ao menor motivo, empalidece, e suas lágrimas vêm fáceis. Mas essas ondas rápidas e superficiais por longos anos não revolvem suas profundezas; e exatamente porque ela é uma mulher de verdade, totalmente normal, Maria Stuart descobre sua verdadeira força somente em uma paixão — ao todo, só uma vez na vida. Mas aí sentimos com que força singular ela é mulher, o quanto é uma natureza instintiva e impulsiva, como está acorrentada, sem vontade própria, ao seu gênero. Pois esse grande momento de seu êxtase desaparece de repente como que sopradas as forças culturais superiores naquela mulher até então fria e comedida, todas as represas da boa educação, da etiqueta e da dignidade se quebram, e diante da escolha entre honra e paixão, Maria Stuart não escolhe seu reino, mas sua feminilidade. O manto real cai de súbito, ela se sente nua e ardente como uma das incontáveis que querem receber e dar amor, e nada confere tamanha grandeza a sua figura quanto ter jogado fora, quase com desdém, por um único momento pleno de sua existência, o reino, o poder e a dignidade.

Elizabeth, em contrapartida, era incapaz dessa entrega completa. Pois — como formulou Maria Stuart em sua famosa carta de ódio — ela "não era como as demais mulheres" fisicamente. Não apenas lhe fora negada a maternidade, mas provavelmente também a forma natural dos atributos femininos. Não permaneceu tão voluntariamente como dizia, por toda a vida, a *virgin queen*, a rainha virgem, e ainda que algumas notícias contemporâneas (como as de Ben Jonson) sobre a deformidade física de Elizabeth sejam duvidosas, é certo que alguma inibição física ou psíquica a perturbou nas zonas mais secretas de sua feminilidade. Tal infortúnio determina a personalidade de uma mulher, e nesse segredo estão contidos em semente todos os demais segredos de seu caráter. Aquele traço lampejante, oscilante, nervoso e meteorológico de seus nervos, que mergulha sua natureza constantemente na luz bruxuleante da histeria, o desequilibrado, o imprevisível de suas decisões, aquela eterna alternância entre frio e calor, sim e não, toda aquela comédia, o refinado, o traiçoeiro, e — não menos — aquela coqueteria que pregava as maiores peças à sua dignidade de estadista, nasciam daquela insegurança interna. Sentir de maneira unívoca e natural, pensar, agir assim, era negado àquela mulher profundamente ferida: ninguém podia contar com ela, e menos ainda ela estava segura de si própria. Porém, mesmo mutilada em seu território mais íntimo, ainda que jogada de um lado a outro pelos seus nervos, ainda que perigosa em sua inteligência de intrigante, Elizabeth nunca era cruel nem desumana, fria ou dura. Nada mais falso, superficial e banal do que o conceito já esquemático (que Schiller assumiu na sua tragédia), de que Elizabeth teria brincado como uma gata astuta com a doce e indefesa Maria Stuart. Quem olhar mais a fundo essa mulher solitária, que treme em seu trono, que sempre se atormenta histericamente com seus meio-amantes, porque a nenhum deles pode-se entregar inteira e claramente, verá que ela esconde um ardor secreto, dissimulado, e, por trás de todas essas manias e intensidades, uma vontade honesta de ser generosa e boa. A violência não combinava com sua natureza assustadiça, preferia refugiar-se nas artes pequenas e nervosas da diplomacia, o jogo de fundo descomprometido atrás dos bastidores. A cada declaração de guerra, porém, ela hesitava e tremia, cada sentença de morte lhe pesava na consciência como uma pedra, e, para preservar a paz de seu país, ela empenhou o melhor de suas forças. Se combateu Maria Stuart foi unicamente porque (não injustamente) se sentia ameaçada por ela, e mesmo assim teria preferido fugir do embate aberto, porque por temperamento era apenas jogadora e também trapaceira, não uma lutadora. Ambas, Maria Stuart por apatia e Elizabeth por medo, teriam preferido uma falsa paz. Mas o momento não permitia que convivessem. Indiferente à vontade interna dos indivíduos, muitas vezes a vontade mais forte da História empurra homens e potências em seu jogo assassino.

Pois atrás da diferença interna das personalidades erguem-se imperiosos como sombras gigantescas os grandes contrastes daquele tempo. Não é por acaso que Maria Stuart foi a defensora da religião católica, a antiga, e Elizabeth protetora da nova, a reformada; esse partidarismo representa apenas simbolicamente que cada uma corporificava uma visão de mundo. Maria Stuart, o mundo que morria, medieval e cavalheiresco; Elizabeth, o mundo moderno em elaboração. É uma transição histórica que ocorre no conflito das duas rainhas.

Maria Stuart — e isso torna tão romântica sua figura — posta-se e tomba por uma causa passada e superada, como um último ousado paladino. Ela só escuta a vontade formada da História quando, voltada para trás, se liga politicamente àquelas forças que já ultrapassaram seu zênite, a Espanha e o papado, enquanto Elizabeth, clarividente, envia seus embaixadores para os países mais distantes, a Rússia e a Pérsia, e num pressentimento dirige a energia de seu povo para os oceanos, como se adivinhasse que nos novos continentes têm de ser erguidos os pilares do futuro reino mundial. Maria Stuart teima no superado, não consegue ir além da concepção dinástica do reinado. Na opinião dela, o país está ligado ao seu soberano, mas não o soberano ao seu país; na verdade, em todos esses anos Maria Stuart foi somente rainha da Escócia, mas jamais uma rainha para a Escócia. As cem cartas que escreveu valem apenas para fortalecer e ampliar seu direito pessoal, mas não há uma única na qual ela se ocupasse com o bem do povo, o estímulo de comércio, marinha ou poder bélico. Como sua língua na poesia e nas conversas permaneceu sempre o francês, também seu pensar e sentir não são escoceses; ela não viveu nem morreu pela Escócia, mas unicamente para continuar sendo rainha da Escócia. Em última análise, Maria Stuart não deixou para seu povo nada de criativo, a não ser a lenda de sua própria vida.

Esse egoísmo de Maria Stuart acabou em solidão. É certo que era imensuravelmente superior a Elizabeth em coragem e determinação. Mas Elizabeth não combatia sozinha contra ela. Pelo seu sentimento de insegurança, compreendeu em tempo como fortalecer sua posição rodeando-se de gente de boa visão; em torno dela nessa guerra havia todo um quartel-general, ensinando-lhe tática e prática, e protegendo-a, nas grandes decisões, de seu temperamento nervoso e instável.

84

Elizabeth soube criar ao seu redor essa organização perfeita a ponto de hoje, depois de séculos, ser quase impossível separar sua realização pessoal da coletiva, e a imensa fama que se liga ao seu nome incluem as realizações anônimas de seus excelentes conselheiros. Enquanto Maria Stuart é apenas Maria Stuart, Elizabeth na verdade é sempre Elizabeth mais Cecil, Elizabeth mais Leicester, mais Walsingham, mais a energia de todo o seu povo, e dificilmente se distingue quem foi o gênio daquele século shakespeariano, a Inglaterra ou Elizabeth — tanto se fundiram em uma magnífica unidade. Nada deu tanta posição a Elizabeth entre os monarcas daquele tempo quanto o fato de não querer ser senhora da Inglaterra mas apenas administradora da vontade do povo inglês, serva de uma missão nacional. Ela entendeu a tendência de seu tempo, que leva do autocrático ao constitucional. Ela reconhece voluntariamente as novas forças que se desenvolvem da transformação das classes, da ampliação do mundo através das descobertas. Ela estimula tudo que é novo, os sindicatos, os comerciantes, os financistas e até os piratas, porque quer dar à Inglaterra, a sua Inglaterra, a primazia sobre os mares. Incontáveis vezes (o que Maria Stuart jamais fez) ela sacrifica seus desejos pessoais pelo bem geral. Pois o alívio para suas angústias é sempre empregar-se em um trabalho frutífero; de sua infelicidade como mulher, Elizabeth formou a felicidade de seu país. Todo o seu egoísmo, toda a sua paixão pelo poder, aquela mulher sem filhos e sem homens transformou no nacional; ser grande na posteridade, a partir da grandeza da Inglaterra, era a mais nobre das suas atividades, e só para essa futura Inglaterra maior ela realmente viveu. Nenhuma outra coroa a atraía (enquanto Maria Stuart, entusiasmada, teria trocado a sua por qualquer outra melhor), e enquanto aquela ardia grandiosa no presente, ela, a econômica, e de ampla visão, dedicou toda a sua força ao futuro da sua nação.

É, portanto, bastante natural que o combate entre Maria Stuart e Elizabeth tenha sido determinado em favor da progressista e orientada para o mundo, e não da rainha voltada para o passado, a cavalheiresca; com Elizabeth venceu a vontade da História que avança, que joga atrás de si como cascas vazias as formas superadas, e tenta recriar suas forças em formas novas. Na sua vida, encarna-se a energia de uma nação, que quer conquistar seu lugar no mundo; no fim de Maria Stuart morre apenas, magnífico e heroico, um passado cavalheiresco. Mas mesmo assim cada uma cumpre inteiramente seu sentido nessa luta: em Elizabeth, a realista, vence a História; em Maria Stuart, a romântica, vencem a poesia e a lenda.

Esse contraste é grandioso no espaço, no tempo e nas suas personagens: se ao menos não fosse tão lamentavelmente mesquinho o modo como foi resolvido! Pois, apesar de seu formato extraordinário, essas duas mulheres permanecem mulheres, não conseguem superar a fragilidade de seu sexo, de sempre resolver inimizades de maneira mesquinha e traiçoeira em lugar de sincera. Se Maria Stuart e Elizabeth fossem dois homens, dois reis a se enfrentar, haveria imediatamente uma disputa áspera, uma guerra clara. Uma reivindicação se chocaria com outra, uma coragem com outra coragem. O conflito de Maria Stuart e Elizabeth, em contrapartida, não tem essa nítida sinceridade, é como gatos brincando, um rondar e espreitar escondendo as garras, um jogo traiçoeiro e cheio de astúcia. Durante um quarto de século essas mulheres mentiram incessantemente uma para a outra e enganaram-se. Seu ódio nunca é franco ou claro; com sorrisos, mentiras e adulação elas se saúdam, trocam presentes e se desejam felicidades, enquanto cada uma, em segredo, esconde o punhal atrás das costas. Não, a crônica da guerra entre Elizabeth e Maria Stuart não produz batalhas como as da *Ilíada*, nem situações gloriosas; ela não é uma canção heroica, mas um capítulo pérfido de Maquiavel, incrivelmente excitante do ponto de vista psicológico, mas moralmente repulsivo, porque gera uma intriga que durou vinte anos, jamais um combate honrado.

Esse jogo desonesto começa imediatamente com as negociações matrimoniais de Maria Stuart, e candidatos principescos foram introduzidos nesse plano. Maria Stuart teria concordado com qualquer um, pois a mulher ainda não despertou nela e não interfere na escolha. Ela aceitaria de bom grado dom Carlos, de 15 anos, embora os boatos o apresentassem como um rapazinho maligno e enlouquecido, e da mesma forma aceitaria o menininho Carlos IX, ainda uma criança. Jovem, velho, repugnante ou atraente, isso é totalmente indiferente para a sua ambição, desde que o casamento a coloque acima da rival. Pessoalmente quase desinteressada, ela deixa as tratativas com seu meio-irmão Moray, que as executa com zelo muitíssimo egoísta, pois se sua irmã usar a coroa em Paris, Viena ou Madri, ele ficará sozinho e será novamente o rei não coroado da Escócia. Mas bem depressa, por meio, do trabalho impecável de seus espiões escoceses, Elizabeth fica sabendo dessa negociação casamenteira além-mar, e imediatamente pronuncia veto enérgico. Deixa clara sua ameaça para o enviado escocês, dizendo que, caso Maria Stuart aceite um pretendente da Áustria, França ou Espanha, ela consideraria isso um ato hostil, o que não a impede de ao mesmo tempo escrever os mais ternos conselhos à prima, pedindo que confiasse unicamente nela, "não importa que montes de felicidade e pompa terrenas os outros lhe prometerem". Há o rei da Dinamarca ou o duque de Ferrara — e ela nada tem a objetar contra um príncipe protestante —, isto é: há candidatos não perigosos e insignificantes, mas o melhor seria que Maria Stuart se casasse "em casa", com algum nobre inglês ou escocês. Nesse caso, estivesse eternamente certa de seu amor fraterno e seu apoio.

Essa postura de Elizabeth é naturalmente um *foul play*,[19] e qualquer um percebe sua intenção: aquela *virgin queen* involuntária quer unicamente estragar qualquer boa chance da rival. Mas Maria Stuart devolve a bola com mão igualmente ágil. Naturalmente, nem por um momento pensa em reconhecer em Elizabeth um *overlordship*, um direito de intrometer-se em seus assuntos matrimoniais. Mas o grande negócio ainda não foi realizado: dom Carlos, o principal candidato, ainda hesita. Assim, Maria Stuart no começo finge gratidão pelo interesse e cuidados de Elizabeth. Assegura que nem *for all the uncles of the world* arriscaria a preciosa amizade da rainha inglesa com uma atitude obstinada, ah não, de jeito nenhum! — e estava sinceramente disposta a seguir fielmente

---

[19] "Jogo sujo." (*N. da T.*)

todas as suas sugestões, bastava Elizabeth dizer-lhe que candidatos são recomendáveis e quais não são. Essa submissão é comovente; mas nela Maria Stuart insere a tímida pergunta sobre como Elizabeth pensa compensá-la por essa obediência. Está bem, diz ela, de certa forma atendo aos teus desejos, não me caso com nenhum homem de posição tão elevada que possa superar hierarquicamente tua posição, mas dá-me também a certeza e diz claramente: como anda meu direito de sucessão?

Por sorte, o conflito voltou ao antigo ponto morto. Assim que se pressiona Elizabeth para dizer uma palavra clara sobre a sucessão, nem Deus lhe arrancará um pronunciamento desses. Ela se esquiva gaguejando que "sua simpatia se inclina inteiramente para os interesses da sua irmã", portanto quer cuidar de Maria Stuart como de uma filha; páginas e páginas das mais doces palavras, mas aquela palavra, a que a comprometeria, a decisiva, não é dita. Como dois mercadores levantinos, as duas querem regatear, nenhuma quer ceder. Casa com quem eu te sugerir, diz Elizabeth, e eu te nomeio minha sucessora. Reconhece-me como tua sucessora, e casarei com quem me sugerires, responde Maria Stuart. Mas uma não confia na outra, porque só pensam em enganar-se mutuamente.

Por dois anos arrastam-se as negociações sobre o casamento, os candidatos, o direito de sucessão. Mas, sem saber, as duas jogadoras se entregam uma nas mãos da outra. Elizabeth quer apenas enganar Maria Stuart, e Maria Stuart infelizmente lida com o mais lento de todos os monarcas, o contemporizador Filipe II. Só quando as negociações com a Espanha dão em nada, e é preciso pensar em outra decisão, Maria Stuart acha necessário pôr um fim àqueles olhares oblíquos, e apontar a pistola para o peito da querida irmã. E manda perguntar clara e nitidamente quem afinal Elizabeth lhe sugere como marido adequado.

Nada pior pode acontecer a Elizabeth do que exigirem dela uma informação sincera nesse caso, pois há muito ela deu a entender em quem pensa para casar-se com Maria Stuart. Murmurou ambiguamente que "queria lhe dar alguém que ninguém acreditaria que ela pudesse indicar". Mas a corte escocesa finge que não entende, e pede um nome. Posta contra a parede, Elizabeth não pode mais esconder-se atrás de alusões. Finalmente, pronuncia entre dentes o nome do escolhido: Robert Dudley.

Por um momento a comédia diplomática ameaça tornar-se farsa. Pois ou essa sugestão de Elisabeth é uma enorme ofensa, ou um enorme blefe. Já o fato de sugerir a uma rainha da Escócia, uma viúva do rei da França, que se case com um "súdito" da rainha sua irmã, um pequeno aristocrata sem uma gota de sangue real, significa quase um insulto segundo conceitos da época. Mas é ainda mais insolente pela escolha da pessoa sugerida. Toda a Europa sabe que Robert Dudley há anos é o parceiro erótico de Elizabeth, e por isso a rainha da Inglaterra pretende deixar como uma roupa usada para a Rainha da Escócia exatamente aquele homem a quem considera inferior demais para se casar com ela. Seja como for, há alguns anos aquela eterna indecisa ainda pensava na ideia de se casar com ele. Mas quando a mulher de Dudley, Amy Robsart, foi encontrada assassinada sob circunstâncias muito estranhas, ela recuou depressa para escapar de qualquer suspeita. Oferecer como marido de Maria Stuart aquele homem duas vezes comprometido diante do mundo, uma por aquele assunto obscuro, outra pela relação erótica com Elizabeth, foi talvez o gesto mais brusco e espantoso de seu reinado.

Jamais saberemos o que realmente Elizabeth pretendia com aquela sugestão: quem pode querer formular logicamente os pensamentos e desejos confusos de uma natureza histérica? Será que, amando-o sinceramente, queria entregar ao amado, a quem não se atrevia a desposar pessoalmente, como seu bem mais precioso, a sucessão do seu reino? Ou apenas queria livrar-se de um chichisbéu já tedioso? Esperava controlar melhor a rival através daquele homem de confiança? Queria apenas testar a fidelidade de Dudley? Sonharia com um jogo a três, um caso de amor em comum? Ou inventara aquela sugestão insensata apenas para deixar Maria Stuart mal colocada com a natural recusa? Todas essas possibilidades existem, mas a mais provável é de que aquela mulher caprichosa não sabia o que queria: provavelmente só brincou com a ideia, como gostava de brincar sempre com pessoas e decisões. Ninguém pode imaginar o que teria ocorrido se Maria Stuart levasse a sério aquela sugestão de aceitar o amante rejeitado de Elizabeth. Talvez então, numa rápida mudança, Elizabeth tivesse proibido o seu Dudley de se casar, acumulando sobre sua rival, além do sarcasmo da oferta, a vergonha da rejeição.

Maria Stuart sente como um sacrilégio a sugestão de Elizabeth de se casar com alguém que não tem sangue real. Ironicamente pergunta ao enviado, no primeiro momento de raiva, se sua senhora realmente fazia a sério essa sugestão de que ela, uma rainha ungida, se case com um mero "lorde Robert". Mas rapidamente disfarça a raiva e faz olhares amáveis; uma adversária tão perigosa não se pode enfurecer apressadamente com uma recusa brusca. Depois que ela tiver como marido o sucessor do trono espanhol ou francês, poderá pedir contas dessa ofensa. Nessa luta sempre há uma desonestidade respondendo a outra, a uma oferta traiçoeira de Elizabeth segue imediatamente uma gentileza mentirosa de Maria Stuart. Portanto, Dudley não é imediatamente recusado como candidato em Edimburgo. Primeiro a rainha finge acreditar na farsa, e, com isso, cria um vantajoso segundo ato. Sir Jaime Melville é enviado em missão oficial a Londres, aparentemente a fim de para abrir as negociações por causa de Dudley, mas, na realidade, apenas para enrolar ainda mais esse novelo de mentiras e fingimentos.

Melville, mais fiel dos nobres de Maria Stuart, tem mão hábil para a diplomacia. Além disso, sabe escrever e descrever muito bem, e devemos lhe agradecer muito por isso, pois sua visita dá ao mundo uma das mais plásticas e impressionantes descrições da personalidade privada de Elizabeth, e ao mesmo tempo compõe uma excelente cena de comédia histórica. Elizabeth sabe perfeitamente que esse homem culto viveu longo tempo na corte alemã e na francesa; assim, esforça-se para impressioná-lo, sem saber que com cruel memória ele transmitirá à História cada uma das fraquezas e vaidades dela. Pois a vaidade feminina no seu mundo de realeza muitas vezes lhe prega uma peça dura: também desta vez essa mulher *coquette*, em lugar de convencer politicamente o enviado da rainha a Escócia, tenta impressioná-lo com suas vantagens pessoais. Abre várias caudas de pavão. De seu gigantesco guarda-roupa — depois de sua morte, contaram 3 mil vestidos — escolhe as roupas mais caras, mostra-se ora à maneira inglesa, ora à francesa; ostenta generosamente um decote bastante revelador, entrementes exibe-se com seu latim, seu francês e italiano, e com zelo insaciável coleciona a admiração aparentemente ilimitada do enviado. Mas todos os superlativos, como era bela, como era inteligente, como era culta, não lhe bastam: ela quer sem falta — "espelho, espelho meu, quem é a mais bela no meu reino?" — extrair exatamente do embaixador da rainha da Escócia a afirmação de que a admira mais como mulher do que à sua própria senhora. Quer que lhe digam que é mais bela, ou mais inteligente ou mais culta do que Maria Stuart. Mostra-lhe então seus cabelos louro-avermelhados maravilhosamente ondulados, e pergunta se o cabelo de Maria Stuart é mais bonito que o dela — pergunta penosa para o enviado de uma rainha! Melville se esquiva habilmente do incidente, dizendo de maneira salomônica que na Inglaterra não havia mulher comparável a Elizabeth, e na Escócia nenhuma que superasse Maria Stuart. Mas esses meios-termos não bastam àquela vaidosa insensata; repetidamente ela lhe exibe seus encantos, toca cravo e canta com o alaúde; finalmente, consciente de sua missão de lisonjeá-la politicamente, Melville acaba admitindo de que a pele de Elizabeth é mais branca, que ela toca melhor o cravo, e dança com postura melhor do que Maria Stuart. Com essa exibição pessoal no começo, Elizabeth esquece o verdadeiro assunto, e quando por fim Melville aborda o tema espinhoso, ela, agora enredada como comediante, primeiro retira da gaveta um retrato em miniatura de Maria Stuart, beijando-o ternamente. Com voz emocionada, relata então o quanto gostaria de conhecer pessoalmente a sua amada irmã (depois de, na verdade, ter feito todo o possível para adiar sempre esse encontro), e quem acreditasse nessa audaciosa atriz pensaria que nada era mais importante para Elizabeth neste mundo do que saber que a rainha, sua vizinha, estava feliz. Mas Melville tem cabeça fria e olhar lúcido. Não se deixa enganar por aquelas manobras, mandará dizer resumidamente a Edimburgo que Elizabeth não agiu nem falou com sinceridade, demonstrando apenas muito fingimento, nervosismo e medo. Quando Elizabeth, de sua parte, pergunta o que Maria Stuart pensava do casamento com Dudley, o treinado diplomata evitou tanto um não crasso quanto um claro sim. Falou por rodeios, dizendo que Maria Stuart ainda não avaliara direito essa possibilidade. Mas quanto mais ele recua, tanto mais Elizabeth avança.

— Lorde Robert — diz ela — é meu melhor amigo, eu o amo como a um irmão, e jamais teria me casado com outro se me pudesse decidir pelo casamento. Mas como não consigo me superar nesse assunto, desejo que pelo menos minha irmã o escolha, pois não sei de ninguém com quem eu gostaria mais de vê-la partilhando a minha sucessão. Para que minha irmã não o menospreze, em alguns dias eu lhe concederei a dignidade de conde de Leicester e barão de Denbigh.

De fato, alguns dias depois — terceiro ato da comédia —, com grande pompa se realiza a anunciada cerimônia. Lorde Robert Dudley ajoelha--se na frente de sua rainha e amiga do coração, e levanta-se como conde Leicester. Mais uma vez, no entanto, nesse momento solene a mulher pregou uma peça em Elizabeth. Pois, enquanto a soberana aperta na cabeça do servo a coroa de conde, a amante não consegue evitar, num gesto de tenra intimidade, de acariciar os cabelos do amigo; a patética cerimônia tornou-se uma farsa, e Melville sorri silenciosamente por trás de sua barba: terá notícias alegres a enviar à sua rainha em Edimburgo.

Mas Melville não viajou a Londres apenas para se divertir como cronista diante de uma comédia real; ele próprio tem um papel especial nesse quiproquó. Sua pasta diplomática, com documentos, esconde alguns escaninhos secretos que ele não pensa abrir para Elizabeth, e a conversa cortês sobre o conde Leicester é apenas manobra para encobrir sua verdadeira missão em Londres. Sobretudo, ele deve insistir de forma assertiva com o embaixador espanhol para que dom Carlos definitivamente diga sim ou não, pois Maria Stuart não quer esperar mais. Além disso, ele ainda deve tentar discretamente um candidato de segunda categoria, Henrique Darnley.

Henrique Darnley está numa trilha secundária; Maria Stuart o mantém na reserva para o caso extremo de todos os casamentos melhores fracassarem. Pois Henrique Darnley não é nem rei nem príncipe, e seu pai, o conde de Lennox, foi banido da Escócia como inimigo dos Stuart, tendo seus bens confiscados. Mas de parte da mãe esse rapaz de 18 anos tem nas veias um bom sangue, sangue real, sangue dos Tudor. Como bisneto de Henrique VII, é o primeiro *prince du sang* na corte inglesa, por isso pode ser digno de qualquer rainha; além disso, tem a vantagem de ser católico. Como terceiro, quarto ou quinto recurso, pois, Darnley está no páreo, e Melville realiza conversas não comprometedoras com Margarete Lennox, ambiciosa mãe desse candidato de emergência.

É da natureza de qualquer verdadeira comédia que todos os participantes se enganem mutuamente, mas nunca tão perfeitamente que de vez em quando um não espie um pouco as cartas do outro. Não se pense que Elizabeth seja tão simplória a ponto de acreditar que Melville foi a Londres unicamente para elogiar os cabelos dela e seu modo de tocar cravo: ela sabe que a sugestão de escolher seu remoto amigo do peito não entusiasma muito Maria Stuart, e também conhece a ambição e o zelo de sua querida parenta Lady Lennox. Os espiões também deviam ter sabido algo sobre isso. E quando, na cerimônia da concessão do título, como primeiro príncipe da corte Henrique Darnley carrega a espada real à frente dela, a fingida volta-se para Melville com um impulso de honestidade e diz direto na cara dele:

— Eu sei muito bem que esse meninote lhe agrada mais.

Mas Melville não perde o sangue-frio ao sentir que seu segredo fora descoberto. Seria um mau diplomata se não entendesse da arte de mentir de modo insolente em momentos delicados. Assim, seu rosto inteligente apenas forma uma ruga de desdém e responde, olhando com desprezo aquele mesmo Darnley sobre quem ontem ainda negociara intensamente.

— Uma mulher culta jamais escolherá um meninote desses, tão bonito, esguio e imberbe, que mais parece uma moça do que um homem.

Elizabeth realmente se deixa iludir por esse desprezo fingido? A habilidade do diplomata realmente adormeceu a suspeita dela? Ou em todo esse assunto ela apenas faz um jogo duplo mais denso ainda? Seja como for, acontece o improvável: primeiro lorde Lennox, pai de Darnley, recebe permissão de voltar para a Escócia, e em janeiro de 1565 até o próprio Darnley a recebe. Então — jamais saberemos por que capricho ou astúcia —, Elizabeth envia o mais perigoso dos candidatos à casa de Maria Stuart. Estranhamente, o porta-voz dessa permissão é o conde de Leicester, que também faz jogo duplo, para imperceptivelmente escapar do laço matrimonial que sua soberana lhe preparara. Agora poderia prosseguir alegremente na Escócia o quarto ato da farsa, mas, de repente, o acaso vence todos os participantes. Esse fio de confusão artificial se rompe de modo súbito, e a comédia dos candidatos de casamento chega a um fim surpreendente, que nenhum deles adivinhara.

Pois a política, esse poder terreno e artificial, naqueles dias de inverno encontra-se com outro poder, eterno e elementar: o candidato que aparecera para visitar Maria Stuart encontra inesperadamente na rainha uma mulher. Depois de anos de espera paciente e indiferente, ela finalmente despertou. Até ali ela fora apenas filha de reis, noiva de rei, rainha e viúva de rei, uma peça no jogo de vontades alheias, criatura obediente da diplomacia. Agora, pela primeira vez, seu verdadeiro sentimento irrompe nela, e com ímpeto deixa de lado sua ambição como um vestido incômodo, para dispor em inteira liberdade daquele seu jovem corpo e de sua vida. Pela primeira vez não dá mais ouvidos aos outros, mas apenas ao pulsar de seu sangue, ao desejo e à vontade de seus sentidos. E com isso começa a história de sua vida interior.

7
O segundo casamento (1565)

O inesperado desse instante é, na verdade, a coisa mais comum da terra: uma jovem mulher apaixona-se por um jovem homem. A natureza não pode ser reprimida para sempre: Maria Stuart, mulher de sangue quente e sentidos saudáveis, nessa virada de ano e de destino está na soleira dos seus 23 anos. Como viúva, viveu quatro anos sem nenhum episódio sexual sério, numa postura impecável. Mas toda a contenção de emoções acaba: também em uma rainha a mulher exige seu mais sagrado direito, o direito de amar e ser amada.

O objeto dessa primeira paixão de Maria Stuart é simplesmente o mesmo candidato político, Darnley, que, por ordem de sua mãe, chega à Escócia em fevereiro de 1565. Esse jovem não é inteiramente estranho a Maria Stuart; quatro anos antes, aos 15 anos, ele fora até a França para transmitir àquela mulher, em seus aposentos escurecidos de viúva, as condolências de sua mãe. Mas depois disso ele cresceu muito, tornou-se um rapaz alto, forte, muito louro, com rosto fino e imberbe, e também de uma beleza feminina, olhos infantis e redondos de criança, que contemplam o mundo um tanto inseguros: *Il n'est possible de voir un plus beau prince*, descreve-o Mauvissière, afirmando que não se vê príncipe mais bonito, e também a jovem rainha declara que ele é *the lustiest and best proportioned long man*, o mais belo, alto e bem-apessoado rapaz que já vira. Faz parte do caráter fogoso e impaciente de Maria Stuart iludir-se com facilidade. Sonhadores desse seu tipo, românticos, raramente veem pessoas e coisas como são de verdade, em geral apenas como desejam vê-las. Lançados incessantemente de um lado para o outro entre supervalorização e decepção, esses incorrigíveis jamais são totalmente lúcidos. Assustando-se em seu delírio, sempre voltam a ser vítimas dele, pois o delírio é para eles o verdadeiro mundo, não a realidade. Assim também Maria Stuart, em sua imediata simpatia pelo rapazinho de rosto liso, no começo não percebe que a bela superfície de Darnley esconde pouca profundidade, que não há verdadeira força sob aqueles músculos firmes, nenhuma cultura intelectual sob sua habilidade de cortesão. Pouco mimada pelo seu ambiente puritano, ela apenas vê que esse jovem principesco cavalga incrivelmente bem, dança com agilidade, ama música e diversões, e, em caso de necessidade, até sabe escrever uns versos agradáveis. Esse verniz de arte sempre a impressiona; está sinceramente feliz em ter nesse jovem príncipe um agradável companheiro de dança, caça e todas as suas artes e jogos; sua presença a distrai, e traz o claro aroma da juventude àquela corte bastante tediosa. Mas também os demais recebem Darnley amigavelmente , e, seguindo instruções de sua sábia mãe, o rapaz se porta muito modestamente; ele é um hóspede bem-vindo por toda parte em Edimburgo, *well liked for his personage*, como diz inocentemente Randolph, espião de Elizabeth. Mais hábil do que pensavam, ele desempenha o papel de candidato não apenas com Maria Stuart, mas para todos os lados. De um lado, trava amizade com David Rizzio, novo secretário particular da rainha e homem de confiança da Contrarreforma; de dia jogam bola juntos, de noite dormem na mesma cama. Mas enquanto ele se aproxima do partido católico, ao mesmo tempo adula os protestantes. Aos domingos, acompanha o regente reformado Moray à Kirk, onde, aparentemente muito comovido, escuta o pregador John Knox; ao meio-dia, para se livrar de qualquer suspeita, almoça com o embaixador inglês e louva a bondade de Elizabeth; à noite, dança com as quatro Marias. Em suma, o rapazinho alto, não muito inteligente, mas bem instruído, cumpre seu papel de modo admirável, e exatamente a sua personalidade mediana o protege de suspeitas precipitadas.

Mas, de repente, a faísca saltou e provocou o incêndio. Maria Stuart, cortejada por reis e príncipes, está apaixonada por aquele tolo rapazinho de 19 anos. Com uma impaciente força represada, essa inclinação jorra de dentro dela como sempre ocorre em naturezas plenas que não desperdiçaram a força de suas emoções em pequenas aventuras e casos amorosos antes disso. Com Darnley, Maria Stuart experimenta pela primeira vez o desejo feminino. Pois seu casamento infantil com Francisco II não fora senão uma camaradagem, e todos os anos desde então a mulher dentro dela vivera apenas em uma espécie de penumbra de emoções. De repente, aparece um homem, sobre quem esse excesso de sensações acumuladas e degeladas pode se lançar como uma torrente selvagem. Sem pensar, ela vê, naquele que era apenas o primeiro, já o único, o definitivo. Certamente seria mais inteligente esperar e avaliar os valores desse homem. Mas exigir lógica da paixão de uma jovem mulher seria procurar o sol à meia-noite. Pois faz parte da verdadeira paixão que ela permaneça irracional. Não pode ser calculada nem ao menos posteriormente avaliada. Sem dúvida, a escolha de Maria Stuart está bem além da sua razão habitualmente tão clara. Nada na natureza daquele rapaz imaturo, vaidoso, apenas bonito, torna compreensível aquele excesso por parte dela: como incontáveis outros homens amados por mulheres intelectualmente muito além da sua própria medida, Darnley não tem outro mérito, outra força mágica, do que por acaso ter sido o escolhido na hora decisiva para se oferecer ao desejo de amor quando ela se despertava em mulher.

Demorou muito — tempo até demais — para que o sangue daquela orgulhosa filha dos Stuart começasse a disparar. Mas agora ele estremece, impaciente. Quando Maria Stuart quer alguma coisa, não é de sua natureza esperar nem refletir. De que lhe vale agora a Inglaterra, a França, a Espanha, o futuro, em relação a um presente amado? Não, ela não quer mais aquele tedioso jogo de tolices com Elizabeth, nem esperar pelo candidato sonolento de Madri, ainda que ele trouxesse a coroa de dois mundos: aqui ela tem um rapaz jovem, com sua boca vermelha e sensual, seus insensatos olhos de criança, sua ternura que recém despertava! Era preciso unir-se depressa, rapidamente pertencer a ele, esse é o único pensamento que a preenche nesse estado de desvario feliz e sensual. No começo, em toda a corte só uma pessoa sabe desse afeto, sua doce aflição, e é o novo secretário David Rizzio, que faz tudo para dirigir habilmente o navio dos apaixonados para o porto de Citera. Esse homem de confiança do papa vê num casamento com um católico a iminente primazia da Igreja na Escócia, e seu eficiente serviço se dirige muito menos para a felicidade do casal do que aos objetivos políticos da Contrarreforma. Sem que os guardadores do sinete do reino, sem que Moray e Maitland adivinhem as intenções de Maria Stuart, ele já escreve ao papa sobre uma dispensa para o casamento, necessária porque Maria Stuart é parenta em quarto grau de Darnley. Ele já pergunta a Filipe II, cautelosamente e medindo bem as consequências, se Maria Stuart contaria com sua ajuda caso Elizabeth dificultasse esse casamento; sim, trabalha bem esse agente confiável, que vê, com o sucesso do projeto de casamento, subir aos céus sua própria estrela e o triunfo da causa católica. No entanto, por mais que ele remexa obstinadamente para liberar o caminho, para a rainha impaciente tudo ainda é excessivamente lento, cauteloso demais. Ela não quer esperar. Durante semanas e semanas, até que as cartas rastejem como lesmas sobre mar e terra, ela está mais que certa da dispensa do Santo Padre, para que um pergaminho precise garantir-lhe aquilo que sua vontade quer. Maria Stuart sempre terá em suas decisões essa cega incondicionalidade, esse exagero magnífico e insensato. Mas o esperto Rizzio finalmente sabe realizar também esse desejo, como a todos os demais de sua senhora; manda um padre católico ao seu quarto, e, embora não se possa comprovar que realmente correu um casamento antecipado no sentido da Igreja — na história de Maria Stuart, não se deve confiar inteiramente nos relatos individuais, —, algum tipo de noivado ou união entre os dois deve ter acontecido. Pois o audacioso ajudante Rizzio exclama *Laudato sia Dio!*, ninguém mais agora poderia *disturbare le nozze*. Ainda antes que os demais adivinhem que Darnley é o candidato, na verdade ele já é senhor da vida dela, e talvez também de seu corpo.

Esse *matrimonio segreto* continua preservado porque dele só sabem os três e o padre, que está obrigado a se calar. Porém, assim como a fumaça revela uma chama invisível, a ternura sempre faz entrever um sentimento oculto; não demora até que a corte comece a observar melhor aqueles dois. Chama atenção com que solicitude e cuidados Maria Stuart atende ao seu parente, quando, de súbito, o pobre rapaz adoece com sarampo — doença tipicamente infantil, pouco comum para um noivo. Naquela ocasião, ela se sentou à beira de sua cama dia após dia, e, mal ele ficou curado, não saía mais do lado dela. O primeiro a desconfiar foi Moray. Ele estimulara honestamente (e sobretudo pensando em seu próprio benefício) todos os planos de casamento de sua irmã, e, embora rigorosamente protestante, até concordara com que ela desposasse dom Carlos, o bastião do catolicismo, o filho Habsburgo espanhol, pois Madri era suficientemente longe de Holyrood para não perturbar. Porém, um matrimônio com Darnley contraria brutalmente seus interesses. Moray é perspicaz o bastante para reconhecer que assim que aquele vaidoso jovenzinho Darnley se tornar marido da rainha, quererá imediatamente exercer seus poderes de rei. Além disso, ele tem suficiente senso político para adivinhar o que objetivam as intrigas secretas do escrivão papal e agente papista Rizzio: a reconstrução da primazia católica e o aniquilamento da Reforma na Escócia. Vaidade pessoal mistura-se em sua alma determinada com crença religiosa, paixão pelo poder com preocupação nacional; ele vê claramente que um casamento com Darnley dará início, na Escócia, ao domínio de um estranho, e que o seu próprio estará terminado. Por isso ele se opõe à irmã, exortando-a, e previne contra um casamento que traria sobre o país, apenas apaziguado, conflitos imensuráveis. E quando vê que ela não escuta suas exortações, sai da corte, irritado.

Maitland, outro conselheiro treinado, igualmente se opõe. Ele também vê sua posição e a paz da Escócia ameaçadas, ele, como ministro e protestante, resiste a um príncipe consorte católico. Aos poucos, em torno desses dois reúnem-se todos os nobres reformados do país. Finalmente Randolph, o embaixador inglês, começa a abrir os olhos. Por vergonha de ter-se omitido nessa hora decisiva, em seus relatórios ele descreve a influência do belo rapaz sobre a rainha como feitiço, *witchcraft*, e pede ajuda. Mas o que significa todo esse desconforto e tantos resmungos dessa gente pequena, comparada à indignação intensa, veemente, perplexa de Elizabeth, assim que ela descobre a escolha de Maria Stuart? Pois, para ela, sua ambiguidade teve um amargo pagamento, e com esse jogo de casamento deixaram-na numa posição ridícula. Sob o pretexto de negociar por causa de Leicester, tinham tirado o verdadeiro candidato de suas mãos, atraindo-o para a Escócia; agora ela estava em Londres com sua superdiplomacia. No primeiro momento de raiva, ela manda jogar na Torre, como instigadora do casamento, a mãe de Darnley, Lady Lennox; ameaçadoramente ordena a seu "súdito" Darnley que retorne para casa, assusta o pai dele confiscando-lhe todos os bens e convoca um conselho da coroa que, por desejo dela, declara esse casamento perigoso para a amizade entre os dois países — portanto, com palavras dissimuladas, ameaça com a guerra. Mas, no fundo, Elizabeth, a lograda, está tão assustada e transtornada que ao mesmo tempo também apela para chantagem e negociação. Para salvar-se daquele fiasco, ela precipitadamente joga na mesa seu último trunfo, a carta que até então segurava com força entre os dedos: pela primeira vez (agora que o jogo está perdido para ela) oferece abertamente a Maria Stuart a sucessão do trono da Inglaterra, e até envia seu embaixador com uma promessa definitiva: *If the Queen of Scots would accept Leicester, she would be accounted and allowed next heir to the crown as though she were her own daughter.*[20] Magnífica prova da eterna contradição de toda a diplomacia: o que anos a fio Maria Stuart quisera conseguir de sua rival com a maior inteligência, insistência e astúcia, o reconhecimento de seu direito à coroa, pode agora alcançar de repente, exatamente pela maior loucura de sua vida.

Mas faz parte da natureza das concessões políticas sempre chegar tarde demais. Ontem, Maria Stuart ainda era uma política; hoje é apenas mulher, apenas amante. Tornar-se herdeira do trono da Inglaterra fora até

---

[20] "Se a rainha dos escoceses aceitar Leicester, seria considerada e admitida como próxima herdeira da coroa como se fosse sua própria filha dela nascida." (*N. da T.*)

pouco tempo seu mais ardente pensamento, e agora toda essa ambição de realeza foi esquecida diante do desejo, menor porém mais impulsivo da mulher, de ter e possuir rapidamente aquele jovem esguio e belo. É tarde demais para ameaças, para ofertas de sucessão de Elizabeth, tarde demais também para avisos de amigos sinceros como o duque de Lorraine, seu tutor, de que ela deixasse de lado aquele *joli hutaudeau*, aquele moço bonitinho. Nem razão nem interesses de Estado têm poder agora sobre a incontrolável ansiedade de Maria Stuart. Ela responde com ironia à furiosa Elizabeth, agora presa em sua própria rede. "A insatisfação de minha boa irmã realmente me espanta, pois aconteceu tudo conforme seus desejos. Rejeitei todos os candidatos estrangeiros, escolhi um inglês, que vem do sangue real dos dois reinos e é o primeiro príncipe da Inglaterra." Elizabeth não tem o que opor a isso, pois Maria Stuart atendeu com precisão demais — embora de outra forma — ao desejo dela. Escolheu um nobre inglês, até um que a própria Elizabeth enviara para sua casa, ainda que com intenção dúbia. Mas como, sem prestar atenção a isso, em seu nervosismo e perplexidade, ela continua a oprimir Maria Stuart com ameaças e ofertas, esta finalmente se torna clara e rude. Tinham-na enganado tanto tempo com belas frases, sempre logrando suas expectativas, que agora fizera sua escolha, com a concordância de todo o seu país. Indiferente às cartas amargas ou doces de Londres, em Edimburgo prepara-se o casamento em ritmo veloz, e Darnley rapidamente recebe o título de duque de Ross. O enviado inglês, que no último momento parte galopando da Inglaterra com um maço de protestos, chega a tempo de ouvir anunciar que a partir de então Henrique Darnley é nomeado e reconhecido rei (*namit and stylith*).

A 29 de julho, os sinos do casamento tocam. Um padre abençoa a união na pequena capela católica de Holyrood. Maria Stuart, sempre inventiva quando se trata de cerimônias representativas, para surpresa geral, apareceu vestida de luto, o mesmo vestido que usara no enterro de seu primeiro marido, o rei da França; com isso deve-se mostrar ao público que ela não esqueceu levianamente o primeiro marido, e que é apenas para satisfazer o desejo de seu país que volta ao altar do casamento. Só depois de participar da missa e se recolher em seus aposentos, ela — preparando magnificamente a cena, os trajes festivos já preparados — permite que os ternos pedidos de Darnley a levem a despir o vestido de luto e escolher as cores da festa e da alegria. A multidão rejubilante rodeia o castelo, joga-se dinheiro para baixo às mancheias, e, com coração alegre, a rainha e seu povo entregam-se à festa. Para grande desgosto de John Knox, que aos 56 anos toma como segunda esposa uma menina de 18, mas que aparentemente não admite alegria senão a sua, durante quatro dias e noites corre pelo país uma ciranda de festividades, como se a sombra devesse estar afastada para sempre, e começasse o feliz reinado da juventude.

O desespero de Elizabeth não tem medidas, quando ela, a não casada e não casável, sabe que Maria Stuart se casou pela segunda vez. Pois com seus artifícios e artimanhas, ela mesma se prejudicou gravemente. Ofereceu o amigo do seu coração à rainha da Escócia, e ele foi rejeitado perante todo o mundo. Ela faz objeção a Darnley, e a ignoraram com indiferença. Ela enviou seu embaixador com um último aviso, e fizeram-no esperar diante de portas fechadas até o casamento ser concluído. Era preciso fazer alguma coisa para recuperar o respeito. Deveria romper relações diplomáticas, ou declarar guerra. Mas sob qual pretexto? Pois Maria Stuart está obviamente com a razão, obedeceu ao desejo de Elizabeth de não escolher um príncipe estrangeiro; o casamento não tem mácula, e Henry Darnley, bisneto de Henrique VII e primeiro descendente homem da Casa dos Tudor, é um esposo digno de uma rainha. Qualquer protesto, impotente, tornaria ainda mais evidente o desgosto de Elizabeth.

Mas dubiedade é e será sempre a postura típica de Elizabeth. Nem depois dessa primeira péssima experiência ela desiste do seu método. Não declara guerra a Maria Stuart, nem chama de volta seu embaixador, mas secretamente procura causar as piores dificuldades ao casal, que está feliz demais. Assustada e cautelosa demais para discutir abertamente o governo de Maria Stuart e Darnley, age contra eles na treva. Sempre é fácil encontrar na Escócia insatisfeitos e rebeldes, quando se trata de agir contra o soberano estabelecido, e dessa vez ela encontra um homem que supera em muito, em energia e sincero ódio, aquela gente pequena. No casamento de sua irmã, Moray esteve ostensivamente ausente, e sua ausência fora percebida pelos iniciados como um péssimo augúrio. Pois Moray — e isso torna sua figura incrivelmente atraente e misteriosa — tem um instinto espantoso para mudanças de clima político, adivinha com incrível intuição o instante em que a situação se torna perigosa, e nesses casos faz a coisa mais inteligente que um político refinado pode fazer: desaparece. Tira a mão do leme, e de repente fica invisível, não pode ser encontrado. Da mesma forma que o súbito desvio de rios e o secar de torrentes anunciam grandes catástrofes naturais, assim — e a história de Maria Stuart há de provar isso — o desaparecimento de Moray sempre anuncia uma desgraça política. Primeiro, Moray ainda parece passivo. Fica no seu castelo, evita a corte para mostrar que como regente e protetor do protestantismo desaprova a escolha de Darnley como rei da Escócia. Mas Elizabeth quer mais do que um mero protesto contra o novo casal real. Ela quer uma rebelião, e assim tenta com Moray e Hamilton, igualmente insatisfeitos. Com a severa ordem de não a comprometer, *in the most secret way*, ela encarrega um de seus agentes de apoiar os lordes com tropas e dinheiro, *as if from himself*, como se fosse algo espontâneo da parte dele, e ela de nada soubesse. O dinheiro cai nas mãos ávidas dos lordes como orvalho num prado queimado, a coragem se infla, e as promessas de ajuda militar em breve produzem a rebelião que a Inglaterra deseja.

Talvez seja o único erro que Moray, sempre tão sagaz e de vasto pensamento político, comete: confiar na menos confiável das rainhas e se pôr à frente dessa rebelião. O cauteloso não dá o golpe imediatamente; ele, por enquanto, reúne apenas aliados secretos. Na verdade, quer esperar até que Elizabeth se declare publicamente pela causa dos lordes protestantes, e ele não tenha de enfrentar sua irmã como rebelde, mas como defensor da Igreja ameaçada. Maria Stuart, entretanto, inquieta com a postura ambígua do irmão, e justificadamente não querendo tolerar sua ausência hostil, manda convidá-lo solenemente para explicar-se ao Parlamento. Moray, não menos orgulhoso que sua irmã, não aceita tal convocação como acusado, e altivamente recusa-se a obedecer. Ele e seus seguidores são declarados publicamente banidos (*put to the horn*). Mais uma vez as armas têm de decidir em lugar da razão.

Nas decisões graves, as diferenças de temperamento entre Maria Stuart e Elizabeth sempre aparecem com extraordinária nitidez. Maria Stuart decide depressa, sua coragem é sempre impaciente, rápida, de fôlego curto. Mas Elizabeth, com seu jeito assustado, hesita longamente em decidir. Antes que ela tenha terminado de refletir se deve instruir o tesoureiro para preparar um exército e apoiar publicamente os rebeldes, Maria Stuart já atacou. Proclama um decreto em que acerta contas com os rebeldes. "Não se contentam em amontoar riqueza sobre riqueza e honra sobre honra, gostariam de ter-nos, a nós e ao nosso reino, inteiramente nas mãos, para dispor deles segundo sua vontade e nos obrigar a agir unicamente segundo conselho deles — em suma, gostariam de se tornar reis e quando muito nos conceder o título, mas apoderando-se da administração do reino." Sem perder tempo, a valente mulher salta na sela. Pistolas no cinto, seu jovem marido a seu lado em armadura dourada, rodeada pelos nobres que permaneceram fiéis, ela cavalga à frente de seu exército rapidamente reunido, ao encontro dos rebeldes. Do dia para a noite, o cortejo nupcial tornou-se campanha de guerra. E essa determinação se impõe. Pois a maioria dos barões adversários se sente desconfortável diante dessa nova energia, ainda mais quando a ajuda prometida da Inglaterra não aparece e Elizabeth continua mandando palavras constrangidas em lugar de um exército. Um após o outro, eles retornam de cabeça baixa para o lado da senhora legítima, e só Moray não quer e não vai se curvar; mas antes que ele, abandonado por todos, possa reunir um verdadeiro exército, ele já foi derrotado e tem de fugir. Numa cavalgada firma e audaciosa, o casal real vitorioso o segue até a fronteira. Com dificuldade, ele se salva 14 de outubro de 1565, adentrando o território inglês.

A vitória foi total. Todos os barões e lordes de seu reino agora estão firmes ao lado de Maria Stuart, e pela primeira vez a Escócia está de novo nas mãos de um rei e uma rainha. Por um momento a sensação de segurança de Maria Stuart é tão forte que ela pondera se não deveria passar para o ataque e avançar até a Inglaterra, onde, como sabe, a minoria católica a receberia com júbilo como libertadora; com dificuldade, conselheiros mais espertos controlam esse ímpeto passional. Seja como for, agora as cortesias acabaram, desde que ela arrancou das mãos da adversária todas as cartas, as exibidas e as dissimuladas. O casamento independente foi seu primeiro triunfo sobre Elizabeth, esmagar a rebelião foi o segundo; com alegre altivez, ela pode agora encarar de frente a "boa irmã" do outro lado da fronteira.

Se a situação de Elizabeth não era invejável, agora, depois da derrota dos rebeldes que ela estimulara, está terrível. Sempre foi costume internacional ignorar, quando derrotados, rebeldes de um país vizinho que antes eram aliados secretos. Mas, na desgraça, os acasos ruins se encadeiam. Por uma manobra audaciosa, uma remessa de dinheiro de Elizabeth aos lordes caiu exatamente nas mãos de Bothwell, inimigo mortal de Moray; portanto, estava evidente a prova da culpa dela. Segundo fato desagradável: naturalmente, em sua fuga, Moray procurou refúgio no país onde lhe tinham assegurado apoio, a Inglaterra; de repente, o vencido até aparecera em Londres. Horrendo constrangimento para aquela jogadora ambígua habitualmente disfarçada. Pois se receber Moray na corte —ele, que se rebelara contra Maria Stuart —, Elizabeth estará aprovando a rebelião. Se por outro lado rejeitar o secreto aliado numa infâmia evidente, com que facilidade, amargurado, ele poderá comentar quem lhe dava dinheiro, coisa que seria melhor que as cortes estrangeiras nunca descobrissem — raras vezes a ambivalência metera Elizabeth em situação tão ruim.

Por sorte, aquele era um século de comédias excelentes, e não por acaso Elizabeth respirava o mesmo ar forte e atrevido de Shakespeare e Ben Jonson. Ela, atriz inata, melhor que qualquer outra rainha entende de teatro e de grandes cenas: naquela época, não se atuava pior em Hampton Court e Westminster do que no Teatro Globe ou no Fortune.

Mal ela descobrira que o incômodo aliado chegara, na mesma noite Moray é treinado por Cecil numa espécie de ensaio geral que no dia seguinte deve representar para salvar a honra de Elizabeth.

É difícil imaginar algo mais insolente do que essa comédia da manhã seguinte. O embaixador francês está de visita, e conversa com Elizabeth sobre questões políticas, sem imaginar que está convidado para uma farsa. De repente um criado entra e anuncia o conde de Moray. A rainha franze a testa. Como? Ela entendeu direito? Lorde Moray? Mas como esse rebelde ordinário, que agia contra sua "boa irmã", ousa aparecer em Londres? E como se atreve — audácia inaudita! — a mostrar-se diante dela, que, todo mundo sabe, é como um só coração e uma só alma com sua querida prima? Pobre Elizabeth! Não consegue controlar sua indignação e seu espanto! Mesmo assim, depois de hesitar, breve e sombriamente, decide receber o "atrevido", mas Deus me livre, sozinha jamais! Não, ela pede expressamente que o embaixador francês permaneça ali, para ter uma testemunha de sua "sincera amargura".

Agora é a hora de Moray representar sua parte. Com gravidade, ele desempenha a cena treinada. Já sua aparição é singularmente bem estilizada para revelar sentimento de culpa. Aproxima-se vestido de negro, humilde e tímido, não com seu passo ousado de sempre, dobra o joelho como quem pede algo, e começa a falar com a rainha em escocês. Elizabeth o interrompe imediatamente e ordena que ele fale em francês para que o embaixador possa acompanhar o diálogo e para que ninguém possa afirmar que ela usara qualquer tipo de segredo com aquele rebelde. Moray gagueja, aparentemente constrangido, mas Elizabeth logo reage, severa: não se entende como um fugitivo e rebelde contra Maria Stuart ousa vir à sua corte sem ser convidado. Certo, por vezes tinham ocorrido mal-entendidos entre ela e Maria Stuart, mas nada sério. Ela ainda considerava a rainha da Escócia sua boa irmã, e esperava que isso durasse para sempre. Se Moray não pudesse provar que só se rebelara contra sua soberana num momento de loucura ou para defender-se, ela o mandaria prender a fim de que prestasse contas por seu comportamento rebelde. Portanto, Moray que se defendesse.

Moray, bem treinado no seu papel por Cecil, sabe perfeitamente que agora deve dizer tudo menos uma coisa: a verdade. Sabe que tem de assumir toda a culpa, para desonerar Elizabeth diante do embaixador, fazendo parecer que ela não tivera qualquer participação na rebelião que na verdade ordenara. Tem de inventar um álibi para ela. Portanto, em vez de queixar-se de Maria Stuart, ele louva a meia-irmã extraordinariamente. Ela lhe dera terras, honrarias e recompensas muito além do merecido, por isso ele sempre a servira fielmente, e só o temor de uma conspiração contra sua pessoa, só o medo de ser assassinado o tinham levado àquela ação insensata. Mas ele só fora até Elizabeth para que, na sua bondade, ela o ajudasse a conseguir perdão de sua soberana, a rainha da Escócia. Parece uma magnífica desculpa para a verdadeira instigadora da rebelião. Mas Elizabeth quer mais. Pois essa comédia não foi inventada para Moray assumir a culpa diante do embaixador, e sim para que, com o testemunho da coroa, ele declarasse que Elizabeth não tivera nada a ver com tudo aquilo. Uma grande mentira nunca custa a um político deslavado mais do que um sopro, e assim Moray afirma solenemente, perante o embaixador, que Elizabeth "não fazia a menor ideia dessa conspiração e jamais o animara, nem aos seus amigos, a negar obediência a sua rainha".

Agora Elizabeth tem o desejado álibi. Está completamente limpa. E com o mais belo *páthos* teatral consegue ainda trovejar para o seu parceiro, diante do embaixador:

— Agora dissestes a verdade! Pois nem eu nem qualquer outro em meu nome vos instigou contra a vossa rainha. Uma traição tão ordinária só poderia ser um péssimo exemplo, e animaria meus próprios súditos a se rebelarem contra mim. Por isso, tratai de desaparecer da minha presença, sois um traidor indigno.

Moray curva a cabeça profundamente, talvez também para ocultar o leve sorriso. Não esqueceu os muitos milhares de libras que foram entregues nas mãos de sua esposa e dos outros lordes em nome da rainha, nem as cartas, as exortações de Randolph, nem as promessas da chancelaria de Estado. Mas sabe que se aceitar agora o papel de bode expiatório,

Elizabeth não o mandará para o exílio. Também o embaixador francês permanece quieto e aparentemente respeitoso; como homem culto, sabe valorizar uma boa comédia. Apenas ao chegar em casa ele há de sorrir, quando estiver sentado sozinho à sua escrivaninha relatando essa cena. Nesse momento, talvez só Elizabeth não esteja se divertindo muito; provavelmente não acredita que alguém tenha acreditado nela. Mas pelo menos ninguém ousou duvidar abertamente de nada, manteve-se a aparência. Diante disso, de que vale a verdade? Muda e altiva, ela sai do aposento, fazendo farfalhar seus amplos vestidos.

Nada mostra melhor o poder momentâneo de Maria Stuart do que obrigar sua adversária a recorrer a essas pequenas artimanhas para depois da batalha perdida pelo menos assegurar-se uma retirada moral. A orgulhosa rainha da Escócia agora pode erguer a cabeça, tudo aconteceu segundo seus desejos. O homem a quem escolheu está usando a coroa. Os barões que se levantaram contra ela recuaram ou vagam perseguidos no exterior. Todas as estrelas estão favoráveis, e se dessa nova aliança ainda nascer um herdeiro, será cumprido o último e maior sonho: um Stuart como futuro rei da Escócia e Inglaterra unidas.

As estrelas estão favoráveis, a paz baixa sobre o país com uma bênção rara. Maria Stuart poderia descansar e finalmente alegrar-se com a felicidade obtida. Mas a lei de sua natureza indomável é sofrer e criar inquietação. Quem tem um coração selvagem não se alegra muito quando o mundo exterior quer lhe conceder paz e felicidade. Pois ele volta sempre a criar, de dentro, novas fatalidades e outros perigos.

8
A noite sinistra de Holyrood
(9 de março de 1566)

É a essência de todo sentimento legítimo que ele não calcule nem poupe, nem hesite nem indague: se uma natureza principesca ama, isso significa total entrega e doação de si mesma. Nas primeiras semanas de casamento, Maria Stuart não se cansa de favorecer e distinguir seu jovem marido. Todos os dias surpreende Darnley com pequenos presentes, ora um cavalo, ora uma roupa, centenas de coisas pequenas e ternas, depois de já ter lhe dado todas as coisas grandiosas, título de rei e seu coração inquieto. O embaixador inglês relata em Londres que "tudo o que uma mulher pode conceder a um homem em honrarias lhe foi inteiramente concedido. Todo o louvor, todas as dignidades que ela tinha a dar, há muito lhe foram dados. Quem não concordar com ele não agrada mais a ela, e que mais posso dizer senão que ela submete inteiramente a ele a sua vontade". Maria Stuart, segundo sua natureza veemente, não pode fazer nada pela metade, mas tudo por inteiro e mais do que inteiro: quando ela se entrega, não é um doar-se medroso ou hesitante, mas impensadamente louco e esbanjado, desmedido. "Ela se colocou inteiramente sob a vontade de Darnley", escreve Randolph, "e deixa se conduzir e levar conforme ele bem entende." Como amante apaixonada, ela desfaz toda a sua vida em obediência e extática humildade. Só um orgulho inaudito consegue se transformar tão magnificamente, nessa mulher apaixonada, em uma inaudita entrega.

Mas grandes presentes fazem bem para quem for digno deles; para os demais, tornam-se perigo. Personalidades fortes tornam-se mais fortes com o poder que de repente lhes é atribuído (pois poder é seu elemento natural); personalidades fracas, porém, sucumbem a essa felicidade imerecida. O triunfo não os torna humildes, mas, à maneira da corte, dá-lhes uma insensatez infantil, confundem um presente com mérito próprio. Logo se vê que o prazer da generosidade de Maria Stuart é um funesto desperdício naquele rapaz medíocre e vaidoso, que ainda precisaria se educar em vez de pensar que é senhor de uma rainha generosa e de grande coração. Pois mal Darnley percebe o poder que obteve, torna-se petulante e insolente. Recebe os presentes de Maria Stuart como um tributo que lhe fosse devido à graça do amor de rainha como seu direito natural de homem; elevado à condição de senhor, ele pensa ter direito de tratá-la como a uma súdita. Internamente, uma natureza pobre, de coração de cera — *heart of wax*, a própria Maria Stuart mais tarde dirá desdenhosamente dele —, o menino mimado perde toda a inibição, estufa o peito e imiscui-se imperiosamente nos negócios de Estado. Foram-se os poemas e modos ternos, não são mais necessários; agora ele pateia na sala do Conselho, fala alto grosseiramente, bebe com seus camaradas e certa vez, quando a rainha tenta tirá-lo de um grupo tão indigno, insulta-a de maneira tão vergonhosa que ela, publicamente humilhada, rompe em pranto. Porque Maria Stuart lhe deu o título de rei — só o título, nada mais — ele pensa ser um rei de verdade, e exige participação no governo, quer a *crown matrimonial*; antes mesmo de lhe nascer a barba, o rapaz de 19 anos já quer governar como senhor ilimitado da Escócia. Mas todos reconhecem: por trás daqueles modos desafiadores não há verdadeira coragem, por trás daquela bazófia não há uma vontade determinada. Em breve, nem Maria Stuart poderá mais esquivar-se da vergonha de ter desperdiçado naquele tolo mal-agradecido seu primeiro e mais belo sentimento de amor. Tarde demais, como tantas vezes, ela agora podia se arrepender de não ter aceitado os avisos bem-intencionados de seus melhores conselheiros.

Na vida de uma mulher não existe maior humilhação do que entregar-se precipitadamente a um homem indigno desse amor: uma verdadeira mulher jamais poderá perdoar essa culpa, nem a si mesma nem ao culpado. Depois de tanta paixão entre duas pessoas, porém, não seria natural que reinasse mera frieza e mera cortesia: uma vez incendiada, uma emoção tem de continuar ardendo, só pode mudar de cor, crepitar escura em ódio e desprezo em lugar de queimar clara no amor e no fervor. E Maria Stuart, sempre descontrolada em suas emoções, assim que reconhece Darnley como indigno, retira seus privilégios, talvez de jeito mais brusco e repentino do que teria feito uma mulher mais racional calculista. De um extremo cai no outro. Retira um a um os favores que dera a Darnley no primeiro impulso da paixão, sem refletir nem ponderar. De nomeá-lo correi de fato, da *crown matrimonial* que ela outrora partilhara com Francisco II, de 16 anos, nem se fala mais. Indignado, Darnley percebe que não é mais admitido em reuniões importantes do conselho de Estado, e não lhe permitem ostentar no brasão as insígnias reais. Degradado a mero príncipe consorte, em lugar do papel principal na corte ele tem apenas o de alguém que reclama cheio de raiva. Logo o tratamento desprezível que lhe é dado contagia os cortesãos; seu amigo David Rizzio não lhe mostra mais documentos de Estado, e sem lhe perguntar sela todas as cartas com o *iron stamp*, a assinatura da rainha; o embaixador inglês lhe recusa o título de "majestade", e no Natal, apenas meio ano depois das semanas de lua de mel, pode falar das *strange alterations* na corte real escocesa. "Há pouco ainda se dizia o rei e a rainha, agora só se fala em marido da rainha. Ele já se habituara a ser nomeado em primeiro lugar em todos os editos, agora está em segundo. Recentemente cunharam-se moedas com o duplo perfil de 'Henricus et Maria', mas logo foram recolhidas, e fizeram-se novas. Entre os dois há certas desavenças, mas porque são '*amantium irae*' ou '*household words*', como diz o povo, isso ainda não significaria nada, a não ser que piore."

Mas vai piorar. Além das rejeições que aquele rei de papel tem de suportar em sua própria corte, acrescenta-se a mais secreta e sensível, que ele sofre como marido. Há anos, Maria Stuart, no fundo uma natureza sincera, teve de aprender a mentir na política: mas onde foi tocado seu sentimento pessoal, ela jamais poderá fingir. Mal percebeu com clareza em que pessoa insignificante desperdiçara sua paixão, por trás da fantasia que fizera de Darnley nas semanas de noivado aparece o rapaz tolo, vaidoso, malcriado e ingrato, e a paixão física passa imediatamente a repulsa física. Para ela, agora, é insuportável continuar a entregar seu corpo àquele marido, depois que seu sentimento por ele passou.

Assim, no momento em que se sentiu grávida, a rainha se esquiva aos abraços dele sob todos os pretextos; ora finge-se de doente, ora cansada, e sempre encontra outros motivos para fugir. E se, nos primeiros meses (o próprio Darnley, na sua raiva, revela todos os detalhes), era ela quem o seduzia sensualmente, agora o envergonha com frequentes rejeições. Também nessa esfera íntima, em que ele primeiro adquirira poder sobre essa mulher, Darnley se sente repentinamente injustiçado e rejeitado.

Ele não tem força moral para silenciar essa derrota. Tolo e insensato, expõe essa rejeição publicamente em tagarelices, resmunga e ameaça, e anuncia uma vingança terrível. Quanto mais bombástica sua raiva, porém, mais ridículas parecem suas palavras, e, depois de alguns meses, apesar do título de rei, ele é considerado apenas um estorvo rabugento, a quem todos viram as costas, indiferentes. Não se curvam mais para ele, mas sorriem quando aquele *Henricus, Rex Scotiae*, quer ou deseja ou exige alguma coisa. O ódio não é tão funesto para um governante quanto o desprezo generalizado.

A tremenda decepção de Maria Stuart com Darnley, porém, não é apenas humana — é também política. Ela tivera a esperança de que ao lado de um marido jovem que lhe fosse fiel de corpo e alma, finalmente conseguisse se libertar da tutela de Moray, de Maitland e dos barões. Mas com as semanas de lua de mel desapareceram todas as ilusões. Por causa de Darnley, ela rejeitara Moray e Maitland, e agora está mais sozinha do que nunca. Uma natureza como a dela, no entanto, mesmo profundamente decepcionada, não pode viver sem confiança. Ela sempre volta a procurar uma pessoa segura em que possa confiar sem limites. Prefere escolher alguém de classe modesta, sem a posição de um Moray ou um Maitland, mas possuidor de uma virtude que, para ela, é mais necessária nessa corte escocesa, a mais preciosa das qualidades de um servo: fidelidade e confiabilidade incondicionais.

O acaso trouxe esse homem ao país. Quando o embaixador de Saboia, marquês de Moreta, visita a Escócia, em seu séquito está um jovem piemontês de pele morena, David Rizzio (*in visage very black*), de aproximadamente 28 anos, com olhos redondos e alertas, boca sensual, que sabe cantar muito bem (*particolarmente era buon musico*). Sabidamente, poetas e músicos sempre foram bem-vindos na romântica corte de Maria Stuart. De seu pai e de sua mãe, ela traz a paixão pelas belas artes; nada a encanta e a faz mais feliz em meio à escuridão de seu ambiente, do que alegrar-se com belas vozes, e música de viola ou alaúde. Naquele tempo, faltava exatamente um baixo em seu coro, e como o *Seigneur Davie* (assim passa a ser chamado no círculo íntimo dela) não apenas sabe cantar bem, mas juntar habilmente palavras e notas musicais, ela pede a Moreta que lhe deixe para seu serviço pessoal aquele *buon musico*. Moreta concorda, e também Rizzio, que fica empregado com salário anual de 65 libras. Não é humilhante que ele esteja nos livros de contabilidade como *David le Chantre*, e entre os criados como *valet de chambre*, camareiro, pois até os tempos de Beethoven os músicos mais divinos são nas cortes mais ou menos incluídos na criadagem. Ainda Wolfgang Amadeus Mozart e o velho Haydn de cabelos brancos, embora famosos em toda a Europa, não comem na mesa da corte com a nobreza e os príncipes, mas com os cavalariços e as criadas de quarto.

Além de boa voz, Rizzio trouxe consigo uma boa cabeça, raciocínio ágil e fresco, e uma boa cultura artística. Domina latim tão fluentemente quanto francês e italiano, tem bom estilo ao escrever; um de seus sonetos que foi preservado mostra gosto poético e verdadeiro senso de forma. Logo surge para ele a oportunidade desejada para sair da mesa dos criados. O secretário pessoal de Maria Stuart, Raulet, não fora capaz de resistir ao contágio de uma enfermidade epidêmica na corte escocesa: o suborno pelos ingleses. E a rainha teve de demiti-lo de seus serviços rapidamente. No posto livre do gabinete de trabalho dela enfia-se o ágil Rizzio, que a partir dali sobe, e sobe depressa. O simples escrevente logo se torna conselheiro dela. Maria Stuart nem dita mais as cartas ao seu secretário piemontês, ele as escreve segundo seu próprio arbítrio;

depois de poucas semanas, sua influência pessoal nos assuntos estatais da Escócia se torna evidente. O rápido casamento com o príncipe católico Darnley foi em boa parte obra dele, e a extraordinária firmeza com que a rainha recusava suas graças a Moray e aos outros rebeldes escoceses é corretamente atribuída, por eles, às intrigas de Rizzio. Talvez seja fato que ele era também agente do papa na corte escocesa, ou pode ser mera suspeita; porém, ainda que fosse apaixonadamente devotado à causa papal, católica, ele serve mais devotadamente a Maria Stuart do que qualquer outro até ali na Escócia. E Maria Stuart recompensa dignamente a quem é leal; mostra-se generosa também com aquele com quem pode falar de coração aberto. Ela distingue Rizzio de maneira excessivamente aberta, presenteia-o com roupas caras, confia-lhe o selo do reino e todos os segredos de Estado. Não demora muito, o servo David Rizzio se torna um grande senhor, que come à mesa da rainha com as amigas dela; como *maître de plaisir*, ajuda — como Pierre de Chastelard fizera antes dele (fatídica fraternidade de destinos) — a organizar festas, musicais e outros divertimentos na corte, e cada vez mais a relação de criado e soberana se transforma em amizade. Até tarde da noite, para inveja da criadagem, esse estrangeiro de origem inferior permanece sozinho na maior intimidade nos aposentos reais; vestido de maneira principesca, altivo e desdenhoso, um homem que poucos anos atrás chegara àquela corte, pobre e em roupas esfarrapadas de lacaio, apenas com uma voz agradável na garganta, agora exerce o mais alto cargo do país. Nenhuma decisão mais se toma no reino escocês sem sua vontade e seu conhecimento. Mesmo sendo senhor sobre todos os demais, entretanto, Rizzio permanece o mais fiel servo da sua rainha.

O segundo pilar mais seguro da independência de Maria Stuart — não apenas política, mas também o poder militar — está agora em mãos confiáveis. Aqui também há um novo homem ao seu lado, lorde Bothwell, que em sua juventude já lutara pela causa da mãe dela, Maria de Guise, contra os lordes da congregação protestante — embora fosse ele próprio protestante — e que tivera de deixar a Escócia por causa do ódio de Moray. Tendo regressado depois da queda de seu inimigo mortal, ele colocara a si mesmo e aos seus à disposição da rainha, e tal poder não era pequeno. Ele próprio um guerreiro impetuoso, disposto a qualquer aventura, de natureza férrea, tão passional em seu amor quanto em seu ódio, Bothwell tem atrás de si seus *borderers*, seus homens da fronteira. Sua pessoa sozinha já significa um exército decidido: Maria Stuart, agradecida, nomeia-o almirante e sabe que não importa contra quem for, ele sempre estará a postos para defender sua rainha e o direito dela à coroa.

Com esses dois fiéis, Maria Stuart, aos 23 anos, finalmente tem firmes em suas mãos as rédeas do domínio, o político e o militar. Pela primeira vez poderia ousar reger sozinha contra todos, e essa mulher nada cautelosa sempre se aventurou em todos os riscos.

Porém, sempre que na Escócia um rei quis realmente reinar, os lordes reagiram. Nada é mais intolerável para esses teimosos insubordinados do que uma monarca que não os corteja nem os teme. Da Inglaterra, Moray e os outros banidos pedem para retornar. Lançam mão de todos os recursos, e como Maria Stuart permanece inesperadamente firme, a indignação da nobreza se dirige em primeira linha contra seu conselheiro Rizzio; surdos rumores não tardam a circular pelos castelos. Cheios de amargura, os protestantes sentem que em Holyrood age uma diplomacia fina da escola maquiavélica. Mais adivinham do que sabem que a Escócia deve ser incluída no grande plano secreto da Contrarreforma; talvez Maria Stuart realmente já se tenha comprometido com a grande união católica. E responsabilizam por isso, antes de tudo, ao estrangeiro intruso, Rizzio, que tem a confiança ilimitada de sua senhora, mas fora isso não tem um só amigo naquela corte. Os inteligentes sempre agem da maneira menos inteligente. Em lugar de esconder modestamente o seu poder, Rizzio — eterno erro de todos os arrivistas — o ostenta de modo exibicionista. Mas, sobretudo, é intolerável para a altivez da nobreza da Escócia ver um ex-criado, um músico ambulante surgido do nada, e de origem mais do que duvidosa, passar horas e horas nos aposentos da rainha, ao lado do seu quarto de dormir, em conversas íntimas. Cada vez mais intensa é a suspeita de que essas conversas secretas têm como tema o extermínio da Reforma e a instauração do catolicismo. E para atrapalhar em tempo esses planos, uma série de lordes protestantes se reúne secretamente para uma conspiração.

Há séculos a nobreza escocesa conhece apenas um método de eliminar seus adversários incômodos: o assassinato. Só quando o fuso que puxa todos esses fios secretos é esmagado, só quando for removido esse aventureiro italiano esquivo, impenetrável, só então Maria Stuart voltará a ser mais submissa. Esse plano, de eliminar Rizzio pelo assassinato, parece desde muito cedo ter seguidores entre a nobreza, pois meses antes do ato consumado o embaixador inglês já anuncia em Londres: "Ou Deus lhe consegue um fim rápido, ou ele tornará a existência deles insuportável." Mas os conjurados por muito tempo não têm coragem para uma rebelião franca. O medo ainda está demasiado fundo neles. Pensando na rapidez e firmeza com que Maria Stuart esmagou a última rebelião, eles têm pouca vontade de partilhar do destino de Moray e dos outros emigrados. Mas não temem menos a mão de ferro de Bothwell, que gosta de bater duro, e que sabe ser arrogante demais para se misturar ao complô deles. Dessa forma, só podem resmungar e cerrar os punhos, em segredo, até que, por fim — pensamento diabolicamente genial — um deles transforma o plano de assassinar Rizzio em ato patriótico legal, em vez de ato rebelde colocando Darnley, o rei, como protetor da conspiração. À primeira vista a ideia parece insensata. O soberano de um país conspirando contra sua própria esposa, o rei contra a rainha? Mas a combinação prova ser psicologicamente correta, pois, como acontece com todos os fracos, em Darnley a mola de todas as suas ações é a vaidade insatisfeita. E agora Rizzio tem poder demais para que Darnley, o caído, não tivesse ódio de seu ex-amigo. Aquele joão-ninguém agora faz negociações diplomáticas das quais ele, *Henricus, Rex Scotiae*, nem é informado, permanece nos aposentos da rainha até 1, 2 horas da madrugada, portanto horas em que a esposa deveria estar com seu marido, e o poder dele cresce dia a dia, enquanto o poder de Darnley diminui diante de toda a corte. Darnley — provavelmente com razão — atribui à influência de Rizzio a recusa de Maria Stuart em lhe conceder o direito da corregência, a *crown matrimonial*, e já isso bastaria para instigar o ódio em um homem ofendido e desprovido de nobreza interior. Mas os lordes gotejam um veneno ardente na ferida aberta da sua vaidade, atiçam Darnley onde ele está mais magoado — na sua honra de homem. Com toda a sorte de alusões, despertam nele a suspeita de que Rizzio não divide apenas a mesa com a rainha, mas também a cama. Essa suspeita, em si nunca provada, tem especial credibilidade junto ao ofendido Darnley, sobretudo porque ultimamente Maria Stuart se nega a ele como esposa. Pensamento cruel: isso estaria ocorrendo porque ela prefere aquele músico de pele morena? Honra ferida que não tem coragem de queixar-se, facilmente começa a suspeitar; uma natureza que não confia em si própria rapidamente desconfia dos outros. Os lordes não precisam instigar por muito tempo para o deixá-lo confuso e hostil. Logo Darnley está absolutamente convencido de que lhe é feita "a maior desonra que pode acontecer a um homem". E assim acontece o inacreditável: o rei se coloca à frente da conspiração contra sua própria mulher — contra a rainha.

Nunca foi provado, nem se pode comprovar, que aquele pequeno músico moreno, David Rizzio, tenha de fato sido amante de Maria Stuart. Mas os favores patentes que a rainha concede a esse secretário diante de toda a corte falam energicamente contra tal suspeita. Ainda que se admita que entre a intimidade espiritual de um homem e uma mulher e a entrega física há apenas uma fronteira muito tênue, que de repente pode ser vencida por um momento de inquietação, um gesto tenso, mesmo assim Maria Stuart, naquele tempo grávida, demonstra tamanha segurança e despreocupação na sua amizade real com Rizzio que uma verdadeira adúltera não teria demonstrado. Se ela realmente tivesse com Rizzio uma relação proibida, sua primeira atitude, a mais natural, teria sido evitar tudo o que despertasse suspeitas. Não teria feito música com ele, nem jogado cartas em seus aposentos até alta madrugada, e também não ficaria sozinha com ele em seu gabinete de trabalho enquanto escreviam a correspondência diplomática. Como no caso de Chastelard, no entanto, dessa vez também exatamente a sua mais simpática qualidade, seu desprezo pelo *on dit*, sua soberana ignorância de qualquer mexerico e comentário, sua natural desinibição, se torna um perigo para ela. Falta de cautela e coragem quase sempre se reúnem numa personalidade como perigo e virtude, verso e anverso da mesma meda: só os covardes e inseguros temem ser acusados, e sempre agem com cautela e cálculo.

Porém, por mais que seja maldade e mentira um boato a respeito de uma mulher, uma vez difundido, não cessa mais. Corre de boca em boca, alimentando-se do hálito dos curiosos. Meio século depois, Henrique IV ainda aceitará a infâmia zombando de Jaime VI da Inglaterra, filho que Maria Stuart levava no ventre naquela ocasião, dizendo que, na verdade, deveria se chamar Salomão, porque, como aquele, era filho de um Davi. Pela segunda vez, a honra de Maria Stuart sofre grave dano, não por sua culpa dela, mas por sua imprudência.

A prova que os conspiradores que instigavam Darnley não acreditavam em sua própria invenção, reside no fato de que dois anos mais tarde solenemente proclamaram aquele suposto bastardo como rei Jaime VI. E aqueles arrogantes jamais teriam prestado juramento ao filho proveniente de adultério com um músico estrangeiro. Apesar do ódio que sentiam, os mentirosos já então sabiam a verdade, e apenas usam a difamação para envolver Darnley. E sobre ele, bastante irritado, perturbado pelo seu sentimento de inferioridade, aquela suspeita age de maneira elementar: sua raiva se acende como fogueira, como um touro ele se joga sobre esse pano vermelho que lhe estendem, e corre cego para dentro daquele complô. Sem refletir, deixa-se enredar na conspiração contra sua própria esposa. E depois de poucos dias ninguém quer tão intensamente o sangue de Rizzio quanto seu ex-amigo, que com ele dividiu mesa e cama, e a quem aquele pequeno músico vindo da Itália ajudara a obter uma coroa.

Na nobreza da Escócia, um crime político sempre foi uma ocasião solene: não se ataca no ardor de uma primeira ira, mas os parceiros se comprometem cuidadosamente — honra e juramento não lhes ofereceriam suficiente segurança, para isso conhecem-se bem demais — utilizando cartas e sinetes para esse estranho negócio de cavalheiros, como se fosse algo absolutamente legítimo. Em todos os empreendimentos violentos, como num acordo comercial, se escreve num pergaminho um chamado *covenant*, ou *bond*, pelo qual os principescos bandidos se aliam uns aos outros, pois somente como grupo, como bando, como clã, têm coragem de se rebelar contra seu soberano. Dessa vez — pela primeira vez na história escocesa — os conspiradores têm a honra de uma assinatura real nesse *bond*. Entre os lordes e Darnley, preparam-se dois contratos legítimos e cíveis, nos quais traço a traço o rei rejeitado e os barões excluídos se comprometem uns com os outros a tirarem o poder das mãos de Maria Stuart. No primeiro *bond*, Darnley promete manter os conspiradores *shaithless,* impunes, defender e protegê-los pessoalmente também diante da rainha. Além disso, concorda com o retorno dos lordes banidos, e que todas as suas *faults* serão perdoadas, assim que ele assumir a *crown matrimonial* que até ali Maria Stuart lhe recusava; ele declara ainda que defenderá a Kirk contra qualquer redução de seus direitos. Em troca, os lordes conspiradores prometem a Darnley no segundo *bond* — a "contrapartida", como se diria em linguagem comercial — que lhe concederiam essa *crown matrimonial* e até (veremos que não é impensadamente que levantam essa possibilidade) no caso da morte prematura da rainha lhe darem o direito de rei. Mas por trás dessas palavras aparentemente claras transparece mais do que Darnley percebe — só o embaixador inglês escuta corretamente o verdadeiro texto — ou seja, a intenção de livrar-se de Maria Stuart e por meio de uma "casualidade infeliz", eliminá-la junto com Rizzio.

Mal as assinaturas são colocadas nesse infame contrato, os mensageiros já saem a galope para informar Moray de que se prepare para voltar. O embaixador inglês, que participa intensamente do complô, já faz Elizabeth saber de imediato da sangrenta surpresa que preparam para a rainha sua vizinha. "Sei com certeza", escreve ele a Londres a 13 de fevereiro, portanto, bem antes do assassinato, "que a rainha se arrepende de seu casamento, e que o odeia, bem como odeia todo o seu bando. Sei também que ele pensa ter um parceiro em seu jogo (*partaker in play and game*), e que certas intrigas correm entre pai e filho, para obterem a coroa contra a vontade dela. Sei que, se elas derem certo, David terá a garganta cortada nos próximos dez dias com a anuência do rei." Mas esse espião também parece perfeitamente informado das intenções ocultas dos conspiradores. "Escutei coisas ainda mais graves do que esta, até de ataques contra a própria pessoa dela." Depois dessa carta, não pode mais haver dúvidas de que essa conspiração tem objetivos mais amplos do que confiaram ao tolo Darnley, e que o ataque que aparentemente seria realizado apenas contra Rizzio, se dirige contra a própria Maria Stuart, ameaçando a vida dela quase tanto quanto a dele. Mas Darnley, enganado — as naturezas mais covardes são sempre as mais cruéis assim que sentem poder —, anseia por uma vingança particularmente refinada contra o homem que lhe roubou o sinete e a confiança da esposa. Ele exige que, para rebaixar sua mulher, o crime seja cometido na presença dela — delírio de um fraco que espera dobrar uma natureza forte com um "castigo", e submeter de novo uma mulher que o despreza, a partir de uma brutal demonstração de força. Segundo desejo dele, a carnificina é transferida para os aposentos da grávida, e escolhem o 9 de março como dia certo: o horror da execução há de superar a baixeza do ataque.

Enquanto Elizabeth e seus ministros em Londres há semanas sabem de todos os detalhes (sem que ela alertasse fraternalmente a prima ameaçada), enquanto Moray mantém seus cavalos perto da fronteira, e John Knox já prepara o sermão para elogiar o assassinato como ato *most worthy of fall praise*, Maria Stuart, traída por todos, de nada sabe. Justo nos últimos dias — o fingimento sempre torna uma traição particularmente abjeta — Darnley se mostrou inusitadamente submisso, e nada a pode fazer suspeitar da noite de horrores, e da fatalidade que ainda agirá por muitos anos, começando no anoitecer de 9 de março. Em compensação, Rizzio recebeu um aviso de mão desconhecida, mas não lhe dá atenção, pois de tarde, para abafar a sua desconfiança, Darnley o convida para jogar bola; alegre e despreocupado, o músico aceita o convite de seu ex-bom amigo.

Enquanto isso, anoitece. Maria Stuart, como de costume, mandou levar o jantar ao quarto na torre, no primeiro andar, ao lado do seu quarto de dormir: um aposento pequeno, com espaço apenas para uma reunião muito íntima. Em estreito círculo familiar, dois nobres e a meia-irmã de Maria Stuart cercam a pesada mesa de carvalho, iluminada por velas de cera em candelabro de prata. David Rizzio senta-se diante da rainha, vestido como grande senhor, chapéu à moda francesa, roupa de damasco com beiradas de peles; fala animadamente, e talvez depois da comida façam um pouco de música ou se divirtam de outro modo. Não é inusitado que de repente se abra a cortina e apareça o rei e esposo Darnley. Todos logo se levantam, fazem lugar ao lado da esposa na mesa apinhada, ele a abraça frouxamente e a saúda com um beijo de judas. A conversa prossegue, animada, copos e pratos retinem e é alegre a música hospitaleira.

Mas nisso a cortina se ergue uma segunda vez. Agora todos se sobressaltam admirados, aborrecidos, assustados: atrás da porta, como um anjo negro em roupagem completa, está aquele que todos temem, lorde Patrick Ruthven conhecido como feiticeiro, um dos conspiradores, com a espada nua na mão. Seu rosto está singularmente hirto e pálido, saiu da cama com febre apenas para não perder aquela ação louvável, e de seus olhos ardentes fala uma determinação férrea. A rainha, logo adivinhando algo de mau — pois ninguém além de seu marido pode usar a escada em caracol que leva para o quarto dela —, interpela Ruthven, perguntando quem lhe permitiu entrar ali sem ser anunciado. Mas, com sangue-frio, calmo e indiferente, Ruthven responde que não tencionava nada contra ela nem contra qualquer outro. Viera unicamente por causa do *yonder poltroon*, daquele covarde David.

Rizzio empalidece sob o chapéu pomposo, e com a mão agarra-se crispadamente na mesa. Logo entende o que o espera. Só sua soberana, só Maria Stuart agora ainda o pode proteger, pois o rei não faz menção de mandar sair o insolente, e permanece sentado, frio e inerte, como se tudo aquilo nem lhe dissesse respeito. Maria Stuart imediatamente tenta interferir. Pergunta de que acusam Rizzio, que crime ele cometeu.

Ruthven dá de ombros desdenhosamente e responde:

— Pergunte ao seu marido.

Maria Stuart se vira para Darnley. Mas na hora decisiva, o fraco, que há semanas instiga o crime, se acovarda e se encolhe. Não tem coragem de se colocar claramente ao lado do seu comparsa.

— Não sei de nada — mente, embaraçado, e desvia o olhar,

Agora ouvem-se mais passos e o tinir de armas atrás da cortina. Os conjurados subiram um após o outro a estreita escada, e, como uma parede, impedem qualquer tentativa de retirada de Rizzio. Não há mais como escapar. Assim, Maria Stuart tenta salvar seu fiel servo ao menos por negociações. Se David deve ser acusado de algo, ela própria o chamará diante do Parlamento dos nobres reunidos; agora, porém, ordena, que Rutheven e todos os outros saiam de seus aposentos. Contudo, os rebeldes não lhe obedecem. Ruthven já se aproximou do pálido Rizzio para agarrá-lo, outro lhe joga uma corda sobre o corpo, e começam a puxá-lo para fora. Irrompe um terrível alvoroço, no qual se derruba a mesa e as luzes se apagam. Rizzio, desarmado e fraco, não sendo nem guerreiro nem herói, agarra-se no vestido da rainha, e aterrorizado grita em tom agudo naquele tumulto:

— *Madonna, io sono morto, giustizia, giustizia.*

Mas um dos conspiradores aponta a pistola carregada para Maria Stuart, e disपararia, segundo intenção dos conspiradores, se outro não a desviasse em tempo, e o próprio Darnley agarra o corpo pesado da mulher grávida até que os outros tenham arrastado para fora do quarto Rizzio, que uiva de medo e se debate na angústia da morte. Mais uma vez, quando já o arrastam pelo quarto de dormir ao lado, ele se agarra à cama da rainha, e ela, sem poder fazer nada, ouve seus pedidos de ajuda. Os impiedosos batem com força nos dedos dele, e o arrastam mais e mais para o salão; lá atiram-se sobre ele como loucos. Aparentemente, pretendiam apenas prender Rizzio e no dia seguinte enforcá-lo solenemente na praça. Mas a exaltação os enlouquece. Enfiam seus punhais no indefeso, de novo e de novo, e, embriagados de sangue, por fim, o golpeiam tão selvagemente que chegam a se ferir. O assoalho já está molhado e rubro, e eles continuam ensandecidos. Só quando arrancaram o último suspiro do corpo que estremece sangrando de mais de cinquenta feridas, eles param. E o cadáver do mais fiel amigo de Maria Stuart é jogado da janela para o pátio, massa de carne horrendamente desfigurada.

Maria Stuart ouve amargurada cada grito de seu devotado servo. Incapaz de libertar seu pesado corpo grávido de Darnley, que a segura com braços de ferro, mesmo assim ela se rebela com toda a força de sua alma passional contra aquela inaudita humilhação que lhe é feita em sua própria casa, perante seus súditos. Darnley pode segurar suas mãos, mas não seus lábios; espumando em uma raiva louca, ela cospe seu desdém mortal sobre aquele covarde. Chama-o de traidor e filho de traidor, acusa a si própria de ter levado ao trono aquele sujeito insignificante — toda a repulsa que aquela mulher até então sentira pelo marido nesses minutos se condensa em um ódio inesquecível e inapagável. Darnley tenta em vão desculpar sua postura. Ele acusa a esposa de há meses lhe recusar seu corpo, de dedicar mais tempo a Rizzio do que a ele, seu marido. Maria Stuart também não poupa as mais terríveis ameaças a Ruthven, que agora foi até o quarto e, exausto, se joga numa cadeira. Se Darnley pudesse ler nos olhos dela, recuaria diante do ódio assassino que arde em sua direção. Se fosse mais alerta e mais inteligente, ele teria de adivinhar o perigo, não a encararia mais como sua esposa e não sossegaria enquanto seu coração não estivesse inundado de dor como agora o dela. Mas Darnley, capaz apenas de paixões breves e pequenas, sem entender como ferira mortalmente Maria Stuart naquele momento, não adivinha que ela já pronunciara sua sentença. Pensa, o pobre pequeno traidor, que sempre se deixa enganar por todos, que agora, quando a mulher se cala, exausta, sua força está quebrada e que ela lhe obedecerá de novo. Mas em breve verá que um ódio que sabe se calar é ainda mais perigoso do que o mais louco discurso, e que quem uma vez ofendeu mortalmente aquela mulher está invocando a própria morte.

Os gritos de socorro de Rizzio sendo arrastado e o tumulto de armas nos aposentos da rainha, acordaram o castelo inteiro: de espada na mão, os fiéis seguidores de Maria Stuart, Bothwell e Huntly, vêm correndo de seus quartos. Mas os conspiradores previram também essa possibilidade: Holyrood está rodeada de todos os lados pelos seus seguidores armados, todos os acessos fechados para que não possa vir em tempo ajuda da cidade para a rainha. Para salvar suas vidas e chamar ajuda, Bothwell e Huntly não têm outro caminho senão saltar das janelas. Ao seu alarme, avisando que a vida da rainha estava ameaçada, o preboste da cidade manda imediatamente tocar os sinos da torre; os cidadãos se reúnem e avançam até Holyrood para ver a rainha e falar com ela. Mas, em lugar dela, são recebidos por Darnley, que mente para acalmá-los, dizendo que apenas eliminaram um espião italiano, que fora detectado em uma intriga envolvendo potentados estrangeiros com o objetivo de destruir o novo evangelho e introduzir o papado novamente na Escócia. Naturalmente, o preboste não ousa contradizer uma palavra real; os bons cidadãos retornam quietos para suas casas e Maria Stuart, que se esforçou em vão para mandar mensagens aos seus fiéis, permanece em seus aposentos, trancada sob severa vigilância. Sua dama da corte e suas criadas são impedidas de entrar, todas as portas e portões do castelo estão triplamente ocupados: nessa noite, pela primeira vez na vida, Maria Stuart se transforma de rainha em prisioneira. Até o último detalhe a conspiração tem sucesso. No pátio, em uma poça de sangue, o cadáver carneado de seu melhor servo; diante de seus inimigos está o rei da Escócia, pois agora a coroa lhe cabe, uma vez que ela nem ao menos pode sair de seu próprio quarto. Num instante, ela caiu do mais alto degrau, impotente, abandonada, sem ajuda, sem amigos, rodeada de ódio e sarcasmo. Tudo parece perdido para ela nessa noite terrível; mas um coração ardente se torna mais forte sob os golpes do destino. Exatamente nos momentos em que sua liberdade, sua honra, e seu reino estão em jogo, Maria Stuart encontra mais força em si mesma do que em todos os seus criados e auxiliares.

9
Os traidores traídos
(março a junho de 1566)

No sentido humano, o perigo é sempre uma sorte para Maria Stuart. Pois só nos momentos decisivos, quando é obrigada a empregar o máximo de sua natureza, percebe-se que extraordinárias capacidades se ocultam nessa mulher: uma determinação incondicional e férrea, uma visão clara e rápida, uma coragem louca, até heroica. Mas para que ela empregue suas forças extremas, primeiro tem de ser duramente atingida no fundo mais sensível de sua natureza. Só então essas forças espirituais geralmente dispersas se reúnem em um bloco de energia. Quem tentar humilhá-la na verdade a eleva; cada provação do destino será para ela, no sentido mais profundo, um presente. A noite da sua primeira humilhação transforma o caráter de Maria Stuart, e o transforma para sempre. Na forja ardente daquela experiência terrível, quando ela se vê traída em sua confiança despreocupada ao mesmo tempo pelo marido, pelo irmão, pelos amigos e pelos súditos, tudo nessa mulher habitualmente feminina e doce se torna aço, e ao mesmo tempo tem a flexibilidade de um metal bem batido no fogo. Mas como uma boa espada tem duplo fio, desde aquela noite em que começa toda a desgraça futura, também seu caráter se torna ambivalente. A grande tragédia sangrenta começou.

Trancada em seu quarto, prisioneira de súditos traidores, andando de um lado para outro, ela pensa incessantemente apenas em uma coisa, pondera apenas uma coisa, dominada pela ideia da vingança: como rebentar esse anel de seus inimigos, como vingar o sangue de seu fiel servo, que ainda goteja quente nas tábuas do assoalho, como fazer curvar de novo os joelhos ou levar ao cepo do verdugo todos aqueles que se ergueram pondo a mão nela, a rainha ungida. Com a injustiça sofrida, todos os meios parecem permitidos e justos a partir de então, para aquela guerreira cavalheiresca. Ocorre uma mudança interior: a que até ali fora imprudente torna-se cautelosa e traiçoeira, a que até então fora honesta demais para mentir aprende a disfarçar, a que até aquela noite fora leal com todos empregará todas as suas extraordinárias capacidades intelectuais em derrotar os traidores com suas próprias artimanhas. Muitas vezes, uma pessoa aprende em um só dia mais do que em meses ou anos; uma dessas lições decisivas Maria Stuart aprendera por toda a vida: os punhais dos conspiradores não apenas mataram diante de seus olhos seu fiel servo Rizzio, mas, bem no fundo, mataram sua confiança despreocupada e sua naturalidade. Que erro, ser crédula com traidores, ser honesta com mentirosos, que tolice abrir o coração para quem não o possuía! Agora era preciso disfarçar, negar os sentimentos, esconder a amargura, fingir amabilidade com aqueles que são eternos inimigos, e esperar com ódio dissimulado a hora da vingança! Aplicar agora todas as forças em ocultar seus próprios verdadeiros pensamentos, embalar os inimigos enquanto estão ébrios do triunfo, é melhor humilhar-se fingidamente um dia ou dois diante de canalhas, para depois os humilhar em definitivo! Uma traição tão tremenda só se pode vingar traindo os traidores de modo ainda mais audacioso, mais atrevido, mais cínico.

Com aquela genialidade rápida como um raio que muitas vezes o perigo mortal confere até a naturezas fracas e negligentes, Maria Stuart concebe seu plano. Vê com um só olhar que sua situação não se resolverá enquanto Darnley e os conspiradores estiverem unidos. Só uma coisa a pode salvar: se conseguir em tempo enfiar uma cunha no bloco dos conspiradores. Como não pode rebentar de um golpe a corrente que a estrangula, precisa tentar com astúcia na parte mais fraca: precisa fazer o traidor trair os outros. E quem é o mais fraco de todos aqueles traidores duros, isso ela sabe muitíssimo bem: Darnley, esse *heart of wax*, aquele coração de cera, que se deixa conformar por qualquer aperto de dedos.

A primeira medida que ocorre a Maria Stuart é uma obra-prima de psicologia. Declara estar acometida por fortíssimas dores de parto. O nervosismo da noite anterior, um assassinato brutal à sua vista, no quinto mês de gravidez, deve realmente enganar sobre a possibilidade de um parto prematuro. Maria Stuart finge dores terríveis, deita-se na cama e ninguém pode impedir que as criadas e um médico auxiliem a mulher grávida sem assumir a acusação de uma crueldade brutal.

De início Maria Stuart não queria mais do que isso, porque assim rompeu-se sua severa clausura. Agora finalmente pode mandar criadas com recados para Bothwell e Huntly, e preparar tudo para sua fuga. Além disso, com a ameaça de parto prematuro coloca os traidores e especialmente Darnley em uma situação moral difícil. Pois a criança que ela tem no ventre é o herdeiro do trono da Escócia, o herdeiro da Inglaterra; uma responsabilidade tremenda recairia diante do mundo todo sobre o próprio pai, se com o sadismo de realizar o assassinato aos olhos da mulher grávida, ele também matasse o próprio filho no ventre dela. Darnley aparece nos aposentos da esposa, cheio de preocupação.

E agora começa uma cena shakespeariana, comparável em sua grandiosa improbabilidade talvez apenas àquela em que Ricardo III, junto do caixão do esposo que acaba de matar, corteja a viúva e tem sucesso. Também ali o assassinado que ainda não foi enterrado, também ali assassino e cúmplices estão diante de alguém a quem traíram da pior forma, também aqui a arte do fingimento assume uma eloquência demoníaca. Ninguém testemunhou a cena. Conhecemos apenas seu começo e seu fim. Darnley entra no quarto da esposa que ontem ainda humilhara mortalmente, e que no primeiro ímpeto de sua indignação lhe anunciara uma vingança mortal. Como Cremilda diante do cadáver de Siegfried, ela fechara os punhos contra o assassino, mas também como Cremilda, naquela noite ela aprendera, para vingar-se, a disfarçar seu ódio. Darnley não encontra a Maria Stuart de ontem, a adversária e vingadora orgulhosa, mas uma pobre mulher alquebrada, mortalmente cansada, submissa, doente, uma mulher doce e humilde que ergue os olhos para ele, o homem tirânico e forte que lhe mostrou quem era o senhor. O vaidoso idiota encontra todo o triunfo que ontem sonhara tão magnificamente: por fim Maria Stuart o corteja de novo. Desde que sentiu a sua mão de ferro, ela, arrogante e altiva, se tornou submissa. Desde que ele eliminou aquele canalha italiano, ela volta a servir a seu verdadeiro amo e senhor.

Um homem inteligente e superior deveria suspeitar de uma mudança tão rápida. O grito estridente com que na noite anterior aquela mulher, olhos faiscando como aço mortal, aos berros o chamara de traidor e filho de traidor, ainda deveria soar em seus ouvidos. Ele teria de recordar que essa filha de Stuart não perdoa a infâmia, nem esquece uma ofensa. Mas quando o lisonjeiam, Darnley é crédulo como todos os vaidosos, e esquecido como todos os tolos. E, então, aquele rapazinho fogoso é de todos os homens que Maria Stuart conheceu aquele que mais a amou sensualmente; o rapazinho ávido está preso ao corpo dela com devoção canina, nada o deixara mais amargurado do que quando, nos últimos tempos, ela se esquivara de seus abraços. E agora — milagre inesperado — a desejada se promete inteiramente a ele outra vez. Ficasse com ela aquela noite, suplica a que antes o rejeitara, e imediatamente a força dele se derrete, imediatamente é outra vez terno, escravo dela, seu criado, seu servo fiel. Ninguém sabe com que refinada mentira Maria Stuart por fim realizou o milagre da conversão de Paulo. Mas nem 24 horas depois do assassinato, Darnley, que há pouco ainda traía Maria Stuart com os lordes, já está pronto para tudo e fará o possível para enganar seus comparsas de ontem: com mais facilidade do que eles o atraíram para si, a mulher volta a atrair o submisso. Ele lhe diz os nomes de todos os participantes, está disposto a possibilitar a fuga de Maria Stuart, oferece-se, debilmente, para ser instrumento da vingança dela, uma vingança que no fim terá de atingir a ele próprio por ser o principal traidor. Como instrumento submisso, ele sai do quarto em que pensara entrar como senhor e mandante. Com um único gesto, poucas horas depois da sua mais profunda humilhação, Maria Stuart rebentara a corrente; o mais importante homem dos traidores, sem que eles desconfiem, conspira agora contra os conspiradores; um fingimento genial vencera o fingimento comum dos outros.

Metade do trabalho de libertação já foi realizado quando Moray entra a cavalo em Edimburgo com os outros lordes banidos; segundo sua tática, durante o crime ele não estivera presente e não podia ser provada sua participação. Jamais se flagrava numa trilha perigosa aquele homem tão hábil. Mas como sempre, quando os outros já realizaram o pior serviço, ele aparece com mãos limpas, calmo, orgulhoso, seguro de si, para colher os frutos. Exatamente naquele 11 de abril, Maria Stuart o teria declarado traidor no Parlamento, e, vejam só, a irmã aprisionada de repente esqueceu todo o seu ódio. O desespero a transforma numa excelente atriz, ela se lança nos braços dele, dá-lhe o mesmo beijo de judas que recebera ontem de seu marido. Insistente, terna, ela suplica conselho fraterno e ajuda daquele homem a quem há pouco ainda tinha banido.

Moray, bom psicólogo, vê com clareza a situação. Não pode haver dúvida de que ele desejara e aprovara a morte de Rizzio, para impedir a secreta política católica de Maria Stuart; para ele, aquele intrigante de pele escura era danoso à causa protestante e escocesa, e além disso um obstáculo ao seu próprio desejo de poder. Mas agora que Rizzio fora tão bem removido, Moray quer que toda aquela situação sombria logo seja resolvida, por isso sugere uma compensação: cessar imediatamente aquela vigilância humilhante da rainha pelos lordes rebeldes, devolver a Maria Stuart sua dignidade de rainha. Em contrapartida, ela deveria considerar tudo esquecido, e perdoar aos assassinos patriotas.

Maria Stuart, que há muito preparara com seu marido traidor a fuga em todos os detalhes, naturalmente nem pensa em perdoar aos assassinos. Mas, para diminuir a vigilância dos rebeldes, declara que será magnânima. Quarenta e oito horas depois do assassinato, com a carne despedaçada de Rizzio parece ter sumido também na terra todo o incidente; fingirão que nada ocorreu. Mataram um pequeno músico, e daí? Vão esquecer aquele joão-ninguém estrangeiro, a paz voltará à Escócia.

O pacto verbal foi selado. Apesar disso, os conspiradores não se decidem facilmente a tirar as sentinelas da porta dos aposentos de Maria Stuart. Porém, sentem certo desconforto. Os mais inteligentes entre eles conhecem bem demais o orgulho dos Stuart, para acreditar, apesar dos belos gestos de reconciliação, que Maria Stuart realmente possa esquecer e perdoar a morte traiçoeira de seu servo. Parece-lhes mais seguro prender para sempre aquela mulher indomável, tirando-lhe qualquer possibilidade de vingança: enquanto ela tiver liberdade, sentem eles, será perigosa. Outra coisa não lhes agrada, que Darnley suba toda hora para os aposentos dela e fique em longas conversas secretas com a pretensa enferma. Por experiência própria sabem que com pouca pressão já se amolece aquele miserável fracote. Começam a manifestar abertamente a suspeita de que Maria Stuart o quer atrair para o seu lado. Expressamente previnem Darnley para não acreditar em nenhuma das promessas dela; exortam-no a ser-lhes fiel, pois, caso contrário, — palavras proféticas — ele e os conspiradores lamentariam por tudo. E embora o mentiroso lhes assegure que tudo foi perdoado e esquecido, não se dispõem a tirar as sentinelas dos aposentos da rainha antes que Maria Stuart lhes entregue por escrito de próprio punho a certeza de impunidade. Assim como fizeram na hora do crime, aqueles estranhos amigos da justiça também querem uma folha escrita que os absolva do assassinato, um *bond*.

Vê-se que os perjuros treinados e experientes sabem da sinuosidade e da invalidade de uma palavra apenas pronunciada, pois exigem uma segurança documentada. Porém, Maria Stuart é orgulhosa demais e cautelosa demais para ligar-se a assassinos com sua própria assinatura. Nenhum daqueles canalhas há de se vangloriar de possuir um *bond* assinado por ela. Mas porque está decidida a não lhes conceder o perdão, ela finge uma alegre disposição para fazê-lo — trata-se apenas de ganhar tempo até a noite! Darnley, que agora é outra vez cera mole nas mãos dela, recebe a missão lamentável de manter controlados com falsa cordialidade seus comparsas de ontem, e adiar a assinatura. Ele aparece entre os rebeldes como fiel depositário, elabora com eles a carta de imunidade, e, por fim nada falta senão a assinatura de Maria Stuart. Agora, tão tarde da noite, ele não a pode mais conseguir, explica Darnley; a rainha, exausta, caiu no sono. Mas ele se comprometia — que importa ao mentiroso mais uma mentira? — a lhe entregar o texto assinado cedo na manhã seguinte. Quando um rei empenha sua palavra dessa forma, seria uma ofensa continuar desconfiando. Assim, para firmar o pacto, os rebeldes retiram as sentinelas dos aposentos de Maria Stuart. Era tudo que a rainha queria. Agora o caminho para a fuga está aberto.

Mal sua porta não está mais rodeada de vigias, Maria Stuart se levanta de sua fingida cama de enferma e faz todos os preparativos, cheia de energia. Bothwell e os outros amigos fora do castelo há muito foram avisados; pela meia-noite haverá cavalos selados aguardando na sombra dos muros da igreja. Agora é preciso ainda reduzir a vigilância dos conspiradores, e mais uma vez esse papel infame de fazê-los de tolos, com vinho e intimidades, como todos os outros assuntos desprezíveis, cabe a Darnley. Por ordem da rainha, ele convida seus comparsas de ontem para um grande jantar, com muito vinho e comemoração pela reconciliação fraterna até tarde da noite. Quando, por fim, pernas e cabeças pesadas, os companheiros vão descansar, para não despertar suspeitas Darnley evita o quarto de Maria Stuart. Os lordes, contudo, se sentem seguros demais para ter cautela. A rainha lhes prometeu perdão, o rei o concretizou. Rizzio está debaixo da terra e Moray voltou ao país: para que continuar pensando e espiando? Jogam-se na cama e dormem, depois do dia duro, para se recuperarem bem da embriaguez do vinho e do triunfo.

Por volta da meia-noite, há muito está tudo quieto nos corredores do castelo adormecido, quando se abre silenciosamente uma porta lá em cima. Pelos aposentos dos criados, e depois descendo a escada às apalpadelas, Maria Stuart vai até o porão, de onde um caminho subterrâneo leva às catacumbas do cemitério — caminho sinistro sob as abóbadas geladas gotejando umidade. A tocha lança uma claridade bruxuleante nas paredes negras como a noite, passando por caixões e esqueletos amontoados. Finalmente ela chegou ao ar livre, e alcançou a saída! Agora é só cruzar o cemitério até a muralha onde do lado de fora esperam os amigos com cavalos selados. De repente, Darnley para e quase tropeça. A rainha vai até ele e reconhece, com horror, que é um montinho de terra recente — a sepultura de David Rizzio.

É o último golpe do martelo para endurecer ainda mais o coração de ferro daquela mulher ofendida. Ela sabe que só duas coisas restam a fazer: salvar sua honra de rainha com essa fuga, e dar ao mundo um filho, o herdeiro da coroa — mas depois, vingança sobre todos os que colaboraram para humilhá-la. Vingança também contra aquele que agora a ajuda, por ser tolo! Sem hesitar um instante, a mulher grávida de cinco meses salta na sela masculina atrás de Arthur Erskine, fiel capitão da guarda pessoal: com esse estranho ela se sente mais segura do que com seu marido, que realmente, sem esperar por ela, galopa adiante pensando apenas em pôr-se em segurança. Assim, Erskine e Maria Stuart cavalgam em galope intenso os 34 quilômetros até o castelo de lorde Seton. Lá finalmente ela recebe um cavalo e uma escolta de duzentos cavaleiros; com o dia claro, volta a ser não fugitiva, mas soberana. Antes do meio-dia chega ao seu castelo de Dunbar. Mas em vez de repousar, em vez de descanso, ela começa a trabalhar imediatamente: não basta chamar-se de rainha, nessas horas é preciso lutar para sê-lo de verdade. Ela escreve e dita cartas para todos os lados, convocando os nobres ainda fiéis para reunir um exército contra os rebeldes que ocuparam Holyrood. A vida está salva, agora é preciso salvar a coroa e a honra! Sempre que se trata de sua vingança, sempre que a paixão arde em suas veias, essa mulher sabe vencer cansaço e fraqueza. Sempre nesses grandes momentos decisivos seu coração atinge o máximo de sua força.

No castelo de Holyrood o despertar é terrível para os conspiradores: aposentos vazios, rainha fugida, e o aliado deles, seu protetor Darnley, também sumiu. No primeiro momento, ainda não entendem o tamanho de sua queda, acreditando na palavra real e em Darnley, ainda pensam que o perdão que ontem à noite elaboraram com ele continua de pé. Com efeito, é difícil acreditar em tanta traição. Ainda não acreditam num logro. Humildemente enviam a Dunbar um delegado, lorde Sempill, para pedir que se cumpra o que foi escrito. Mas Maria Stuart deixa o mensageiro da paz esperando na frente de seu portão por três dias, assim, como o papa Gregório VII fizera Henrique VI esperar na nave em Canossa: ela não negocia com rebeldes, muito menos agora que Bothwell já reuniu suas tropas.

Um calafrio de medo corre pela espinha dos traidores e rapidamente suas fileiras diminuem. Um após o outro, eles chegam se esgueirando, suplicando perdão, mas os líderes como Ruthven, primeiro a agarrar Rizzio, e aquele Fawdonside que levantou a pistola contra a rainha, sabem que jamais poderão obter perdão. Fogem rapidamente do país; com eles desaparece dessa vez também John Knox, que aprovou cedo demais e alto demais aquele assassinato.

Obedecendo ao seu intenso desejo de vingança, Maria Stuart agora preferiria estatuir um exemplo e mostrar àquele bando de nobres sempre rebeldes que não se conspirava contra ela sem levar castigo. Mas a situação fora perigosa o bastante para lhe mostrar que no futuro seria preciso agir com mais prudência e menos sinceridade. Moray, seu meio-irmão, sabia da conspiração, isso se vê pela sua chegada pontual, mas não agiu com eles; Maria Stuart reconhece que será mais inteligente poupar aquele homem tão forte. "Para não ter logo inimigos demais contra mim", ela fecha um olho. Pois se quisesse instaurar um tribunal sério, o primeiro a ser acusado não teria de ser Darnley, seu próprio marido, que introduzira os assassinos nos aposentos dela, e segurara suas mãos durante o assassinato? Mas, com sua honra já uma vez gravemente prejudicada pelo escândalo com Chastelard, Maria Stuart tem todos os motivos para não deixar que seu marido apareça como vingador ciumento de sua honra. *Semper aliquid haeret*; é melhor agora disfarçar o que aconteceu, fazendo parecer que ele, principal instigador de toda a desgraça, não tivera nenhuma participação no assassinato. É difícil tornar isso crível com relação a alguém que assinara dois *bonds*, num contrato legal no qual antecipadamente assegurava aos assassinos total perdão, que emprestara amavelmente a um dos carniceiros seu próprio punhal — foi encontrado no corpo despedaçado de Rizzio. Mas marionetes não têm vontade própria, nem honra, e Darnley dança, obediente, assim que Maria Stuart puxa os fios. Solenemente ele manda anunciar na praça de Edimburgo a maior e mais descarada mentira do século, "pela sua honra e com sua palavra de príncipe", de que jamais participara daquela *treasonable conspiracy*, aquela traiçoeira conspiração, que era mentira e infâmia acusá-lo, de ter "aconselhado, estimulado, concordado ou aprovado aquilo", quando todo mundo na cidade e no país sabia que ele não apenas a *counseled, commanded, consented, assisted* mas também *approved* com sinete e carta. Se fosse possível superar a miserabilidade que aquele traidor fraco provara durante o assassinato, com aquela declaração ele o conseguiu; com aquele perjúrio diante do povo e do país, na praça de Edimburgo, ele sentenciava a si próprio. De todos aqueles de quem a rainha jurou vingar-se, com nenhum ela o fez de maneira mais terrível do que com Darnley, obrigando-o a tornar-se eternamente desprezível aos olhos de todo o mundo, ele que Maria Stuart há muito desprezava em segredo.

Agora se estendeu sobre o assassinato um alvíssimo lençol de mentiras. Num triunfo ostensivo e com altas fanfarras, o casal real, singularmente reconciliado, entra em Edimburgo. Tudo parece apaziguado e controlado. Para preservar um lamentável ar de justiça, mas não assustar ninguém, enforcaram alguns pobres-diabos, pequenos soldados inocentes que por ordem de seus senhores de clã tinham vigiado os portões; os altos senhores, porém, escaparam impunes. Rizzio, pequeno consolo para um morto, recebe uma sepultura decente no cemitério real, e seu irmão assume seu posto no séquito da rainha; com isso, o trágico episódio deve estar perdoado e esquecido.

Agora, depois de todas as peripécias e do nervosismo, Maria Stuart tem apenas uma coisa a fazer para fortalecer sua posição abalada: trazer são e salvo ao mundo o herdeiro do trono. Só como mãe de um rei ela será intocável, não como esposa daquele lamentável rei marionete. Inquieta, ela aguarda sua hora difícil. Uma singular melancolia e um abatimento a dominam nas últimas semanas. A morte de Rizzio ainda recobre sua alma como um sentimento opressivo? Com a força intensificada do pressentimento ela adivinha sua desgraça iminente? Seja como for, ela faz um testamento no qual deixa para Darnley o anel que ele lhe metera no dedo no casamento, mas também Giuseppe Rizzio, irmão do assassinado, Bothwell e as quatro Marias são lembrados; pela primeira vez, essa mulher habitualmente ousada e despreocupada teme a morte ou outro perigo. Deixa Holyrood, que não oferece suficiente segurança, conforme se viu naquela noite trágica, e vai ao castelo de Edimburgo, menos confortável, porém mais inatingível e altaneiro, para lá dar à luz o futuro herdeiro da coroa escocesa e inglesa, ainda que ao preço de sua própria vida.

Na manhã de 9 de junho os canhões da fortaleza trovejam lançando a boa-nova para a cidade lá embaixo. Um filho nasceu, um Stuart, um rei da Escócia; chega ao fim o perigoso controle das mulheres. O mais intenso sonho da mãe, o desejo do país, por um herdeiro masculino dos Stuart, cumpriu-se magnificamente. Mal ela deu à vida essa criança, porém, Maria Stuart sente o dever de também assegurar a sua honra. Ela deve ter sentido bem demais que os boatos venenosos que os conspiradores pingaram nos ouvidos de Darnley, de que as suspeitas de que ela cometera adultério com Rizzio, há muito ultrapassaram as muralhas do castelo. Ela sabe com que alegria se receberia em Londres qualquer pretexto para negar àquele herdeiro seus direitos de legitimidade, e talvez mais tarde a sucessão do trono; por isso, aos olhos de todo o mundo, ela quer acabar de uma vez com aquela mentira. Manda chamar Darnley ao seu aposento de puérpera, e mostra-lhe a criança à vista de todos, dizendo:

— Deus deu a mim e a ti um filho que ninguém gerou senão tu unicamente.

Darnley fica constrangido, pois ele próprio ajudara a divulgar aquele boato desonroso, pelo seu ciúme loquaz. O que pode responder àquela declaração solene? Para esconder sua vergonha, ele se inclina sobre a criança e a beija.

Mas Maria Stuart pega o bebê nos braços e repete mais uma vez bem alto:

— Eu testemunho à vista de Deus que é teu filho e de ninguém mais, e desejo que todos os aqui presentes, homens e mulheres, sejam testemunhas de que ele é tanto teu filho que quase receio que um dia tudo acabe mal para ele.

Isso é um grande juramento, e ao mesmo tempo um estranho temor: mesmo numa hora tão solene, aquela mulher ofendida não consegue esconder sua desconfiança em relação a Darnley. Também agora não consegue esquecer o quanto esse homem a decepcionou e feriu. Depois dessas palavras significativas, ela estende a criança a um dos lordes, Sir William Standon:

— Este é o filho do qual espero que seja o primeiro a unificar os dois reinos da Escócia e da Inglaterra.

Um tanto chocado, Standon responde:

— Por que ele, madame? Por que ele estaria à frente de Vossa Majestade e do pai dele?

Mais uma vez cheia de censura, Maria Stuart diz:

— Porque seu pai destruiu a nossa aliança.

Envergonhado na presença de todos, Darnley tenta acalmar a mulher nervosa, e pergunta, inquieto:

— Isso não fere tua promessa dada de perdoar e esquecer tudo?

— Quero perdoar tudo — responde a rainha —, mas jamais o esquecerei. Se naquela hora Fawdonside tivesse apertado o gatilho, o que seria deste menino e de mim? E sabe Deus o que então teriam feito contigo.

— Madame — exorta Darnley —, essas coisas há muito foram resolvidas.

— Tudo bem, não falemos delas. — responde a rainha, e, com isso, termina aquele diálogo repassado de relâmpagos anunciando uma tempestade iminente. Maria Stuart, mesmo em sua hora difícil, disse só meia-verdade ao declarar que não esquece, mas perdoa; pois jamais haverá paz naquele castelo, naquele país, enquanto não se compensar sangue com sangue, e violência não tiver respondido à violência.

Mal a mãe está aliviada, mal nasceu a criança, ao meio-dia Sir Jaime Melville, sempre o mensageiro mais confiável de Maria Stuart, salta na sela. À noite, já atravessou a cavalo a Escócia, chegando à fronteira, e então descansa em Berwick. Na manhã seguinte continua no seu galope veloz. A 12 de junho, à tardinha — grande façanha esportiva —, ele entra em Londres num cavalo coberto de espuma. Lá fica sabendo que Elizabeth realiza um baile em seu castelo de Greenwich; portanto mais uma vez, zombando do cansaço, ele sobe em outro cavalo e prossegue para dar a notícia ainda na mesma noite!

Naquele baile, Elizabeth dançou. Depois de longa enfermidade perigosa, ela se alegra de novo com as forças recuperadas. Contente, animada, maquiada e empoada, ela para no círculo de seus fiéis cavalheiros, num imenso vestido em formato de sino, como uma gigantesca tulipa exótica. Então, seguido por Jaime Melville, Cecil, secretário de Estado, chega atravessando rapidamente as fileiras dos que dançam. Dirige-se à rainha e sussurra em seu ouvido, dizendo que Maria Stuart deu à luz um filho, um herdeiro.

Habitualmente como estadista, Elizabeth é de natureza diplomática, mestra no autocontrole e bem treinada na arte de esconder seus verdadeiros sentimentos. Mas essa notícia atinge a mulher dentro dela. Enfia-se na sua humanidade como um punhal. E como mulher Elizabeth sente apaixonadamente demais para controlar seus nervos rebeldes. A surpresa é tão elementar que seus olhos furiosos, seus lábios apertados se esquecem de mentir. Por um momento, sua expressão é totalmente dura, o sangue foge sob a maquiagem, a mão se crispa duramente. No mesmo instante, ela ordena que a música se cale; a dança para de imediato e a rainha deixa o salão, precipitadamente, porque sente que não pode mais controlar seus nervos. Mas no quarto de dormir, rodeada de suas aias nervosas, ela perde a compostura rígida. Gemendo, esmagada pela própria dor, ela se joga numa cadeira e soluça:

— A rainha da Escócia deu à vida um filho; eu, porém, não sou senão um tronco morto.

Em nenhum momento de seus 70 anos de vida se revelou mais claramente do que naquele segundo a profunda tragédia dessa mulher infeliz; nunca se expõe tanto o quanto essa mulher amargurada pela incapacidade de amar, cruelmente consciente de sua esterilidade, deve ter sofrido, como nesse único lamento que nasce da parte mais feminina, profunda e sincera de seu coração, feito um jorro de sangue. Sentimos que teria trocado todos os reinos desta terra pela felicidade simples, clara e natural de poder ser inteiramente amante e mãe; ela talvez pudesse ter perdoado Maria Stuart todo o poder e outros sucessos. Mas sua alma está desesperada: sua terrível rival pode ser mãe.

Porém, na manhã seguinte, Elizabeth volta a ser inteiramente rainha, inteiramente política e diplomata. De maneira exemplar, domina a arte tantas vezes mostrada de esconder atrás de palavras frias e majestosas sua raiva, seu desgosto, seu profundo sofrimento. Um sorriso amável perfeitamente maquiado, recebe Melville com grandes honrarias, e ouvindo suas palavras seria de pensar que recebeu a mais alegre mensagem. Pede-lhe que transmita a Maria Stuart suas mais cordiais felicitações, renova sua promessa de ser madrinha da criança e, se possível, ir pessoalmente ao batizado. Exatamente porque no fundo não admite a felicidade de sua irmã de destino, ela — eterna atriz da própria grandeza — quer aparecer ao mundo como benfeitora e magnânima.

Mais uma vez o ponteiro se voltou em favor daquela mulher corajosa. Todos os perigos parecem superados e todas as dificuldades maravilhosamente resolvidas. Mais uma vez, as nuvens que desde o começo pairaram, trágicas, sobre o destino de Maria Stuart, se desfizeram misericordiosamente; mas o perigo superado nunca torna essa audaciosa mais sábia, apenas mais ousada ainda. Maria Stuart não nasceu para a paz nem para a felicidade; uma força funesta a impele internamente. E jamais um destino cria sentido e forma segundo fatos e acasos do mundo exterior. São sempre as leis inatas e mais íntimas que formam ou destroem uma vida.

10
Trama terrível
(julho a Natal de 1566)

Na tragédia de Maria Stuart, o nascimento daquela criança é o fim do primeiro ato. A situação de repente tomou forma dramática e freme de incertezas e tensões internas. Novos personagens e figuras aparecem, o cenário se transforma, a tragédia passa de política a pessoal. Até ali Maria Stuart lutara contra os rebeldes em seu país, contara a inimizade além das fronteiras; agora, um novo poder a ataca mais violentamente do que todos os seus lordes e barões: os seus próprios sentidos se rebelam, em Maria Stuart a mulher luta com a rainha. Pela primeira vez, o desejo de poder perde para o desejo do sangue. Com paixão e leviandade, a mulher que agora desperta destrói o que a rainha até ali preservara com ponderação: como em um abismo, ela se lança, num magnífico esbanjamento, em um êxtase da paixão como a história dificilmente conhece tão excessivo, esquecendo tudo, arrastando tudo consigo, honra, moral, lei, sua coroa, seu país — outra alma trágica escondia-se na brava princesa e na abatida viúva de rei. Num só ano, Maria Stuart intensifica sua vida drasticamente, multiplicando-a por mil, e, nesse mesmo único ano, destrói a sua vida.

No começo desse segundo ato, Darnley aparece de novo, também ele mudado e trágico. Aparece sozinho, pois, como traiu a todos, ninguém lhe dá confiança ou sequer um cumprimento sincero. Uma profunda amargura, uma raiva impotente dilacera a alma desse rapaz ambicioso. Ele fez o máximo que um homem poderia fazer por uma mulher, mas pensava pelo menos conseguir em troca um pouco de gratidão, humildade, entrega e, quem sabe, até afeto. Em vez disso, assim que ela não precisa mais dele, Darnley encontra em Maria Stuart apenas uma hostilidade ainda maior. A rainha é implacável. Para vingar-se do traidor, os lordes fugidos tinham-lhe entregado secretamente a carta de imunidade assinada por Darnley pelo assassinato de Rizzio, para que ela reconhecesse a culpa do marido. Esse *bond* nada ensina de novo a Maria Stuart, mas quanto mais ela despreza o lado traiçoeiro e covarde de Darnley, menos ela, a mulher altiva, pode-se perdoar por um dia ter amado aquela beleza vazia. Nele, ela odeia ao mesmo tempo o próprio engano; há muito o homem em Darnley lhe é repulsivo como uma criatura gosmenta e grudenta, como uma cobra, uma lesma que não se quer tocar nem com a mão, muito menos deixar aproximar-se do corpo quente e vivo. Sua existência e sua presença oprimem a alma dela como um pesadelo. Só um pensamento domina seus dias e noites: como livrar-se dele, como libertar-se dele?

No começo, esse pensamento não é sombreado pelo desejo de uma violência: o que Maria Stuart experimenta nem é um caso único. Como milhares de outras mulheres, ela se sente dolorosamente decepcionada após um breve matrimônio para conseguir tolerar ainda o abraço e a proximidade daquele homem agora estranho. Num caso desses, o natural seria o divórcio como solução lógica, e, com efeito, Maria Stuart comenta essa possibilidade com Moray e Maitland. Mas um divórcio tão cedo depois do nascimento da criança tem como obstáculo o perigoso comentário sobre a sua suposta relação com Rizzio: seu filho imediatamente seria chamado de bastardo. Para não macular o nome de Jaime VI, que só como fruto de um casamento totalmente intocável teria direito ao trono, a rainha — horrendo tormento — tem de desistir dessa solução natural.

Mas haveria outra possibilidade: externamente, continuar fingindo a ligação íntima entre homem e mulher, como rei e rainha, mas internamente devolverem a liberdade um ao outro. Com isso Maria Stuart estará livre da insistência amorosa de Darnley e o casamento preservado diante do mundo das aparências. Que Maria Stuart desejou esse tipo de libertação está provado por um diálogo com Darnley que foi preservado, no qual ela lhe pedia que tomasse uma amante, quem sabe a esposa de Moray, sua inimiga mortal; com essa sugestão disfarçada de brincadeira, ela queria mostrar que nem ficaria ofendida se ele quisesse divertir-se por outro lado. Mas, terrível trama: Darnley não quer nenhuma outra, ele quer Maria Stuart, só a ela. Aquele pobre rapaz lamentável agarra--se com misteriosa carência e avidez exatamente àquela mulher forte e orgulhosa. Não se liga a nenhuma outra, não quer nem pode tocar nenhuma outra a não ser essa, que se esquiva dele. Só aquele corpo o deixa faminto e louco, ele mendiga incessantemente seus direitos conjugais, e quanto mais ardente e insistente ele fica, tanto mais violentamente ela o rejeita, e tanto mais manhoso e enraivecido se torna o desejo dele, tanto mais humilde, como um cachorro, ele volta a pedir; com uma horrível decepção a mulher paga pela sua funesta pressa de ter concedido àquele rapaz sem compostura nem majestade o poder conjugal, pois com emoções contraditórias ela permanece irremediavelmente ligada a ele.

Nessa situação emocional horrível, Maria Stuart age como as pessoas em geral agem numa tal condição sem saída. Ela foge da decisão, foge da luta aberta, esquivando-se dele. Singularmente, quase todos os biógrafos declararam ser incompreensível que Maria Stuart não aguardasse certo prazo de repouso depois do parto, mas já depois de quatro semanas, deixasse o castelo e o seu filhinho para sair de barco em passeio para Alloa, propriedade do conde de Mar. Nada na verdade é mais explicável do que essa fuga. Pois com essas semanas terminara o prazo de resguardo, dentro do qual ela conseguira negar seu corpo sem pretexto especial ao marido indesejado; agora, em breve ele voltará a aproximar-se dela, cada dia e noite a oprimindo, e o corpo dela não quer nem sua alma pode suportar um amante a quem ela não ama mais; portanto, o que é mais natural do que Maria Stuart fugir da presença dele, colocando entre ambos o espaço e a distância, e tratando de ser externamente livre para ser livre interiormente? Nas semanas e nos meses seguintes, por todo o verão e avançando pelo outono adentro, ela se salvou vagando de castelo em castelo, de caçada em caçada. E que ao mesmo tempo ela tente divertir-se, que em Alloa e por toda parte, com menos de 24 anos, ela se distraia alegremente, que os velhos jogos de máscaras e danças e as mais coloridas diversões como nos tempos de Chastelard e de Rizzio voltem a ajudar aquela incorrigível a passar o tempo, apenas confirma como aquela mulher tão perigosamente despreocupada esquece depressa as experiências ruins. Uma vez Darnley tenta, de forma tímida, exigir seu direito conjugal. Cavalga até Alloa, mas é rapidamente despachado, e nem o convidam para passar uma noite no castelo; internamente, Maria Stuart já o eliminou. Como fogo de palha ardera o sentimento por ele, como fogo de palha se consumira. Um engano no qual não se gosta de pensar, uma lembrança pesada, que se preferiria extinguir — isso é Darnley agora para ela, que na loucura da paixão o tornara senhor da Escócia e dono do seu corpo.

Darnley não conta mais, mas também sobre Moray, seu irmão, apesar da reconciliação, ela não tem mais certeza; Maitland, também perdoado depois de longa hesitação, nunca mais será considerado de confiança, mas ela precisa de alguém em quem confiar sem restrições, pois tudo o que é mediano e cauteloso, tudo o que hesita e se contém, é impossível e estranho àquela natureza impulsiva. Ela só consegue dar inteiramente e inteiramente recusar, desconfiar completamente ou confiar por completo. Como rainha e como mulher Maria Stuart procura a vida inteira, consciente ou inconscientemente, o polo contrário de sua natureza inquieta, o homem forte, duro, constante e confiável.

Assim, desde a morte de Rizzio, Bothwell é o único em quem ela pode confiar. A vida lançou sem piedade, de um lado para outro, esse homem forte. Já como jovem, o bando de lordes o afastara do país porque ele se recusara a entrar em conluio com eles; fiel até o último instante, ele defendera Maria de Guise-Lorena, a mãe de Maria Stuart, contra os *Lords of the Congregation*, e resistira quando a causa dos Stuart católicos já estava perdida. Mas, por fim, os outros tinham sido mais fortes, e ele tivera de deixar sua pátria. Na França, o banido logo se torna comandante da guarda pessoal escocesa, a posição honrosa na corte refina seus modos, sem, porém, enfraquecer a força primitiva elementar de sua natureza. Mas

Bothwell é guerreiro demais para se contentar com um cargo honorífico, e assim que Moray, seu inimigo mortal, se rebela contra a rainha, ele atravessa o mar de barco e luta pela filha dos Stuart. Agora, sempre que Maria Stuart precisa de um ajudante contra súditos intrigantes, ele oferece, satisfeito, sua força e sua ação. Na noite do assassinato de Rizzio, ele salta determinado da janela do primeiro andar para buscar ajuda, e com boa visão dos fatos ele estimula a fuga da rainha. Sua energia militar assusta de tal modo os conspiradores que eles logo capitulam. Ninguém na Escócia até então servira melhor a Maria Stuart do que aquele ousado soldado de 30 anos.

Bothwell é uma figura que parece esculpida de um só bloco de mármore negro. Parecido com Colleoni, seu irmão *condottiere* italiano, ele contempla com postura desafiadora e enérgica os tempos, um homem inteiro com toda a dureza e brutalidade de uma virilidade intensa. Usa o nome de uma linhagem antiquíssima, os Hepburn, mas podia-se pensar que em suas veias corre o sangue ainda indomado dos vikings e dos normandos, guerreiros e saqueadores rudes. Apesar da cultura aprendida (fala perfeitamente francês, e ama e coleciona livros), ele tem nas brigas o prazer elementar de um rebelde nato contra a brava ordem burguesa, a louca alegria pelas aventuras daqueles *hors la loi*, os românticos corsários que Byron amava. Grande, ombros largos, extraordinariamente forte — sabe atacar com a pesada espada como se fosse um punhal leve, e pilotar sozinho um navio na tempestade —, essa segurança física lhe confere uma grandiosa audácia moral, ou antes imoral. Esse homem violento não recua diante de nada, só acredita na lei do mais forte: tomar sem consideração, manter e defender. Mas essa sua alegria natural pelos combates nada tem em comum com o ímpeto baixo de brigar e as disputas calculistas dos outros barões, que ele despreza porque sempre se juntam cautelosamente para saquear, e covardemente seguem por trilhas escuras. Ele, porém, não faz alianças, não se iguala a ninguém. Sozinho, soberbo e desafiador, segue seu caminho ignorando lei e moral, e bate com o punho armado na cara de quem se atrever a enfrentá-lo. Totalmente despreocupado, ele faz o que quer, seja permitido ou não, e o faz à luz do dia. Embora seja violento, um amoral, Bothwell tem, pelo menos, em relação aos outros, a vantagem da sinceridade. No meio dos caracteres ambíguos de todos aqueles lordes e barões, ele parece um animal feroz, e mesmo assim majestoso, uma pantera, um leão entre lobos e hienas rasteiros, não uma figura moral nem humanamente sedutora, mas ainda assim um homem, primitivo e guerreiro.

Por isso os outros homens o temem e odeiam, mas com essa força clara, nua e brutal, ele tem um poder imensurável sobre as mulheres. Não sabemos se esse ladrão de corações foi bonito; não há retrato dele (mas involuntariamente pensamos naquele guerreiro audacioso e desafiador pintado por Frans Hals, chapéu atrevidamente baixado sobre o rosto, olhar insolente e livre encarando a todos). Muitos relatos dizem que era de uma feiura repulsiva. Mas para conquistar mulheres não se precisa de beleza; a virilidade que irradia dessas criaturas intensas, a arrogante selvageria, a violência implacável e a aura de guerra e vitória que os envolve conferem um forte poder de atração sexual; a nenhum homem as mulheres amam tão apaixonadamente quanto aqueles que ao mesmo tempo temem e admiram, a quem um leve calafrio de horror e perigo faz parecer cobertos de mistério. Mas se um violento desses não for apenas um *mâle*, um animal masculino com um touro enlouquecido, mas, como Bothwell, alguém em quem o brutal está revestido do cortesão, de cultura pessoal, sua força se torna irresistível. Por toda parte, e aparentemente sem esforço, esse homem teve suas aventuras. Na corte francesa, é famoso por ser querido de todas; no círculo de Maria Stuart, já se apoderou de algumas damas nobres; na Dinamarca, uma mulher sacrificou por ele marido, propriedades e dinheiro. Mas apesar desses triunfos, Bothwell não é um verdadeiro sedutor, um Dom Juan, um caçador de mulheres, pois nem as persegue a sério. Vitórias desse tipo são talvez inofensivas e fáceis demais para sua natureza de lutador. Bothwell toma as mulheres como um saqueador viking, apenas como presas eventuais, mais ou menos de passagem, como bebe ou joga ou cavalga e luta, como prova de força que intensifica a vida, como mais viril dos jogos viris, mas não se entrega a elas, ele não se perde nelas. Ele as toma porque tomar, e tomar com violência, é a forma mais natural de sua alegria no poder.

Esse homem em Bothwell é que Maria Stuart no começo nem percebe na figura de seu confiável vassalo. Da mesma forma, Bothwell não vê na rainha uma jovem desejável; com sua insolência, ele até falara certa vez de maneira bastante grosseira a respeito da pessoa dela:

— Ela e Elizabeth juntas não dariam uma mulher decente.

Nem lhe ocorre encará-la de modo erótico, e ela também não sente atração por ele. Originalmente, ela até queria lhe proibir o retorno, por ter espalhado boatos malcriados a respeito dela na França, mas assim que o provara como soldado, passa a usar dele com gratidão e lealdade. Um favor segue o outro: ele é nomeado comandante-geral do norte, depois primeiro-tenente da Escócia e comandante geral das forças armadas caso houvesse a rebelião. Os bens dos rebeldes banidos passam para ele como presentes dela, e como sinal especial de sua preocupação amigável — melhor prova de como no começo não eram nada eróticas suas relações —, a rainha escolhe uma jovem esposa para ele, da linhagem rica dos Huntly.

A um homem de poder inato como esse deve-se dar poder, e ele o aceita inteiramente. Logo Bothwell é o primeiro conselheiro em todos os assuntos, verdadeiro administrador do reino, e o embaixador inglês anuncia aborrecido que "seu conceito junto da rainha é mais alto do que o de todos os demais". Mas desta vez Maria Stuart fez uma escolha acertada, finalmente encontrou um administrador do poder orgulhoso demais para se vender a Elizabeth em troca de promessas e subornos, ou de se ligar aos lordes por uma pequena vantagem. Tendo como fiel servo esse soldado audacioso, pela primeira vez ela conquista superioridade em seu próprio país. Em breve, os lordes sentem quanta autoridade a rainha adquiriu por meio da ditadura militar de Bothwell. Já começam a se queixar, de que a "sua arrogância é tão grande que David nunca foi tão detestado quanto ele" e gostariam de se livrar de Bothwell. Mas ele não é um Rizzio, que se deixa sacrificar indefeso, nem um Darnley que se deixa pôr de lado sem resistir. Ele conhece as práticas de seus camaradas nobres; está constantemente rodeado de uma forte guarda pessoal, e a seu aceno os habitantes das fronteiras, os *borderers*, estarão dispostos a pegar em armas por ele. É indiferente se aqueles intrigantes na corte o amam ou odeiam. Basta que o temam, e que, enquanto ele usar a espada no flanco, aquele bando inquieto de bandoleiros obedeça à rainha, ainda que rangendo os dentes. Por desejo expresso de Maria Stuart, o inimigo mais figadal de Bothwell dele, Moray, tivera de reconciliar-se com ele; com isso fechou-se o anel do poder, os pesos estão claramente distribuídos. Desde que está assegurada por Bothwell, Maria Stuart contenta-se meramente com a representação — Moray continua administrando internamente, Maitland faz o serviço diplomático, e Bothwell, o confiável, é *all in all*. Graças à sua mão de ferro, voltou a reinar ordem e paz na Escócia; um só homem de verdade realizara esse milagre.

Contudo, quanto mais poder Bothwell recebe em suas mãos duras, menos sobra para aquele a quem caberia por direito: o rei. E aos poucos também essa sobra encolhe, restando um mero nome, um nada. Só um ano se passou, e como vai longe o tempo em que a bela jovem rainha escolhera apaixonadamente a Darnley, proclamando-o rei, cavalgando contra os rebeldes com ele em sua armadura dourada! Depois do nascimento da criança, depois do dever cumprido, esse infeliz se vê sempre mais posto de lado. Deixam-no falar, mas não o escutam; deixam-no andar e não o acompanham. Ele não é mais convocado para o conselho de Estado, nem para as festas, sempre vaga sozinho por ali, e um espaço frio de solidão o segue como uma sombra. Por toda parte, sente recair sobre si o sarcasmo e o ódio. Um estranho, um inimigo entre inimigos em seu próprio país, sua própria casa.

Esse total abandono de Darnley, essa súbita mudança de quente para frio, pode ser compreensível dado o rancor da mulher. Mas anunciar assim publicamente seu desprezo foi uma insensatez política de parte da rainha. A sensatez deveria dizer-lhe que pelo menos permitisse àquele vaidoso um verniz de respeito, não o expondo impiedosamente às ofensas insolentes dos lordes. Pois a ofensa sempre tem o péssimo efeito de extrair dureza até dos mais fracos; também Darnley, até ali apenas mole, aos poucos se torna maligno e perigoso. Não esconde mais a amargura. Quando sai dias a fio cavalgando com criados armados — desde o assassinato de Rizzio aprendeu a ser cauteloso —, os convidados da caçada escutam ameaças abertas a Moray e a muitos dos lordes. Ele espontaneamente envia cartas diplomáticas ao exterior acusando Maria Stuart de ser "não confiável na fé", e oferece-se como verdadeiro protetor do catolicismo a Filipe II. Como bisneto de Henrique VII, ele quer seu direito ao poder e à palavra, e, por mais débil que essa alma de menino possa ser, no fundo dela arde ainda um bruxuleante sentimento de honra. Pode-se dizer que esse infeliz não tinha caráter, mas não que não tivesse honra, e provavelmente Darnley, mesmo em suas atitudes mais desprezíveis, agiu exatamente por ambição torta, por um desejo excessivo de fazer-se valer. Finalmente — o arco foi tensionado em excesso — esse rejeitado toma uma decisão desesperada. No fim de setembro, de repente cavalga de Holyrood a Glasgow e não esconde sua intenção de deixar a Escócia e ir para o exterior. Declara que não participa mais daquele jogo. Negavam-lhe o poder que lhe caberia como rei? Tudo bem, mas então ele também rejeita o título. Não lhe dão um campo de ação digno no reino e na casa? Tudo bem, então ele deixaria o castelo real e a Escócia. Por sua ordem, há um navio no porto sempre de velas prontas e tudo se prepara para a partida.

O que pretende Darnley com aquele ameaça surpreendente? Terá recebido algum aviso? Recebeu um aceno sobre um complô que se planeja, e — incapaz de defender-se do bando — pretende fugir em tempo para algum lugar onde nem veneno nem punhal o possam atingir? Tortura-o uma suspeita, persegue-o algum medo? Ou todo aquele anúncio foi apenas bazófia, um gesto diplomático fingido para assustar Maria Stuart? Todas essas possibilidades podem ser imaginadas, até todas ao mesmo tempo — muitos sentimentos misturam-se sempre em uma só decisão —, não se pode afirmar nem rejeitar nada claramente. Pois ali, quando o caminho já começa a descer para o sombrio submundo do coração, as luzes históricas são baças: cautelosamente, apoiando-nos apenas em suposições, seguimos às apalpadelas nesse labirinto.

Evidente é que Maria Stuart se assusta gravemente com a partida anunciada de Darnley. Que golpe mortal para a sua boa fama seria a fuga maldosa do pai, imediatamente antes dos festejos do batismo da criança. E como seria perigoso logo agora, tão pouco após o escândalo de Rizzio! E se esse rapazinho tolo, num acesso de ódio, falasse demais na corte de Catarina de Médici ou de Elizabeth, relatando coisas que não ajudariam a honra de Maria Stuart? Que triunfo para as duas rivais, que ridículo diante de todo o mundo, se o marido tão amado fugisse tão depressa da mesa e da cama dela! Maria Stuart convoca imediatamente seu conselho de Estado, e para antecipar-se a Darnley escreve um longo texto diplomático para Catarina de Médici, acusando o fujão de toda a sorte de coisas.

Porém, esse alarme foi dado cedo demais. Pois Darnley nem viajou. O rapazinho fraco encontra ainda a força para gestos viris, mas nunca para um ato viril. A 29 de setembro, o mesmo dia em que os lordes mandaram sua carta a Paris, ele aparece inesperadamente na frente do palácio de Edimburgo; mas recusa-se a entrar enquanto ficarem os lordes lá dentro, mais uma vez um comportamento estranho e quase inexplicável! Darnley receia ter o destino de Rizzio, não entra no castelo por precaução enquanto sabe que lá estão seus inimigos mortais? Ou, ofendido, apenas quer que Maria Stuart lhe peça publicamente que volte para casa? Quem sabe ele veio apenas para saborear o efeito de sua ameaça? Mistério, como todos os demais que rodeiam a figura e o destino de Darnley.

Maria Stuart logo se recompõe. Já tem uma técnica certa para lidar com esse fracote, quando ele quer bancar o senhor ou o rebelde. Ela sabe que agora precisa rapidamente — como na noite depois da morte de Rizzio — enfraquecer a vontade dele antes que, na sua birra infantil, ele faça algum mal. Portanto, fora depressa com todos os preconceitos morais e escrúpulos! Mais uma vez ela finge ceder. Para o submeter, Maria Stuart não teme o recurso extremo: despede os lordes, vai ao encontro de Darnley, que vaga emburrado diante do portão, e não apenas o conduz solenemente ao palácio, mas provavelmente também para a ilha de Circe, seu próprio quarto de dormir. E, veja, o feitiço age como sempre sobre o rapaz que está preso a ela por sua paixão sensual: na manhã seguinte, Darnley está manso; Maria Stuart o tem de novo preso na correia.

Implacavelmente, o seduzido tem de pagar um alto preço, como depois da noite de Rizzio. Darnley, que já se sente de novo amo e senhor, de repente encontra na sala de recepção o embaixador francês e os lordes: exatamente como Elizabeth na comédia de Moray, Maria Stuart chamou testemunhas. Diante delas, pergunta a Darnley, alto e insistentemente, por que ele quer deixar a Escócia, *for God's sake*, e se ela lhe dera motivo para tanto. É uma dura surpresa para ele, que ainda se sente amante e amado, defrontado com os lordes e o embaixador como acusado. Posta-se ali, sombrio, o rapazote alto com seu imberbe rosto de criança. Se fosse um verdadeiro homem feito de cepa dura, seria o instante de mostrar- -se forte, de apresentar imperiosamente as suas queixas, e em lugar de aparecer como réu apresentar-se como juiz e rei junto dessa mulher e seus súditos. Mas ninguém se atreve a rebelar-se quando tem coração de cera. Como se fosse apanhado num ato feio, como um menino de colégio que tem medo de chorar de raiva a qualquer momento, Darnley estaca na grande sala, morde os lábios e cala-se. Não dá resposta. Não acusa, mas não se desculpa. Aos poucos, os lordes, constrangidos com aquele silêncio, começam a falar cortesmente com ele, perguntando como poderia deixar *so beautiful a queen and so noble a realm* — uma rainha tão bela e um reino tão nobre. Mas em vão; Darnley não se digna a responder. Esse silêncio cheio de birra e de secreta ameaça é cada vez mais opressivo para os presentes, que sentem que o infeliz a muito custo se controla para não gritar, e seria uma terrível derrota para Maria Stuart se ele conseguisse forças para manter esse silêncio cheio de acusação. Mas Darnley enfraquece. Quando o embaixador e os lordes continuam a insistir com ele *avec beaucoup de propos*, ele finalmente permite que lhe extraiam, em voz baixa e contrariada, a admissão de que sua esposa não lhe dera motivos para partir. Maria Stuart não queria mais do que essa declaração, que o deixa mal. Agora a honra dela está salva diante do embaixador francês. Agora ela pode voltar a sorrir com tranquilidade, e mostrar com um gesto final que a declaração de Darnley a satisfez plenamente.

Mas Darnley não está satisfeito; a vergonha por mais uma vez ter sucumbido àquela Dalila lhe esmaga o coração, por ter se deixado seduzir e sair do bastião de seu silêncio. Atordoado, deve ter sentido como um tormento sem limites que ela "perdoe" com postura majestosa quando ele não podia mais bancar o acusador. Tarde demais ele recupera algo da sua compostura. Interrompe bruscamente a conversa. Sem uma saudação cortês para os lordes, sem abraçar a mulher, rígido como um mensageiro que entregou uma declaração de guerra, ele sai da sala. Suas únicas palavras de despedida são:

— Madame, a senhora não vai me rever tão cedo.

Mas os lordes e Maria Stuart trocam sorrisos aliviados porque o *proud fool*, que chegara insolente, agora se esgueira dali curvado; sua ameaça não assusta mais ninguém. Ele que fique longe, e quanto mais longe melhor, para ele e para todos.

Mas um dia o imprestável se torna necessário. Aquele a quem ninguém quer na casa, um dia é chamado de volta urgentemente. Depois de muito adiamento, a 16 de dezembro deve-se realizar no castelo de Stirling o solene batizado do pequeno príncipe. Fazem-se grandiosos preparativos. Elizabeth, a madrinha, não compareceu pessoalmente — ela evitou a vida toda uma oportunidade de encontrar Maria Stuart em pessoa —, mas superando excepcionalmente sua famosa avareza, enviou um precioso presente pelo conde de Bedford, um pesado cálice de batismo de puro ouro, ricamente ornamentado, com a beirada incrustada de joias. Os embaixadores da França, da Espanha, e de Saboia estão a postos, toda a nobreza convocada; quem tem nome e respeito quer estar nessa festa. Com essa ostentação representativa, nem com a maior boa vontade é possível excluir uma personalidade insignificante,

Henry Darnley, que, contudo, é pai da criança e soberano do país. Porém Darnley, que sabe que é a última vez que precisam dele, não se deixa mais apanhar tão facilmente. Está farto da vergonha pública, sabe que o embaixador inglês tem missão de se recusar a chamá-lo de "majestade" e que o embaixador francês, a quem ele quer procurar em seus aposentos, manda-lhe dizer com espantosa insolência que sairia por uma porta do aposento assim que Darnley entrasse pela outra. Finalmente, o orgulho se rebela naquele rapaz esmagado — sua força mais uma vez só consegue um gesto infantilmente birrento e malvado. Dessa vez, um gesto eficiente. Ele permanece no castelo de Stirling, mas não aparece. Desafia pela ausência. Ostensivamente, não sai de seus aposentos, não participa do batismo do próprio filho, nem do baile e da festa e jogos de máscaras; em lugar dele — um murmúrio de raiva passa pelas fileiras — Bothwell, o odiado favorito, em trajes novos e magníficos, recebe os convidados e Maria Stuart tem de esmerar-se em gentilezas e alegria para que ninguém pense no esqueleto no armário, o senhor, pai e esposo, sentado um andar acima em seus aposentos trancados, que consegue estragar totalmente a festa de sua mulher e dos amigos dela. Mais uma vez ele mostrou que estava ali; exatamente pela sua ausência, Darnley faz com que sua existência seja lembrada uma derradeira vez.

Mas para esse comportamento desafiador se prepara muito depressa a vara do castigo. Alguns dias depois, na noite de Natal, ela baixa sobre ele com um golpe severo. Acontece o inesperado: aconselhada por Moray e Bothwell, Maria Stuart, a que habitualmente não se reconcilia, decide perdoar os assassinos banidos do seu amigo Rizzio. Com isso, os inimigos mortais de Darnley, os conspiradores que ele enganou e traiu, são chamados de volta ao país. Por mais simplório que pudesse ser, Darnley reconhece imediatamente o perigo mortal. Se aquele bando, Moray, Maitland, Bothwell e Morton, se unir, isso significa que irão caçá-lo, e ele estará definitivamente acossado. Deve ter algum sentido, sua esposa de repente se entender com os piores inimigos dele, e também deve ter um preço que ele não está disposto a pagar.

Darnley percebeu o perigo. Agora se trata da sua vida. Como um animal caçado que sabe que os cães sabujos já estão em seus calcanhares, Darnley foge para longe do castelo, para junto de seu pai, em Glasgow. Ainda não terminou o ano fatídico desde que enterraram Rizzio, e mais uma vez os assassinos se ligam fraternalmente, algo sinistro se aproxima. Os mortos não gostam de dormir sozinhos na sua profundeza, sempre chamam aqueles que os colocaram ali embaixo, sempre enviam como mensageiros o medo e o horror.

Algo escuro e pesado como uma nuvem em dia de vento, algo opressivo e gélido paira sobre o castelo de Holyrood há algumas semanas. Naquela noite do batizado real no castelo de Stirling, quando centenas de velas iluminavam os convidados, quando se queria mostrar aos estrangeiros a pompa da corte e aos amigos a amizade, mais uma vez, sempre por breves lapsos de tempo senhora de sua vontade, Maria Stuart juntara todas as suas forças. Seus olhos brilhavam de felicidade fingida, ela encantava os convidados com seu humor cintilante e sua cordialidade sedutora; mas, mal as luzes se apagaram, apaga-se também sua fingida alegria, e tudo fica terrivelmente silencioso em Holyrood, um silêncio estranho em sua alma; alguma dor misteriosa, uma depressão imperscrutável domina a rainha. De repente, uma melancolia desconhecida baixa como uma sombra escura sobre o semblante dela, seu interior parece perturbado por algo inexplicável. Ela não dança mais, não pede mais música, sua saúde também parece totalmente abalada depois daquela cavalgada para Jedburgh, quando a tiraram do cavalo, como morta. Ela se queixa de dores na lateral do corpo, passa dias a fio na cama e evita qualquer alegria. Só aguenta ficar em Holyrood por pouco tempo; passa semanas inteiras em residências afastadas e em outros castelos, mas pouco tempo em toda parte, uma tremenda inquietação a impele adiante. É como se nela agisse algum elemento destruidor, como se escutasse, crispada e curiosa, esse algo dolorido que se remexe dentro dela — algo novo, algo diferente começara dentro dela, algo hostil e mau dominava sua alma habitualmente luminosa. Certa vez, o embaixador francês a surpreende deitada na cama soluçando amargamente; o velho experiente não se deixa enganar quando ela, envergonhada, começa a contar precipitadamente daquela dor do lado esquerdo que a leva às lágrimas. Reconhece imediatamente que são dores da alma e não do corpo; preocupação, não de rainha, mas de mulher infeliz. "A rainha não se sente bem", relata ele a Paris, "mas penso que a verdadeira causa de sua enfermidade é uma dor profunda que não se pode esquecer. Ela repete sempre: 'Eu queria morrer'."

Também Moray, Maitland e os lordes percebem que sua soberana está sombria. Mais treinados para a guerra do que para os assuntos da alma, apenas veem o motivo rude, externo, concreto, da decepção matrimonial. "É insuportável para ela", escreve Maitland, "que ele seja seu marido e ela não veja saída para se livrar dele." Mas Du Croc, o velho experiente, viu melhor quando fala de "uma dor mais profunda", "que não se pode esquecer". Outra ferida interna e invisível na alma dela tortura essa mulher infeliz. A dor que não se pode esquecer é que ela se esqueceu de si mesma, esqueceu a si e a sua honra, a lei e a moral, e uma paixão vinda do escuro de repente a domina como um animal que a dilacerasse, rasgando suas carnes até nas entranhas, uma paixão desmedida, insaci-ável e inesgotável, que começa como um crime e só se pode resolver por outro crime, e outro ainda. E agora ela, assustada consigo mesma, luta, ela envergonhada de si própria, tortura-se para esconder esse segredo terrível, mas sente, e sabe, que não pode ser nem oculto nem calado. Uma vontade mais forte domina sua vontade consciente; ela já não se pertence mais, porém, desamparada e perplexa, pertence àquela paixão superior e insensata.

11
Tragédia de uma paixão
(1566–1567)

A paixão de Maria Stuart por Bothwell é das mais singulares da história; as antigas, as proverbiais, quase não a superam em loucura e intensidade. Como uma chama súbita ela se alteia até a zona púrpura do êxtase, até a treva do crime ela lança seu calor selvagem. Mas quando os estados de alma atingem tal desmedida, será simplório medi-los segundo a lógica e a razão, pois faz parte da natureza de impulsos indomáveis que se manifestem de maneira insensata. Paixões, como enfermidades, não se pode nem acusar nem desculpar: apenas podem ser descritas com aquele espanto sempre renovado misturado a um leve horror pela força primitiva do elementar que por vezes irrompe como tempestade na natureza ou num ser humano. Paixões nesse grau não se submetem mais à vontade da pessoa a quem assaltam, com todas as suas manifestações e consequências já não pertencem à esfera de sua vida consciente, mas passam por cima dela e para além de sua responsabilidade. Julgar moralmente uma pessoa tão dominada pela paixão seria tão insensato quanto querer pedir contas a uma tempestade ou submeter um vulcão a um tribunal. Assim também, durante aquele estado de submissão sensual e espiritual, Maria Stuart dificilmente pode ser responsabilizada pelos seus atos, pois seu agir demente naquele tempo foge à sua vida habitualmente normal e até comedida; tudo é feito pelos seus sentidos embriagados sem e até contra a sua vontade. De olhos fechados e ouvidos surdos, atraída por aquela força magnética, ela segue como sonâmbula para a desgraça e o crime. Nenhum conselho a toca, nenhum chamado a acorda, e só quando a chama interna em seu sangue tiver se consumido ela acordará outra vez, mas queimada e destruída. Quem alguma vez passou por essa fogueira tem sua vida calcinada.

Pois uma paixão tão desmedida jamais se repete na mesma pessoa. Assim como uma explosão consome todo o depósito de explosivo, essa crise queima para sempre a provisão interna de emoções. Em Maria Stuart, o tempo do êxtase não dura muito mais que meio ano. Mas, nesse breve tempo, sua alma se tensiona e sobe a ardores tais que mais tarde só será sombra daquela luz que ardeu excessivamente. Como alguns poetas (Rimbaud) e músicos (Mascagni) se dão inteiramente em uma única obra genial, e depois caem para trás inermes e esgotados, há mulheres que num único acesso de paixão desperdiçam de uma só vez toda a sua capacidade de amar, em lugar de, como naturezas comedidas e burguesas, distribuí-las economicamente ano a ano. Num extrato gozam condensadamente todo o amor de sua vida, e tais mulheres, gênios do autoesbanjamento, lançam-se num salto na profundeza extrema da paixão da qual não há nem retorno nem redenção. Maria Stuart será sempre um exemplo perfeito desse tipo de amor, porque não teme perigo nem morte, que se pode realmente chamar de heroico, ela que só soube viver uma vez uma paixão, mas até o auge do sentimento: até a autodissolução e autodestruição.

Ao primeiro olhar pode parecer estranho que uma paixão dessas, tão elementar, como a de Maria Stuart por Bothwell, venha tão rapidamente após a inclinação por Darnley. Mas justo essa evolução é a mais lógica e natural. Pois, como qualquer outra grande arte, também o amor quer ser aprendido, treinado e experimentado. Nunca ou quase nunca — assim como na arte — o primeiro gesto já consegue a solução completa: aquela lei sempre válida da psicologia, de que quase sempre uma paixão intensa pressupõe uma menor, anterior, como degrau, foi descrita magistralmente por Shakespeare, esse grande conhecedor de almas. Talvez seja o mais acertado de sua imortal tragédia amorosa, que ele não comece (como teria feito um artista e conhecedor menor) com o amor de Romeu e Julieta incendiando-se de imediato, mas, num aparente paradoxo, com o amor de Romeu por Rosalinda. Conscientemente apresenta-se aqui um engano do coração antes da verdade ardente, um estágio primeiro, colegial e meio inconsciente, antecedendo a maestria; Shakespeare mostra que não há conhecimento sem anterior pressentimento, nem prazer sem prazer prévio, e que, para erguer sua chama ao infinito, um sentimento precisa ter-se incendiado alguma vez antes disso. Só porque internamente Romeu estava em estado de tensão, porque sua alma forte e apaixonada deseja paixão, a vontade de amar o assola, cega e insensata depois do primeiro motivo, a casual Rosalinda, e só então, agora sabendo e enxergando, o meio-amor rapidamente passa ao integral, trocando Rosalinda por Julieta. Exatamente assim Maria Stuart primeiro fora ao encontro de Darnley, com emoção ainda cega, só porque ele, jovem e belo, chegava na hora certa. Mas sua respiração débil era fraca demais para alimentar o ardor interior dela. Não conseguiu fazer com que subisse ao céu do êxtase, não conseguiu arder lentamente e lançar labaredas altas. Assim, esse fogo continuou grassando obscuramente, excitando os sentidos e mesmo assim decepcionando a alma num estado torturante de queimar-para-dentro com chama abafada. Mas no momento em que chegou o homem certo, a quem fora dado desfazer esse tormento, que alimentou esse fogo que sufocava em si mesmo, a labareda contida ardeu até o céu e o inferno. Exatamente como o sentimento de Romeu por Rosalinda se desfaz sem deixar rastros na sua verdadeira paixão por Julieta, Maria Stuart esquece a inclinação sensual por Darnley imediatamente, na paixão extática e inquieta por Bothwell. Pois é sempre forma e sentido de toda paixão extremada que ela se alimente e intensifique numa anterior. Tudo o que uma pessoa vivera enganadamente como sendo paixão só se torna verdadeiro num verdadeiro amor.

Para a história da paixão de Maria Stuart por Bothwell temos dois tipos de informação. A primeira são os anais, crônicas e documentos contemporâneos; a outra, uma série de cartas e poemas preservados que são atribuídos a ela; as duas formas — a projeção externa dos fatos e o testemunho interior do ímpeto emocional — combinam entre si perfeitamente. Mesmo assim, todos os que em nome de uma moral atrasada pensam ter de defender Maria Stuart contra uma paixão da qual nem ela soube se defender, recusam-se a aceitar a legitimidade daqueles poemas e cartas. Dizem que são falsificados e historicamente não confiáveis. De fato, essa tese tem certo fundamento, pois aquelas cartas e sonetos de Maria Stuart nos chegaram apenas em traduções e talvez até mutilados. Faltam os originais, e jamais aparecerão os manuscritos de Maria Stuart; portanto, o testemunho derradeiro e incontestável foi aniquilado, e sabemos por quem. Jaime I, filho dela, mandou queimar imediatamente após assumir o trono esses textos que no sentido burguês poderiam ofender a honra feminina de sua mãe. Desde então grassa uma disputa encarniçada sobre a legitimidade ou não dessas "cartas da caixinha", com todo o partidarismo que se formou por motivos religiosos e nacionais em relação ao julgamento de Maria Stuart; exatamente para o narrador imparcial é, portanto, necessário ponderar prova e contraprova. Sua decisão, porém, será sempre pessoal, individual, porque a última prova científica ou juridicamente legítima, a prova dos originais, não é mais possível, e só lógica ou psicologicamente se pode afirmar ou negar sua legitimidade.

Ainda assim: quem realmente quiser ver e descrever Maria Stuart em sua natureza interior, tem de decidir se considera tais cartas e poemas verdadeiros ou não. Não pode se desviar dessa questão dando de ombros num tímido *forse che sí, forse che no*, talvez sim, talvez não, pois aqui está o cerne emocional da evolução interna dela; precisa, com toda a responsabilidade, escolher contra ou a favor, e, caso decida pela legitimidade e opte por usar aqueles poemas como testemunhos válidos em sua narração, tem de fundamentar clara e abertamente essa convicção.

Chamam-se "cartas da caixinha"[21] o conjunto de cartas e sonetos porque depois da fuga precipitada de Bothwell, tais documentos foram encontrados numa caixinha de prata trancada. Não há dúvida de que

---

[21] Em inglês, *the casket letters*. (*N. da T.*)

Maria Stuart deu a Bothwell essa caixinha de prata que recebera de Francisco II, seu primeiro marido, como todas as outras coisas, e também que Bothwell guardava nesse escrínio seguro todos os seus papéis mais secretos — entre eles, naturalmente, as cartas de Maria Stuart. Da mesma forma, não se duvida de que aquelas manifestações de Maria Stuart a seu amante devem ter sido imprudentes e comprometedoras, pois, primeiro, Maria Stuart sempre foi uma mulher ousada e impensada, e jamais soube conter seus sentimentos na fala ou na escrita. Segundo, a desmedida alegria de seus adversários ao encontrar essas cartas testemunha que deviam conter algo de oneroso ou vergonhoso para Maria Stuart. Mas os defensores da falsificação já nem negam a sério a existência das cartas e dos poemas, apenas afirmam que os lordes, nos poucos dias entre o exame e a apresentação ao Parlamento, teriam colocado ali, em lugar dos originais, falsificações maldosas, ou seja, as cartas publicadas não seriam as mesmas originalmente encontradas na caixa trancada.

Aqui faz-se mister perguntar: quem dos contemporâneos fez essa acusação? A resposta é: na verdade, ninguém. Um dia depois de a caixinha cair nas mãos de Morton, os lordes a abriram e juraram sua legitimidade, e o Parlamento reunido examinou os documentos mais uma vez (entre eles amigos íntimos de Maria Stuart). Ninguém manifestou qualquer dúvida. Esses papéis foram mostrados uma terceira e uma quarta vez em York e Hampton Court, comparados com outros originais das mãos de Maria Stuart e considerados legítimos. Mas, sobretudo, é convincente o argumento que Elizabeth enviou cópias desses textos a todas as cortes, e por mais dúbio que tenha sido seu caráter, a rainha da Inglaterra jamais teria favorecido uma falsificação franca e insolente que qualquer um dos participantes pudesse revelar um dia: essa política era cautelosa demais para deixar-se apanhar num logro pequeno. A única pessoa que naquela ocasião teria sido obrigada pela sua honra a convocar todo o mundo diante de uma falsificação, Maria Stuart, a principal envolvida, a que estava sendo difamada aparentemente sem motivo, esta — espantemo-nos — protestou apenas muito debilmente e de modo nada convincente. Primeiro, por negociações secretas, ela procura impedir que as cartas sejam apresentadas em York — por que, devemos perguntar, se uma falsificação comprovável apenas fortaleceria sua posição? E quando finalmente incumbe seus representantes de rejeitarem como inverídico *en bloc* tudo o que se apresentasse contra ela, isso significa pouca coisa em Maria Stuart, que dava pouca importância à verdade em questões políticas e simplesmente pedia que sua *parole de prince* valesse mais do que todas as provas. Mesmo quando as cartas são impressas no libelo de Buchanan, e lançadas aos quatro ventos acusadoramente, e lidas avidamente em todas as cortes, ainda assim ela não protesta com veemência maior, com nenhuma sílaba queixa-se de uma falsificação de seus documentos, apenas chama Buchanan de "um ateísta nojento". E em nenhuma carta, nem ao papa, nem ao rei da França, nem a seus parentes, ela escreve uma palavra dizendo que falsificaram suas cartas e seus poemas, e igualmente jamais a corte francesa, que desde a primeira hora tinha cópias dos originais nas mãos, tomou posição em favor de Maria Stuart numa questão tão evidente. Ninguém entre os contemporâneos, portanto, duvidou por um momento da autenticidade, nenhum de seus amigos daquele tempo afirmou publicamente aquela enorme injustiça que seria apresentar documentos falsos. Só cem, só duzentos anos depois, quando os originais há muito tinham sido destruídos pelo filho de Maria Stuart, aos poucos avançou a hipótese da falsificação ligada ao esforço de apresentar essa mulher ousada e indomável como uma ignorante e imaculada vítima de uma conspiração baixa.

A postura dos contemporâneos, o argumento histórico, portanto, fala a favor da legitimidade e, na minha opinião, o mesmo acontece com o argumento filológico e o psicológico. Pois — para mencionar primeiro os poemas — quem, indagamos, quem na Escócia de então seria capaz de em tão breve espaço de tempo escrever um ciclo de sonetos em francês que pressupõem um conhecimento intimíssimo das circunstâncias privadas de Maria Stuart? A História conhece muitos casos de documentos e cartas falsos, também na literatura muitas vezes apareceram misteriosamente toda a sorte de obras apócrifas, mas trata-se, como nos poemas de Ossian de Macpherson ou nos manuscritos de Königinhof, sempre de reconstruções filológicas de séculos desaparecidos. Mas jamais se tentou atribuir a uma pessoa um ciclo inteiro de poemas. E que absurdo o pensamento de que nobres rurais escoceses, para quem poesia era a coisa mais remota deste mundo, para comprometerem sua rainha escreveriam rapidamente onze sonetos em francês. Quem foi então o feiticeiro sem nome — nenhum dos paladinos jamais respondeu a isso — que em um idioma estrangeiro atribuiu à rainha uma série de poemas perfeitos e precisos, que correspondem, palavra por palavra, sentimento por sentimento, aos mais secretos daquela mulher? Nem um Ronsard, um Du Bellay, teriam conseguido isso tão depressa e tão verazmente, e muito menos os mortos, os Argyll, os Hamilton e Gordon, que sabiam manejar espadas mas dificilmente conseguiriam entabular uma conversa em francês à mesa!

Mas se a autenticidade dos poemas é segura (hoje ela quase não é mais negada a sério), somos obrigados a reconhecer também a legitimidade das cartas. Deve-se admitir que pela retradução em latim e escocês (só duas cartas são preservadas na língua original), alguns detalhes devem ter sido modificados, talvez até se introduziu uma passagem ou outra. Mas de modo geral esses mesmos argumentos depõem em favor da autenticidade das cartas, especialmente um último, o psicológico. Pois se um pretenso "consórcio de criminosos" quisesse por ódio falsificar cartas agravantes, seria natural que fabricassem fatos unívocos que causassem desprezo por Maria Stuart, mostrando-a como mulher lasciva, traiçoeira e maligna. Mas seria absolutamente contraditório ou absurdo se, para prejudicar Maria Stuart, tivessem inventado cartas e poemas como os que nos foram transmitidos, que antes a desculpam do que acusam, porque são humanamente emocionantes, expressando sobretudo o horror de Maria Stuart por saber de um crime e ajudar a cometê-lo. Pois não o prazer dessa paixão, mas sua intensa angústia, é o que revelam essas cartas, que são como gritos abafados de alguém queimado vivo. Exatamente por ter sido escritas de maneira tão inábil, numa sucessão de ideias tão confusas, em tão evidente pressa e perturbação, por uma mão que, sentimos, tremia de nervosismo, isso corresponde inteiramente àquele estado de alma superexcitado do qual falam os atos de Maria Stuart naqueles dias; só um extraordinário conhecedor de almas teria inventado uma expressão psicológica tão boa dos fatos evidentes. Moray, Maitland e Buchanan, alternadamente acusados de falsificação pelos salvadores profissionais da honra de Maria Stuart, não eram Shakespeares, nem Balzacs, nem Dostoievskis, mas almas pequenas, capazes de logros e patifarias menores, não de desenhar em seus gabinetes uma imagem de tão chocante verossimilhança emocional como essas cartas de Maria Stuart. O gênio que teria inventado essas cartas ainda está por nascer. E assim, quem for imparcial deve de boa consciência reconhecer Maria Stuart, a quem apenas a aflição e a pressão espiritual interna transformavam em poeta, como autora daquelas cartas e daqueles poemas, e invocá-los como testemunho mais seguro da sua hora mais amarga.

Só porque na poesia ela se trai, conhecemos, sobretudo, o começo dessa infeliz paixão. Só graças àquelas linhas ardentes sabemos que esse amor não se formou lento e cristalino, mas com um ímpeto caiu sobre a mulher inocente e a tocou para sempre. O motivo imediato é um ato físico grosseiro, um ataque de Bothwell, quase ou inteiramente uma violação. Como um raio, os versos em seu soneto iluminam a treva:

> *Pour luy aussi j'ay jette mainte larme,*
> *Premier qu'il fust de ce corps possesseur,*
> *Duquel alors il n'avoit pas le coeur.*

> *Por ele derramei muitas lágrimas,*
> *Primeiro quando ele tomou posse do meu corpo,*
> *Do qual então ainda não possuía o coração.*[22]

De um golpe vemos toda a situação. Maria Stuart está há semanas mais e mais junto de Bothwell; ele a acompanhou de castelo em castelo em viagens e passeios como primeiro conselheiro do reino e comandante

---

[22] Traduzido diretamente do francês. (*N. da T.*)

do seu exército. Mas em nenhum momento ela, que escolhera pessoalmente para aquele homem uma bela mulher da nobreza, e assistira ao seu casamento, avistara naquele jovem um candidato; ela se sabia duplamente assegurada e intocável diante do vassalo fiel, através daquele casamento. Podia viajar com ele sem pensar mal nenhum, estar com ele sem preocupações. Mas o sentimento de segurança de Maria Stuart, que confia sem prudência, e que é exatamente o traço mais valioso de seu caráter, será sempre um perigo para ela. Provavelmente, pensamos ver a cena, ela vez ou outra se permite com ele uma daquelas pequenas familiaridades, aqueles descuidos femininos coquetes, que já tinham sido funestos com Chastelard e com Rizzio. Talvez fique longo tempo sozinha com ele nos aposentos, fala mais intimamente do que mandaria a cautela, ela brinca, ela joga, ela se diverte com ele. Mas esse Bothwell não é um Chastelard, um alaudista romântico e um trovador, não é um Rizzio, um lisonjeiro arrivista: Bothwell é um homem com sentidos ardentes e músculos duros, um ser instintivo e impulsivo, que não recua diante de nenhuma audácia. Um homem assim não se deixa provocar nem excitar com leviandade. Ele agarra rudemente, ele pega a mulher que há muito está num estado de alma vacilante e irritadiço, cujos sentidos ficaram excitados por uma primeira inclinação insensata, mas não satisfeitos. *Il se fait de ce corps possesseur,*[23] ele a ataca ou violenta. (Quem pode medir a diferença em tais momentos em que querer e defender-se se fundem numa embriaguez?) Dificilmente se pode duvidar: também da parte de Bothwell esse ataque por certo não foi planejado, não consumou um afeto longamente contido, mas foi um ato sensual impulsivo sem nenhuma nuance espiritual, um ato violento puramente corporal e físico.

Mas o efeito sobre Maria Stuart foi instantâneo e esmagador. Algo inteiramente novo desaba como uma tempestade na sua vida calma: com seu corpo, Bothwell violentou também o sentimento dela. Nos dois maridos, o esposo de 15 anos Francisco II e o imberbe Darnley, ela encontrara até então apenas personalidades meio viris, rapazes fracos

---

[23] "Ele toma posse desse corpo." (*N. da T.*)

e debilitados. Já se tornara natural para ela ser a doadora, a generosa que os tornava felizes, a senhora e dominadora, mesmo nessa esfera secreta, jamais a tomada, a submetida. Nesse brutal ato violento, porém, de repente — seus sentidos cambaleiam de surpresa — ela encontrou um homem de verdade, enfim alguém que destruiu todas as suas forças femininas, sua vergonha, seu orgulho, sua segurança, finalmente um que lhe abriu prazerosamente seu próprio mundo vulcânico até então inconsciente. Antes ainda que reconheça o perigo, antes que tente resistir, ela está vencida, a casca rígida se desfez, e o seu fogo interno transborda, devorador e incendiário. Provavelmente sua primeira sensação nesse ataque foi apenas ira, indignação, ódio mortal contra esse assassino sexual de seu orgulho de mulher. Mas é um dos mais profundos mistérios da natureza que os polos da sensação extrema se toquem. Assim como a pele mal consegue distinguir extremo calor e frio extremo, assim como o gelo pode queimar como fogo, assim os sentimentos opostos por vezes se fundem de súbito. Num momento, o ódio pode passar para amor na alma de uma mulher, e orgulho ofendido em louca humildade, seu corpo pode desejar e confirmar, avidamente, o que há um segundo ainda recusara com extremo desgosto. Seja como for, a partir desse momento aquela mulher até então lúcida se incendeia e queima inteiramente nessa chama interior. Todas as colunas que até ali sustentavam sua vida, honra, dignidade, decência, orgulho, segurança e sensatez desmoronam — uma vez derrubada e arrastada, ela quer apenas cair mais e mais fundo, tombar e perder-se. Um prazer novo e desconhecido a assaltou, e ela o saboreia até dissolver-se, ávida e embriagada: humildemente beija a mão do homem que aniquilou seu orgulho feminino, e em troca lhe ensinou o novo êxtase da entrega.

Essa paixão nova e insuperável é infinitamente maior do que aquela primeira por Darnley. Com Darnley, o seu desejo de entrega apenas fora descoberto e provado, agora ela o vive e esgota; com Darnley queria apenas partilhar a coroa, o poder, a vida. Porém, para Bothwell, não quer mais dar coisas isoladas, isto e aquilo, mas tudo, tudo o que possui na Terra, e empobrecer-se para enriquecê-lo, e rebaixar-se com prazer para o elevá-lo. Em um encantamento misterioso, ela joga fora tudo o que aprende e limita, para agarrar e segurar aquele, o único. Ela sabe que os amigos a abandonarão, o mundo a difamará e desprezará, mas exatamente isso confere uma nova altivez ao seu orgulho esmagado, e ela dirá encantada:

Pour luy depuis fay mesprisé l'honneur,
Ce qui nous peust seul pourvoir de bonheur.
Pour luy fay hazardé grandeur et conscience,
Pour luy tous mes parens fay quitté et amys,
Et tous altres respects sont apart mis.

Pour luy tous mes amys, j'estime moins que rien,
Et de mes ennemis je veux espérer bien.
J'ay hazardé pour luy nom et conscience,
Je veux pour luy au monde renoncer,
Je veux mourir pour luy faire avancer.

Por ele desde então eu renunciei à honra,
Que nos pode conceder a única felicidade nesta vida,
Por ele larguei consciência e poder,
Por ele meus parentes e amizades deixei,
E qualquer escrúpulo desapareceu.

Por ele estimo menos que nada meus amigos,
E de meus inimigos tudo espero.
Por ele desisti de meu nome e da consciência,
Por ele quero renunciar ao mundo,
Quero morrer para que ele avance.

Nada mais para ela e tudo para ele, na medida em que também pela primeira vez se sente inteiramente entregue:

Pour luy je veux rechercher la grandeur,
Et feray tant que de vray cognoistra
Que je n'ay bien heur ne contentement,
Qu'a l'obeyr et servir loyaument.

Pour luy fattendz toute bonne fortune,
Pour luy je veux guarder sante et vie,
Pour luy tout vertu de suivre fay envie,
Et sans changer me trouvera tout une.

Por ele quero conquistar toda a grandeza,
E não descansar até que ele reconheça
Que não tenho bem, alegria nem contentamento
Se não obedecer-lhe e servir com lealdade.

Por ele espero que a sorte seja boa,
Por ele quero guardar saúde e vida,
Por ele toda a virtude de repente invejo,
E sem mudanças serei apenas uma.

Tudo o que ela possui, tudo o que é, seu reino, sua honra, seu corpo, sua alma, tudo ela lança no abismo da sua paixão, e saboreia a magnitude de sua queda junto com todo excesso de seu sentimento.

Essa louca tensão e essa superexcitação do sentimento tem de transformar uma alma. Forças desconhecidas e únicas são extraídas pela desmedida paixão daquela mulher até então indiferente e reservada. Sua alma e seu corpo vivem multiplicados por dez nessas semanas, aparecem possibilidades e capacidades que antes e depois ela jamais atingirá. Nessas semanas, Maria Stuart pode galopar dezoito horas e ainda passar a noite acordada escrevendo cartas e velando sem cansaço. Ela, habitualmente apenas poeta de pequenas epigramas e breves versos eventuais, consegue agora num hausto de ardente inspiração escrever aqueles onze sonetos em que exprime todo o seu prazer e tormento com uma eloquência e força que nunca antes nem depois voltará a possuir. Ela, a sempre prudente e despreocupada, consegue disfarçar-se tão bem diante das pessoas que meses a fio ninguém percebe a sua relação com Bothwell. Em público, consegue falar com frieza e calma, como com um súdito, com aquele homem cujo mais leve toque a faz arder; consegue fingir-se de alegre enquanto seus nervos tremem e queimam e sua alma se desfaz de desespero. Um superego demoníaco apareceu nela de repente, e a arrebata bem além de suas forças.

Mas essas façanhas da emoção, violentamente extorquidas da vontade, são pagas com abalos terríveis. Dias a fio depois disso ela se deita exausta e debilitada na cama, horas a fio vaga pelos aposentos, com sentidos embotados, e soluçando geme em sua cama:

— Eu queria estar morta.

E grita chamando pelo punhal para matar-se. Assim como chega essa força superior, também desaparece em muitas horas, misteriosamente, pois seu corpo não suporta sem tréguas esse transbordamento enlouquecido, esse doido querer-sair-de si, esse corpo se rebela, se agita, os nervos queimam e fremem. Nada mostra melhor a que grau extremo seu corpo está abalado pela desmesurada paixão do que o famoso episódio de Jedburgh. A 7 de outubro de 1566, Bothwell foi perigosamente ferido numa luta com um ladrão de caça. A notícia chega a Maria Stuart em Jedburgh onde ela preside o tribunal provincial. Para não chamar atenção, ela desiste de saltar na sela e disparar ao longo dos 40 quilômetros até o castelo de Hermitage. Mas não há dúvida de que a notícia ruim a deixa totalmente perturbada, pois os observadores imparciais, como o embaixador Du Croc, que naquele tempo ainda não tinha a menor ideia de uma relação mais íntima dela com Bothwell, escreve para Paris: *Ce ne luy eust esté peu de perte de le perdre.*[24] Também Maitland percebe sua distração e confusão: igualmente sem saber da verdadeira causa, pensa que "esses pensamentos turvos e esse desgosto são causados pela sua relação com o rei". Só alguns dias depois, em louca cavalgada, a rainha vai para junto de Bothwell, acompanhada

---

[24] "Não seria pequena perda para ela." (*N. da T.*)

por lorde Moray e alguns nobres. Fica junto da cama do ferido durante duas horas e depois volta na mesma cavalgada louca, para controlar nessa disparada toda a sua torturante agitação. Mas depois, seu corpo arrasado pela paixão interior desaba. Quando a tiram da sela, desmaia e fica assim por duas horas. Depois irrompe a febre, uma típica febre nervosa; ela se debate e delira. De repente, seu corpo fica hirto, ela não vê nem sente mais nada; os nobres, perplexos, e o médico postam-se ao redor da enigmática enferma. Enviam-se mensageiros para todos os lados para chamar o rei e o bispo, para que este aplique a extrema-unção. Maria Stuart fica oito dias entre a vida e a morte. É como se a vontade secreta de não viver mais rasgasse seus nervos numa explosão terrível, destruindo suas forças. Mas isso mostra com clareza clínica que essa crise no fundo é espiritual, tipicamente histérica. Mal trazem o convalescente numa carruagem e ela se sente melhor, e — outro milagre — duas semanas depois, Maria Stuart, que pensavam morrer, volta à sela. De dentro viera o perigo, de dentro a que corria risco o superou. Mas ainda que fisicamente sadia, nas semanas seguintes a rainha permanece mudada e confusa. Até os mais distantes percebem que ela está *tout outre*, inteiramente outra. Algo em seus traços, em sua personalidade, transformou-se para sempre, a leveza habitual e a segurança desapareceram. Ela anda, vive e age como alguém sob grave pressão. Encerra-se em seu quarto e pelas portas as criadas a ouvem gemer e soluçar. Habitualmente confiante, desta vez ela não confia em ninguém. Seus lábios permanecem selados, ninguém adivinha o terrível segredo que ela carrega em seus dias e noites, e que aos poucos tritura a sua alma.

Pois nessa paixão há algo terrível, algo que a torna a um tempo grandiosa e sinistra — o terrível insuperável, que a rainha sabe desde o primeiro instante, é que sua escolha amorosa é um crime, e não tem nenhuma esperança. Deve ter sido tremendo já o despertar do primeiro abraço, um momento de Tristão e Isolda, quando, envenenados pelo elixir do amor, saem da embriaguez e recordando-se ambos de que não vivem sozinhos na infinitude de seu sentimento, mas estão presos a este mundo, a dever e a direito. Um despertar tremendo, quando os sentidos se recuperam e os ofusca o entendimento da loucura contida. Pois ela, que se entregou, é esposa de outro marido, e ele, a quem se entregou, é marido de outra. É adultério, adultério duplo, isso que seus sentidos enlouquecidos cometeram, e quantos dias faz— catorze, vinte ou trinta? — ela mesma, Maria Stuart, rainha da Escócia, baixou solenemente um decreto e o assinou, castigando com a morte o adultério e qualquer outra forma de prazer não permitido naquele seu país. Já desde o primeiro instante essa paixão foi marcada como criminosa, e se quiser perdurar precisará de novo crime, e outro ainda. Para poderem ligar-se eternamente, os dois precisam antes livrar-se com violência do marido e da esposa. Esse amor pecaminoso só pode dar um fruto envenenado, e Maria Stuart sabe com terrível lucidez desde o primeiro momento que para ela, a partir de então, não haverá mais paz nem salvação. Mas exatamente nesses momentos desesperados desperta nela uma última coragem de tentar também o insensato e o imperdoável, e desafiar o destino. Ela não há de recuar covardemente e esconder-se, mas seguirá seu caminho até o fim, de cabeça erguida vai para o abismo. Tudo pode estar perdido; sua felicidade, nesse tormento, é que foi tudo sacrificado por amor a ele.

> *Entre ses mains, et en son plain pouvoir,*
> *Je metz mon fils, mon honneur et ma vie,*
> *Mon pais, mes subjects, mon âme assubjectie*
> *Est tout à luy et n'ay autre vouloir*
> *Pour mon objet, que sans le decevoir*
> *Suivre je veux, malgré toute l'envie*
> *Qu'issir en peult.*

> *Em suas mãos e seu poder pleno,*
> *Coloco meu filho, minha honra e minha vida,*
> *Meu país, meus súditos, minha alma submetida*
> *Tudo é dele, e não tenho outra vontade*
> *Como objetivo senão segui-lo,*
> *Não importa o que possa acontecer.*

"Não importa o que possa acontecer", ela vai ousar esse caminho para o que não tem saída. Como perdeu inteiramente, corpo, alma e destino, para ele, o indizivelmente amado, amando sem medidas ela teme apenas uma coisa nesta terra: perdê-lo.

Mas ainda foi poupado a Maria Stuart o mais terrível nesse terror, tormento extremo nesse tormento. Pois em sua loucura ela é clarividente demais para não reconhecer em breve que também desta vez desperdiçou em vão, que o homem pelo qual agora ardem todos os seus sentidos nem a ama de verdade. Bothwell a tomou como a muitas outras mulheres: de maneira sensual, rápida e brutal. Mas está disposto a deixá-la com a mesma indiferença como a todas as outras mulheres logo que seus sentidos esfriam. Para ele, esse ato de violência foi um momento, uma aventura breve, e logo a infeliz tem de admitir a si mesma que esse amado senhor dos seus sentidos nem tem por ela uma veneração especial:

> *Vous m'estimez légière, que je voy,*
> *Et si n'avez en moy nulle asseurance,*
> *Et soupçonnez mon coeur sans apparence,*
> *Vous deffiant à trop grand tort de moy.*
> *Vous ignorez l'amour que je vous porte.*
> *Vous soupçonnez qu'autre amour me transporte.*
> *Vous estimez mes parolles du vent*
> *Vous despeignez de cire mon las coeur.*
> *Vous me pensez femme sans jugement;*
> *Et tout cela augmente mon ardeur.*

> *Pensais que sou leviana, e sinto*
> *Que não tendes certeza de quem sou,*
> *E acreditais para minha desgraça*
> *Que meu coração é fraco e volúvel.*
> *Ignorais o amor que vos dedico.*
> *Suspeitais de que tenho outro afeto.*
> *Pensais que minhas palavras são de vento*
> *Pensais que meu coração débil é de cera.*
> *Pensais que sou mulher sem julgamento;*
> *E tudo isso aumenta os meus ardores.*

Mas em lugar de afastar-se orgulhosamente do ingrato — em lugar de controlar-se e se domar, essa mulher bêbada de paixão se joga de joelhos na frente do indiferente para o segurar. De maneira sinistra, sua antiga majestade se transformou em louca humilhação. Ela suplica, ela mendiga, ela se oferece como uma mercadoria ao amado que não a quer amar. Ela perdeu tão completamente o sentimento de dignidade, que chega até a extrema humilhação, e, outrora tão rainha, hoje como uma feirante, barganhando, se queixa dizendo-lhe de tudo o que por ele sacrificou, protestando com insistência — deve-se até dizer de maneira importuna — a sua submissão servil:

> *Car c'est le seul désir de vostre chère amie,*
> *De vous servier et loyaument aymer,*
> *Et tous malheurs moins que rien estimer,*
> *Et vostre volunté de la mien suivre*
> *Vous cognoistrez avecques obéissance,*
> *De mon loyal devoir n'obmettant la science,*
> *A quoi J'estudiray pour toujours vous complaire.*
> *Sans aymer rien que vous, soubs la subjection*
> *De qui je veux san nulle fiction,*
> *Vivre et mourir.*

> *Pois é o único desejo de vossa cara amiga,*
> *De vos servir e lealmente amar,*
> *E todos os males julgar menos que nada,*
> *E vossa vontade seguir com a minha*
> *Vereis com que obediência,*
> *Quero aprender meu dever de sempre vos agradar.*
> *Sem amar senão a vós, sob cuja sujeição*
> *Sem nenhuma ficção quero viver e morrer.*

É terrível e chocante esse total aniquilamento da autoestima nessa mulher sincera, que até ali não tivera nenhum medo de qualquer senhor deste mundo nem de nenhum perigo terreno, e agora se rebaixa às práticas mais desprezíveis de um ciúme invejoso e maligno. Por alguns sinais, Maria Stuart deve ter notado que Bothwell internamente era mais ligado à jovem esposa, que ela própria escolhera, do que a ela, e não pensava em traí-la por causa da rainha. E agora ela tenta — é terrível como um grande sentimento pode apequenar uma mulher — rebaixar a mulher dele da maneira mais lamentável, maldosa e menos nobre. Tenta incitar sua vaidade erótica viril, lembrando-lhe (obviamente por informações íntimas) que a mulher dele não mostra suficiente ardor em seus abraços, que se entrega a ele apenas hesitantemente e não com todo o ardor da paixão. Maria Stuart, que antes fora toda altivez, num lastimável autoelogio agora compara o quanto ela, a adúltera, sacrifica mais por Bothwell do que aquela esposa, que só aproveita vantagens e diversões com a posição dele. Não, é com ela, com Maria Stuart, que ele deve permanecer, só com ela, e não se deixar enganar pelas cartas e lágrimas e exortações daquela mulher "falsa".

> *Et maintenant elle commence à voir*
> *Qu'elle estoit bien de mauvais jugement*
> *De n'estimer l'amour d'un tel amant,*
> *Elle vouldroit bien mon amy dessevoir*
> *Par les écripts tout fardez de sçavoir...*
> *Et toutesfois ses paroles fardez,*
> *Ses pleurs, ses plaints remplis de fictions,*
> *Et ses hautz cris et lamentations,*
> *Ont tant gaugné que par vous sont guardez*
> *Ses lettres, escritpes, ausquels vous donnez foy,*
> *Et si l'aymez, et coriez plus que moy.*

> *Mas agora ela começa a ver*
> *Que fez um péssimo julgamento,*
> *Não apreciando o amor de tal amante,*
> *E deseja enganar meu amigo*

Com escritos disfarçados de fingimento...
E toda vez suas palavras disfarçadas,
Seus prantos, seus lamentos cheios de mentiras,
E seus altos gritos e lamentações,
Conseguem que vos os vejais
Suas cartas e escritos aos quais dais fé,
E a amais e acreditais nela mais que em mim.

Seus gritos são cada vez mais desesperados. Ele não a confundisse, a única digna, com aquela indigna, a quem devia rejeitar para unir-se a ela, pois estava disposta, não importava o que acontecesse, a seguir com ele na vida e na morte. Suplicou de joelhos que exija dela qualquer prova de lealdade e devoção eterna; estava disposta a sacrificar tudo: casa, lar, posses, coroa, honra e o filho. Tudo, ele poderia lhe tomar tudo, e ficar apenas com ela, que estava inteiramente perdida por ele, o amado.

Agora, pela primeira vez, se ilumina o pano de fundo dessa paisagem trágica. Pelas confissões exageradas de Maria Stuart, a cena está inteiramente clara. Bothwell a tomou eventualmente como a muitas outras mulheres, e para ele, na verdade, com isso a história estava terminada. Maria Stuart, porém, entregue a ele de alma e sentidos, toda êxtase e fogo, quer segurá-lo para sempre. Mas para aquele homem num casamento feliz, ambicioso, uma mera aventura amorosa tem pouco encanto. Bothwell quando muito continuaria ainda algum tempo pelas vantagens, pela comodidade, aquela relação com uma mulher que tem a lhe dar todas as dignidades e honrarias da Escócia; talvez ainda tolerasse Maria Stuart ao lado de sua esposa como concubina. Mas isso não pode bastar a uma rainha com alma de rainha, nem a uma mulher que não quer dividir, que na sua paixão quer ter só para si aquele único. Mas como segurá-lo? Como prendê-lo a si eternamente, aquele aventureiro selvagem e desenfreado? Promessas de lealdade e humildade sem limites apenas entediam e pouco atraem um homem como aquele, que as escutou vezes demais de outras mulheres. Só um preço pode instigar aquele cobiçoso, o mais alto preço pelo qual tanto se lutou e se cortejou:

a coroa. Por mais indiferente que possa ser a Bothwell continuar a ser o amante de uma mulher a quem não ama, há uma poderosa sedução na ideia de que essa mulher é a rainha, e a seu lado ele poderia se tornar o rei da Escócia.

Com efeito, essa ideia parece insensata ao primeiro olhar, pois o marido legítimo de Maria Stuart, Henrique Darnley, ainda vive: não há lugar para um segundo rei. Mas é somente esse pensamento insensato que a partir dali liga Maria Stuart e Bothwell, pois ela, a desgraçada, não tem outro atrativo para segurar o indomável. Não há nada neste mundo pelo que aquele homem poderoso e independente se deixaria comprar e amar por uma mulher inteiramente submissa, a não ser a coroa. E não há preço que aquela embriagada, que há muito esqueceu a honra, o respeito, a dignidade e a lei, não estivesse disposta a pagar. Mesmo que Maria Stuart tivesse de comprar a coroa para Bothwell com um crime, ela, cega de paixão, não temeria cometê-lo.

Pois assim como Macbeth não tem outra possibilidade de se tornar rei cumprindo a profecia diabólica das bruxas senão a solução sangrenta de eliminar pela violência toda a linhagem real, assim Bothwell não pode se tornar rei da Escócia de maneira honrada e legítima. Só por cima do cadáver de Darnley passa esse caminho. Para que sangue possa se unir com sangue, é preciso que sangue seja derramado.

Bothwell sabe que não haverá resistência da parte de Maria Stuart se depois de a ver livre de Darnley ele pedir sua mão e sua coroa. Mesmo que tenha sido apócrifa ou uma falsificação a promessa expressamente dada, por escrito, que supostamente foi encontrada na caixinha de prata, onde ela lhe diz que se dará a ele em matrimônio "ainda que contra todas as objeções de parte de seus parentes e outras pessoas", — mesmo numa carta sem sinete ele sabe que ela lhe pertence. Vezes demais — como a todos os outros — ela se queixou a ele do quanto sofria com a ideia opressiva de que Darnley era seu marido, ardentemente em seus sonetos e talvez ainda mais ardentemente nas horas de amor, protestou o quanto desejava ligar-se para sempre, eternamente, a ele, Bothwell, vezes demais para que ele não ousasse chegar ao extremo, ao mais insensato.

Mas também Bothwell se assegurou da concordância — pelo menos tácita — dos lordes. Ele sabe que todos concordam em seu ódio contra aquele rapazinho insuportável e incômodo, que os traiu a todos, e que nada melhor poderia lhes acontecer do que sabê-lo removido da Escócia em breve e definitivamente. O próprio Bothwell assistira àquela conversa singular em novembro no castelo de Craigmillar, na presença de Maria Stuart, onde ao mesmo tempo se jogava com dados disfarçados o destino de Darnley. Os mais altos dignitários do reino, Moray, Maitland, Argyll, Huntly e Bothwell, tinham concordado aquela vez em sugerir à rainha um assunto estranho: se ela pudesse decidir-se a chamar de volta todos os nobres banidos, os assassinos de Rizzio, Morton, Lindsay e Ruthven, eles de sua parte tratariam de livrá-la de Darnley. Para a própria rainha, por enquanto, se fala apenas da forma legal *to make her quit of him*, de um divórcio. Mas Maria Stuart impõe a condição de que essa libertação ocorra por um lado de modo legítimo, de outro sem prejudicar seu filho. E Maitland respondera em tom singularmente sombrio que ela deixasse ao encargo deles a forma e a maneira. Fariam tudo de modo que o filho dela não tivesse prejuízo, e também Moray, como protestante menos escrupuloso nesses assuntos, "fingiria não ver nada". Estranho anúncio, tão estranho que Maria Stuart enfatizara mais uma vez que nada se fizesse a ponto de "onerar a sua honra ou a sua consciência". Por trás dessa fala obscura, esconde-se — e Bothwell seria o último a não notar isso — um significado obscuro. Mas só uma coisa é clara: que já naquele tempo todos, Maria Stuart, Moray, Maitland, Bothwell, os atores principais da tragédia, concordavam em remover Darnley. Apenas ainda não tinham concordado de que forma seria melhor liquidar com ele, se com bondade e habilidade, ou violência.

Bothwell, como o mais impaciente e atrevido, é a favor da violência. Não pode nem quer esperar, pois para ele não se trata apenas de remover o rapazinho incômodo, mas de herdar dele coroa e reino. Enquanto os outros só desejam e esperam, ele precisa agir com determinação;

parece que em alguma maneira oculta ele já antes buscara cúmplice e ajudante entre os lordes. Mas aqui, mais uma vez, as luzes históricas são baças, o preparativo de um crime sempre acontece na sombra ou na penumbra. Nunca se saberá quantos e quais lordes sabiam da intenção dele, e quais ele realmente conquistou para o ajudar ou tolerar. Moray parece ter sabido e não participado; Maitland foi menos cauteloso e ousado. Em compensação, é confiável o testemunho de Morton, feito em seu leito de morte. Bothwell vai a cavalo a seu encontro; Morton acabara de voltar do exílio e tinha ódio mortal de Darnley, que o traíra, e lhe sugere francamente que assassinem Darnley juntos. Mas, depois da última empresa na qual seus comparsas o abandonaram, Morton está cauteloso. Hesita em concordar e pede segurança. Primeiro quer saber se a rainha concorda com o assassinato. Bothwell confirma isso impensadamente, para o instigar mais. Desde o assassinato de Rizzio, porém, Morton sabe como se revogam rapidamente depois os acordos orais, por isso, antes de aliar-se, pede a concordância escrita da rainha, preto no branco. Segundo bom costume escocês, ele quer um legítimo *bond* que em caso de uma evolução desagradável possa apresentar para desonerar-se. Bothwell promete-lhe também isso, mas naturalmente jamais poderia apresentar o *bond*, pois um futuro casamento só seria possível se Maria Stuart permanecesse inteiramente na obscuridade, parecendo "surpreendida" pelos acontecimentos.

Assim, o ato recai de novo sobre Bothwell, o impaciente, o mais ousado, e ele está suficientemente determinado a executá-lo sozinho. Mas da maneira dúbia como Morton, Moray e Maitland aceitaram seu plano, ele já sentiu que não esperava resistência aberta dos lordes. Pois se não com sinete nem carta, pelo menos com um silêncio compreensivo e amável apoio todos tinham concordado. E a partir desse dia em que Maria Stuart, Bothwell e os lordes concordam, Darnley veste sobre o corpo ainda vivo a sua mortalha.

Tudo estaria preparado. Bothwell já fez as combinações com alguns dos seus comparsas mais confiáveis; em conversas secretas determinaram lugar e modo de matar. Mas para o sacrifício, falta ainda a vítima. Pois, por mais tolo que pudesse ser, Darnley deve ter adivinhado obscuramente o que esperava por ele. Semanas antes já se recusara a entrar em Holyrood enquanto os lordes estivessem protegidos na casa; também no castelo de Stirling ele não se sente mais seguro, desde que os assassinos de Rizzio, que ele abandonara, tinham voltado ao país graças a um significativo ato de perdão de Maria Stuart. Inabalável em relação a todos os convites e as seduções, ele permanece em Glasgow. Lá estão seu pai, conde de Lennox, e seus fiéis, uma casa sólida e confiável, e, em caso de necessidade, se seus inimigos viessem com a força, havia um navio no porto, com o qual ele poderia fugir. E como se o destino o quisesse proteger desse mais perigoso momento, ainda nos primeiros dias de janeiro ele pega varíola e com isso tem um pretexto perfeito para permanecer semanas e semanas em Glasgow, seu refúgio seguro.

Essa doença atrapalha inesperadamente os planos já avançados de Bothwell, que aguarda, impaciente, sua vítima em Edimburgo. Por alguma razão que não sabemos e apenas podemos adivinhar, Bothwell deve ter tido pressa, seja porque estava impaciente pela coroa, seja porque receava, com razão, que uma conspiração com tantos comparsas não confiáveis poderia ser traída a longo prazo, ou seja porque suas relações íntimas com Maria Stuart começavam a mostrar consequências — de qualquer modo, ele não quer esperar mais. Mas como atrair para o local do assassinato a vítima doente e desconfiada? Como tirá-la da cama e da casa com suas muralhas? Uma convocação pública deixaria Darnley desconfiado, e nem Maitland, nem Moray, nem qualquer outro daquela corte era suficientemente próximo do odiado banido, para persuadi-lo a voltar por vontade própria. Só uma, uma única, tem poder sobre aquele fraco. Duas vezes conseguiu submeter a sua vontade aquele infeliz que lhe pertence de corpo e alma: Maria Stuart. Somente ela, se fingir amor por ele, que só quer o seu amor, poderá talvez atrair o desconfiado para a desgraça. Só ela, entre todas as pessoas deste mundo, tem possibilidade desse monstruoso logro. E como ela não é senhora da sua vontade, mas serva de qualquer ordem do seu senhor, Bothwell precisa apenas ordenar, e o inacreditável, ou antes, o que o sentimento se nega a acreditar, acontece: a 22 de janeiro, Maria Stuart, que há meses evita medrosamente um encontro com Darnley, cavalga aparentemente para visitar o marido enfermo, mas na verdade para, por ordem de Bothwell, atraí-lo para casa, para Edimburgo, onde a morte espera por ele, impaciente, com punhal afiado.

12
Caminho para o assassinato
(22 de janeiro a 9 de fevereiro de 1567)

Aqui inicia a mais sombria estrofe na balada de Maria Stuart. Essa viagem a Glasgow, da qual ela conduziu seu marido ainda enfermo para o centro de uma conspiração criminosa, é a ação mais discutida de toda a sua vida. A pergunta se repete: Maria Stuart era realmente uma figura atrial, uma Clitemnestra que com fingida solicitude prepara o banho quente para o marido Agamenon que retornara para casa, enquanto Egisto, o assassino e amante dela, se esconde com machadinha afiada na sombra? Ela foi outra lady Macbeth, que com palavras doces e lisonjeiras fez dormir o rei Duncan para que Macbeth o matasse? Era uma daquelas criminosas diabólicas em que a paixão extrema às vezes transforma exatamente as mulheres mais corajosas e abnegadas? Ou ela foi apenas uma criatura sem vontade nas mãos daquele brutal rufião Bothwell, agindo inconscientemente no transe de uma ordem irresistível, uma marionete crédula e obediente, sem saber dos preparativos do horrendo fato? Involuntariamente, no início, a nossa sensibilidade se recusa a considerar verdade esse crime, e a acusar uma mulher até ali humanitária de tal cumplicidade. Ainda se procura uma desculpa mais branda e humana dessa viagem a Glasgow. Vezes e vezes se rejeitam como não confiáveis os depoimentos e documentos que oneram Maria Stuart, e examinamos, com honrado desejo de nos convencermos, todas as explicações que a desculpam, encontradas ou inventadas pelos seus defensores. Mas em vão! Por mais que quisermos acreditar neles, todos esses argumentos de advogados não têm força persuasória: o anel da ação cabe perfeitamente na cadeia dos acontecimentos, e qualquer interpretação que a desculpasse quebra-se em nossas mãos assim que a agarramos com mais firmeza.

Pois como aceitar que Maria Stuart foi levada ao leito de enfermo de Darnley por preocupação amorosa, para tirá-lo de seu refúgio seguro e cuidar melhor dele em casa? Há meses, o casal vive totalmente separado. Darnley está constantemente banido da presença dela, e, por mais que peça humildemente para partilhar de novo seu leito como marido, seus direitos conjugais lhe são rudemente negados. Os embaixadores da Espanha, da Inglaterra e da França há muito em seus relatos falam do estranhamento do casal como um fato evidente e irremovível; os lordes pediram abertamente o divórcio e em segredo até pensaram em uma forma mais violenta de resolver tudo. Tão indiferentes já vivem os dois entre si que mesmo a notícia da doença perigosa de Maria Stuart em Jedburgh não fez o terno esposo apressar-se a visitar aquela que já recebia a extrema-unção. Nem com a lupa mais fina se pode ver nesse casamento o mais tênue fio de amor, nem um átomo de ternura: portanto, não tem consistência pensar que a solicitude amorosa levou Maria Stuart a essa viagem.

Mas — este o último argumento dos que a defendem a qualquer preço — talvez Maria Stuart quisesse exatamente com essa viagem resolver aquela briga infeliz. No fim, pode ter viajado até seu leito de doente para se reconciliar com ele. No entanto, infelizmente, mesmo essa última explicação favorável a ela é anulada por um documento de sua própria mão. Pois um dia antes de partir para Glasgow, Maria Stuart, a incauta — jamais pensara que suas cartas testemunhariam contra ela diante da posteridade —, em uma carta ao arcebispo Beaton fala sobre Darnley do modo mais odioso e agitado. "Quanto ao rei nosso esposo, Deus sabe que sempre fomos contra ele, Deus e o mundo sabem de todas as brigas e das injustiças cometidas contra nós; todos os nossos súditos assistiram a eles, e não duvido de que o condenam por isso em seus corações." Fala assim a voz terna da reconciliação? É essa a disposição de uma mulher amorosa que corre preocupada com seu marido enfermo? E, segunda circunstância que a onera irrevogavelmente, Maria Stuart não faz essa viagem apenas para visitar Darnley e voltar para casa, mas com a intenção determinada de o trazer imediatamente de volta a Edimburgo — também isso é solicitude excessiva demais para ser honesta e convincente! Pois não debocha de todas as leis da medicina e da sensatez, arrancar da cama em pleno inverno rigoroso um doente de varíola, febril, cujo rosto ainda está totalmente desfigurado, para uma viagem de dois dias em carruagem aberta? Maria Stuart fora de carruagem, para Darnley não ter o que objetar, para poder transportá-lo o mais depressa possível a Edimburgo onde a conspiração assassina está em pleno andamento.

Mas talvez Maria Stuart — ainda queremos concordar em parte com seus defensores, pois que responsabilidade, culpar injustamente uma pessoa de assassinato! — nem saiba nada dessa conspiração. Infelizmente também nesse sentido uma carta dirigida a ela por Archibald Douglas exclui qualquer dúvida. Pois Archibald Douglas, um dos principais conjurados, naquela viagem trágica a Glasgow procurou pessoalmente a rainha para obter sua concordância explícita com o complô assassino. E ainda que naquele tempo ela não tenha concordado, recusando-se a isso, como uma esposa que sabe que tais projetos criminosos ocorrem poderá silenciar sobre tal proposta? Como não avisar a Darnley? E como, apesar da convicção de que se prepara algo contra ele, convencê--lo a retornar para aquele ambiente assassino? Nesse caso, silenciar já é mais do que ser cúmplice, é colaboração passiva, pois quem sabe de um crime e não o tenta evitar pelo menos é culpado de indiferença. O mais favorável que se pode dizer de Maria Stuart é que ela nada sabia do crime planejado porque não queria saber, que fechara olhos e desviara o rosto para poder dizer e jurar: eu não participei dessa ação.

Portanto, um pesquisador imparcial não pode evitar a sensação de que Maria Stuart teve alguma culpa na eliminação de seu marido: quem a quiser desculpar só pode alegar a vontade limitada dessa mulher, não sua ignorância. Pois ela não age com alegria nem insolência nem por vontade livre, mas partindo de outra vontade, alheia. Não foi com frieza, cálculo, artimanha e cinismo que Maria Stuart foi a Glasgow para levar Darnley para casa, mas no momento decisivo — isso testemunham as "cartas da caixinha" — sentiu desgosto e horror do papel que lhe fora imposto. Certamente ela comentara com Bothwell o plano de retornar com o rapaz para Edimburgo; mas singularmente vê-se em sua carta que, estando a um dia de viagem de seu mandatário, a força hipnótica da presença dele enfraquece, e a consciência adormecida dessa *magna peccatrix* se agita. Na encruzilhada de um ato, a pessoa que é levada a crime por um poder misterioso sempre se distingue do verdadeiro criminoso; o empreendimento predeterminado e traiçoeiro se diferencia do "crime passional" espontâneo; e o ato de Maria Stuart é talvez um dos mais perfeitos exemplos desse tipo de crime, que não é realizado pela própria pessoa, mas, na sua dependência de outra vontade mais forte. Pois no momento em que Maria Stuart deve executar o plano combinado e aprovado, quando se defronta com a vítima que deve atrair para a mesa do matadouro, de repente o ódio e o desejo de vingança se apagam nessa mulher, o humano primitivo em sua natureza começa a combater o desumano de sua missão. Mas é tarde demais, e em vão: nesse crime, Maria Stuart não é apenas a caçadora que se aproxima astutamente da vítima, mas é ela mesma perseguida. Sente atrás de si a chibata que a impele adiante. Treme pela ira de seu amante caso não arraste até ele a vítima combinada, e treme ao mesmo tempo com medo de perder seu amor se desobedecer. Só o fato de que no fundo essa mulher sem vontade própria não deseja seu ato, uma indefesa se rebela contra a ação que lhe foi imposta, ainda nos ajuda a compreendermos esse fato do ponto de vista humano, embora não do legal.

E só se vê esse fato horrendo com mais brandura lendo uma das famosas cartas que ela escreve a Bothwell junto da cama do enfermo Darnley, e que insensatamente seus defensores sempre querem negar: só ela confere àquele ato repulsivo uma luz conciliadora de humanidade. Graças a essa carta vemos, como por uma fenda numa parede, as terríveis horas em Glasgow. Passa muito da meia-noite, Maria Stuart está num quarto estranho junto da mesa, em trajes de dormir. Um fogo arde na lareira, as sombras agitam-se loucamente nas altas paredes frias. Mas esse fogo não aquece o quarto solitário nem a alma que tem frio. Um calafrio repetido percorre os ombros da mulher malvestida: faz frio, ela está cansada, quer dormir mas não consegue dormir por agitação e nervosismo. Viveu coisas demasiadas e chocantes demais nessas últimas semanas e horas, seus nervos ainda tremem e ardem até as extremidades doloridas. Horrorizada com o ato que comete, mas obedecendo ao senhor da sua vontade, a escrava espiritual de Bothwell fez a fatídica viagem para tirar seu próprio marido de um lugar seguro e atraí-lo para a morte segura, e sua traição não foi fácil. Já antes do portão um mensageiro do pai de Darnley, Lennox, a detém. O velho acha suspeito que a mulher que há meses evita seu filho, cheia de ódio, de repente corra tão amorosa para junto de seu leito de enfermo. Velhos pressentem desgraças. Talvez Lennox recorde também que sempre que Maria Stuart fica aparentemente bem-disposta em relação a Darnley, apenas busca uma vantagem para si mesma. Ela consegue, com dificuldade, defender-se de todas as perguntas do mensageiro, mas afinal chega ao leito do doente, que também — a mulher foi falsa com ele tantas vezes — a recebe desconfiado. Para que trouxe a carruagem, quer saber logo; a suspeita ainda bruxuleia inquieta em seus olhares. E ela teve de controlar seu coração com mão de ferro para não se trair com palidez, rubor ou gagueira, ouvindo essas perguntas. Mas o medo de Bothwell a ensinou a fingir. Com mãos cariciosas, com palavras lisonjeiras, ela aos poucos abafou a desconfiança de Darnley, passo a passo tirou dele toda a força de vontade colocando ali a sua própria, mais firme. Já na primeira tarde metade da obra está feita.

E agora, à noite, ela fica sentada sozinha em seu aposento escuro, está frio e ermo, as velas bruxuleiam espectralmente e há tamanho silêncio no quarto que se escutam seus mais secretos pensamentos e os suspiros de sua consciência machucada. Ela não consegue dormir, não consegue descansar, tem uma necessidade imensa de confiar a alguém o peso que desabou sobre sua alma, de falar com alguém naquela extrema aflição solitária. E como não está perto o único na Terra com quem poderia falar sobre todos esses horríveis assuntos criminosos, que ninguém pode saber senão ele e somente ele, coisas que ela própria tem medo de admitir, pega algumas folhas e começa a escrever. É uma carta interminável. Não vai concluí-la nessa noite nem no dia seguinte, nem a outra noite; aqui uma pessoa luta com sua própria consciência, no meio de um crime. Essa carta foi escrita num estado de cansaço profundo e extrema perturbação, tudo se confunde, embriagado e exausto, loucura e profundos pensamentos, gritos e palavras vazias e lamento desesperado, os pensamentos embaralhados esvoaçam em zigue-zague como morcegos. Ora ela só comenta detalhes tolos, ora a angústia de sua consciência se ergue num grito, o ódio lampeja, mas a compaixão o vence, e sempre, no meio disso tudo, jorra grande e ardente o transbordante amor por aquele homem cuja vontade a domina, e cuja mão a empurrou para aquele abismo. Depois comenta que o papel está acabando. E assim continua escrevendo, pois sente que o horror a estrangularia, o silêncio a sufocaria se não se agarrasse ao menos com palavras a ele, a quem está acorrentada, criminosa ligada ao criminoso, sangue a sangue. Enquanto a pena corre como solta sobre o papel na mão trêmula, ela percebe que tudo o que escreve não está dito como gostaria, que não tem mais forças para controlar e ordenar seus pensamentos. Sabe isso simultaneamente em outra esfera da consciência, e exorta Bothwell a ler a carta duas vezes. Mas exatamente porque essa carta de 3 mil palavras não foi pensada com clareza nem escrita com lucidez, e os pensamentos cambaleiam confusos e gaguejantes como alguém de olhos fechados, é um documento tão inigualável da história das almas. Pois aqui não fala o ser humano consciente, mas o eu interior numa espécie de transe de fadiga e febre; aqui fala o inconsciente que nunca se escuta, o sentimento nu que nenhum pudor envolve. Voz de cima e vozes de baixo, pensamentos claros e outros que ela jamais se atreveria a pronunciar verdadeiramente, alternam-se naquele estado de desconcentração. Ela se repete, ela se contradiz ao escrever, tudo se confunde caoticamente nesse fogo e ímpeto da paixão. Nunca ou só muito raramente nos foi transmitida uma confissão em que ficou tão exposto o estado espiritual e intelectual de superexcitação no meio de um crime — não um Buchanan nem um Maitland, nem uma daquelas cabeças meramente inteligentes poderia com sua formação e sensatez ter inventado tão mágica e perfeitamente, e o monólogo alucinatório de um coração perturbado, a situação terrível da mulher que em meio ao seu ato não vê saída para sua consciência senão escrever e escrever ao amado para perder-se, esquecer-se, desculpar-se e se explicar, que se refugia nesse escrever para não ouvir no silêncio seu coração disparar no peito. Mais uma vez, sem querer, temos de pensar em Lady Macbeth, que da mesma forma em camisola solta vaga pela escuridão do castelo, sentindo calafrios, oprimida e acossada por pensamento sinistros, revelando sonambulamente num monólogo chocante a sua ação. Só um Shakespeare, só um Dostoievski podem escrever assim, e a sua mais nobre mestra: a realidade.

Que tom grandioso, que penetra no coração até o fundo, já nesse primeiro compasso: "Estou cansada e sonolenta, mas mesmo assim não consigo me conter enquanto ainda houver papel... Perdoa se escrevo tão mal, terás de adivinhar metade... E mesmo assim estou contente por escrever-te enquanto os outros dormem, pois sinto que não conseguiria dormir devido ao meu desejo que me impele para teus braços, minha vida." Com irresistível ênfase, ela descreve como o pobre Darnley ficou feliz com sua chegada inesperada; parece que podemos ver o pobre rapaz, rosto quente de febre e ainda vermelho pelas feridas. Ficou ali deitado sozinho dias e noites, coração dilacerado porque ela, a quem ele se liga de corpo e alma, o rejeitou e abandonou. E agora de repente ela vem, a amada, a bela e jovem mulher, senta-se ternamente junto de sua cama outra vez. Na sua felicidade, o pobre tolo pensa estar "sonhando" e "está tão feliz ao vê-la que pensa morrer de alegria". Por vezes, as velhas feridas da desconfiança ainda ardem dolorosamente nele. Essa repentina visita lhe parece inesperada demais, improvável demais, e mesmo assim o coração dele é pobre demais para imaginar uma traição tão monstruosa, por mais que ela já o tenha enganado antes. Pois é tão doce para uma pessoa debilitada acreditar, confiar; é tão fácil convencer uma pessoa vaidosa de que ela é amada. Não demora muito, Darnley enfraquece, emocionado; totalmente submisso de novo, como naquela outra noite depois do assassinato de Rizzio, o bom rapaz pede perdão por tudo o que lhe fizera:

"Tantos de teus súditos cometeram erros e tu os perdoaste, e eu sou tão jovem! Dirás que muitas vezes me perdoaste e que sempre repeti meus erros. Mas não é natural que na minha idade, mal aconselhado, se recaia três, quatro vezes nos mesmos erros e não se cumpram as promessas, e só finalmente pela experiência se assuma o controle de si? Se desta vez eu obtiver o teu perdão, juro que nunca mais cometerei um erro. E não peço senão que possamos viver juntos como marido e mulher em casa e na cama, e se não quiseres nunca mais me levantarei desta cama... Deus sabe quanto fui castigado, por ter-te transformado numa divindade e só pensar em ti."

Mais uma vez essa carta nos permite um olhar para aquele aposento distante e sombrio. Maria Stuart senta-se junto da cama do enfermo e escuta essa expressão do seu amor, esse transbordar da humildade dele. Ela deveria se alegrar, seu plano deu certo, ela amoleceu o coração do rapaz ingênuo, mas envergonha-se demais de sua ação para ficar contente; em plena ação, sente náuseas de repulsa por sua atuação miserável. Sombria, desviando os olhos, ela se senta junto do doente, perturbada, e até Darnley percebe que algo sombrio e incompreensível oprime a mulher amada. O pobre, traído e enganado, procura ainda — situação genial! — consolar a traidora, a enganadora, quer ajudá-la, quer vê-la alegre, divertida, fazê-la feliz. Suplica que passe a noite no quarto com ele, e sonha, pobre idiota, sonha novamente com amor e carícias. É chocante sentir nessa carta como esse fraco já se agarra de novo nela, cheio de confiança, como está seguro dela. Não, ele não se cansa de contemplar Maria Stuart, saboreia desmedidamente o prazer dessa intimidade renovada e por tanto tempo perdida. Pede que corte para ele a carne no prato, fala e fala e tagarela, na sua insensatez revela todos os segredos; diz o nome de todos os seus espiões e cúmplices; sem saber que ela ama Bothwell de corpo e alma ele lhe revela seu ódio mortal a Maitland e Bothwell; entende-se — quanto mais confiante, quanto mais apaixonado ele se trai, tanto mais difícil é para essa mulher trair aquele ingênuo. Contra sua vontade, ela se comove com a situação indefesa e com a credulidade de sua vítima. Precisa forçar-se com violência a continuar representando a desprezível comédia. "Jamais o terias ouvido falar melhor e mais humildemente, e se eu não soubesse que o coração dele é mole como cera, e se o meu não fosse como um diamante, nenhuma ordem senão a tua teria conseguido evitar que eu me compadecesse dele." Vemos que ela há muito não sente ódio por aquele pobre que a encara com olhos ternos e famintos no rosto febril e inflamado, esqueceu tudo o que aquele pobre pequeno mentiroso lhe fez antes disso, e internamente quer salvá-lo. Por isso, faz recair sobre Bothwell aquele ato: "Pela minha própria vingança eu não o faria." Só pelo seu amor e por nenhum outro preço ela realizará o horror, explorar a confiança infantil daquele ser humano, e irrompe magnificamente num grito acusador: "Tu me obrigas a tamanho fingimento que eu mesma estou cheia de medo e horror, e me fazes desempenhar o papel de traidora. Mas lembra que se não fosse para te obedecer eu preferiria estar morta. Meu coração está sangrando."

Porém, um submetido não pode se defender. Só pode gemer quando a chibata o impele em frente. E com um humilde queixume ela logo baixa de novo a cabeça ante o senhor da sua vontade:

"Ai de mim! Nunca enganei ninguém, mas agora faço tudo pela tua vontade. Envia-me ao menos uma palavra, dizendo o que devo fazer, e, não importa o que me aconteça, obedecerei. Pensa também se não poderias inventar um procedimento mais secreto, com medicamentos, pois em Craigmillar ele terá de tomar banhos e remédios."

Vemos que ela gostaria ao menos de uma morte mais suave para o infeliz, e evitar uma violência brutal; se não estivesse tão fora de si e tão submetida a Bothwell, se ainda lhe restassem forças e uma centelha de independência moral, sentimos isso, ela agora salvaria Darnley. Mas não ousa nem uma desobediência, porque receia perder Bothwell, com quem se conjurou, e ao mesmo tempo — genial psicologia que nenhum poeta inventaria — receia que no fim Bothwell a despreze exatamente por ela se prestar a negócios tão miseráveis. Suplicante, ergue as mãos pedindo que "não a respeite menos porque ele afinal era toda a causa de tudo aquilo", e sua alma se lança de joelhos num último chamado desesperado, de que ele recompense, e com amor, todo o tormento que ela agora sofria por sua causa:

"Estou sacrificando tudo, honra, consciência, felicidade e grandeza, lembra-te disso e não deixes que teu falso cunhado te convença contra esta mais fiel amante que já tiveste ou terás. Nem dês atenção a ela [esposa de Bothwell] com suas lágrimas fingidas, mas pensa em mim e no ato de devoção que suporto para merecer o lugar dela, pelo qual estou traindo a todos contra a minha própria natureza. Deus me perdoe e te dê, meu caro amigo, toda a felicidade e graças que te deseja tua mais submissa e fiel amante, esperando em breve ser para ti mais do que recompensa pelos seus tormentos."

Quem ouvir nessas palavras, imparcialmente, o coração torturado dessa mulher infeliz, não a chamará de assassina embora tudo o que essa mulher faz nessas noites e dias seja a serviço do assassinato. Pois sentimos que mil vezes mais forte do que sua própria vontade é nela a vontade contrária, o horror de tudo aquilo. Talvez em muitas dessas horas essa mulher tenha estado mais próxima do suicídio do que do assassinato. Mas é o funesto de estar subjugado: quem entregou sua vontade não pode mais escolher o seu caminho. Só pode obedecer e servir. E assim, serva de sua paixão, sonâmbula inconsciente, mas cruelmente consciente de seu sentimento, ela cambaleia em frente, para o abismo de sua ação.

No segundo dia, Maria Stuart cumpriu incansavelmente tudo de que fora incumbida; a parte mais sensível e perigosa da tarefa terminou com sucesso. Ela dominou a suspeita na alma de Darnley; o pobre rapaz tolo e doente está de repente alegre, seguro, calmo, contente e até feliz. Embora fraco e exausto e deformado pelas cicatrizes da varíola, ele já tenta pequenas carícias com sua esposa. Quer beijá-la, abraçá-la, e ela se esforça muito por esconder sua repulsa e conter a impaciência dele. Obediente aos desejos de Maria Stuart, tão obediente quanto ela é com as ordens de Bothwell, submetido a uma submissa, ele se declara disposto a voltar com ela a Edimburgo. Confiante, deixa-se transportar do castelo para a carruagem, rosto coberto por um pano de tecido fino para que ninguém veja sua deformidade: agora finalmente a vítima está a caminho do matadouro. O trabalho mais cru, sangrento, só Bothwell pode realizar, e será mil vezes mais fácil para aquele homem duro e cínico do que foi para Maria Stuart trair sua consciência. A carruagem rola devagar, acompanhada por homens a cavalo, na estrada fria e invernosa; o casal real volta a Edimburgo aparentemente reconciliado depois de meses de briga incessante. Para Edimburgo — mas para onde? Naturalmente o castelo de Holyrood, diriam, a residência real, o castelo principesco e confortável! Mas não, Bothwell, o todo-poderoso, ordenou algo diferente. O rei não deve morar em Holyrood, seu lar, presumidamente porque ainda não passara o perigo de contágio. Então, em Stirling ou no castelo de Edimburgo, a fortaleza altiva e inatingível, ou pelo menos como hóspede numa casa nobre, talvez o palácio episcopal? Mais uma vez, não! De forma altamente suspeita, escolhe-se uma casa bem inaparente e afastada, na qual ninguém até ali pensara, nada principesca, uma casa numa região famigerada, fora dos muros da cidade, entre jardins e prados, meio arruinada e desabitada há anos, uma casa difícil de vigiar e proteger — escolha estranha e muito significativa. Involuntariamente indagamos quem teria escolhido para o rei logo aquela casa suspeitamente afastada em Kirk o' Field, de onde só se pode sair pela Thieves Row, uma trilha noturna para assaltantes. E, vejam só, foi Bothwell, que agora é *all in all*. Sempre encontramos o mesmo fio vermelho no labirinto. Sempre em todas as cartas, documentos e testemunhos, esse rastro sangrento retorna para ele, o único.

Essa casinha indigna de um rei, no meio de campos não cultivados, vizinha apenas de um dos mais fiéis seguidores de Bothwell, tem ao todo apenas uma antessala e quatro quartos. Embaixo, improvisa-se um quarto de dormir para a rainha, pois de repente ela tem a necessidade urgente de cuidar com muito carinho do marido que até então evitara, amedrontada, e um segundo para a criadagem dela; o quarto no primeiro andar é arrumado como quarto de dormir para o rei, e o anexo para seus três criados. São ricamente decorados, esses aposentos baixos da casa suspeita. De Holyrood são as tapeçarias e os tapetes, uma das magníficas camas que Maria de Guise trouxe da França foi montada especialmente para o rei, e uma segunda no andar inferior, para a rainha. E agora, de repente, Maria Stuart nem sabe como manifestar sua preocupação e ternura por Darnley. Diariamente, várias vezes com todo seu séquito faz companhia ao enfermo, ela que — devemos sempre lembrar isso — há meses fugia da sua presença. Até dorme as três noites, de 4 a 7 de fevereiro, naquela casa afastada, não em seu confortável palácio. Portanto, todos em Edimburgo deviam ver que rei e rainha voltaram a ser esposos amorosos; de maneira ostensiva e até suspeitamente insistente se expõe a toda a cidade esse novo entendimento entre o casal inimigo: pensemos como toda essa mudança de sentimentos deve ter parecido estranha, sobretudo aos lordes, que pouco antes ainda tinham ponderado junto com Maria Stuart todos os meios de livrar-se de Darnley. E agora esse amor tempestuoso, excessivamente enfatizado, entre marido e mulher! O mais inteligente deles, Moray, tira secretamente suas conclusões, como logo revelará seu comportamento. Ele nem por um momento duvida de que naquela casa singularmente afastada acontece um jogo sinistro, e em silêncio, diplomaticamente, faz os seus preparativos.

Talvez só uma pessoa na cidade, e no país, acredite honestamente na mudança de Maria Stuart: Darnley, o infeliz marido. Sua vaidade se sente lisonjeada com a solicitude dela; de repente, orgulhoso, ele vê os lordes, que sempre lhe tinham fugido com desprezo, aproximarem-se de seu leito de enfermo, costas curvadas e ar compungido. Agradecido, a 7 de fevereiro, numa carta ao pai, ele se vangloria de como sua saúde melhorou por causa da preocupação da rainha, que se portava como uma verdadeira esposa amorosa. Os médicos, alegres, já lhe asseguraram que ficaria bom, as últimas marcas da doença deformante começam a desaparecer, já se permite que ele volte para o seu palácio, os cavalos estão encomendados para segunda de manhã. Um dia e ele já estará entronizado em Holyrood, para lá voltar a dividir *bed and board* com Maria Stuart, finalmente outra vez senhor de seu país e do coração dela.

Mas antes dessa segunda-feira, 10 de fevereiro, chega ainda um domingo, dia 9 de fevereiro, quando se preparou em Holyrood uma alegre festa à noite. Dois dos mais fiéis servos de Maria Stuart estão festejando seu casamento; para essa ocasião, um grande banquete e um baile foram preparados, e a rainha prometeu aos criados que apareceria. Mas esse anúncio não era o grande acontecimento do dia, e sim outro, cujo significado só mais tarde se entenderá: nessa manhã, o conde de Moray de repente se despede por alguns dias de sua irmã, aparentemente para visitar em um de seus castelos a esposa enferma. E isso é um sinal grave. Pois sempre que Moray some do cenário político, tem lá seus bons motivos. Sempre, então, acontece uma mudança ou uma desgraça, sempre ele pode depois provar, glorioso, que não teve nada a ver com o acontecido. Quem tivesse faro para uma tempestade iminente teria de inquietar-se agora, vendo esse homem calculista e de ampla visão despedir-se mansamente antes que irrompa a tempestade. Não faz um ano que na manhã após o assassinato de Rizzio ele entrara a cavalo com a mesma ignorância fingida com que parte na manhã daquele dia em que deverá acontecer algo ainda mais terrível, deixando aos outros perigo, preservando sua honra e tirando suas vantagens.

Um segundo sinal poderia fazer pensar. Aparentemente, Maria Stuart já dera a ordem de mais uma vez levar sua cama preciosa com as cobertas de peles do seu quarto de dormir de Kirk o' Field para Holyrood. Essa medida parece evidente, pois, nessa noite da festa anunciada a rainha não dormirá em Kirk o' Field, e sim em Holyrood, e no dia seguinte de qualquer forma acabará aquela separação. Essa cautela de levar tão depressa até lá a valiosa cama, porém, terá uma interpretação ou má interpretação perigosa devido ao curso dos fatos. À tarde ou à noite nada se percebe em absoluto de acontecimentos sombrios ou verdadeiro perigo, e o comportamento de Maria Stuart é tão inaparente quanto possível. De dia, com seus amigos, ela visita o marido quase recuperado; à noite senta-se com Bothwell, Huntly e Argyll muito contente entre os criados no meio dos convidados do casamento. Mas que comovente: mais uma vez — singularmente comovente —, embora na manhã seguinte Darnley já volte a Holyrood, ela vai na fria noite de inverno até a casa afastada de Kirk o' Field! Interrompe os alegres amigos da festa unicamente para sentar-se ainda um pouco junto da cama de Darnley e conversar com ele. Até as 11 da noite, Maria Stuart permanece em Kirk o' Field, e só depois retorna a Holyrood: ao longe se mostra na noite escura cortejo a cavalo, iluminado e ruidoso, acompanhado por tochas e luzes e risos. Abrem-se os portões, toda a Edimburgo deve ter visto que depois da solícita visita ao esposo a rainha volta a Holyrood onde a criadagem dança ao som da gaita de foles. Mais uma vez, a rainha se mistura aos convidados do casamento, amável e tagarela. Só então, depois da meia--noite, ela se recolhe aos seus aposentos para dormir.

Às 2 da manhã a terra troveja. Uma terrível explosão, "como se tivessem disparado 25 canhões ao mesmo tempo", faz tremer o ar. Imediatamente, veem-se vultos em suspeita pressa correndo da direção de Kirk o' Field: algo violento deve ter acontecido na casa do rei. Susto e nervosismo dominam a cidade despertada de seu sono. Os portões da cidade são abertos. Mensageiros disparam para Holyrood com a horrenda notícia de que a casa isolada em Kirk o' Field voara pelos ares com o rei e todos os criados. Bothwell, que estivera presente nas festas de casamento — obviamente para ter um álibi enquanto sua gente preparava a ação —, é acordado ou antes tirado da cama em que aparentemente dormia. Veste-se depressa e corre com homens armados ao local do crime. Encontram no jardim o cadáver de Darnley, vestido apenas de camisa, e o do criado que dormia no seu quarto, a casa totalmente destruída por uma explosão de pólvora. Bothwell se satisfaz com essa constatação aparentemente muito surpreendente e excitante. Como conheces as circunstâncias melhor que qualquer outro, não se esforça mais por desvendar toda a verdade. Ordena que cuidem dos cadáveres e depois de apenas meia hora retorna ao palácio. Lá também nada consegue fazer senão anunciar o fato nu e cru à rainha, que também foi brutalmente despertada de seu sono, e dizer-lhe que seu marido, o rei Henrique da Escócia, fora assassinado por desconhecidos de maneira inconcebível.

13

Quos Deus perdere vult...
(fevereiro a abril de 1567)

Paixão tem muito poder. Pode despertar num ser humano coisas indizíveis, energias sobre-humanas. Com sua pressão irresistível pode extrair poderes titânicos da alma mais tranquila, levando-a a infringir todas as normas e formas da moral, chegando ao crime. Mas é da natureza da paixão que depois desses loucos impulsos o ímpeto desabe esgotado — com o que se distingue fundamentalmente o criminoso passional do verdadeiro criminoso nato e costumeiro. Quem comete esse ato uma única vez, o criminoso por paixão, é em geral apenas capaz de cometer a ação, raramente de assumir suas consequências. Só por ardente impulso, olhando fixamente um ato determinado, ele concentra toda a sua tensão nesse único objetivo; assim que o atingiu, assim que a ação foi executada, essa energia cessa, sua determinação desmorona, sua inteligência falha, quando, ao contrário, exatamente então o criminoso frio e calculista começa com agilidade a lutar com acusadores e juízes. Não é para o ato que ele guarda a tensão máxima de seus nervos, como o criminoso passional, mas para defender-se depois.

Maria Stuart — isso não reduz, mas eleva sua figura — não está à altura da situação criminosa em que entrou pela sua dependência de Bothwell, pois se foi criminosa, foi unicamente pela imprevisibilidade de sua paixão, não por vontade própria, mas alheia. Ela apenas não teve forças para impedir em tempo a desgraça, e agora, depois da ação consumada, sua vontade falha completamente. Agora ela poderia fazer duas coisas: ou separar-se, decidida e com repulsa de Bothwell, que fora além do que ela internamente queria; ou distanciar-se daquela ação, caso contrário teria de ajudar a ocultá-la. Mas, para isso, teria de fingir estar sofrendo para afastar a suspeita dele e de si mesma. Em vez disso, Maria Stuart faz a coisa mais louca, mais insensata em uma situação tão suspeita, isto é: nada. Fica paralisada e muda, e com esse estado de choque se trai. Como um desses brinquedos mecânicos que, dando-se corda, executam automaticamente uma série de movimentos prescritos, no transe de sua dependência ela fez, sem vontade própria, tudo o que Bothwell lhe ordenara. Viajou para Glasgow, convenceu Darnley a voltar para ela. Mas agora a mola afrouxou, a força cessa. Exatamente agora que teria de representar seus próprios sentimentos para convencer o mundo, ela, cansada, deixa cair a máscara. Uma espécie de petrificação, uma cruel paralisia da alma, uma indiferença incompreensível a dominam; sem resistência, permite que a suspeita recaia sobre si mesma como uma espada de Dâmocles.

Esse fenômeno singular da paralisia da alma, que congela a pessoa ameaçada numa total indiferença e passividade, exatamente quando o fingimento, a defesa e a agilidade mental seriam mais necessárias, em si não é incomum. Essa paralisia da alma é um retorno necessário depois da tensão excessiva, uma vingança traiçoeira da natureza contra todos os que infringem suas medidas. Napoleão perde assim toda a sua força demoníaca na noite de Waterloo; fica ali sentado, sem dar ordens, embora exatamente no momento da catástrofe fossem mais necessárias. De repente, toda a força o deixou como vinho que sai de um barril furado. Da mesma forma Oscar Wilde, pouco antes de sua prisão, fica congelado; amigos o preveniram, ele ainda tem tempo, tem dinheiro, poderia pegar o trem e atravessar o Canal. Mas também foi dominado pela paralisia, senta-se em seu quarto de hotel e espera e espera, não se sabe o quê, se o milagre ou a aniquilação. Só por tais analogias — e são milhares na História — pode-se entender o comportamento de Maria Stuart, o absurdo, insensato, provocadoramente passivo comportamento naquelas semanas, que realmente a torna suspeita. Pois até consumado o assassinato ninguém podia adivinhar sua combinação com Bothwell;

a visita a Darnley poderia ser efetivamente desejo de reconciliação. Mas imediatamente depois do assassinato a viúva do assassinado está sob a cunha de luz forte das atenções, e agora teria de revelar naturalmente a inocência ou o fingimento aumentar até a genialidade. Mas um terrível nojo de mentiras e fingimentos deve ter dominado essa mulher infeliz. Pois em lugar de defender-se da suspeita sempre possível, com sua total indiferença aos olhos do mundo parece mais culpada do que talvez realmente fosse. Como uma suicida que se joga no abismo, ela fecha os olhos para não ver mais nada, não sentir mais nada, querendo apenas o fim, no qual não houvesse mais os tormentos de pensar e refletir, só o nada, só o fim. Dificilmente na criminologia se tem um quadro patológico mais perfeito de um criminoso passional, que esgota na ação todas as forças, e entra em colapso com elas. *Quos Deus perdere vult...* Deus primeiro enlouquece a quem quer destruir.

Pois como agiria uma mulher inocente, honrada e amorosa, uma rainha, se de noite um mensageiro lhe trouxesse a pavorosa notícia de que seu marido acaba de ser morto por desconhecidos? Teria de levantar-se como uma labareda. Teria de debater-se, gritar, pedir que imediatamente pegassem os culpados. Teria de mandar jogar na masmorra todos os que fossem atingidos pela menor fagulha de suspeita. Teria de incitar o povo a participar, pedir aos príncipes estrangeiros que detivessem todos os fugitivos do reino dela na fronteira. Como na morte de Francisco II, ela teria de trancar-se dia e noite em seus aposentos, não admitir nem um pensamento de alegria, jogos e divertimentos por semanas e meses, e, sobretudo, não descansar nem parar antes que o último autor e cúmplice fosse apanhado e sentenciado.

Assim mais ou menos devia ser a postura de uma esposa surpreendida, realmente inocente e amorosa. E, paradoxal mas logicamente, de outro lado uma mulher cúmplice teria de fingir tudo isso pelo menos por cálculo, pois a melhor defesa do criminoso contra a suspeita é após o ato cometido bancar o totalmente inocente e ignorante de tudo. Em vez disso, depois do assassinato, Maria Stuart mostra uma indiferença tão sinistra que tem de chamar atenção até dos mais crédulos. Nada da agitação, da raiva sombria que a dominou depois do assassinato de Rizzio, nada da postura melancólica depois da morte de Francisco II. Ela não escreve uma elegia comovente em memória de Darnley, como fez para o primeiro marido, mas poucas horas depois de lhe terem dado a notícia já assina cartas floreadas a todas as cortes, anunciando o assassinato ao mundo, só para desviar as suspeitas de si mesma. Nessa descrição singular, os fatos são tão falseados inconscientemente como se o assassinato nem tivesse sido uma ação cometida contra o rei, mas em primeira linha se dirigisse contra ela própria. Segundo essa versão oficial, os conspiradores pensavam que os dois esposos dormiam em Kirk o' Field, e só o acaso de ter deixado a casa antes disso, para assistir ainda às festas de casamento, evitara que a rainha explodisse nos ares junto com o rei. Sem que sua mão tremesse na mentira, Maria Stuart assina, obediente: "A rainha não sabe quem são os causadores desse crime, mas confia no esforço e no zelo de seu Conselho para encontrá-los, e pretende depois atribuir-lhes um castigo que sirva de exemplo para todos os tempos."

Essa distorção dos fatos naturalmente é desajeitada demais para enganar a opinião pública. Pois na realidade — toda a Edimburgo foi testemunha — às 11 da noite a rainha já deixara com grande cortejo, com tochas iluminando ao longe, a casa isolada em Kirk o' Field. Era óbvio para toda a cidade que ela não estava mais com Darnley, e os assassinos, espreitando no escuro, de modo algum podiam ter atentado contra a vida dela, quando três horas depois explodiam a casa. Além disso, aquela explosão da casa fora apenas uma manobra para disfarce, destinada a dissimular o verdadeiro ato, isto é, que Darnley provavelmente antes já fora estrangulado pelo assassino que entrara na casa — portanto, a inabilidade da descrição oficial apenas reforça a impressão de culpa.

Mas, singularmente, a Escócia se cala, e não apenas a indiferença de Maria Stuart nesses dias causa estranhamento no mundo, mas a de todo o país. Imaginemos: algo monstruoso aconteceu, algo inaudito até na história desse país, escrita com sangue. O rei da Escócia foi assassinado em sua própria capital, explodido nos ares junto com sua casa. E o que acontece? A cidade treme de nervosismo e indignação? Os nobres e barões saem de seus castelos para defender sua rainha supostamente ameaçada? Os sacerdotes queixam-se em seus púlpitos, a Justiça toma providências para desmascarar os autores? Fecham-se os portões da cidade, prendem-se centenas de suspeitos, colocando-os nos aparelhos de tortura? As fronteiras são fechadas? Num cortejo fúnebre seguido dos nobres do reino leva-se pelas ruas o cadáver do assassinado? Ergue-se um catafalco em local público, rodeado de velas e luzes? Convoca-se o Parlamento para ouvir e julgar publicamente a história desse ato cruel? Os lordes se reúnem, os defensores do trono, num juramento solene de perseguir os assassinos?

Nada disso, nada acontece. Um silêncio incompreensível segue o impacto do trovão. A rainha esconde-se nos seus aposentos em lugar de falar em público. Os lordes se calam. Moray não se mexe nem Maitland, nem um único deles que antes dobravam o joelho para o seu rei. Não censuram a ação nem a elogiam; esperam, calados e perigosos, na treva, para ver como evolui essa história. Sente-se que comentar em alta voz o assassinato do seu rei por enquanto lhes causa desconforto, pois mais ou menos todos sabiam dele antecipadamente. Os cidadãos, por outro lado fecham-se cautelosamente em suas casas e murmuram suas suspeitas de boca em boca. Sabem que sempre é desaconselhável para os humildes meterem-se nos assuntos dos grandes senhores, facilmente se paga preço alheio por essa imprudência. Assim, no primeiro instante, acontece exatamente o que os assassinos tinham esperado: todo mundo aceita esse assassinato como um incidentezinho aborrecido. Talvez nunca na história europeia uma corte, uma nobreza, uma cidade, tenha tentado ignorar de maneira tão silenciosa e covarde o assassinato de um rei. De maneira muito estranha, até as medidas mais primitivas para esclarecer o crime foram intencionalmente omitidas. Nenhuma investigação oficial e legal se realiza no local do crime, nenhum protocolo se registra, não se dá nenhum relatório claro, nenhuma proclamação é feita para explicar as circunstâncias mais detalhadas do assassinato; acumula-se zelosamente a treva sobre o ato. O cadáver não é submetido a investigação médica nem legal, de modo que até hoje não se sabe se Darnley foi estrangulado, apunhalado ou (encontraram o cadáver despido no jardim, com o rosto enegrecido) se foi envenenado antes que os assassinos explodissem a casa com imensa quantidade de pólvora. E apenas para que não se espalhassem boatos nem muita gente pudesse olhar o cadáver, o enterro é apressado por Bothwell. Depressa com o senhor Darnley debaixo da terra! Depressa, para esconder todo esse assunto sombrio, antes que ele comece a cheirar mal.

E assim acontece a coisa mais estranha que todo o mundo confirma, que mãos importantes devem ter secretamente agido nesse crime: nem ao menos preparam para Henrique Darnley, rei da Escócia, um enterro adequado. O caixão não é levado pela cidade solenemente em cortejo pomposo, seguido da viúva e dos lordes e barões enlutados. Os canhões não trovejam, os sinos não tocam, mas o caixão é metido na capela à noite, em segredo. Sem pompa nem honras, com uma pressa tamanha, Henrique Darnley, rei da Escócia, é baixado à cova, como se ele próprio fosse um assassino e não vítima do ódio de estranhos e de sua desatada cobiça; depois ainda uma missa, e basta! Essa alma torturada não vai mais incomodar a Escócia! *Quos Deus perdere vult...*

Maria Stuart, Bothwell e os lordes querem que com a tampa do caixão todo esse assunto obscuro esteja encerrado. Para impedir que os curiosos façam muitas perguntas, e que Elizabeth talvez se queixe de que nada fizeram para esclarecer o crime, decidem, no entanto, fingir que estão fazendo alguma coisa. Para evitar uma verdadeira investigação, Bothwell ordena uma investigação aparente. Exatamente esse pequeno gesto deve demonstrar que buscam a sério descobrir os "assassinos desconhecidos"; toda a cidade, porém, sabe os nomes deles; havia cúmplices demais participando para rondar a casa, comprar grandes quantidades de pólvora, arrastá-la em sacos até a casa, para que ninguém percebesse detalhes; e as sentinelas também recordam com desagradável precisão a quem abriram naquela noite depois da explosão o portão para Edimburgo. Mas como o conselho da rainha agora consiste praticamente só de Bothwell e Maitland, cúmplice e sabedor do ato, que precisava apenas olhar no espelho para ver os instigadores do crime, insistem crispadamente na ideia de "criminosos desconhecidos", e prometem por uma proclamação 2 mil libras escocesas para quem pudesse prender os culpados. As 2 mil libras escocesas são uma bela quantia para os pobres moradores de Edimburgo, mas todos sabem que, em lugar dessas 2 mil libras no bolso, assim que começasse a falar a recompensa seria imediatamente um punhal entre as costelas. Pois Bothwell logo organizou uma espécie de ditadura militar, e seus seguidores, os *borderers*, disparam ameaçadoramente pelas ruas. Suas armas, bem visíveis, intimidam o suficiente qualquer um que ousasse falar abertamente.

Sempre que se quer deter a verdade pela força, ela se defende pela astúcia. Se não a deixamos falar de dia, ela fala no silêncio da noite. Na manhã depois do anúncio da proclamação, encontram-se cartazes com o nome dos assassinos na praça do mercado, e até o portão do palácio real de Holyrood. Esses volantes acusam abertamente Bothwell e Jaime Balfour, seu comparsa, bem como os servos da rainha Bastien e Josef Rizzio, de assassinos; outras listas mencionam ainda outros autores. Dois nomes, porém, retornam em todos os cartazes: Bothwell e Balfour, Balfour e Bothwell.

Se um demônio não tivesse dominado inteiramente seus sentidos, se toda a razão e a reflexão não tivessem sumido com essa paixão furiosa, se sua vontade não estivesse totalmente submetida, Maria Stuart teria uma só coisa a fazer, pois a voz do povo é tão clara: afastar-se de Bothwell. Se houvesse só uma nuance de sensatez na sua alma obscurecida, ela agora teria de fazer-se de indiferente. Teria de evitar qualquer relação com ele, até que por alguma manobra hábil se comprovasse "oficialmente" a inocência dele, e devia mandá-lo embora da corte sob algum pretexto. Só uma coisa ela agora não poderia fazer: continuar deixando que aquele homem, que nas ruas era chamado de assassino do rei, marido dela, continuasse mandando na casa do rei da Escócia, e sobretudo não poderia confiar a ele, a quem a opinião pública unanimemente proclamava como instigador do assassinato, dirigir a investigação contra os "assassinos desconhecidos". Mais e mais insensato ainda: nas proclamações mencionavam-se os nomes de Bothwell e Balfour e seus dois criados Bastien e Josef Rizzio (irmão de David Rizzio) como colaboradores. Qual seria agora naturalmente o primeiro dever de Maria Stuart? Entregar esses acusados à Justiça; mas, em vez disso — aqui sua insensatez já beira a loucura e autoacusação — ela secretamente desonera os dois de seu serviço, entrega-lhes vistos e são rapidamente mandados além da fronteira. Portanto, ela fez exatamente o contrário daquilo que teria de ter feito pela sua própria honra: tira os suspeitos das mãos da Justiça em lugar de entregá-los. Com essa dissimulação, Maria Stuart se colocou no banco dos réus. Porém, há mais e mais loucura ainda! Pois ninguém vê Maria Stuart derramar uma só lágrima naqueles dias, não como da outra vez, quarenta dias em *deuil blanc* trancada em seu quarto — embora desta vez devesse fingir sete vezes mais sofrimento —, porém, nem bem uma semana depois, ela deixa Holyrood e vai ao castelo de lorde Seton. A viúva não consegue sequer impor um luto na corte, como gesto social, e numa última provocação — jogando a luva do desafio na cara do mundo — em Seton ela recebe a visita de quem? De Jaime Bothwell, o homem cujo retrato agora é distribuído nas ruas de Edimburgo com a inscrição: "Eis o assassino do rei."

Mas a Escócia não é o mundo, e se os lordes culpados e os cidadãos intimidados silenciam medrosamente, fingindo que com o cadáver do rei desapareceu da terra todo o interesse em seu assassinato, nas cortes de Londres, Paris e Madri não se recebe o terrível ato com a mesma indiferença. Para a Escócia, Darnley era apenas um estrangeiro incômodo a quem, assim que se tornou importuno, se removeu da maneira habitual; porém, para as cortes da Europa, ele, como rei coroado e ungido, era membro de sua ilustre família, de sua casta intocável — por isso a sua causa era a causa de todos. Naturalmente nenhum deles acreditou na mentirosa descrição oficial, e para toda a Europa é certo desde a primeira hora que Bothwell fora o instigador do crime, e Maria Stuart sua provável cúmplice; até o papa e seu legado se manifestam em palavras irritadas sobre aquela mulher cega. Mas o que mais preocupa e aborrece os príncipes estrangeiros não é tanto o crime em si. Pois aquele século não é nada moralista, e é singularmente leviano quando se trata de uma vida humana. Desde Maquiavel, assassinato político em todos os Estados é algo desculpável, quase toda família real europeia tem em seus próprios anais práticas semelhantes. Henrique VIII não tinha escrúpulos quando se tratava de eliminar suas esposas. Filipe II não gostaria de ser interrogado sobre o assassinato de seu próprio filho, dom Carlos. Os Bórgia papais deviam a seus venenos parte de sua sombria glória. Mas a diferença — por toda parte esses príncipes evitaram a mais leve suspeita de culpa ou até de cumplicidade — é que os crimes eram executados por outros, e eles mesmos mantinham as mãos limpas. O que se espera de Maria Stuart é, portanto, apenas uma tentativa visível de justificar-se, e o que os deixa amargurados é apenas a sua insensata indiferença. De início, com estranheza, depois com desgosto, os príncipes estrangeiros contemplam sua irmã tola e ofuscada que não faz o mínimo para afastar de si a suspeita, e, em lugar de fazer o que é costume nesses casos, mandar enforcar algumas pessoas simples e esquartejá-las, vai calmamente jogar bola, e como parceiro escolhe o principal culpado. Com honesta agitação, o fiel emissário de Maria Stuart lhe relata de Paris a péssima impressão que essa postura passiva está causando: "A senhora mesma está sendo aqui acusada de ser a causa principal desse crime, e de o ter ordenado pessoalmente." E com uma franqueza que honra esse homem da Igreja para sempre, ele, ousadamente, diz à sua rainha que se ela agora não compensar esse crime de maneira implacável e enérgica, "seria melhor para vós perder a vida e tudo o mais".

São as palavras claras de um amigo. E se restasse um grão de juízo nessa mulher perdida de si mesma, uma centelha de vontade própria em sua alma, ela teria se controlado. Porém, mais insistente ainda é a carta de condolências de Elizabeth. Pois, singular coincidência, nenhuma mulher ou pessoa neste mundo era tão capaz de entender Maria Stuart nessa terrível crise e nesse cruel ato de sua vida como aquela que de resto foi sua pior adversária por toda a vida. Elizabeth deve ter visto essa ação como quem olha no espelho. Pois na mesma situação, na mesma e talvez igualmente justificada suspeita, ela própria se metera naquela época de ardente paixão pelo seu Dudley-Leicester. Como aqui um esposo, ali uma esposa incômoda fora eliminada para deixar o caminho livre para o casamento; com ou sem consentimento dela — isso jamais seria revelado — acontecera o mesmo ato horrendo: certa manhã encontraram a mulher de Robert Dudley, Amy Robsart, assassinada igualmente por "autores desconhecidos", como Darnley. Imediatamente, como agora com Maria Stuart, naquela ocasião todos os olhares acusadores tinham-se dirigido para Elizabeth: sim, ela mesma, Maria Stuart, naquele tempo ainda rainha da França, zombara levianamente de sua prima, dizendo que queria se casar "com seu cavalariço (*master of the horses*), que assassinara a sua própria esposa". Com a mesma naturalidade com que agora viam em Bothwell o assassino e na rainha sua cúmplice, naquela ocasião o mundo vira isso em Leicester e Elizabeth. Assim, a lembrança da aflição sofrida deve tornar Elizabeth a mais indicada conselheira de sua irmã de destino. Pois naquela ocasião Elizabeth salvara sua honra com inteligência e força espiritual, ordenando imediatamente uma investigação — naturalmente sem resultados —, porém, mesmo assim, houvera uma investigação. E calara todos os boatos definitivamente renunciando ao seu mais íntimo desejo, o de se casar com Leicester tão evidentemente envolvido no caso. Com isso o assassinato perdera qualquer ligação com ela aos olhos do mundo. Elizabeth espera e deseja agora a mesma atitude de Maria Stuart.

Essa carta de condolências de Elizabeth de 24 de fevereiro de 1567 é notável também porque é realmente uma carta de Elizabeth, carta de uma mulher, de um ser humano. Ela escreve, sincera e veementemente:

"Madame, estou tão atordoada e horrorizada e tão assustada com a pavorosa notícia do repulsivo assassinato de seu falecido esposo, meu primo assassinado, que ainda agora quase não consigo escrever a respeito; e por mais que minha emoção me leve a chorar a morte de um parente de sangue tão próximo, se devo dizer francamente minha opinião, não lhe posso esconder que estou mais triste pela senhora do que por ele. Ah, Madame! Eu não estaria sendo sua fiel prima e verdadeira amiga se me esforçasse mais para lhe dizer coisas agradáveis em lugar de me esforçar por preservar a sua honra; e por isso não lhe posso ocultar que a maior parte das pessoas comenta a respeito, isto é, que a senhora quer ignorar a paga por esse ato, e não deseja apanhar aqueles que lhe prestaram esse serviço, de modo que parece que os assassinos na verdade agiram com seu consentimento. Eu lhe suplico que acredite em mim, que nem por todo o ouro do mundo desejaria abrigar tal pensamento em meu coração. Jamais deixaria morar em meu coração um hóspede tão ruim nem de ter opinião tão negativa de qualquer príncipe, muito menos daquela a quem desejo tanto bem quanto pode imaginar meu coração, ou quanto a senhora mesma poderia querer. Por isso eu a exorto, lhe aconselho e lhe suplico de levar tão a sério esse assunto que não receie atingir mesmo aquele que lhe está mais próximo, se ele for culpado, e que ninguém a possa dissuadir de dar ao mundo uma prova de que é uma princesa tão nobre quanto mulher justa."

Essa mulher habitualmente ambígua jamais deve ter escrito outra carta mais sincera e humana; como um tiro de pistola, ela deveria assustar aquela mulher atordoada e finalmente trazê-la de volta à realidade. Mais uma vez um dedo aponta para Bothwell, mais uma vez lhe é inegavelmente provado que qualquer cuidado com ele a marcará como sua cúmplice. Mas o estado de Maria Stuart nessas semanas — é preciso sempre repetir isso — é de total aprisionamento. Ela já está tão *shamefully enamoured* de Bothwell, tão vergonhosamente submetida a ele, que, como escreverá um dos espiões de Elizabeth a Londres, "ouviram-na dizer que largara tudo e iria com ele até o fim do mundo vestida apenas de camisa". Qualquer conselho depara com ouvidos surdos, a razão não tem mais poder sobre o rumor do sangue dela. E porque se esquece de si mesma, ela pensa que o mundo também se esquecerá dela e de seu ato.

Por algum tempo, todo o mês de março, Maria Stuart parece estar certa na sua passividade. Pois toda a Escócia se cala, os juízes estão cegos e surdos, e Bothwell — estranho acaso — nem com toda a boa vontade consegue encontrar os "autores desconhecidos", embora em todas as ruas e casas os cidadãos pronunciem seus nomes em voz baixa. Todos os conhecem, todos os mencionam, mas ninguém quer arriscar a sua vida para merecer o prêmio prometido. Finalmente uma voz se levanta. Não podem mais negar uma resposta quando o pai do assassinado, conde de Lennox, um dos mais respeitados nobres do país, manifesta a justa queixa de que semanas depois do acontecimento nada ainda se fizera a sério contra os assassinos de seu filho. Maria Stuart, que divide a cama com o assassino, e conduz a mão de Maitland, o cúmplice, naturalmente dá uma resposta evasiva; ela certamente fará o melhor possível e entregará o assunto ao Parlamento. Mas Lennox sabe muito bem o que significa esse adiamento, e renova sua exigência. Pede que primeiro se prendam todos aqueles cujos nomes estariam nos cartazes pregados por toda a Edimburgo. A uma exigência tão precisa, já é mais difícil responder. Mais uma vez, Maria Stuart se esquiva, dizendo que gostaria de fazer isso, mas que são tão diversos e muitos os nomes comentados, que nada têm a ver uns com os outros, que ele próprio por favor dissesse quem considera culpados. Sem dúvida, ela espera que o terror já exercido pelo todo-poderoso ditador militar assustaria Lennox, fazendo com que ele não pronunciasse o nome Bothwell, que poderia lhe representar perigo de vida. Mas Lennox procurou assegurar-se, e se fortalecer. Entrou em contato com Elizabeth, e com isso ao mesmo tempo se pôs sob sua proteção. De maneira penosamente explícita ele escreve clara e nitidamente os nomes de todos aqueles contra os quais exige investigação. O primeiro nome é Bothwell, depois vem Balfour, David Charmers e algumas pessoas menos importantes entre a criadagem de Maria Stuart e Bothwell, que seus senhores há muito fizeram transpor as fronteiras para que não fossem apanhados, torturados e dessem com a língua nos dentes. Agora, muito perturbada, Maria Stuart começa a ver que essa comédia de "fingir que não vê nada" não pode mais ser mantida. Por trás da obstinação de Lennox ela reconhece Elizabeth com toda a sua energia e autoridade. Também Catarina de Médici agora lhe fez saber com cortante clareza que considera Maria Stuart *dishonoured* e que a Escócia não deve mais esperar amizade da França enquanto esse crime não for pago com um processo legal honesto. Agora é preciso mudar rapidamente, e, em vez da comédia de investigações "sem resultado", introduzir um processo legal público. Maria Stuart tem de declarar que concorda em que Bothwell — com os pequenos vai lidar mais tarde — se defenda perante um tribunal de nobres. A 28 de março, o conde de Lennox é convidado a ir a Edimburgo e a 12 de abril apresentar sua queixa contra Bothwell.

Bothwell não é homem de aparecer diante dos juízes em roupagens de pecador, tímido e humilde. E se declara que atenderá à intimação, é apenas porque está decidido a obter por todos os meios, em lugar de uma sentença de juiz, uma absolvição, um *cleansing*. Inicia energicamente seus preparativos. Primeiro faz com que a rainha lhe entregue o comando de todas as fortalezas: com isso, ele tem nas mãos todas as armas e munição do país. Sabe que quem tem o poder também tem a seu lado o direito, e além disso manda vir todo o bando de seus *borderers* a Edimburgo, e arma-os como para um combate. Sem vergonha nem timidez, com a audácia e a imoralidade que lhe são típicas, ele instaura um verdadeiro regime de terror em Edimburgo. Manda avisar em alta voz que "se ficasse sabendo quem afixara os cartazes incriminadores, lavaria suas mãos com o sangue dos responsáveis". Isso era um forte aviso para Lennox. Ele e sua gente andam abertamente com mão no punhal, e não economizam palavras claras sobre não estarem dispostos a deixar o senhor do seu clã ser interrogado feito um criminoso. Lennox que viesse e se atrevesse a acusá-lo! Os juízes que tentassem sentenciá-los, o ditador da Escócia! Esses preparativos são evidentes demais para que Lennox duvide do que espera por ele. Sabe que pode ir a Edimburgo para acusar Bothwell, mas que Bothwell não lhe permitirá sair vivo da cidade. Mais uma vez ele se dirige à sua benfeitora Elizabeth, e sem hesitar esta manda uma carta insistente a Maria Stuart, para na última hora ainda a prevenir para que não se torne suspeita de cumplicidade por uma infração tão evidente da justiça. Ela lhe escreve muito nervosa:

"Madame, eu não seria tão desconsiderada de incomodá-la com esta carta, se o mandamento da compaixão pelos pobres e pelo pedido dos infelizes não me obrigasse a tanto. Fiquei sabendo de que a senhora publicou uma proclamação, Madame, segundo a qual o processo judicial dos suspeitos da participação no assassinato de seu esposo e meu falecido primo deve-se realizar a 12 deste mês. É extraordinariamente importante que esse assunto não seja obscurecido por mistérios ou astúcia, o que facilmente poderia ocorrer. O pai e os amigos do falecido me solicitaram humildemente que eu lhe pedisse para adiar essa data porque perceberam que essas pessoas ignominiosas se esforçam para conseguir com violência o que pela Justiça não poderiam obter. Por isso não posso agir de outra forma, por amor à senhora, maior interessada, e para tranquilizar aqueles que estão inocentes de um crime tão inaudito. Pois mesmo que a senhora não estivesse sem culpa, isso seria motivo bastante para privá-la de seus direitos de soberana, e entregá-la ao desprezo da ralé. Antes que algo assim lhe aconteça, prefiro desejar-lhe uma sepultura honrosa a uma vida sem honra."

Esse novo golpe na consciência teria de despertar até mesmo uma sensibilidade embotada ou morta. Mas não se sabe ao certo se na décima segunda hora essa exortação foi entregue a Maria Stuart. Pois Bothwell está agindo, esse homem cuja audácia raia a loucura, esse sujeito que não se dobra, não teme nem o diabo nem a morte, e menos ainda a rainha inglesa. O enviado inglês especial que deve entregar essa carta a Maria Stuart é detido no portão do palácio e não lhe permitem entrar. Dizem-lhe que a rainha está dormindo ainda e não o pode receber. Desesperado, o enviado, que deve entregar a uma rainha a carta de outra rainha, vaga pelas ruas. Finalmente chega até Bothwell, que abre de maneira insolente o texto dirigido a Maria Stuart, lendo e metendo-o no bolso com indiferença. Não sabemos se foi mais tarde entregue a Maria Stuart, e não faz diferença. Pois essa mulher escravizada há muito não se atreve a fazer nada contra a vontade dele, e até dizem que comete a loucura de acenar-lhe da janela quando ele se dirige ao Tolbooth acompanhado por seus bandidos a cavalo, como se desejasse sucesso ao evidente assassino naquela comédia judicial.

Mas ainda que Maria Stuart não tenha recebido esse último aviso de Elizabeth, foi bem prevenida. Três dias antes seu meio-irmão Moray aparece para despedir-se dela. De repente, é tomado de um súbito desejo de passear pela França e Itália, *to see Venice and Milan*. Maria Stuart deveria saber por várias experiências que um desaparecimento apressado de Moray do cenário político sempre é um sinal, e que ficando ostensivamente longe ele quer reprovar de antemão aquela aviltante comédia judicial. De resto, Moray não esconde os verdadeiros motivos de sua partida. Diz a todos os que quiserem ouvir que tentou prender Jaime Balfour como um dos principais participantes do assassinato, e que Bothwell, querendo encobrir seus comparsas, o impediu. Oito dias depois, em Londres, ele dirá voluntariamente ao embaixador espanhol de Silva que "pela sua honra não podia mais continuar no reino, enquanto um crime tão singular e terrível continuasse sem castigo". Quem fala assim abertamente deve ter também falado com clareza com sua irmã. Com efeito, chama atenção que Maria Stuart tem lágrimas nos olhos quando se despede dele. Mas não tem forças para detê-lo. Não tem mais forças para nada, desde que se submeteu a Bothwell. Precisa deixar acontecer o que aquela vontade mais forte exige; dentro dela, indefesa, a rainha está agora submetida à mulher ardente e manipulada.

A 12 de abril começa, desafiadora, a comédia judicial, e desafiadoramente vai até o fim. Bothwell segue a cavalo até Tolbooth, a sede do tribunal, como se fosse assaltar uma fortaleza, espada do lado, punhal no cinto, rodeado de seus seguidores, cujo número — provavelmente exagerado —teria sido de 4 mil. Lennox, em contrapartida, recorrendo a um antigo edito, teve permissão de levar apenas seis homens ao entrar na cidade; com isso fica evidenciada a parcialidade da rainha. Lennox não pensa entrar nesse processo judicial de punhais desembainhados; sabe que foi enviada a carta de Elizabeth pedindo o adiamento da audiência e que atrás dele está um poder moral. Assim envia apenas um de seus homens a Tolbooth, para ler seu protesto. Nessa ausência pessoal do acusador, os juízes, por sua vez intimidados e também subornados com grandes recompensas em dinheiro, terras e honrarias, encontram, contentes, o pretexto desejado de resolver confortavelmente a desconfortável sentença, e sai de cima deles um peso enorme. Depois de uma conferência aparentemente rápida — na verdade tudo há muito foi decidido —, unanimemente absolvem Bothwell de *any art and part of the said slauchter of the king*, "porque não houve acusação", uma fundamentação vergonhosa. Mas Bothwell logo transforma em triunfo patético essa sentença bastante leviana, que não satisfaria uma pessoa de honra. Fazendo retinir as armas, ele cavalga pela cidade, desembainha a espada brandindo-a no ar e desafia em alta voz ao duelo qualquer um que ainda se atrever a julgá-lo culpado ou cúmplice do assassinato do rei.

Agora a roda dispara numa louca corrida para o abismo. Os cidadãos, chocados, comentam e resmungam contra aquela inaudita zombaria com a lei; perturbados, os amigos de Maria Stuart olham em torno e têm *sore hearts*, corações feridos. É aflitivo para eles não poder prevenir a ensandecida. Melville, seu mais fiel amigo, escreve que "era doloroso, era difícil ter de ver essa boa princesa correr para sua própria perdição, sem que ninguém chamasse sua atenção para o perigo". Mas Maria Stuart não quer ouvir, não quer se deixar prevenir, um prazer sombrio de ousar o mais absurdo a impele, ela não quer olhar em torno nem perguntar nem escutar, só corre em frente para sua perdição. Um dia depois de Bothwell ter desafiado a cidade ela ofende todo o país dando a esse notório criminoso a maior honra que a Escócia tem a dar: solenemente, na abertura do Parlamento, ela faz com que Bothwell carregue na sua frente os objetos sagrados da nação, a coroa e o cetro do reino. Quem ainda pode duvidar de que Bothwell amanhã colocará na própria cabeça essa coroa que já hoje traz nas mãos? E com efeito — isso sempre fascina nesse homem indomável —, Bothwell não é pessoa de segredos. Insolente, enérgico e franco, ele agora trata de exigir seu prêmio. Não tem nenhum pudor de permitir que o Parlamento lhe dê de presente "por seus excelentes serviços", *for his great and manifold gud service*, o castelo mais forte da Escócia, Dunbar, e como já tem os lordes submetidos à sua vontade, baixa duramente o punho sobre suas nucas, para lhes extrair a última coisa: a permissão para que se case com Maria Stuart. À noite, quando o Parlamento se encerra, como grande senhor e ditador militar, ele convida o bando todo para um jantar na taverna Ainslie. Lá bebe-se bastante, e quando a maioria já está embriagada — pensemos na famosa cena de Wallenstein — ele propõe aos lordes um *bond* no qual eles não apenas se comprometem a defendê-lo de qualquer infâmia, mas também o recomendam, ao *noble puissant lord*, como esposo digno da rainha. Já que Bothwell foi declarado inocente pelos pares, e "de outro lado Sua Majestade está sem esposo", diz o famoso texto, e como "o bem-estar geral o exige, ela talvez se agrade em condescender e casar-se com um de seus súditos, o lorde acima citado". Mas eles se comprometiam "tão verdadeiramente que se responsabilizavam diante de Deus" a apoiar o mencionado conde e defendê-lo contra quem quer que quisesse perturbar ou impedir esse casamento, e para isso empenhariam seus bens e seu sangue.

Um único lorde aproveita a confusão que se instaura depois da leitura desse *bond* para esgueirar-se silenciosamente da taverna; os outros assinam, obedientes, a folha, seja porque a horda armada de Bothwell rodeia a casa, seja porque no coração estão decididos a no momento adequado romper o juramento feito. Sabem que o que foi escrito com tinta pode ser apagado com sangue. Por isso, nenhum deles se preocupara a sério com aquilo — de que vale um breve traço a tinta para esses sujeitos? —, assinam e continuam gritando, bebendo e falando, e o mais alegre deve ser Bothwell, pois agora o preço foi pago, agora ele atingiu seu objetivo. Algumas semanas ainda e — o que em Shakespeare parece inacreditável exagero poético aqui se tornará realidade —, que "ainda antes de se gastarem os sapatos em que ela caminhou atrás do cadáver de seu esposo", uma rainha andará até o altar nupcial com o assassino dele. *Quos Deus perdere vult...*

14
O caminho sem saída
(abril a junho de 1567)

Involuntariamente, como por uma força interior, agora que a tragédia de Bothwell segue para o seu ápice, temos de pensar em Shakespeare. Já a semelhança externa da situação com aquela tragédia de Hamlet é indiscutível. Aqui como ali, um rei traiçoeiramente eliminado pelo amante da mulher; aqui como ali, a pressa inadequada com que a viúva corre para o altar com o assassino de seu esposo; aqui como ali, continua agindo o crime que exige mais esforço para ser escondido e negado do que o foi para ser executado. Porém, mais forte ainda, mais persuasiva para a nossa emoção, é a espantosa analogia de muitas cenas da tragédia escocesa de Shakespeare com a histórica. *Macbeth* foi baseado, consciente ou inconscientemente, na atmosfera do drama de Maria Stuart; o que acontece literariamente no castelo do Dunsinan, ocorreu de verdade no castelo de Holyrood. Aqui como lá, depois de executado o crime, a mesma solidão, a mesma sombra duradoura na alma, a mesma sinistra festa diante da qual ninguém se atreve a alegrar-se, e todos, um após o outro, se afastam porque os corvos negros da desgraça já rodeiam a casa grasnando. Por vezes, mal conseguimos distinguir: é Maria Stuart quem vaga à noite naqueles aposentos, insone, transtornada, mortalmente torturada pela consciência, ou é Lady Macbeth que quer lavar das mãos o sangue invisível? É Bothwell ou é Macbeth quem está cada vez mais determinado, mais duro depois do ato consumado, sempre mais ousado e atrevido ao desafiar a inimizade de todo o país, e mesmo assim sabe que toda a coragem é vã, e que os espectros são sempre mais fortes do que o homem vivo? Aqui e ali a paixão de uma mulher como força impulsionadora e do homem como executor, e terrivelmente semelhante é, sobretudo, a atmosfera, o tremendo peso sobre as almas perturbadas e torturadas, homem e mulher acorrentados um ao outro pelo mesmo crime, um arrastando o outro para o mesmo fundo pavoroso. Nunca na história do mundo e nunca na literatura universal a psicologia de um crime e o misterioso poder do assassinado sobre o assassino foram representados de modo tão grandioso quanto nessas duas tragédias escocesas, das quais uma foi inventada, a outra vivida.

Essa semelhança, essa singular analogia, será realmente só um acaso? Ou devemos pressupor que a obra de Shakespeare de certa forma sublimou e pôs em literatura a tragédia da vida de Maria Stuart? As impressões da infância sempre têm um poder inapagável sobre a alma do artista, e o gênio transforma misteriosamente os estímulos precoces em realidades que vencem o tempo; mas Shakespeare sem dúvida deve ter conhecido todos os acontecimentos do castelo de Holyrood. Toda a sua infância no interior deve ter sido repleta de relatos e lendas daquela rainha romântica, que perdeu reino e coroa por uma paixão insensata, e que como castigo era levada de um castelo inglês a outro. Provavelmente ele estava em Londres quando rapaz, quase homem mas já inteiramente escritor, quando os sinos tocaram jubilosos sobre a cidade porque enfim caíra a cabeça da grande adversária de Elizabeth, e Darnley arrastara consigo para a sepultura a esposa infiel. Quando mais tarde na crônica de Holinshed ele descobriu a história do sombrio rei da Escócia, não teria inconscientemente ligado a lembrança do trágico fim de Maria Stuart com isso, nessa química literária? Ninguém pode afirmar com segurança, nem negar que a tragédia de Shakespeare tenha sido determinada pela tragédia da vida de Maria Stuart. Mas só quem tiver lido e sentido *Macbeth* entenderá inteiramente Maria Stuart naqueles dias de Holyrood, o tormento abismal de uma alma forte que não estava à altura do mais forte de seus atos.

Chocante dentro dessa tragédia, a vivida e a ficcional, é sobretudo a semelhança na transformação de Maria Stuart e de Lady Macbeth depois do ato executado. Lady Macbeth antes era uma mulher amorosa, ardente e enérgica, cheia de vontade e ambição. Só quer a grandeza do homem amado, e por sua mão poderiam ter sido escritos versos de sonetos de Maria Stuart:

— *Pour luy je veux rechercher la grandeur...*

Todo o impulso de agir nela nasce de sua ambição. Lady Macbeth age com astúcia e determinação enquanto a ação está apenas na vontade, no propósito e plano, enquanto quente sangue rubro não jorrasse sobre suas mãos e sua alma. Com palavras igualmente lisonjeiras, como aquelas com as quais Maria Stuart atrai Darnley para Kirk o' Field, ela atrai Duncan para o quarto de dormir onde o punhal o aguarda. Mas logo depois do ato consumado ela é outra, sua força se quebra, sua coragem se aniquila. A consciência queima como fogo no seu corpo vivo, como louca ela erra pelos aposentos com olhar perdido, horror de seus amigos, terror de si mesma. Só uma ambição louca envenena seu cérebro torturado: esquecer, um desejo mórbido de não-mais-saber, de não-ter-mais-de-pensar--naquilo, desejo do fim. E exatamente assim acontece com Maria Stuart depois do assassinato de Darnley. De repente, ela se transformou, está mudada, até seus traços mostram essa estranheza comparados com quem era antes, a ponto de Drury, espião de Elizabeth, escrever a Londres: "Nunca se viu uma mulher em tão breve tempo sem alguma doença grave transformar-se tanto quanto a rainha." Ela em nada lembra a mulher alegre, loquaz, circunspecta e segura que era há algumas semanas. Ela se fecha, esconde-se, foge. Talvez como Macbeth e Lady Macbeth, ainda espere que o mundo se cale se ela própria se calar, e que a onda escura passará misericordiosamente sobre sua cabeça. Mas quando as vozes começam a perguntar e insistir, quando à noite ouve gritarem das ruas de Edimburgo o nome dos assassinos, quando Lennox, o pai do assassinado, Elizabeth, sua inimiga, e Beaton, seu amigo — quando o mundo todo exige que ela fale e responda e sentencie, aos poucos vai ficando perturbada. Sabe que deveria fazer alguma coisa para encobrir o ato, para desculpar. Mas falta-lhe a força para uma resposta convincente, a palavra inteligente e enganadora. Como num sono hipnótico ela escuta as vozes de Londres, de Paris, de Madri, de Roma, falando e prevenindo e exortando, e não consegue sair daquela paralisia da alma, apenas escuta aqueles chamados todos como um enterrado vivo ouve passos sobre a terra, indefeso, impotente e desesperado. Ela sabe: agora deveria bancar a viúva enlutada, a esposa desesperada, soluçar alto, lamentar-se, para que acreditassem em sua inocência. Mas sua garganta está seca, ela não consegue mais falar, nem consegue continuar fingindo. Isso dura semanas e semanas, e por fim ela não aguenta mais. Como um animal caçado que, perseguido de todos os lados, tira coragem do medo extremo e ataca seus perseguidores, como Macbeth, que para assegurar-se, acumula um novo assassinato em cima do primeiro, que pedia vingança, assim finalmente Maria Stuart se domina e sai daquela paralisia insuportável. O que o mundo pensa dela agora lhe é totalmente indiferente, não importa se é sábio ou insano o que vai fazer. Tudo menos continuar quieta; é preciso agir, avançar e avançar mais e mais depressa, para fugir daquelas vozes que previnem e ameaçam. Avançar, avançar, tudo menos parar e refletir, ou teria de reconhecer que nenhuma inteligência mais a pode salvar. É um dos mistérios da alma que em pouco tempo a velocidade atordoa o medo, e como um cocheiro que ao sentir a ponte estalar e partir-se sob a carruagem açoita os cavalos, pois sabe que só correr o pode salvar, assim agora Maria Stuart faz disparar o cavalo negro de seu destino, avançando em desespero, para atropelar todo escrúpulo e pisotear toda objeção. Tudo menos pensar, não saber nada, não ouvir nem ver mais nada, mas correr, correr para dentro da loucura! Melhor um fim com terror do que um terror sem fim! Lei eterna: uma pedra cai mais depressa quanto mais próxima está do abismo, e assim também uma alma sempre é mais apressada e louca quando não vê mais saída.

Tudo o que Maria Stuart faz nessas semanas depois do assassinato não se pode explicar por um juízo claro, mas apenas pela perturbação e pelo medo desmedido. Pois mesmo no meio de sua loucura ela deveria perceber que aniquilou e estragou para sempre a sua honra, que toda a Escócia, toda a Europa consideraria provocação inaudita do direito e da moral ela se casar poucas semanas depois do assassinato, e logo com o assassino de seu marido. Depois de um ano, de dois anos de espera,

213

o mundo talvez tivesse esquecido aquela ligação. Com preparativos diplomáticos inteligentes talvez fosse possível encontrar toda a sorte de motivos para ela escolher logo Bothwell como marido. Só uma coisa pode e deve lançar Maria Stuart na ruína: se ela, sem manter o tempo de luto, colocar tão precipitadamente na cabeça do assassino a coroa do assassinado. Mas é exatamente isso, essa atitude louca, que Maria Stuart procura apressar da maneira mais ostensiva.

Só há uma explicação para esse comportamento incompreensível de uma mulher habitualmente inteligente e ponderada: Maria Stuart está sendo coagida. Obviamente não pode esperar porque alguma coisa não lhe permite esperar, porque esperar e hesitar revelariam um segredo que de momento ainda ninguém conhece. E não se pode achar outra explicação para essa pressa insana para o casamento com Bothwell — e os fatos confirmarão essa suspeita — a não ser que àquela altura essa mulher infeliz já soubesse que estava grávida. Mas não é um filho póstumo do falecido rei Henrique Darnley que ela traz no ventre, e sim o fruto daquela paixão proibida e criminosa. Uma rainha da Escócia, porém, não pode dar à luz uma criança bastarda, ainda mais quando se anuncia em cores berrantes em todas as paredes a suspeita da sua culpa ou cumplicidade. Pois ficariam sabendo que passara nos braços do amante seu período de luto, e mesmo o pior matemático poderia calcular nos meses se Maria Stuart — ignomínia ou vergonha! — se relacionara com Bothwell antes ou logo depois do assassinato de Darnley. Só a rápida legitimação pelo casamento pode salvar a honra da criança e em parte a sua própria. Pois se quando a criança nascer ela já for esposa de Bothwell, pode-se desculpar melhor aquele nascimento prematuro, e afinal haverá alguém para dar seu nome à criança e defender seus direitos. Cada mês, cada semana em que adiar o casamento com Bothwell é por isso um prazo perdido e irrecuperável. E talvez — terrível escolha — lhe pareça menos infame tomar como marido o assassino do seu próprio esposo do que confessar o seu erro ao mundo com um filho ilegítimo. Só considerando provável essa coerção da natureza se compreende o comportamento anti-natural de Maria Stuart nessas semanas; todas as demais explicações são artificiais e obscurecem o retrato da sua alma. Só se entendermos esse medo — medo que milhões de mulheres viveram em todos os tempos e que levou mesmo as mais puras e audaciosas a cometerem atos loucos e criminosos —, só se entendermos esse medo torturante de que uma gravidez indesejada revele a sua relação, se possível compreender essa pressa de sua alma dilacerada. Só isso, unicamente, dá certo sentido à insana precipitação, e ao mesmo tempo permite um olhar trágico na profundeza de sua angústia.

Situação terrível, chocante, nem um demônio inventaria algo mais cruel. De um lado, sentindo-se a rainha grávida, o tempo indica que há pressa, e ao mesmo tempo essa pressa a torna cúmplice. Como rainha da Escócia, como viúva, como mulher decente e honrada, observada pelas cidades, pelo país e por todo o mundo europeu, Maria Stuart não pode elevar um homem tão famigerado e suspeito quanto Bothwell à condição de seu esposo. Mas como mulher desamparada ela não tem outro salvador senão ele naquela situação. Não pode se casar com ele, mas tem de se casar com ele. Para que o mundo, porém, não adivinhe a coerção interna que a obriga a esse casamento, é preciso inventar outra, externa, que torne um pouco mais compreensível aquela pressa insensata. É preciso inventar algum pretexto que dê sentido àquele absurdo moral e legal, e que força Maria Stuart a esse casamento.

Mas como uma rainha pode ser forçada a se casar com um homem de posição inferior? O código de honra daquele tempo conhece apenas uma possibilidade: quando uma mulher tem sua honra roubada à força; então, o que a roubou tem o dever de compensar essa mulher pelo casamento. Só se, como mulher, tivesse sido violentada antes, Maria Stuart teria uma levíssima desculpa para se casar com Bothwell. Pois só então o povo teria a ilusão de que ela não agira por vontade livre, mas cedendo ao inevitável.

Esse plano fantástico só podia nascer do desespero extremo. Só a insensatez poderia gerar tal insensatez. Até Maria Stuart, sempre corajosa e determinada em momentos decisivos, recua tremendo quando Bothwell lhe sugere essa farsa trágica. "Eu queria estar morta, pois vejo que tudo vai acabar terrivelmente mal", escreve atormentada. Mas não importa o que pensem de Bothwell os moralistas, ele é sempre o mesmo em sua magnífica audácia de desesperado. Não teme bancar o canalha despudorado diante de toda a Europa, o violentador de uma rainha, o assaltante de estradas que espezinha, cinicamente, direito e moral. E se o inferno se abrisse para ele, Bothwell não é homem de parar no meio do caminho quando se trata de uma coroa. Não há perigo diante do qual recue aquele insolente malcriado e impetuoso, e temos de pensar num Don Juan, no seu gesto temerário e insolente, quando desafia para a refeição fatal o comendador de pedra. Ao lado dele, treme seu cunhado Huntly, o seu Leporello, que acaba de permitir em troca de alguns benefícios o divórcio de sua irmã de Bothwell. Menos atrevido, ele se horroriza com a comédia tresloucada, corre até a rainha e tenta demovê-la. Mas a Bothwell é indiferente se mais um fica contra ele; depois de desafiar com tamanha petulância o mundo inteiro, ele também não recua que o plano do assalto provavelmente já tenha sido revelado — o espião de Elizabeth um dia antes de acontecer já o delatara a Londres —, ele não se importa em absoluto com o fato de julgarem esse roubo legítimo ou fingido, desde que o aproxime de seu objetivo. Ele faz o que quer — mesmo que seja enfrentando a morte e o demônio — e ainda tem forças para arrastar consigo a mulher contrariada.

Pois mais uma vez, pelas "cartas da caixinha", percebemos como o instinto de Maria Stuart se rebela desesperadamente contra a dura vontade do seu senhor. Ela pressente que com mais esse logro não vai enganar o mundo, apenas a si mesma. Porém, como sempre, obedece ao homem a quem entregou sua vontade. Obediente, como ajudara a tirar Darnley de Glasgow, ela está disposta, de coração pesado, a deixar se "sequestrar", e, cena após cena, segundo o plano traçado, se desenrola a comédia de uma violação permitida.

A 21 de abril, poucos dias depois de impor-se a absolvição de Bothwell diante do tribunal dos nobres, e da sua "recompensa" no Parlamento, a

21 de abril, apenas dois dias após Bothwell obter, na taverna Ainslie, a concordância da maioria dos lordes com seu casamento, e exatamente nove anos desde que ela se casara quase criança com o Delfim da França, Maria Stuart, antes mãe despreocupada, sente a necessidade urgente de visitar seu filhinho em Stirling. O duque de Mar, a quem ela confiara o príncipe herdeiro, recebe-a desconfiado, pois provavelmente toda a sorte de boatos já chegou até ele. Maria Stuart só pode ver seu filho acompanhada de outras mulheres, pois os lordes receiam que poderia apoderar-se da criança e entregá-la a Bothwell; todos já sabem que essa mulher escravizada obedece a qualquer ordem criminosa do tirano de sua alma. Acompanhada só de poucos cavaleiros, entre eles Huntly e Maitland, que indubitavelmente estão envolvidos no plano, a rainha cavalga de volta. Então, a 10 quilômetros da cidade, aproxima-se de repente uma forte tropa de cavaleiros, Bothwell à frente, e "ataca" o cortejo da rainha. Naturalmente, não acontece nenhuma luta, pois, para "evitar derramamento de sangue", Maria Stuart proíbe seus fiéis seguidores de resistir. Basta que Bothwell pegue a rédea de seu cavalo e já ela se entrega de boa vontade como "prisioneira" e se deixa conduzir para a doce lasciva prisão no castelo de Dunbar. Acenam rapidamente para um capitão zeloso demais, que quer trazer reforços e libertar a "prisioneira", para que se afaste. Também os que com ela são assaltados, Huntly e Maitland, são soltos da maneira mais amável. Ninguém deve ser prejudicado; só ela precisa ficar "prisioneira" do amado raptor. Mais que uma semana a "violentada" partilhou do leito do que violou sua honra, enquanto ao mesmo tempo em Edimburgo se efetiva, com grande pressa e grandes subornos diante dos tribunais religiosos protestantes, o divórcio de Bothwell de sua legítima esposa, sob o débil pretexto que ele cometera adultério com uma criada, e com os tribunais católicos sob o pretexto da tardia descoberta de que ele era aparentado em quarto grau com sua esposa Jane Gordon. Por fim, também esse sombrio negócio é resolvido. O mundo agora pode ficar sabendo que Bothwell assaltou como um bandoleiro insolente a inocente rainha e a manchou com seu desejo louco: só casando-se com

o homem que a possuiu contra a sua vontade a rainha da Escócia pode reconstituir a sua honra.

Esse "sequestro" é desajeitado demais para alguém o levar a sério e acreditar que a rainha da Escócia tenha realmente "permitido violência" sobre si mesma; até o embaixador espanhol, o maior defensor de Stuart, escreve a Madri alegando que tudo fora preparado de antemão. Estranhamente, são logo aqueles que melhor percebem o logro os que fingem acreditar numa verdadeira "violência": os lordes, que mais uma vez fecharam um *bond* para eliminar Bothwell, cometem a maldade quase divertida de acreditar com solene seriedade na comédia daquele sequestro. De repente, são de uma lealdade comovente, anunciando, com terrível indignação, que "a rainha do país está detida contra a sua vontade e isso ameaça a honra da Escócia". Repentinamente concordam de novo em, como súditos submissos, libertar das garras do lobo mau Bothwell o cordeirinho desamparado. Pois agora finalmente lhes foi dado o pretexto que tanto buscavam, de sob a máscara de patriotas atacar traiçoeiramente o ditador militar de seu país. Juntam-se depressa em bando, para "libertar" Maria Stuart de Bothwell, e com isso impedir o casamento que ela própria exigira uma semana atrás.

Nada de pior pode acontecer a Maria Stuart do que essa súbita e insistente solicitude de seus lordes, que a querem proteger do seu "raptor". Pois com isso arrancam de suas mãos as cartas que ela misturara de maneira tão enganadora. Como na verdade ela ainda não quer ser "libertada" de Bothwell, mas, ao contrário, aliar-se a ele eternamente, tem de negar depressa a mentira de que Bothwell a violentara. Se ontem quisera denegri-lo, agora precisa limpá-lo outra vez; com isso desmanchou-se todo o efeito da farsa. Só para que não persigam nem acusem o seu Bothwell, ela logo passa a advogada de defesa de seu sedutor. Na verdade, diz agora, foi "tratada de maneira um tanto estranha, mas tão bem que não teve motivos de queixa". Como ninguém a auxiliara, "fora forçada a acalmar sua inicial contrariedade e refletir sobre a sugestão dele". A situação se torna cada vez mais indigna para essa mulher enredada em sua paixão. O último véu de pudor se emaranha nessa teia, e quando ela quer se livrar está nua diante da zombaria do mundo.

Os amigos de Maria Stuart ficam profundamente consternados quando no começo de maio a rainha, que até ali tanto veneravam volta de Edimburgo: Bothwell segura as rédeas do cavalo dela, e para mostrar que ela o segue voluntariamente, os soldados dele jogam as lanças no chão. Em vão os poucos que realmente são honestos com Maria Stuart e a Escócia procuram prevenir sua cega soberana. Du Croc, embaixador francês, explica-lhe que se se casar com Bothwell a amizade com a França terminará; um de seus fiéis, lorde Herries, joga-se aos seus pés; e Melville, sempre controlado, tem dificuldade em salvar-se da vingança de Bothwell, porque no último momento ainda quer impedir aquele infeliz casamento. Todos veem de coração pesado essa mulher valente e livre entregar-se inerme à vontade de um aventureiro; preocupadíssimos, preveem que com essa pressa absurda de se casar com o assassino de seu marido Maria Stuart vai perder coroa e honra. Em compensação, para os adversários, essa é uma fase ótima. Todas as sombrias profecias de John Knox se tornaram terrivelmente verdadeiras. Seu sucessor, John Craig, recusa-se no começo a deixar afixar na igreja o anúncio pecaminoso do casamento. Sem rodeios, diz que esse casamento é *odious and slanderous before the world*, e só quando Bothwell o ameaça com a forca ele concorda em negociar. Em contrapartida, Maria Stuart tem de se curvar cada vez mais e mais sob aquele jugo. Pois agora que todos sabem o quanto ela quer apressar o casamento, cada um, chantagista despudorado, exige dela o máximo que pode em troca de sua concordância e ajuda. Huntly recebe os bens que seriam da coroa por ter imposto o divórcio de sua irmã e Bothwell; o bispo católico atrevidamente faz-se pagar com cargos e dignidades. O pagamento mais caro, porém, recebem os sacerdotes protestantes. Como juiz duro, não como súdito, o pastor enfrenta a rainha e Bothwell, e exige uma humilhação pública: ela, a soberana católica, sobrinha dos Guise, deve declarar-se disposta a fazer realizar o casamento também segundo ritual da Igreja reformada, portanto herético. Com esse compromisso infame, Maria Stuart perde o último apoio, solta a última carta de sua mão, perde a ajuda da Europa católica, perde o favor do papa, a simpatia da Espanha e da França. Agora está inteiramente só contra todos. Tornaram-se terrivelmente verdadeiras as palavras dos sonetos:

> *Pour luy depuis j'ay mesprisé l'honneur,*
> *Ce qui nous peust seul pourvoir de bonheur,*
> *Pour luy j'ay hazardé grandeur & conscience,*
> *Pour luy tous mes parens j'ay quitté et amis.*[25]

Mas nada pode salvar quem renunciou a si próprio; os deuses não dão ouvidos a vítimas insensatas.

Dificilmente em suas centenas de anos a história nos transmitiu um casamento mais trágico do que aquele de 15 de maio de 1567: toda a humilhação de Maria Stuart se manifesta nesse quadro sombrio. O primeiro casamento, com o Delfim da França, acontecera em dia claro: dias de brilho e honra. Dezenas de milhares tinham gritado júbilo para a jovem rainha, da cidade e do campo vinham os mais nobres da França, enviados de todos os países tinham vindo prestigiar a Delfina dirigindo-se para a Notre-Dame rodeada da família real e dos mais escolhidos entre os cavaleiros. Ela passara por tribunas onde soavam palmas, por janelas de onde lhe acenavam, um povo inteiro erguera os olhos para ela em veneração e alegria. O segundo casamento já fora mais silencioso. Não mais em dia claro, mas ao amanhecer, pelas 6 da manhã, o sacerdote a unira ao bisneto de Henrique VII. Mas mesmo assim a nobreza estivera presente, e os enviados estrangeiros, e dias a fio houve o rumor das festas e a alegria ruidosa em Edimburgo. Mas aquele, o terceiro casamento, com Bothwell — a quem, na última hora, ainda nomeia precipitadamente duque de Orkney — acontece em segredo, como um crime. Às 4 da

---

[25] Por ele desde então eu renunciei à honra,/ Que nos pode conceder a única felicidade nesta vida,/ Por ele larguei consciência e poder,/ Por ele meus parentes e amizades deixei. (*N. da T.*)

manhã, a cidade dorme, a noite pousa sobre os telhados, alguns vultos tímidos se esgueiram até a capela do castelo, na qual — não se passaram três meses do crime, Maria Stuart ainda veste luto — fora abençoado o cadáver de seu marido assassinado. Dessa vez, o aposento está deserto. Convidaram-se muitos, mas ofensivamente pequeno é o número dos que compareceram, ninguém quer testemunhar a rainha da Escócia colocar o anel no dedo da mão que assassinara Darnley. Quase todos os lordes do reino se ausentaram sem sequer mandar desculpas; Moray e Lennox deixaram o país; Maitland e Huntly, até eles, relativamente fiéis, permanecem distantes; o único homem a quem até ali podia confiar seus mais secretos pensamentos, seu padre confessor, também se despedira para sempre — tristemente, o guarda espiritual do coração dela reconhece que a considera perdida. Nem um homem que valoriza a honra quer ver o assassino de Darnley casar-se com a esposa de Darnley, e essa união vergonhosa ser abençoada por um sacerdote de Deus. Em vão, Maria Stuart pediu ao embaixador francês que estivesse presente, para salvar ao menos uma aparência de representação. O amigo, geralmente tão bondoso, recusa determinado. Sua presença significaria a concordância da França, e ele diz: "Então se poderia acreditar que meu rei tivera interferência naquele acontecimento"; além disso, não quer reconhecer Bothwell como marido da rainha. Não se reza missa, nem um órgão ressoa, a cerimônia é rápida. À noite não se iluminam aposentos com velas para a dança, não se prepara nem um banquete. Não se lança dinheiro para o povo que rejubila, gritando *Larguesse! Larguesse* como no casamento com Darnley, e a capela, vazia, fria e escura, parece um caixão, as testemunhas assistem sérias àquela festa estranha, com gravidade como se sofressem. O cortejo não atravessa altivamente a cidade ao longo de ruas claras e rejubilantes: sentindo frio com o ambiente sinistro da capela, os casados se recolhem depressa aos seus aposentos, atrás de portas trancadas.

Pois exatamente agora que atingiu a meta para a qual correu cega e desenfreada, Maria Stuart sofre um colapso espiritual. Conseguiu seu maior desejo, o de ter e manter Bothwell; com olhos ardentes esperou febrilmente essa hora do casamento na ilusão de que sua presença e seu amor venceriam todo o medo dela. Mas agora que não tem mais objetivo para contemplar febrilmente, seus olhos se abrem; ela olha em torno e de repente vê o vazio, o nada. Também entre os dois parece ter começado alguma discórdia logo depois do casamento — sempre que duas pessoas se arrastam mutuamente para a perdição, uma acaba culpando a outra. Já na tarde desse trágico dia de bodas o embaixador francês encontra uma mulher alterada e desesperada; a noite ainda não baixou, e já entre os casados existe de repente uma sombra gelada. "O arrependimento já começou", relata Du Croc a Paris. "Quando na quinta-feira Sua Majestade mandou me convocar, chamou minha atenção um comportamento estranho entre ela e o marido. Ela quis desculpar tudo, dizendo que se eu a via triste era apenas porque nunca mais queria ter alegrias e só desejava a morte. Ontem, quando estava trancada com o duque em um aposento, ouviram-na gritar pedindo que Bothwell lhe desse um punhal para que ela pudesse matar-se. As pessoas ouviram tudo no aposento ao lado, e temem que, se Deus não vier em seu socorro, ela no desespero se mate de fato. Logo novos relatos anunciam graves brigas entre os esposos; aparentemente, Bothwell considera inválido na prática o seu divórcio da jovem e bela esposa, e é com ela que passa as noites, não com Maria Stuart. "Desde o dia do casamento", escreve também o embaixador para Paris, "não houve mais fim para as lágrimas e queixas de Maria Stuart." Agora que a cega mulher ganhara do destino tudo o que tão ardentemente quisera, sabe que tudo está perdido; nem a morte a salvaria dos tormentos que ela própria se infligira.

Três semanas ao todo é o quanto dura a amarga lua de mel de Maria Stuart e Bothwell; é somente agonia e medo. Tudo o que os dois fazem para se manter e salvar é em vão. Bothwell trata a rainha publicamente com ostensivo respeito e ternura, finge amor e humildade, mas palavras e gestos não contam mais, depois daquele ato terrível; muda e sombria, a cidade contempla o casal de criminosos. Em vão, o ditador busca conquistar o povo, pois os nobres se mantêm distantes, e banca o liberal, o devoto; visita os padres reformados, mas o sacerdócio protestante é tão hostil quanto o católico. Ele escreve cartas humildes a Elizabeth — ela não responde. Ele escreve a Paris — eles o ignoram. Maria Stuart convoca os lordes — eles permanecem em Stirling. Ela exige que lhe devolvam seu filho — não o entregam. Todos se calam, tudo é sinistro silêncio em torno dos dois. Para fingir certa segurança e alegria, Bothwell organiza às pressas um jogo de máscaras e uma caçada; ele próprio cavalga no torneio, a rainha reclina-se pálida na tribuna e sorri para ele; o povo, sempre curioso, reúne-se em bandos, mas não rejubila. Uma paralisia de medo, uma rigidez cruel que no primeiro movimento se transformará em raiva e amargura, paira sobre o país.

Bothwell não é homem de se entregar a ilusões sentimentais. Marujo experiente, já fareja nessa quietude pesada a tempestade iminente. Decidido como sempre, faz seus preparativos. Sabe que querem matá-lo, e logo as armas dirão a sua última palavra. Por isso ele logo reúne por toda parte cavaleiros e infantaria, para estar armado para o ataque. Maria Stuart de boa vontade sacrificou tudo o que ainda tem pelos assalariados dele; vende joias, faz empréstimos e, por fim, — grave ofensa para a rainha inglesa — ela manda fundir o presente de madrinha de Elizabeth, uma bacia de prata, apenas para conseguir algumas moedas e prolongar a agonia de seu domínio. Mas os lordes se reúnem em um silêncio cada vez mais ameaçador, nuvens escuras aproximam-se do castelo real, a qualquer momento pode cair um raio. Bothwell sabe como são traiçoeiros seus camaradas e não confia nessa calmaria, sabe que os astutos planejam contra ele um ataque na sombra. Não quer esperar o ataque em Holyrood, que não é segura, e a 7 de junho, somente três semanas depois do casamento, foge para o castelo de Borthwick, mais reforçado, onde sabe estar mais próximo da sua gente. Para lá também a 12 de junho, como uma espécie de última ordem, Maria Stuart convoca seus *subjects, noblemen, knights, esquires, gentlemen and yeomen*, armados e com provisões para seis dias; obviamente Bothwell planeja esmagar com um rápido ataque toda a sua horda de inimigos, antes que se reúnam.

Mas é exatamente essa fuga de Holyrood que encoraja os lordes. Eles avançam rapidamente sobre Edimburgo e tomam a cidade sem resistência. O auxiliar do assassinato, Jaime Balfour, trai logo o seu comparsa e revela aos inimigos de Bothwell que este está no castelo inatingível. Agora mil ou 2 mil cavaleiros podem seguir despreocupados para Borthwick, para prender Bothwell antes que ele tenha suas tropas prontas para o combate. Mas Bothwell não se deixa apanhar como uma lebre: salta da janela e parte a galope. Só a rainha permanece no castelo. Os lordes, no começo, não querem levantar armas contra a monarca, tentam apenas convencê-la a largar Bothwell, que fora sua ruína. Mas a infeliz mulher ainda está entregue de corpo e alma ao que a violentou; de noite, ela veste rapidamente trajes de homem, salta na sela, audaciosa, e sem companhia, deixando para trás de si, cavalga até Dunbar para viver ou morrer com Bothwell.

Um sinal importante deveria mostrar à rainha que sua causa está irremediavelmente perdida. No dia da fuga para o castelo de Borthwick de repente desaparece *without leave-taking*[26] o seu último conselheiro, lorde Maitland de Lethington, único que nessas semanas de cegueira ainda se ligava a ela com certa boa vontade. Maitland seguira grande parte de seu terrível caminho junto com sua senhora; talvez ninguém tenha ajudado tanto na trama do assassinato de Darnley. Mas agora ele sente o vento frio que sopra contra a rainha. E como verdadeiro diplomata, que sempre está do lado dos poderosos e nunca dos impotentes, ele não quer permanecer junto de uma causa perdida. No meio do tumulto da transferência para Borthwick, em silêncio ele desvia seu cavalo e passa para o lado dos lordes. O último rato abandonou o navio que naufragava.

Mas nada pode ainda intimidar ou prevenir Maria Stuart, a incorrigível. Naquela mulher extraordinária o perigo sempre provoca aquela coragem louca que confere às suas mais insanas aventuras uma beleza romântica. Entrando a cavalo em Dunbar, vestida de homem, ela está sem roupas de rainha, sem armadura, sem armas. Não importa. Passou o tempo da corte e da representação, agora é tempo de guerra. Assim

---

[26] "Sem despedir-se." (*N. da T.*)

Maria Stuart empresta de alguma mulher simples o traje do povo, um *kilt* curto, uma manta vermelha, um chapéu de veludo; isso basta, embora pareça inadequada e nada real vestida assim, desde que possa cavalgar ao lado dele, o homem que agora é tudo para ela nesta terra, depois que tudo perdeu. Bothwell reúne depressa seu bando improvisado. Nenhum dos cavaleiros e nobres e lordes convocados apareceu, há muito o país não obedece mais à sua rainha — só os duzentos arcabuzeiros pagos marcham como tropa principal sobre Edimburgo, e com eles um bando precariamente armado de camponeses e fronteiriços, ao todo pouco mais de duzentos homens. Só a vontade máscula de Bothwell os impele, para adiantar-se aos lordes. Ele sabe que só uma audácia insensata às vezes ainda pode salvar, onde a razão não encontra mais saída.

Em Carberry Hill, a quase 10 quilômetros de Edimburgo, os dois bandos encontraram-se (dificilmente podemos chamá-los de exércitos). Os fiéis a Maria Stuart são mais numerosos. Mas nenhum dos lordes, nenhum dos nobres com bons cavalos, está sob a bandeira desfraldada do leão real; além dos arcabuzeiros mercenários, só a gente do seu clã, debilmente armada e pouco disposta a lutar, forma o séquito de Bothwell. Mas enfrentando-os, a pouco mais de 800 metros de distância, tão perto que Maria Stuart pode reconhecer cada um de seus adversários, estão os lordes num bando reluzente, em magníficos cavalos, habituados à guerra, apreciadores da guerra. É singular a bandeira que desfraldam e plantam desafiadoramente na terra, opondo-se ao estandarte real. Na superfície alva, pintaram um homem assassinado deitado sob uma árvore. Ao lado dele uma criança ajoelhada, erguendo as mãos para o céu em pranto, com as palavras: "Julga e vinga a minha causa, ó Deus!" Com isso, os lordes — os mesmos que instigaram a morte de Darnley — querem de repente apresentar-se como vingadores dele, e fingir que só se armaram contra seus assassinos e não estão amotinados contra a rainha.

Os dois estandartes tatalam coloridos no vento. Mas os guerreiros dos dois lados não estão animados. Nenhum dos dois bandos atravessa o pequeno riacho para atacar; ambos esperam e observam um ao outro. Os camponeses da fronteira, que Bothwell reuniu apressadamente, mostram pouca vontade de se deixar matar por uma causa da qual nada sabem nem entendem. Os lordes, por sua vez, ainda sentem certo desconforto de cavalgar com espada e punhal contra a sua legítima rainha. Eliminar um rei com uma boa conspiração — a gente faz enforcar alguns pobres diabos e declara solenemente a própria inocência —, essa prática executada na sombra, nunca pesou muito na consciência desses lordes. Mas assaltar a soberana, em dia claro e com a cara exposta, contraria penosamente a ideia de feudalismo que ainda domina, incontetse, aquele século.

O enviado francês Du Croc, que apareceu no campo de batalha como observador neutro, não ignora a disposição nada belicosa dos dois partidos, e depressa se oferece como intermediário. Desfralda-se uma bandeira de parlamentação, e aproveitando o belo dia estival os dois exércitos acampam pacificamente, cada um do seu lado. Os cavaleiros descem dos cavalos, a infantaria larga as pesadas armas, e todos comem enquanto, acompanhado de pequena escolta, Du Croc atravessa o riacho e cavalga até a colina onde está a rainha.

É uma estranha audiência. A rainha, que sempre recebe o enviado da França em trajes preciosos e sob um dossel, senta-se numa pedra vestida com a roupa colorida de camponês — o *kilt* curto nem cobre os joelhos. Mas a dignidade e sua louca altivez não são menores do que em trajes da corte. Nervosa, pálida, insone, ela não consegue domar a indignação. Como se ainda fosse senhora da situação, exige que os lordes lhe obedeçam imediatamente. Primeiro teriam absolvido voluntariamente a Bothwell, agora o acusam de assassinato. Primeiro eles próprios lhe sugeriram o casamento, agora o declaram criminoso. Maria Stuart sem dúvida tem razão de estar indignada; mas a hora da razão acaba quando se erguem as armas. Enquanto Maria Stuart negocia com Du Croc, Bothwell se aproxima a cavalo. O enviado o saúda, mas não lhe dá a mão. Bothwell agora toma a palavra. Fala claramente e sem rodeios; nenhuma sombra de medo cobre seu rosto livre audacioso. Du Croc, contra a sua vontade, tem de reconhecer a postura firme daquele desesperado. "Devo admitir", diz em seu relatório, "que vi nele um grande guerreiro, que falava com segurança e que sabia conduzir sua gente de forma atrevida, audaciosa e hábil. Não pude deixar de admirá-lo, pois ele via que seus adversários estavam determinados, e mal podia contar com metade da gente deles. Mesmo assim, estava totalmente inabalável." Bothwell oferece-se para resolver toda a situação; um duelo com um lorde da mesma posição que a dele. Sua causa era tão justa, diz, que certamente Deus está ao seu lado. No meio dessa situação desesperada ele mantém senso de humor suficiente para sugerir que o próprio Du Croc assista de uma colina, pois haveria de divertir-se. A rainha, porém, não quer saber de duelo; ainda espera submissão. Como sempre, falta à incorrigível romântica o sentido da realidade. Por fim, Du Croc percebe que sua presença nada acrescentou. O nobre ancião gostaria de ajudar a rainha, que tem lágrimas nos olhos, mas enquanto não deixar Bothwell não haverá salvação para ela. Então, adeus! Ele faz uma mesura cortês, e volta lentamente a cavalo para junto dos lordes.

Acabam as palavras, e agora deve começar o combate. Mas os soldados são mais inteligentes que seus líderes. Temem que os grandes senhores negociem amavelmente. Para que então eles, pobres-diabos, haverão de se matar mutuamente, num dia tão quente e bonito? Vagam por ali ostensivamente. Em vão, Maria Stuart, vendo esgotar-se sua última esperança, ordena que ataquem. Os homens não lhe obedecem mais. Lentamente o bando se desfaz, depois de zanzar por ali seis ou sete horas, e os lordes mal percebem isso mandam avançar doze dos cavaleiros para cortar a Bothwell e a rainha o caminho de volta. Só agora ela percebe o que os ameaça. E como está realmente apaixonada, em vez de pensar em si, ela só pensa no amado, em Bothwell. Sabe que nenhum dos súditos se atreverá a pôr a mão nela; mas a ele não pouparão, já para que não dê com a língua nos dentes, o que não poderia ser agradável aos tardios vingadores de Darnley. Assim — pela primeira vez em todos esses anos —, ela controla seu orgulho. Manda um mensageiro com uma bandeira de parlamentar aos lordes, e pede ao líder dos cavaleiros, Kirkcaldy de Grange, que se dirija sozinho até onde ela está.

O respeito pela sagrada ordem de uma rainha ainda tem poder e magia. Kirkcaldy de Grange manda imediatamente seus cavaleiros pararem. Vai sozinho até Maria Stuart, e antes de tomar a palavra dobra o joelho, submisso. Ele impõe uma última condição: que a rainha largue Bothwell e volte com eles a Edimburgo. Então deixariam Bothwell partir para onde quisesse, sem o perseguir.

Bothwell permanece parado ao seu lado, mudo. Não diz uma palavra a Kirkcaldy, nem uma palavra à rainha, para não influenciar sua decisão. Sente-se que estaria disposto a também atacar sozinho aqueles duzentos homens que, ao pé da colina, mãos nas rédeas, apenas aguardam a espada erguida de Kirkcaldy para avançar sobre as linhas inimigas. Só quando ouve que a rainha concorda com a sugestão de Kirkcaldy, Bothwell vai até ela e a abraça — pela última vez, mas ambos não sabem disso. Então salta no seu cavalo e afasta-se a galope, acompanhado só por um par de criados. O sonho sombrio terminou. Agora vem o despertar cruel.

O despertar chega, terrível e implacável. Os lordes prometeram a Maria Stuart conduzi-la honrosamente de volta a Edimburgo, e provavelmente era sua honesta intenção. Mas mal a mulher humilhada em suas pobres vestes empoeiradas se aproxima do grupo de mercenários, o sarcasmo se manifesta, com língua de serpente. Enquanto o punho de ferro de Bothwell protegia a rainha, o ódio do povo se contivera, mas agora que ninguém mais a protege, ele explode, atrevido e desrespeitoso. Uma rainha que capitulou não é mais soberana para os soldados rebeldes. Os grupos aproximam-se cada vez mais dela, primeiro curiosos, depois desafiadores, e gritam de todos os lados: "Queimem a prostituta! Queimem a assassina do marido!" Em vão, Kirkcaldy bate com a espada, mas não adianta — os homens irados reúnem-se de novo, e em triunfo carregam diante da rainha a bandeira com a imagem de seu marido assassinado e da criança que pede vingança. Das 6 da tarde até 10 da noite, de Langside até Edimburgo, dura esse trajeto pelo corredor polonês. De todas as casas, de todas as aldeias acorre o povo para assistir àquele inaudito espetáculo de uma rainha aprisionada, e por vezes a pressão da massa curiosa é tão grande que as fileiras de soldados são rompidas e só conseguem marchar em fila indiana. Maria Stuart nunca sofreu uma humilhação mais profunda do que nesse dia.

Mas só se pode humilhar essa mulher altiva, não dobrá-la. Como uma ferida só começa a arder quando fica suja, Maria Stuart sente sua derrota quando a envenenam com sarcasmo. Seu sangue ardente, o sangue dos Stuart, o sangue dos Guise, espuma, e em lugar de disfarçar com esperteza, Maria Stuart responsabiliza os lordes pelos insultos do povo. Como uma leoa ferida ela os interpela dizendo que os enforcará e crucificará, e de repente pega a mão de lorde Lindsay que cavalga a seu lado e ameaça:

— Juro por esta mão que ainda terei a tua cabeça.

Como em todos os momentos de perigo, sua coragem excessiva atinge a insensatez. Abertamente, ela cospe seu ódio e seu desprezo sobre os lordes embora seu destino esteja nas mãos deles, em lugar de calar-se com inteligência ou agradá-los com covardia.

Talvez essa sua dureza torne os lordes ainda mais duros do que originalmente pretendiam. Pois percebendo que nunca poderão esperar o seu perdão, fazem de tudo para que a rebelde sinta amargamente o quanto está indefesa. Em lugar de acompanharem a rainha a seu castelo de Holyrood, que fica fora dos muros da cidade, obrigam-na — o caminho passa pelo local do crime em Kirk o' Field — a entrar pela rua principal da cidade repleta de curiosos. Lá, ela é exposta como num pelourinho na casa do preboste. O acesso a ela é severamente proibido, nenhuma das damas nobres nem as criadas podem se aproximar dela. Começa uma noite de desespero. Há dias ela não muda de roupas, desde a manhã não comeu nada; essa mulher viveu coisas inauditas desde o nascer até o cair do sol. Perdeu um reino e o seu amante. Lá fora, diante da janela, como na frente de uma gaiola, junta-se uma multidão hostil para zombar da indefesa, os insultos da ralé irritada sobem estridentes, e só agora que a julgam humilhada os lordes tentam negociar. Na verdade não pedem muita coisa. Exigem apenas que Maria Stuart se livre definitivamente de Bothwell. Porém, por uma causa perdida essa mulher luta com mais ousadia do que se tivesse saída. Rejeita a sugestão, cheia de desdém, e mesmo um de seus adversários mais tarde acaba admitindo: "Nunca vi uma mulher mais audaciosa do que a rainha na ocasião dessas cenas."

Depois que os lordes não conseguiram forçar a rainha a desistir de Bothwell através de ameaças, o mais inteligente deles tenta com astúcia. Maitland, seu velho e outrora até fiel conselheiro, usa um recurso mais sutil. Tenta instigar seu orgulho e seu ciúme, e relata — talvez seja mentira, talvez seja verdade, nunca se sabe quando se trata de um diplomata — que Bothwell traiu o amor dela: e até durante a semana de seu casamento continuou mantendo seu relacionamento com a jovem esposa de quem se divorciara, e até lhe jurara que só ela considerava sua legítima esposa e a rainha apenas uma concubina. Mas Maria Stuart desaprendeu a acreditar em qualquer um desses falsos. A informação apenas aumenta sua amargura, e Edimburgo assiste ao horrendo espetáculo de sua rainha da Escócia, atrás da janela de grades, com vestido rasgado, peito nu e cabelo solto, aparecer de repente como uma demente, e aos soluços invocar o povo, apesar de seu ódio, para que a libertassem, pois estava sendo mantida prisioneira pelos seus próprios súditos.

Aos poucos a situação fica insustentável. Os lordes gostariam de transigir. Mas sentem que já foram longe demais para recuar. Não é mais possível levar Maria Stuart de volta a Holyrood como rainha. Na casa do preboste, no meio da multidão agitada também não a podem deixar sem assumir uma responsabilidade gigantesca, desafiando a rainha Elizabeth e todos os soberanos estrangeiros. O único que teria autoridade e coragem de tomar uma decisão, Moray, está fora do país; sem ele, os lordes não arriscam uma decisão. Assim, decidem primeiramente levar a rainha para um lugar seguro, e escolhem como o mais seguro de todos o castelo de Lochleven, que fica no meio de um lago, sem nenhuma ligação com a terra, e sua senhora é Margarida Douglas, mãe de Moray, de quem se espera que não seja demasiadamente favorável à filha de Maria de Guise, que afinal lhe roubou Jaime V. Cautelosamente, na proclamação os lordes evitam a palavra "prisão"; segundo o documento, Maria Stuart está isolada apenas para "impedir à pessoa de Sua Majestade qualquer ligação com o mencionado duque Bothwell, e para que ela não possa se comunicar com pessoas que quisessem impedir que ele recebesse a justa punição pelo seu crime". É uma meia medida, provisória, nascida do medo e da consciência pesada: a reação ainda não se atreve a denominar-se rebelião. Ainda empurram toda a culpa para o fujão Bothwell e escondem covardemente entre rodeios e frases a secreta intenção de derrubar Maria Stuart para sempre do trono. Para enganar o povo, que já aguarda o julgamento e execução da *whore*, na noite de 17 de junho Maria Stuart é levada a Holyrood com uma guarda de trezentos homens. Mal os cidadãos vão dormir, contudo, forma-se um pequeno cortejo para dali levar a rainha a Lochleven, e essa cavalgada triste e solitária dura até o amanhecer. Quando começa a clarear, Maria Stuart vê à sua frente o pequeno lago cintilante, e no centro o castelo fortificado, solitário e inacessível, que — quem sabe por quanto tempo? — a deverá prender. Levam-na até lá num bote a remos, depois fecham-se pesadamente os portões ornados de ferro. A apaixonada e sombria balada de Darnley e Bothwell acabou; agora começa a cantiga final, escura e melancólica, a crônica de um aprisionamento infindável.

15
O destronamento
(verão de 1567)

A partir desse dia da virada de seu destino, esse 17 de junho, quando os lordes trancafiam sua rainha em Lochleven, Maria Stuart jamais cessará de ser motivo de inquietação na Europa. Pois em sua pessoa se apresenta ao seu tempo um problema novo e revolucionário, de imprevisíveis ramificações — o que fazer com um monarca que se opõe rudemente ao seu povo e provou ser indigno da coroa? A culpa ali é evidentemente da soberana: Maria Stuart, com sua leviandade apaixonada, criou uma situação impossível e intolerável. Contra a vontade dos nobres, do povo e dos sacerdotes, ela se casou com um homem, aliás já casado, a quem a opinião pública encara unanimemente como assassino do rei da Escócia. Ela desprezou lei e moral, e ainda se recusa a declarar inválido esse casamento absurdo. Até os amigos mais bem-intencionados concordam: com esse assassino ao lado, ela não pode continuar sendo rainha da Escócia.

Mas que possibilidades existem para forçar a rainha a deixar Bothwell ou renunciar à coroa em favor de seu filho? A resposta é esmagadora: nenhuma. Pois atitudes legítimas contra um monarca nesse tempo são iguais a zero, a vontade popular anda não pode levantar nenhuma objeção ou censura contra seu governante, toda a jurisdição termina diante dos degraus do trono. O rei ainda não está sujeito ao direito civil, mas fora e acima dele. Ungido por Deus como um sacerdote, ele não pode nem passar adiante seu cargo nem dá-lo de presente. Ninguém pode despir um ungido da sua dignidade; na visão absolutista, é mais fácil tirar a vida de um governante do que tirar-lhe a coroa. Podem até matá-lo, mas ele não pode ser deposto; exercer força contra ele seria romper a ordem hierárquica do cosmos. Com seu casamento criminoso, Maria Stuart colocou o mundo perante essa decisão inaudita. No seu destino não se decide apenas um conflito isolado, mas um princípio espiritual e de visão do mundo.

Por isso também os lordes, embora segundo seu caráter de modo ainda ameno, procuram febrilmente uma solução bondosa. A séculos de distância, ainda sentimos claramente seu desconforto com o próprio ato revolucionário, de colocar sua soberana atrás de portas trancadas, e no começo, com efeito, ainda haveria um retorno fácil para Maria Stuart. Bastaria que ela declarasse ilegal seu casamento com Bothwell, confessando que errara. Então, embora muito enfraquecida na sua autoridade e arbitrariedade, ela poderia voltar com honra, poderia morar de novo em Holyrood e escolher um novo esposo mais digno. Mas Maria Stuart ainda não despertou direito. Ainda não entende, em sua mania de infalibilidade, que com os escândalos rapidamente encadeados de Chastelard, Rizzio, Darnley e Bothwell, é culpada de leviandade passível de castigo. Não se decide a fazer nenhuma mínima concessão. Contra seu próprio país, contra o mundo todo, ela defende o assassino Bothwell, e afirma não poder deixá-lo, senão seu filho, o filho que espera dele, nasceria bastardo. Ela ainda vive numa nuvem, a romântica ainda não quer entender a realidade. Mas essa obstinação, que se pode chamar de insensata ou grandiosa, é a causa de todas as violências que serão cometidas contra ela depois, provocando assim uma decisão que continua agindo séculos depois: não apenas ela mas também o neto de seu sangue, Carlos I, pagará com a vida pela desmedida arbitrariedade de uma soberana.

Mesmo assim, no começo, ela ainda pode contar com certo apoio. Pois um conflito tão visível entre uma rainha e seu povo não pode deixar indiferentes os que participam dele, seus irmãos de hierarquia, os outros monarcas da Europa. Sobretudo, Elizabeth coloca-se decididamente do lado dessa que até ali fora sua adversária. Muitas vezes foi tomado como sinal de labilidade e insinceridade de Elizabeth, ela ter de repente ficado de maneira tão incondicional ao lado de sua rival. Mas na realidade esse comportamento foi totalmente lógico. Pois ela não toma partido de Maria Stuart como mulher— essa diferença tem de ser bem enfatizada aqui; não toma partido de seu comportamento obscuro e mais do que suspeito. Como rainha, contudo, ela toma partido da rainha, da ideia invisível da intocabilidade do direito real, e com isso de sua própria causa. Elizabeth está muito pouco segura da fidelidade de seus próprios nobres para poder tolerar sem castigo, num país vizinho, o exemplo de súditos rebeldes pegando armas contra sua rainha e botando-a numa prisão; em forte contraste com o seu Cecil, que teria preferido proteger os lordes protestantes, ela está decidida a forçar rapidamente os que se amotinaram contra a majestade real a obedecerem, pois do destino de Maria Stuart depende sua própria posição, e como exceção pelo menos desta vez podemos de verdade acreditar nela quando diz que está profundamente solidária. Ela anuncia imediatamente o seu apoio fraterno à rainha deposta, mas não sem ao mesmo tempo censurar insistentemente a mulher culpada. Distingue com clareza entre a visão estatal e a privada.

"Madame", escreve-lhe, "sempre se considerou um fundamento especial da amizade que a felicidade cria amigos, e a infelicidade por sua vez testa os amigos; e como vemos uma oportunidade de provar nossa amizade pela ação, tanto pela nossa posição como também pela senhora, consideramos correto testemunhar-lhe em poucas palavras a nossa amizade... Madame, eu lhe digo bem francamente que nossa dor não foi pequena quando a senhora demonstrou tão pouca discrição em seu casamento, e tivemos de constatar que não tem um único bom amigo neste mundo que aprove seu comportamento; e mentiríamos se disséssemos ou escrevêssemos algo diferente. Pois como a senhora teria podido manchar mais a sua honra senão se casando com tamanha pressa com uma pessoa que, além de todas as suas qualidades ruins, é acusada pela opinião pública de ter assassinado o seu falecido esposo, tornando-se assim também suspeita de cumplicidade, embora esperemos com confiança que isso não seja verdadeiro. E sob que perigos a senhora desposou esse homem cuja esposa ainda é viva, motivo pelo qual a senhora não pode ser sua mulher legítima nem pela lei divina nem terrena, e nem seus filhos poderão ser legítimos! Portanto, a senhora vê com clareza o que pensamos desse casamento, e sinceramente lamentamos não poder ter melhor opinião, por mais que seu enviado tenha apresentado razões para nos persuadir. Desejaríamos que depois da morte de seu esposo tivesse sido sua primeira preocupação apanhar os assassinos e puni-los. Se isso tivesse ocorrido efetivamente — e teria sido fácil num caso tão evidente — talvez muitas coisas em seu casamento fossem mais toleráveis. Mas assim, por amizade pela senhora e pela natural aliança de sangue entre nós e seu falecido esposo, podemos apenas dizer que queremos fazer tudo o que está em nosso poder para castigar adequadamente o assassino, não importa qual de seus súditos o cometeu, por mais próximo que esteja da senhora."

São palavras claras, afiadas e cortantes como uma faca, onde nada se tem a interpretar nem sondar. Mostram que Elizabeth — que sem dúvida soube com mais segurança dos acontecimentos de Kirk o' Field através de seus espiões e das informações privadas de Moray, do que séculos depois os apaixonados defensores de Maria Stuart — estava totalmente convencida da culpa da rainha da Escócia. Com dedo estendido, ela aponta para Bothwell como assassino, e é significativo que nessa carta diplomática só empregue a palavra cortês "espero", não afirma estar convencida de que Maria Stuart não seja cúmplice do assassinato. "Espero" é uma palavra morna para um ato tão criminoso, e com ouvido mais refinado percebemos que Elizabeth não aposta que Maria Stuart seja imaculada, mas apenas por solidariedade deseja que termine depressa com esse escândalo. Por mais que pessoalmente ela censure o comportamento de Maria Stuart, no entanto, protege obstinadamente sua dignidade como soberana.

"Mas", prossegue ela nessa carta importante, "para consolá-la em sua infelicidade da qual ficamos sabendo, lhe asseguramos que faremos tudo o que estiver em nosso poder e que julgarmos conveniente, para proteger sua honra e sua segurança."

Elizabeth realmente cumpre sua palavra. Incumbe seu embaixador de contradizer com violento protesto todas as medidas dos rebeldes contra Maria Stuart. Mostra aos lordes que no caso de um ato violento está disposta até a fazer guerra. Numa carta dura e cortante recusa-lhes a petulância de quererem julgar uma rainha ungida.

"Onde está nas Sagradas Escrituras uma só passagem que permita aos súditos deporem seus reis? Em que monarquia cristã existe uma lei escrita segundo a qual os súditos tocam a pessoa de seu rei, colocando-o na prisão ou perante um tribunal? [...] Nós condenamos tanto quanto os lordes o assassinato de nosso primo, o rei, e o casamento de nossa irmã com Bothwell nos desgostou mais do que qualquer um de vós. Mas não podemos permitir nem tolerar a atitude posterior dos lordes contra a rainha da Escócia. Como segundo a lei de Deus eles são os súditos e ela a soberana, não a poderiam obrigar a responder à sua acusação, pois não corresponde à natureza que a cabeça seja submetida aos pés."

Pela primeira vez, Elizabeth depara com resistência aberta nos lordes, embora a maior parte deles há anos receba secretamente pagamento dela. Desde o assassinato de Rizzio eles sabem bem demais o que os espera se Maria Stuart voltar a governar, pois nenhuma ameaça ou sedução até ali a levou a deixar Bothwell, e as estridentes pragas na cavalgada até Edimburgo, com que a humilhada jurou vingança, ainda ressoam sinistras em seus ouvidos. Não tiraram do caminho Rizzio, depois Darnley e finalmente Bothwell, para serem outra vez súditos voluntários e indefesos dessa mulher imprevisível: para eles seria infinitamente mais cômodo coroar rei o filho de Maria Stuart, criança de 1 ano, pois uma criança não pode mandar, e nas duas décadas de sua menoridade eles seriam novamente senhores absolutos do país.

Apesar de tudo, os lordes não teriam coragem de resistir abertamente à sua pagadora Elizabeth, se o acaso não colocasse em suas mãos uma arma inesperada e realmente assassina contra Maria Stuart. Seis dias depois da batalha de Carberry Hill, graças a uma infame traição, chega-lhes uma notícia muito boa. Jaime Balfour, comparsa de Bothwell no assassinato de Darnley, que agora que os ventos mudaram se sente desconfortável, vê só uma possibilidade de salvar-se: praticando uma nova patifaria. Para assegurar-se da amizade dos que estão no poder, ele trai seu amigo banido. Secretamente dá aos lordes a notícia importante de que Bothwell mandou um criado a Edimburgo com a ordem de tirar do castelo sem ser percebido uma caixinha lá deixada, com documentos importantes. Esse criado, chamado Dalgleish, é imediatamente apanhado, torturado, e no seu medo mortal indica o esconderijo. Segundo suas instruções, descobre-se oculta debaixo da cama a preciosa caixinha de prata que outrora Francisco II dera a sua esposa Maria Stuart, e que esta, como tudo o que possuía, dera a Bothwell, a quem amava desmedidamente. Nesse sólido escrínio que só se podia abrir com chaves cheias de artifícios, Bothwell costumava desde então guardar seus documentos particulares, presumivelmente também a promessa de casamento, as cartas da rainha, e toda a sorte de documentos que comprometiam os lordes. Provavelmente — nada mais compreensível — fora perigoso demais para ele levar documentos tão importantes na fuga para Borthwick e na batalha. Assim, preferira escondê-la num lugar seguro no castelo, para mandar apanhar na hora certa por um criado de confiança. Pois tanto o *bond* com os lordes e a promessa de casamento da rainha como suas cartas íntimas poderiam servir-lhe magnificamente em horas de dificuldade, para chantagem ou justificação. Com essas confissões escritas ele tinha, de um lado, a rainha na mão, caso ela, inconstante, pretendesse afastar-se dele; e de outro lado, os lordes, caso quisessem acusá-lo do assassinato. Mal estava mais ou menos em segurança, ele, perseguido, devia considerar mais importante que tudo retomar a posse dessas provas de culpa. Por isso, aquela presa inesperada foi um golpe de sorte sem igual para os lordes: pois agora podem eliminar todos os escritos que mostrassem sua culpa, e usar contra a rainha, sem escrúpulos, tudo que a pudesse incriminar.

Por uma noite, o chefe desse tesouro, conde de Morton, guarda a caixinha trancada, no dia seguinte os outros lordes, entre eles — esse fato é importante — católicos e amigos de Maria Stuart, são convocados para que a caixa fechada seja aberta à força na sua presença. Ela contém as famosas "cartas da caixinha", bem como sonetos escritos pela sua mão. Para mencionar mais uma vez a questão da concordância absoluta dos textos impressos com seus originais, vê-se de imediato que o conteúdo dessas cartas deve ter sido gravemente acusador contra Maria Stuart. Pois a partir dessa hora os lordes se portarão de modo diferente: mais audaciosos, mais seguros, mais arrogantes. No primeiro júbilo, espalham aos quatro ventos a notícia, no mesmo dia, sem tempo de copiar — quanto mais falsificar — os documentos, enviam um mensageiro a Moray na França, para lhe participar oralmente o conteúdo da carta que acusa a rainha mais que todas. Avisam o embaixador francês, interrogam minuciosamente os criados de Bothwell que estão presos, e com eles protocolam tudo: essa postura segura e objetiva seria impensável se os papéis não representassem de maneira processualmente convincente o perigoso envolvimento de Maria Stuart com Bothwell. De um só golpe a situação se complicou gravemente para a rainha.

Pois a descoberta dessas cartas nesse momento crítico significa um fortalecimento incrível da posição dos rebeldes. Finalmente ela lhes dá a motivação moral tanto tempo desejada para sua arrogância. Até ali tinham apenas acusado Bothwell de culpado no assassinato do rei, mas ao mesmo tempo não vinham perseguindo a sério o fugitivo, por medo de que ele pudesse revelar quem tinham sido seus cúmplices. Mas contra a rainha não haviam conseguido nada até então, a não ser seu casamento com o assassino. Agora, graças a essas cartas, no entanto, eles, inocentes e ignorantes que eram, "descobrem" que a rainha fora cúmplice, e com as confissões imprudentes dela os chantagistas treinados e cínicos têm à disposição um instrumento poderoso para pressioná-la. Agora finalmente têm nas mãos a alavanca para forçá-la a passar "voluntariamente" a coroa para seu filho, ou, se ela se recusar, mandar acusá-la publicamente de adultério e de cumplicidade no assassinato do marido.

Mandar acusar, não acusar diretamente. Pois os lordes sabem muito bem que Elizabeth jamais lhes concederia jurisdição sobre sua rainha. Portanto, ficam cautelosamente no fundo, e deixam o processo público a cargo de terceiros. Esse negócio de instigar a opinião pública contra Maria Stuart é assumido com prazer por John Knox com seu ódio franco, duro e alegre. Depois do assassinato de Rizzio, o fanático agitador saíra prudentemente do país. Mas agora que todas as suas sombrias profecias sobre a "Jezabel sanguinária" se realizavam, e a desgraça que ela causaria com sua leviandade, cumprindo-se de maneira espantosa até se superando, ele retorna para Edimburgo com o manto de profeta. Do púlpito, em alto e bom som, exige de um processo contra a "papista pecadora", o sacerdote bíblico exige tribunal para a rainha adúltera. De domingo a domingo, os pregadores reformados usam tons cada vez mais fortes. Gritam de suas tribunas para a multidão entusiástica que não se podia tolerar adultério e assassinato nem de uma rainha nem da mais insignificante camponesa. Clara e nitidamente pedem a execução de Maria Stuart, e essa instigação constante tem efeito. Instigados com a possibilidade de ser levada ao cadafalso em roupas de penitente a mulher que tanto tempo tinham visto cheios de medo, a ralé a quem a Escócia jamais dera palavra nem voz exige processo público, e as mulheres são as mais ferozes contra a rainha. *The women were most furious and impudent against her, yet the men were bad enough.*[27] Pois toda mulher pobre da Escócia sabe que pelourinho e cadafalso teriam sido seu destino se tivesse cedido com a mesma audácia ao adultério — por que essa mulher, por ser rainha, poderá fornicar e matar sem ser punida, e escapar da fogueira? O grito ecoa pelo país, *Burn the whore*, "Queimem a prostituta!" Cheio de sincero medo o embaixador inglês escreve a Londres: "É de temer que essa tragédia na pessoa da rainha termine como começou com David, o italiano, e o marido da rainha."

Os lordes não queriam mais que isso. Agora a arma pesada está a postos para esmagar qualquer resistência a uma abdicação "voluntária" da rainha. Os documentos já estão preparados para cumprir a exigência de John Knox de acusar a rainha, e Maria Stuart deverá ser acusada por "infringir a lei" — escolhem um termo cauteloso — "por comportamento inconveniente com Bothwell e outros" (*incontinence with Bothwell and others*). Se a rainha continuar se recusando a abdicar, as

---

[27] "As mulheres eram as mais furiosas e desavergonhadas contra ela, mas os homens eram bastante maus." (*N. da T.*)

cartas encontradas na caixinha podem ser lidas no tribunal para expor a sua ignomínia. Com isso a rebelião estaria justificada diante do mundo. Para uma cúmplice de assassinato e adúltera entregue pela sua própria letra, nem Elizabeth nem os outros monarcas poderiam interceder como defensores.

Armados com essa ameaça de tribunal público, Melville e Lindsay viajam a 25 de julho a Lochleven. Com eles, três pergaminhos que Maria Stuart deve assinar se quiser salvar-se da degradação de ser acusada publicamente. No primeiro pergaminho, Maria Stuart deve declarar que está cansada de governar, e "satisfeita" de depor a carga da coroa, pois não tem força nem vontade de carregá-la por mais tempo. O segundo documento contém a concordância com a coroação de seu filho, e o terceiro, a concordância de passar a regência para seu meio-irmão Moray ou um regente substituto.

Melville, de todos os lordes aquele que é humanamente mais próximo dela, é o porta-voz. Ele já intercedera duas vezes antes disso para ajeitar por bem o conflito, e persuadi-la a desistir de Bothwell; nas duas vezes, ela recusara, porque a criança que trazia no ventre e era de Bothwell seria ilegítima. Mas agora, encontradas as cartas, o jogo é duro. Primeiro, a rainha resiste de maneira apaixonada. Rompe em pranto, jura que prefere morrer a desistir da coroa, e esse juramento se cumprirá com seu destino. Mas Melville apresenta sem rodeios, e com as cores mais crassas, o que lhe espera: a leitura pública das cartas, o interrogatório dos criados presos de Bothwell, e finalmente o tribunal, com interrogatório e sentença. Maria Stuart percebe com horror a imprudência cometida, e em que sujeira, em que opróbrio está enredada. Aos poucos, o medo de humilhação pública dobra sua força. Depois de longa hesitação e selva-gens rompantes de indignação e desespero, ela finalmente cede e assina os três documentos.

Feito o acordo. Mas, como sempre nos *bonds* escoceses, nenhum dos dois partidos pensa seriamente em considerar-se comprometido por juramento e palavra. Os lordes de qualquer maneira lerão as cartas de Maria Stuart no Parlamento proclamando ao mundo sua cumplicidade no assassinato de Darnley para impossibilitar o seu retorno ao trono. De outro lado, Maria

Stuart também não se considera fora do trono porque colocou um traço de tinta num pergaminho morto. Tudo o que confere realidade a esse mundo, honra, juramento, sempre foi nada para ela, comparado à realidade de seu direito de rainha, que sente tão indissoluvelmente ligado à sua vida como o sangue ardente que corre em suas veias.

Poucos dias depois, o pequeno rei é coroado: o povo tem de contentar--se com um espetáculo menor do que teria sido um animado auto de fé em praça pública. A cerimônia acontece em Stirling. Lorde Atholl leva a coroa, Morton o cetro, Glencairn a espada e Mar traz em seus braços o menino que a partir dessa hora se chama Jaime VI da Escócia. E o fato de John Knox dar a bênção deve testemunhar perante o mundo que essa criança, esse rei recém-coroado, está para sempre libertado das armadilhas da errônea crença católica. O povo rejubila diante dos portões, os sinos repicam festivos, em todo o país acendem-se fogueiras de comemoração. De momento — sempre só por um momento — a paz e a alegria reinam outra vez na Escócia.

Agora que o trabalho bruto e penoso foi feito pelos outros, Moray, homem do jogo sutil, pode voltar para casa em triunfo. Mais uma vez venceu a sua política pérfida, de ficar no pano de fundo durante as decisões perigosas. Ausentara-se no assassinato de Rizzio, e no de Darnley não participara da rebelião contra sua irmã: nenhuma mancha prejudica sua lealdade, não há sangue em suas mãos. O tempo fez tudo por aquele que, esperto, ficara de fora. Porque, como calculista, soubera esperar, recebe de maneira honrosa e sem esforço tudo o que traiçoeiramente desejava. Os lordes pedem que assuma como regente, por ser o mais inteligente de todos.

Mas Moray, nascido para governar, porque sabe controlar-se, não agarra avidamente a ocasião. É esperto demais para deixar que homens sobre os quais depois há de governar lhe concedam essa dignidade como um favor. Além disso, que pensem que, irmão amoroso e submisso, ele estava ali para exigir um direito que fora violentamente tirado de sua irmã. Ela própria — golpe de mestre psicológico — deve-lhe impor essa regência: Moray quer ser confirmado pelos dois lados. Que ambos lhe peçam, tanto os lordes rebeldes como a rainha destronada.

A cena de sua visita a Lochleven é digna de um grande dramaturgo. Impulsiva, mal o avista a infeliz mulher se lança soluçando nos braços do irmão. Agora finalmente espera encontrar tudo, consolo, apoio e amizade, sobretudo o conselho sincero que há tanto tempo lhe faltava. Mas Moray recebe o nervosismo dela com fingida frieza. Leva-a até seu quarto, e fala duramente censurando-a pelo que fez. Nenhuma palavra lhe promete esperança de ser condescendente. Totalmente perturbada pela sua frieza, a rainha rompe em lágrimas, e tenta desculpar-se, explicar-se. Mas Moray, o acusador, se cala, e se cala com rosto sombrio; quer manter aceso o medo da mulher desesperada, como se seu silêncio escondesse uma mensagem ainda mais grave.

Moray deixa a irmã passar a noite no purgatório desse medo; o terrível veneno da insegurança que ele lhe instila deve queimar fundo. Sem saber do que acontece no mundo exterior — proibiram qualquer visita dos enviados estrangeiros —, Maria Stuart, grávida, nem sabe o que a espera, acusação ou tribunal, opróbrio ou morte. Passa aquela noite insone, e na manhã seguinte sua resistência está totalmente alquebrada. Agora Moray intervém com brandura. Cautelosamente alude a que, no caso de ela tentar fugir ou se entender com potências estrangeiras, e sobretudo se não se agarrar mais a Bothwell, talvez — ele diz isso com tom de incerteza — se fosse possível ainda tentar salvar a honra dela diante do mundo. Esse débil brilho de esperança anima a mulher apaixonada e desesperada. Joga-se nos braços do irmão, pede, suplica que ele assuma a regência. Só assim seu filho estaria assegurado, o reino bem administrado e ela mesma fora de perigo. Ela continua implorando, e Moray a deixa pedir por muito tempo na frente de testemunhas até que, finalmente, generoso, aceita o que pretendia receber desde o começo. Pode partir satisfeito. Maria Stuart fica consolada porque o poder está nas mãos de seu irmão, e pode esperar que aquelas cartas permaneçam em segredo, e sua honra fique preservada diante do mundo.

Mas não há compaixão para os derrotados. Assim que Moray está com a regência nas mãos duras, a primeira coisa a fazer será impedir para sempre o retorno da irmã como regente — é preciso liquidar moralmente a incômoda pretendente. Nem se fala mais em libertá-la da prisão, ao contrário: fazem tudo para detê-la em definitivo. Embora também tenha prometido a Elizabeth e à sua irmã proteger a honra dela, permite que, a 15 de dezembro, no Parlamento escocês, sejam tirados da caixinha de prata as cartas e os sonetos comprometedores de Maria a Bothwell, para ser lidos, comparados e unanimemente reconhecidos como legítimos. Quatro bispos, catorze abades, doze condes, quinze lordes e mais de trinta membros da pequena nobreza, entre eles vários amigos próximos da rainha, confirmam com honra e juramentos a autenticidade das cartas e dos sonetos; nem uma só voz, nem de seus amigos, levanta a menor dúvida, e com isso a cena se transforma num tribunal invisível; a rainha está sendo julgada perante seus súditos. Tudo o que aconteceu de ilegal nos últimos meses, a rebelião, a prisão, depois de lidas as cartas se torna legal e confirmado. Expressamente declara-se que a rainha mereceu seu destino, pois, *art and part*, sabendo de tudo, participara do assassinato de seu esposo, e "seja isso provado pelas cartas que com a própria mão antes e depois do ato escreveu a Bothwell, principal autor do assassinato, bem como por aquele indigno casamento imediatamente depois do crime". Para que além disso o mundo todo soubesse da culpa de Maria Stuart, e a todos fosse informado que os honrados lordes só se tornaram rebeldes por pura indignação moral, enviam-se cópias das cartas a todas as cortes estrangeiras. Com isso, impôs-se a Maria Stuart publicamente a marca de proscrita. E com esse sinal rubro na fronte, esperam Moray e os lordes, ela jamais ousaria reclamar a coroa para sua cabeça culpada.

Mas Maria Stuart esta emparedada demais em sua segurança de rainha para que insulto ou ignomínia a pudesse humilhar. Nenhuma marca, sente ela, pode deformar uma fronte que usou a coroa e que foi ungida com o santo óleo da vocação. Nenhuma sentença ou ordem a fará curvar a cabeça; quanto mais violentamente a tentam fazer abaixar-se, recolhendo-se a um destino pequeno e ilegítimo, mais determinada ela se rebela. Uma tal vontade não se pode trancar para sempre; ela explode todos os muros, transborda de todas as represas. E, se a acorrentam, ela sacudirá as correntes fazendo tremer paredes e corações.

16
Despedida da liberdade
(verão de 1567 a verão de 1568)

As cenas sombriamente trágicas do drama de Bothwell só poderiam ter sido literariamente descritas com perfeição por um Shakespeare. A mais branda, comovente e romântica do epílogo no castelo de Lochleven foi escrita por outro, menor, Walter Scott. Mas quem a leu quando menino ou criança guardou-a como mais verdadeiro do que a verdade histórica, pois em muitos casos raros e felizes a bela lenda vence a realidade. Como nós, quando jovens e apaixonados, amamos aquelas cenas, como se inscreveram em nossa personalidade, como encheram de compaixão a nossa alma! Pois todos os elementos desse comovente drama romântico já estavam preparados, ali estavam as sentinelas raivosas que vigiavam a princesa inocente, os que a difamavam, os que feriam sua honra, lá estava ela, jovem, bela, transformando magicamente a severidade dos inimigos em doçura, embriagando os corações dos homens em cavalheiresca solicitude. E romântico como o motivo era também o cenário: uma fortaleza sombria no meio de um lago adorável. Do terraço, a princesa de olhar velado pode ver sua bela terra escocesa com seus bosques e montanhas, sua beleza e elegância, e o mar do Norte ondula em algum lugar a distância. Tudo o que havia de poético no coração do povo escocês podia cristalizar-se em torno daquele momento romântico do destino de sua amada rainha, e, quando uma lenda dessas termina, entra fundo e inapagavelmente no sangue de uma nação. A cada geração, ela é narrada e confirmada; como uma árvore perene, de ano em ano, ela dá novas flores; os papéis que documentam os fatos parecem pobres e sem graça ao lado dessa verdade mais alta, pois o que uma vez foi criado em beleza, pela beleza afirma seu direito. E, quando mais tarde, mais maduros e desconfiados, tentamos procurar a verdade por trás dessa lenda comovente, esta aparece tão sacrilegamente lúcida como se escrevêssemos em prosa fria e seca o conteúdo de um poema.

Mas é o perigo de uma lenda, que ela silencie o realmente trágico em favor do apenas comovente. Assim também a balada romântica da prisão de Maria Stuart em Lochleven silencia a sua verdadeira íntima angústia humana. Walter Scott esqueceu de contar que essa princesa romântica aquela vez estava grávida do assassino de seu marido, e que essa era a sua mais terrível aflição espiritual naqueles terríveis meses de humilhação. Pois se a criança que ela traz no ventre nascer prematura como é de esperar, pode ser calculado implacavelmente no calendário da natureza, que não mente, o momento em que ela se entregara fisicamente a Bothwell. Não sabemos nem a hora nem o dia, mas de qualquer forma foi num momento não permitido segundo costume e moral, quando o amor seria adultério, talvez no tempo de luto pelo marido morto, em Seton ou nas singulares viagens de castelo em castelo, talvez e provavelmente já antes disso, quando seu marido ainda vivia — as duas coisas, vergonhosas. E só pensando que o nascimento do filho de Bothwell teria revelado com a precisão de um calendário ao mundo inteiro quando começara sua criminosa paixão, compreendemos a angústia dessa mulher desesperada.

Mas nunca se levantou o véu desse mistério. Não sabemos o quanto a gravidez de Maria Stuart estava adiantada quando a levaram para Lochleven, nem quando foi aliviada da aflição de sua consciência, nem se a criança nasceu viva ou morta, não temos nenhum dado que nos esclareça, nem quantas semanas ou meses tinha esse fruto do amor adúltero quando foi removido. Tudo aqui é sombra e suposição, pois as testemunhas se contradizem e só uma coisa é certa, que Maria Stuart devia ter bons motivos para esconder os detalhes de sua maternidade. Em nenhuma carta, com nenhuma palavra ela — já isso é suspeito — mencionou esse filho de Bothwell. Segundo relato bem elaborado de Nau, secretário de Maria Stuart, texto que ela mesma supervisionou, ela teria dado ao mundo, prematuramente, gêmeos sem condições de sobrevivência — e podia-se acrescentar: não por acaso foram prematuros; ela levou precisamente seu farmacêutico junto para a prisão. Segundo outra versão, também não confirmada, a criança seria uma menina, nascida viva, em segredo levada para a França e lá morrendo em um convento de freiras, sem que se soubesse sua origem real. Mas não adianta adivinhar sobre esse assunto obscuro nem reclamar; aqui os fatos estão na sombra para sempre. A chave de um desses segredos de Maria Stuart mergulhou nas fundas águas do lago de Lochleven.

Mas já esse fato de que seus vigias ajudaram a esconder no castelo de Lochleven esse segredo tão perigoso para a honra dela, de uma criança bastarda, em tempo ou prematura, prova que não eram carcereiros perversos, como os desenhou preto no branco a lenda romântica. Lady Douglas de Lochleven, a quem Maria Stuart foi confiada, por mais de trinta anos fora amante do pai da rainha, dera seis filhos a Jaime V — entre eles, o mais velho, o conde de Moray — antes de se casar com o duque Douglas de Lochleven, a quem dera mais sete filhos. Uma mulher que viveu treze vezes as dores do parto, que sofreu na sua alma ao ver seus primeiros filhos não legitimamente reconhecidos, era capaz de entender melhor que ninguém a preocupação de Maria Stuart. Toda a dureza que lhe atribuem deve ser fábula e invenção, e podemos supor que tratou a prisioneira exclusivamente como uma hóspede honrosa. Maria Stuart habitava toda uma ala de aposentos, tinha seu cozinheiro, seu farmacêutico, quatro ou cinco mulheres para servi-la, e sua liberdade não era em nada restrita dentro do castelo, parece que até lhe permitiam caçar. Se nos libertarmos das emoções românticas e tentarmos enxergar com justeza, devemos reconhecer que foi tratada com toda a consideração. Pois, afinal — o romantismo nos faz esquecer isso —, essa mulher era culpada no mínimo de crassa grosseira imprudência, quando três meses depois do assassinato de seu marido se casou com o assassino dele, e mesmo num tribunal moderno, quando muito, poderia ser absolvida de cumplicidade nesse crime por perturbação mental ou submissão. Portanto, se essa mulher, que causara inquietação no país com seu comportamento escandaloso e indignara a Europa inteira, foi por algum tempo contida à força, não se fazia um favor ao país mas a ela própria. Pois nessas semanas de isolamento a agitada mulher finalmente teria oportunidade de acalmar seus nervos superexcitados, e recuperar a firmeza interior, a vontade que Bothwell destruíra; na verdade, essa prisão em Lochleven já protegera por alguns meses essa atrevida do maior de todos os perigos, a sua própria inquietação.

Deve-se considerar essa prisão romântica um castigo suave para tantas loucuras, sobretudo se comparada com o castigo de seu cúmplice e amante. Pois como é diferente o destino de Bothwell! É perseguido em terra e mar, apesar da promessa feita, mil coroas escocesas vale a sua cabeça, e Bothwell sabe que também seu melhor amigo na Escócia o trairia e venderia por essa quantia. Mas não é fácil apanhar o atrevido: primeiro ele tenta reunir seus *borderers* para uma última rebelião, depois foge para as ilhas Orkney, para dali guerrear os lordes. Mas Moray o persegue nas ilhas com quatro navios, e só com dificuldade o perseguido escapa numa pequena embarcação sobre mar aberto. Lá é apanhado pela tempestade. Com velas despedaçadas, o barquinho que só serve para navegar perto da costa, dirige-se para a Noruega, onde finalmente é detido por um navio de guerra dinamarquês; Bothwell procura permanecer anônimo, para não ser entregue. Empresta um traje de marinheiro, prefere passar por pirata a ser reconhecido como o procurado rei da Escócia. Mas finalmente é reconhecido, arrastado de um povoado a outro, e por algum tempo libertado na Dinamarca, já parece salvo. Mas então o ardente rabo de saia é apanhado por uma nêmesis inesperada; sua situação se complica quando uma mulher dinamarquesa a quem seduz por algum tempo prometendo casamento faz queixa dele. Entrementes, também em Copenhague souberam de mais detalhes, de qual crime era acusado, e a partir de então a espada balança o tempo todo sobre sua cabeça. Mensageiros disparam de um lado para outro, Moray exige que o entreguem, e Elizabeth exige isso mais intempestivamente ainda, para terem uma testemunha-chave contra Maria Stuart. Mas em segredo os parentes franceses de Maria Stuart tratam de fazer com que o rei da Dinamarca não entregue aquela testemunha perigosa. Sua prisão é cada vez mais rigorosa, porém a masmorra é sua única proteção contra a vingança deles. Todos os dias esse homem que teria enfrentado cem inimigos, ousado e corajoso, numa batalha, teme ser mandado para casa acorrentado e ser executado como assassino do rei, sob torturas indizíveis. Troca de prisão incessantemente, em locais cada vez mais estreitos, cada vez mais rigorosamente prendem-no atrás de grades e muros como um animal perigoso, e logo entende que só a morte o pode aliviar. Aquele homem forte e intenso, terror de seus inimigos, querido das mulheres, passa semanas e semanas, meses e meses, anos e anos em terrível solidão e inatividade, o corpo gigantesco apodrece em vida e se consome. Pior que a tortura, pior que a morte para esse indomável, que só se realizava no excesso de força e na liberdade sem limites, que disparava pelos campos na caça, cavalgava com fiéis seguidores e muitas batalhas, que tomava mulheres em todos os países e também se agradava de coisas intelectuais, era viver naquela horrenda solidão entre paredes frias, mudas e escuras, esse vazio do tempo que esmagava sua plenitude e vida. Relatos dizem que ele se debatia como um louco contra essas grades de ferro, e morreu miseravelmente mergulhado na demência. De todos os muitos que sofreram morte e martírio por Maria Stuart, este, a quem ela mais amou, pagou por mais tempo e de maneira mais terrível.

Mas Maria Stuart ainda pensa em Bothwell? O feitiço da submissão continua agindo de longe, ou lenta e silenciosamente esse elo se desfaz? Não sabemos. Também isso permaneceu mistério, como muitas outras coisas em sua vida. Só uma coisa vemos, surpresos: mal convalescida do parto, mal liberada de sua carga materna, ela volta a exercer o velho fascínio como mulher, mais uma vez está inquieta. Mais uma vez, pela terceira vez, ele atrai um jovem para o círculo de seu destino.

É preciso sempre repetir, e lamentar: os quadros que temos de Maria Stuart, em geral só feitos por pintores medianos, não nos dão uma visão de sua verdadeira natureza. Sempre apresentam, fria e superficial, apenas uma face graciosa, calma, amavelmente sedutora e suave, mas nada nos mostram do encanto sensual que essa mulher singular deve ter possuído. Um especial poder feminino deve ter irradiado dela, conquistando todos, pois por toda parte ela tem amigos, mesmo entre seus inimigos. Em tempo de noivado e viuvez, em cada trono e prisão, ela sabe criar a sua volta uma aura de simpatia e tornar o ambiente doce e amável. Mal chega a Lochleven, já conquistou de tal modo o jovem lorde Ruthven, um de seus guardas, que os lordes são obrigados a afastá-lo. Mal ele deixa o palácio, ela já encanta outro, o jovem lorde Douglas de Lochleven. Depois de poucas semanas, o filho da sua carcereira já está disposto a fazer tudo por ela, e, com efeito, será o mais fiel e devotado auxílio para a sua fuga.

Mas foi apenas um ajudante? O jovem Douglas não foi mais do que isso nesses meses de prisão? Essa simpatia foi realmente só cavalheiresca e platônica? *Ignorabimus.* Mas, seja como for, Maria Stuart aproveita a paixão do jovem da maneira mais pratica, e não poupa fingimento e astúcia. Além de seus encantos pessoais, a rainha ainda tem outra atração: sua mão significa poder. Parece que Maria Stuart — aqui só podemos ousar suposições, não afirmar — fingiu para a lisonjeada mãe do jovem Douglas que havia possibilidade de um casamento, para deixá-la mais tolerante, pois aos poucos a vigilância se torna menos rigorosa e, finalmente, Maria Stuart pode passar à ação à qual dedica todos os seus pensamentos: sua liberdade.

A primeira tentativa (a 25 de março) fracassa, embora fosse habilmente planejada. Cada semana se transporta ida e volta pelo lago uma lavadeira, com outras criadas. Douglas sabe convencê-la, e ela se declara disposta a trocar de roupa com a rainha. Na tosca roupagem de criada, protegida por um pesado véu, Maria Stuart atravessa o portão do bem vigiado castelo. Já a levam de bote a remo sobre o lago em cuja margem Jorge Douglas espera com cavalos. Mas um dos remadores resolve provocar a esguia mocinha lavadeira velada. Quer ver se é bonita e levanta seu véu.

Maria Stuart o detém com suas mãos brancas, finas, delicadas e alvas. E exatamente tal refinamento e delicadeza nos dedos de uma lavadeira a traem. Imediatamente, os homens dão alarme, e, embora a rainha lhes ordene, furiosa, que remem para a margem, é levada de volta à prisão.

O incidente é imediatamente comunicado, e depois disso a vigilância fica mais rigorosa. Jorge Douglas não deve mais entrar no castelo. Mas isso não o impede de permanecer por perto, e comunicando-se com a rainha; como mensageiro fiel, ele transmite a notícia aos seguidores dela. E embora banida e presa como assassina, depois de um ano de regência de Moray a rainha volta a ter seguidores. Alguns dos lordes, sobretudo os Huntly e Seton, permaneciam incondicionalmente devotados a ela — também por ódio a Moray. Mas singularmente Maria Stuart encontra seus melhores seguidores exatamente entre os Hamilton, que até ali tinham sido seus piores inimigos. Na verdade, entre os Hamilton e os Stuart reina uma antiquíssima rivalidade. Os Hamilton sempre recusavam aos Stuart a coroa escocesa, pois eram a segunda linhagem mais poderosa, e a desejavam para o seu clã; agora, de repente, surge a possibilidade de tornar um dos seus soberano da Escócia, casando-o com Maria Stuart. E imediatamente — política nada tem a ver com moral — eles ficam do lado da mulher cuja execução como assassina haviam exigido meses atrás. É difícil imaginar que Maria Stuart pensasse a sério (Bothwell já estará esquecido?) em casar-se com um Hamilton. Provavelmente só deu seu consentimento por cálculo, para ser libertada. Jorge Douglas, a quem também prometera casamento — audacioso jogo duplo de uma mulher desesperada —, serve como mensageiro nessa causa, e dirige a ação decisiva. A 2 de maio, tudo está pronto, e sempre que se precisa de coragem em lugar de esperteza Maria Stuart não falha.

Essa fuga é tão romântica quanto convém a uma rainha romântica: Maria Stuart e Jorge Douglas conquistaram entre os moradores do castelo um rapazinho, Guilherme Douglas, que lá serve como pajem, e ele cumpre sua tarefa com habilidade. A severa ordem da casa exige que no jantar em comum no castelo de Lochleven todas as chaves das saídas sejam colocadas sobre a mesa ao lado do administrador do castelo, como medida de segurança, e à noite ele as leva consigo para as guardá-las sob o travesseiro. Mas mesmo nessas refeições ele as quer ter à mão, bem visíveis: assim também desta vez, metálicas e pesadas, estão à frente dele sobre a mesa. Enquanto se servem os pratos, o pequeno joga rapidamente um guardanapo por cima das chaves do administrador, e enquanto o grupo que toma bastante vinho continua conversando, despreocupado, sem que os demais notem, ao tirar os pratos o rapazinho leva as chaves junto com o guardanapo. Então tudo acontece na rapidez prevista; Maria Stuart disfarça-se com a roupa de uma de suas criadas, o menino corre na frente, abre as portas por dentro e tranca-as cuidadosamente de fora, de modo que ninguém os possa seguir logo; essas chaves ele joga no lago. Antes disso, já amarrou entre si os botes existentes e os leva com o seu para o meio do lago, para que seja impossível persegui-los. Agora, basta com rápidos golpes de remo levar o bote na cálida noite de maio para a outra margem do lago, onde já aguardam Jorge Douglas e lorde Seton com cinquenta cavaleiros. Sem hesitação, a rainha salta no cavalo e galopa a noite toda até o castelo dos Hamilton. Com a liberdade, ela recuperou também a antiga audácia.

Essa é a famosa balada da fuga de Maria Stuart do castelo rodeado pelas águas do lago Lochleven, graças à devoção de um jovem ardente e ao sacrifício de um menino. Podemos ler essa cena romântica em *O abade*, de Walter Scott. Já os cronistas pensam a respeito com mais frieza. Acham que a severa carcereira Lady Douglas não fora tão ignorante de tudo como fingiu ser e como é descrita, que na verdade apenas inventara depois a bela história para desculpar a fraqueza e desejada cegueira dos guardas. Mas lendas, quando são belas, não devem ser destruídas. Por que escurecer essa última romântica luz crepuscular na vida de Maria Stuart? Pois as sombras já se levantam no horizonte. Terminaram as aventuras; pela última vez essa jovem mulher ousada despertou e sentiu amor.

Uma semana depois Maria Stuart reunira um exército de 6 mil homens. Mais uma vez, as nuvens parecem se desfazer, por um momento ela volta a ver estrelas favoráveis sobre a cabeça. Não só os Huntly, os Seton, os velhos camaradas vieram, não apenas o clã dos Hamilton se colocou a seu serviço, mas espantosamente também grande parte da nobreza escocesa, oito duques, nove bispos, dezoito lordes e mais de cem barões. Espantoso e por outro lado natural, pois na Escócia nunca pode haver um verdadeiro senhor sem que a nobreza se rebele contra ele. A dureza de Moray deixara os lordes amotinados: ainda que cem vezes culpada, preferiam uma rainha humilde àquele regente severo. Também o exterior reforça imediatamente em sua posição a rainha libertada. O embaixador francês procura Maria Stuart para homenagear nela a legítima soberana. Elizabeth, ouvindo a "alegre notícia de sua fuga", manda seu próprio embaixador. Sua posição ficou incomparavelmente mais forte e cheia de possibilidades naquele ano de prisão. A página virou de maneira maravilhosa. Mas como se um pressentimento sombrio a movesse, Maria Stuart, sempre tão corajosa e lutadora, procura evitar a decisão pelas armas, preferia uma silenciosa reconciliação com o irmão; um pequeno tênue brilho de reinado, se ele agora lhe permitisse isso, aquela mulher duramente posta à prova deixaria o poder com ele. Algo da força — os dias seguintes mostrarão isso — que vivia nela enquanto a vontade férrea de Bothwell a fortalecia, parece quebrada, e depois das preocupações, das aflições e dos tormentos, depois da cruel hostilidade, ela deseja só uma coisa: liberdade, paz e sossego. Mas Moray nem pensa mais em dividir o poder. A ambição dele e a de Maria Stuart são filhas do mesmo pai, e bons auxiliares ajudam em sua determinação. Enquanto Elizabeth manda congratulações a Maria Stuart, de sua parte Cecil, chanceler de Estado inglês, insiste energicamente com Moray para que liquide de uma vez com Maria Stuart e o partido católico na Escócia. E Moray não hesita muito tempo: sabe que enquanto aquela mulher irredutível estiver livre não haverá paz na Escócia. Quer ajustar contas definitivamente com os lordes rebeldes, e instituir um exemplo. Com sua energia habitual, do dia para a noite ele reúne um exército mais fraco em número do que o de Maria Stuart, mas mais bem conduzido e disciplinado. Sem aguardar outros reforços ele parte em marcha de Glasgow. E a 13 de maio, em Langside, acontece o ajuste de contas definitivo entre a rainha e o regente, entre irmão e irmã, entre Stuart e Stuart.

A batalha de Langside é breve mas decisiva. Não começa como a de Carberry Hill, com longa hesitação e negociação; em um ataque, a cavalaria de Maria Stuart se lança sobre o inimigo. Mas Moray escolheu bem sua posição; antes que possa assaltar a colina, a cavalaria inimiga é desfeita por intenso fogo, e num contra-ataque desmancha-se a linha inteira. Só três quartos de hora depois tudo acabou. Numa fuga louca, deixando canhões e mortos, o último exército da rainha se esfarelou.

Maria Stuart assistiu ao combate do alto de uma colina; assim que percebe que tudo está perdido, corre colina abaixo, salta em um cavalo e parte com poucos cavaleiros num galope intenso. Não pensa mais em resistir, está tomada de um terrível pânico. Sem descansar, numa louca cavalgada por pastagens e pântanos, florestas e campos, ela avança no primeiro dia instigada por um só pensamento: salvar-se! Mais tarde, èscreverá ao cardeal de Lorena: "Sofri insultos, infâmias, prisão, fome, frio, calor, fugi sem saber para onde, 150 quilômetros pelo interior sem comer nem descansar. Tive de dormir na terra nua, beber leite azedo e comer mingau de aveia sem pão. Três noites vivi nesse país como uma coruja, sem uma mulher para me servir." E assim, na imagem desses últimos dias, como audaciosa amazona, como figura romântica e heroica, ela permaneceu na memória de seu povo. Esquecidas estão hoje na Escócia suas fraquezas e loucuras, perdoados e desculpados os crimes de sua paixão. Só essa imagem permaneceu, a da doce prisioneira no castelo isolado, e da audaciosa amazona que para salvar sua liberdade dispara a cavalo pela noite e arrisca mil vezes a vida em lugar de entregar-se, assustada e covarde, aos inimigos. Três vezes ela já fugiu assim de noite, a primeira vez com Darnley de Holyrood, a segunda em roupas masculinas do castelo de Borthwick para ir até Bothwell, e a terceira com Douglas do castelo de Lochleven. Três vezes com uma cavalgada louca e audaciosa como essa ela salvara a liberdade e a coroa. Mas agora salva apenas a sua precária vida.

No terceiro dia depois da batalha de Langside, Maria Stuart chega à abadia de Dundrennan perto do mar. Ali acaba o seu reino. Até a fronteira mais remota de seu território perseguiram-na como a um animal selvagem em fuga. Para a rainha de ontem não há mais lugar seguro em toda a Escócia, não há retorno; em Edimburgo espera John Knox, sem o menor respeito por ela, e mais uma vez haverá o sarcasmo do populacho, o ódio dos sacerdotes, talvez pelourinho e fogueira. Seu último exército foi derrotado, sua última esperança destruída. Agora chega a dura hora de escolher. Atrás dela, o país perdido para o qual não há mais caminho de volta; à sua frente, o mar infinito que leva a todos os países. Ela pode atravessar até a França, pode passar para a Inglaterra, para a Espanha. Na França ela foi criada, lá tem amigos e parentes, lá moram muitos que a amam, os poetas que a cantaram, os nobres que a acompanharam; já uma vez esse país a recebeu hospitaleiro, coroando-a em pompa e magnificência. Mas exatamente porque ali fora rainha, ornada com todo o brilho da terra, elevada acima dos mais importantes do reino, ela não quer retornar como mendiga e pedinte, com roupa rasgadas e honra manchada. Não quer ver o sorriso irônico da odiosa italiana Catarina de Médici, nem aceitar esmolas ou deixar-se trancar num convento. Fugir para junto do gélido Filipe da Espanha seria um rebaixamento: aquela corte carola jamais perdoará que tenha dado a mão a Bothwell diante de um sacerdote protestante, recebendo a bênção de um herege. Assim, na verdade, só lhe resta uma alternativa, que nem é mais escolha mas coerção: atravessar para a Inglaterra. Pois exatamente naqueles dias de desespero da prisão Elizabeth não lhe mandara dizer, animadoramente, "a qualquer momento pode contar com a rainha da Inglaterra como uma amiga certa"? Não prometeu solenemente devolvê-la ao seu posto de rainha? Elizabeth não lhe mandou um anel como sinal do qual ela podia se utilizar a qualquer momento para invocar seus sentimentos fraternos?

Mas aquele cuja mão uma vez foi tocada pela desgraça sempre a estende para apanhar o dado errado. Também nessa decisão, a mais importante de todas, Maria Stuart decide precipitadamente; sem antes pedir segurança, ainda no convento de Dundrennan, ela escreve a Elizabeth: "Cara irmã, certamente estás sabendo de grande parte das minhas infelizes condições. Mas essa que hoje me leva a escrever-te aconteceu há muito pouco tempo, e é a de que alguns de meus súditos, nos quais eu mais confiava e que alcei aos mais altos cargos honoríficos, pegaram armas contra mim, mantiveram-me prisioneira e me trataram da maneira mais indigna. Inesperadamente o Todo-Poderoso Administrador de todas as coisas me libertou da cruel prisão a que estive submetida. Mas depois disso perdi uma batalha na qual a maior parte dos que me eram fiéis tombou diante dos meus olhos. Agora fui expulsa do meu reino, e estou em tamanha aflição que fora Deus não tenho esperanças senão na tua bondade. Peço-te, pois, caríssima irmã, para ser levada à tua presença para poder confiar-te todos os meus assuntos. Ao mesmo tempo, peço a Deus que te conceda todas as bênçãos do céu, e consolo, que espero e imploro para conseguir sobretudo por teu intermédio. Para te recordar do motivo que tenho para confiar na Inglaterra, envio para a rainha desse país esta joia, sinal de sua promissora amizade e apoio. Tua afetuosa irmã. R."

Com mão veloz, como para convencer a si mesma, Maria Stuart escreve essas linhas que decidirão seu futuro para sempre. Depois fecha o anel dentro da carta, que sela com seu sinete, e entrega ambos a um mensageiro a cavalo. Mas nessa carta não selou apenas o anel, e sim também seu destino.

E assim os dados foram lançados. A 16 de maio, Maria Stuart entra num pequeno barco de pesca, atravessa o golfo de Solway e atraca em terra inglesa perto da pequena cidade portuária de Carlisle. Nesse dia decisivo, ela ainda não tem 25 anos, mas a sua verdadeira vida já chegou a fim. Ela viveu e sofreu em excesso tudo o que o mundo tinha a oferecer, escalou todos os picos e mediu todas as profundezas. Em minúsculo lapso de tempo, em monstruosa tensão emocional, ela sentiu todos os contrários, enterrou dois maridos, perdeu dois reinos, foi aprisionada, e trilhou a negra senda do crime, e sempre voltou a escalar com novo orgulho os degraus do trono e do altar. Viveu em chamas nessas semanas e, numa labareda tão alta e fanática que seu reflexo ainda alumia nosso século. Mas agora essa fogueira desaba e se apaga, e com ela se consumiu o que Maria Stuart tinha de melhor: o que resta é cinza e escória, um pobre resto daquele magnífico ardor. Uma sombra de si própria, Maria Stuart entra agora na penumbra do seu destino.

17
Tece-se uma rede
(16 de maio a 28 de junho de 1568)

Não é de duvidar que Elizabeth tenha recebido com sincera consternação a notícia da chegada de Maria Stuart à Inglaterra. Pois essa visita não solicitada lhe causa grave constrangimento. É verdade que nos últimos anos, por solidariedade monárquica, ela tentou proteger Maria Stuart dos súditos rebeldes. Pateticamente — papel é algo barato e gentilezas escritas escorrem facilmente da pena diplomática — ela lhe assegurou sua simpatia, sua amizade, seu amor. Exagerando, prometeu que em quaisquer circunstâncias a outra poderia contar com ela como irmã fiel. Mas Elizabeth jamais convidara Maria Stuart a visitar a Inglaterra, ao contrário, há muitos anos fugia da possibilidade de um encontro pessoal. E agora, de repente, essa importuna atracou na Inglaterra, na mesma Inglaterra da qual há pouco ainda se vangloriava altivamente de ser a verdadeira rainha. Veio sem perguntar primeiro, sem convite nem pedido; sua primeira palavra já é uma invocação daquela antiga promessa de amizade, que fora apenas metafórica. Na segunda carta, Maria Stuart nem pergunta se Elizabeth deseja recebê-la ou não, mas exige tudo como seu direito natural: "Peço que o mais depressa possível mande me apanhar. Pois estou num estado que seria lastimável não apenas para uma rainha, mas até para uma simples aristocrata. Nada tenho senão a minha vida, só o que consegui salvar cavalgando 100 quilômetros pelos campos no primeiro dia. A senhora verá pessoalmente, como espero, e terá compaixão de meu desmedido infortúnio."

Com efeito, o primeiro sentimento de Elizabeth é compaixão. Para seu orgulho, deve ter sido uma imensa satisfação que essa mulher que a desejava tirar do trono tenha caído sem que Elizabeth precisasse fazer um gesto. Que espetáculo para o mundo, fazer erguer-se de onde estiver ajoelhada aquela rival arrogante, e abaixar-se para abraçá-la como protetora! Por isso também seu primeiro e certeiro instinto é generosamente convidar para junto de si a caída. "Fiquei sabendo", escreve o embaixador francês, "que a rainha no Conselho da coroa tomou com todo o seu poder partido da rainha da Escócia, e deu a entender a todos que pretendia receber e honrá-la como correspondia à antiga dignidade e grandeza dela, e não segundo sua situação atual." Com sua forte sensibilidade para sua responsabilidade mundial, Elizabeth quer cumprir sua palavra. Se tivesse seguido seu impulso espontâneo, teria salvado a vida de Maria Stuart, e a sua própria honra.

Mas Elizabeth não está sozinha. Ao lado dela está Cecil, homem com os olhos de aço, que joga xadrez friamente, lance a lance, sem nenhuma paixão. Aquela mulher temperamental e influenciada por qualquer sopro de ar colocou a seu lado aquele calculista firme e lúcido, que, totalmente desprovido de inspiração e romantismo, por sua natureza puritana odeia aquilo que há de desenfreado e apaixonado em Maria Stuart, e como rigoroso protestante despreza nela a católica. Além disso — suas anotações particulares o comprovam —, está totalmente convencido da culpa e cumplicidade dela no assassinato de Darnley. Ele imediatamente susta o braço que Elizabeth estendia em ajuda. Pois como político vê claramente os graves encargos que resultariam para o governo inglês de uma ligação com aquela querelante exigente, que há anos e anos provoca confusão por toda parte onde aparece. Receber com honrarias reais Maria Stuart em Londres significa implicitamente reconhecer sua exigência sobre a Escócia e impõe à Inglaterra o dever de lutar com armas e dinheiro contra Moray e os lordes. Cecil não tem a menor vontade de fazer isso, pois ele próprio instigou os lordes à revolta. Para ele, Maria Stuart foi e é a inimiga elementar do protestantismo, maior perigo para a Inglaterra, e ele consegue convencer Elizabeth de que a outra é perigosa; a rainha inglesa escuta com desagrado com que honras seus próprios nobres receberam a escocesa em seu solo. O mais poderoso dos lordes católicos, Northumberland, a convidou para seu castelo de Norfolk; o mais influente de seus lordes protestantes lhe fez uma visita. Todos parecem enfeitiçados pela prisioneira, e como por natureza Elizabeth é desconfiada, e como mulher vaidosa até a loucura, em breve abandona o generoso pensamento de trazer para sua corte uma princesa que a deixaria na sombra, e poderia servir aos insatisfeitos do reino como pretendente bem-vinda.

Portanto demorou apenas alguns dias e Elizabeth já pôs de lado seus sentimentos humanitários, decidindo firmemente não deixar Maria Stuart ir à corte nem sair do país. Mas Elizabeth não seria Elizabeth se se manifestasse e agisse com clareza. A ambiguidade no humano e no político é sempre a pior forma de agir, pois confunde a alma e inquieta o mundo. E aqui começa a grande inegável culpa de Elizabeth em relação a Maria Stuart. O destino lhe pôs nas mãos a vitória com que há anos sonhava: sua rival, considerada espelho de todas as virtudes cavalheirescas, sem colaboração dela caíra em opróbrio e vergonha, a rainha que queria a coroa dela perdera a sua, a mulher que a enfrentara arrogantemente na certeza de sua legitimidade agora pedira-lhe ajuda. Elizabeth podia fazer duas coisas. Podia dar o asilo que a Inglaterra sempre concedera generosamente a todos os refugiados, e com isso forçar a outra a cair de joelhos. Ou podia recusar-lhe por razões a permanência no país. Ambos os comportamentos teriam a sagrada unção do Direito. Pode-se receber quem pede ajuda, pode-se recusar recebê-lo. Mas uma coisa fere o Direito de céu e terra: atrair quem pede ajuda e depois prendê-lo contra sua vontade. Nem um pretexto ou desculpa existe para justificar a indesculpável artimanha de Elizabeth, não permitir que, apesar de seus pedidos insistentes, Maria Stuart saísse de novo da Inglaterra, detendo-a com astúcia e mentiras, com promessas pérfidas e violência secreta, e assim traiçoeiramente levasse uma mulher humilhada e vencida mais longe do que na verdade pretendia no sombrio caminho do desespero e da culpa.

Essa evidente infração do Direito, e da maneira mais feia porque traiçoeira, será para sempre a mancha escura na história do caráter de

Elizabeth, menos desculpável ainda do que mais tarde a sentença de morte e o cadafalso. Pois não havia o menor pretexto para justificar essa prisão. Quando aconteceu com Napoleão — às vezes se escolhe esse exemplo — fugir para o navio *Bellerophon* e lá reivindicar direito de hospedagem aos ingleses, a Inglaterra pôde recusar esse pedido como uma farsa patética. Pois as duas nações, França e Inglaterra, estavam em declarada guerra nesse tempo, Napoleão era comandante dos exércitos inimigos, e durante um quarto de século buscara meter os dentes na aorta da Grã-Bretanha. Entre a Escócia e Inglaterra, em compensação, não havia guerra mas paz total; Elizabeth e Maria Stuart há anos chamam-se de amigas e irmãs, e se Maria Stuart fugiu para junto de Elizabeth, pode mostrar-lhe o anel, o *token*, o símbolo, sinal de sua amizade, e pode invocar suas palavras: "Ninguém neste mundo a ouvirá tão afetuosamente quanto eu." Também pode invocar que até ali Elizabeth, apesar dos crimes deles, deu asilo a todos os seus súditos que fugiram para a Inglaterra, Moray, Morton, os assassinos de Rizzio, os assassinos de Darnley. E finalmente: Maria Stuart, não pede o trono da Inglaterra, mas, modestamente, quer permanecer tranquila no país, ou, caso Elizabeth não queira, deseja poder seguir viagem para a França. Naturalmente, Elizabeth sabe que não tem poder de aprisionar Maria Stuart, e até Cecil sabe disso, como prova uma anotação de seu punho, (*Pro Regina Scotorum*). "É preciso ajudá-la", escreve ele, "porque veio ao país voluntariamente e confiando na rainha." Os dois, portanto, sabem no fundo de sua consciência que não se pode encontrar um fio de justiça para tecer aquela grossa corda de injustiça. Mas o que seria a tarefa de um político senão construir pretextos e saídas para situações melindrosas, fazer de um algo um nada, e de um nada um algo? Como não existe motivo verdadeiro para se deter a fugitiva, é preciso inventar um; como Maria Stuart não é culpada de nada contra Elizabeth, é preciso torná-la culpada. Isso tem de ser feito com cautela, pois o mundo lá fora vigia e observa. É preciso apertar a rede sobre a indefesa em silêncio e traiçoeiramente, antes que ela perceba essa intenção. E quando — tarde demais — tentar livrar-se, ela própria se enredará mais e mais a cada movimento mais forte.

Esse enrolar e enredar começa com cortesias e rapapés. Dois dos mais nobres lordes de Elizabeth, lorde Scrope e lorde Knollys, são enviados rapidamente a Carlisle como cavaleiros de honra de Maria Stuart — que delicadeza! Mas sua verdadeira missão é tão obscura quanto múltipla. Devem saudar a nobre hóspede em nome de Elizabeth, dizer à rainha destronada o quanto Elizabeth lamenta a sua desgraça, e ao mesmo tempo deter e acalmar a mulher nervosa para que não se assuste antes do tempo nem peça ajuda às cortes estrangeiras. Mas a verdadeira e mais importante missão é dada em segredo aos dois, e é a ordem de já vigiar cuidadosamente a prisioneira, evitar visitas, confiscar cartas, e não por acaso no mesmo dia cinquenta alabardeiros são mandados a Carlisle. Além disso, Scrope e Knollys devem transmitir imediatamente a Londres tudo que Maria Stuart disser. Pois o que mais e mais impacientemente se espera é que Maria Stuart enfim se exponha e se possa inventar *a posteriori* um pretexto para a sua prisão, que já existe de fato.

A missão do informante lorde Knollys é muitíssimo bem-feita — a sua pena hábil devemos uma das mais expressivas e plásticas caracterizações de Maria Stuart. Sempre nos damos conta de que nos raros momentos em que reúne sua grande energia essa mulher impõe respeito e admiração, mesmo aos mais inteligentes dos homens. Sir Francis Knollys escreve a Cecil: "Sem dúvida, ela é uma mulher extraordinária, pois nenhuma adulação a engana de verdade, e da mesma forma nenhuma palavra franca parece ofendê-la, desde que julgue decente a pessoa que a pronuncia." Ele acha que ela tem língua afiada nas respostas e cabeça inteligente, é loquaz sua "coragem honesta", e seu *liberal heart*, sua maneira aberta de ser; mas também percebe que orgulho insensato devora sua alma, que "a coisa que ela mais deseja é a vitória, e comparadas a isso riqueza e todas as outras coisas da terra lhe parecem insignificantes e desprezíveis" — pode-se imaginar com que sentimentos a desconfiada Elizabeth lê essa caracterização de sua rival, e como seu coração e sua mão endurecem rapidamente em relação a ela.

Mas Maria Stuart também tem ouvido apurado. Percebe em breve que as agradáveis palavras de condolências e protestos de respeito desses enviados têm gosto de água e vento, e que os dois só conversam com ela tão zelosa e amavelmente para esconder alguma coisa. Só aos poucos, como um remédio amargo, gota a gota e fortemente adoçado com elogios, dizem-lhe que Elizabeth não se disporá a recebê-la enquanto não a tiver livrado de todas as acusações. Essa desculpa esfarrapada foi por sorte especulada em Londres para cobrir com um mantozinho moral a intenção nua e fria de manter Maria Stuart isolada e prisioneira. Mas, ou Maria Stuart não vê a armadilha, ou finge que não entende a perfídia desse adiamento. Com entusiasmo ardente declara que está disposta a justificar-se, "mas, naturalmente só diante de uma única pessoa que reconheço como minha igual, a rainha da Inglaterra". Quanto antes melhor. Quer ir imediatamente "e me lançar confiante em seus braços". Pede com insistência para ser recebida em Londres rápida e diretamente, a fim de apresentar suas queixas e desfazer a ignomínia que ousaram contra a sua honra! Pois alegremente aceitava Elizabeth, mas somente ela, como seu juiz. Elizabeth não quis ouvir mais nada. Em princípio concordando com uma justificação, ela agora tem na mão o primeiro gancho para lentamente arrastar para dentro de um processo essa mulher que viera ao seu país como hóspede. Naturalmente, isso não deve acontecer num impulso apressado, mas com muito cuidado, para que ela, já inquieta, não alarme o mundo cedo demais; antes da operação decisiva que há de tirar em definitivo a honra de Maria Stuart, ela primeiro tem de ser anestesiada com promessas para deitar-se quieta sob o punhal, sem resistir. Assim, Elizabeth escreve uma carta cujo tom seria comovente se não se soubesse que ao mesmo tempo o conselho ministerial há muito decidira mantê-la prisioneira. A recusa de receber Maria Stuart pessoalmente é enrolada em algodão. "Madame", escreve a fingida, "recebi através de meu lorde Herries seu desejo de defender-se em minha presença de todas as acusações que pesam sobre si. Ah, madame, não há ninguém no mundo que mais deseje ouvir suas explicações do que eu própria. Ninguém emprestaria de maior boa vontade seu ouvido a todas as respostas que se destinam a recompor a sua honra. Mas não posso arriscar por sua causa meu prestígio. Para dizer-lhe francamente a verdade, já se pensava que eu estaria mais disposta a defender a sua causa do que a abrir meus olhos para aquelas coisas das quais seus súditos a acusam." A essa hábil recusa segue porém, mais refinada ainda, uma sedução. Elizabeth promete solenemente — é preciso enfatizar isso —, "sob minha palavra de soberana, que nem seus súditos, nem nenhum conselho que eu possa receber de meus conselheiros me farão exigir--lhe algo que a possa prejudicar ou tocar a sua honra". Cada vez mais insistente e eloquente se torna a carta. "Parece-lhe singular que eu não lhe permita ver-me? Peço que se ponha na minha situação. Quando a senhora ficar livre dessa suspeita, eu a receberei com todas as honras; até lá não posso. Mais tarde, entretanto, isso eu lhe juro por Deus, jamais haverá uma pessoa com mais boa vontade, e de todas as alegrias terrenas quero que esta seja a primeira para mim."

São palavras consoladoras, cálidas, doces, que redimem a alma. Mas encobrem uma causa ressequida e dura. Pois o portador dessa mensagem também tem a tarefa de finalmente deixar claro para Maria Stuart, sem sombra de dúvida, que não há possibilidade alguma de justificar-se diante de Elizabeth em pessoa, mas que haverá uma investigação legal dos fatos ocorridos na Escócia, por ora ainda oculta sob o nome honroso de "conferência".

Ouvindo as palavras "processo", "investigação", "sentença", o orgulho de Maria Stuart salta como se tocado por ferro em brasa.

— Não tenho juiz senão Deus — soluça ela em lágrimas indignadas. — Ninguém pode pretender julgar-me. Sei quem sou, e conheço os direitos de minha posição. É verdade que por vontade própria e plena confiança sugeri à rainha minha irmã que fosse juiz da minha causa. Mas como isso poderá acontecer se ela não permite que eu a veja?

Ameaçadora, ela anuncia (e como será verdadeira sua palavra!) que Elizabeth não terá nenhum ganho mantendo-a no país. Depois pega da pena:

"*Hélas*! Madame, onde se ouviu dizer que se pudesse censurar um soberano que escutou pessoalmente as queixas de outro, que está sendo injustamente acusado? Não pense, madame, que vim até aqui para salvar

264

a minha vida. Nem o mundo nem toda a Escócia me rejeitou — vim, isto sim, para recuperar a minha honra e encontrar apoio para castigar meus falsos acusadores, mas não para lhes responder como se fossem meus iguais. Eu a escolhi entre todos os príncipes como minha parenta mais próxima e *perfaicte amye*, para poder acusá-los diante da senhora, porque acreditei que a senhora consideraria uma honra ser convocada para refazer a honra de outra rainha." Ela não escapara de uma prisão para ser detida ali, *quasi en une autre*. Por fim, pede intempestivamente exatamente aquilo que todo mundo sempre exigirá em vão de Elizabeth, isto é, clareza em seu comportamento: ou ajuda, ou a liberdade. Ela, *de bonne voglia* se justificaria diante de Elizabeth, mas não na forma de um processo contra seus súditos, a não ser que fossem conduzidos à sua presença de mãos amarradas. Totalmente consciente da graça de Deus, ela se recusa a ser colocada no mesmo degrau que seus súditos: preferia morrer.

Esse ponto de vista de Maria Stuart é juridicamente intocável. A rainha da Inglaterra não tem nenhuma ascendência sobre a rainha da Escócia, não tem de mandar fazer investigações sobre um assassinato acontecido em país estrangeiro, não tem de intrometer-se no conflito de uma soberana estrangeira com seus súditos. No fundo, Elizabeth sabe perfeitamente disso, e assim duplica os lisonjeiros esforços para tirar Maria Stuart da sua posição firme e intangível, levando-a para o solo escorregadio de um processo. Não, não é como juíza mas como amiga e irmã que deseja esse esclarecimento, ah, desejava de coração finalmente ver frente a frente sua posição segura, Elizabeth concorda com uma coisa depois da outra, finge que nem por um minuto acreditou na culpa da difamada, como se o processo nada tivesse a ver com Maria Stuart mas só fosse contra Moray e os outros rebeldes. Uma mentira segue a outra. Ela se compromete dizendo que nessa investigação nada deve ser mencionado *against her honour*, contra a honra de Maria Stuart, e mais tarde veremos como essa promessa foi cumprida. Elizabeth mente aos intermediários dizendo que não importa qual o fim da investigação, estava assegurada para Maria Stuart a sua posição de rainha. Porém, enquanto Elizabeth se comprometia com juramentos e palavra de honra com Maria Stuart, o chanceler Cecil viaja animadamente por outros trilhos. Tranquiliza Moray, para que este se submeta à investigação, dizendo que jamais se pensara em reinstalar sua irmã no trono — como vemos, a técnica da bolsa de fundo falso não é invenção política do nosso século.

Logo Maria Stuart percebe esse ir e vir secreto; assim como Elizabeth não se deixa enganar por ela, ela não ignora as intenções da querida prima. Defende-se e resiste, escreve cartas doces ou amargas, mas o laço de Londres não se afrouxa mais — bem ao contrário, lentamente se fecha e corta mais e mais fundo. Aos poucos, para aumentar a pressão espiritual, tomam-se toda a sorte de medidas para mostrar-lhe que estão decididos a, em caso de necessidade, briga ou recusa, exercer também a força. Reduzem-se suas comodidades: não lhe é mais permitido receber visitas da Escócia, ao sair acompanham-na nada menos que cem cavaleiros, e certo dia ela é surpreendida pela ordem de mudar-se de Carlisle, do mar aberto — onde o olhar pelo menos pode vagar livremente na distância e talvez um barco a possa raptar — para o sólido castelo de Bolton em Yorkshire, para *a very strong, very fair and very stately house*.[28] Também esse recado duro é adoçado, as garras afiadas ainda se escondem covardemente atrás de patinhas de veludo: asseguram a Maria Stuart que só por terna preocupação, para sabê-la mais perto e para apressar a troca de cartas, Elizabeth ordenou essa mudança; em Bolton ela "teria mais alegria e liberdade e estaria totalmente abrigada de qualquer ameaça de parte de seus inimigos". Maria Stuart não é ingênua a ponto de acreditar em tanto amor, ainda se recusa e resiste, embora saiba que perdeu. Mas o que lhe resta? Não pode voltar mais para a Escócia, não a deixam ir para a França, e sua situação externa é cada vez mais indigna: vive do pão de estranhos, e os vestidos que usa são

---

[28] "Uma casa muito forte, muito bela e muito imponente." (*N. da T.*)

emprestados de Elizabeth. Totalmente sozinha, isolada de verdadeiros amigos, rodeada somente por súditos de sua adversária, Maria Stuart aos poucos fica insegura em sua resistência.

Finalmente, e Cecil contou com isso, ela comete o grande erro pelo qual Elizabeth espera com tanta impaciência. Num momento de descuido, ela concorda com uma investigação. É o maior e mais imperdoável erro que já cometeu, deixar-se afastar de seu ponto de vista intocável, de que Elizabeth não a pode julgar nem roubar sua liberdade, que como rainha e hóspede não tem de se submeter ao julgamento de estranhos. Maria Stuart, todavia, sempre tem apenas breves rompantes fogosos de coragem, jamais teve a força, tão necessária a uma rainha, de persistir tenazmente. Em vão, sentindo que perdeu o chão sob os pés, posteriormente procura ainda impor condições, e depois de ter permitido que extraíssem dela a concordância, ao menos procura agarrar-se ao braço que a empurra para o abismo.

"Não há nada", escreve ela a 28 de junho, "que eu não aceitasse sob a sua palavra, pois nunca duvidei de sua honra e lealdade de rainha."

Mas quem uma vez se submeteu ao favor e ao desfavor de outrem, a esse depois não ajuda nem palavra nem pedido. A vitória reclama seus direitos, e sempre se transforma em desrazão para o vencido. *Vae victis*!

18
Fecha-se a rede
(julho de 1568 a janeiro de 1569)

Mal Maria Stuart deixou levianamente que extorquissem dela a concordância com o "processo imparcial", o governo inglês já emprega os meios para tornar o processo parcial. Enquanto os lordes podem comparecer pessoalmente armados com todas as provas, a Maria Stuart apenas se permite fazer-se representar por dois homens de confiança; apenas de longe e com intermediários ela pode fazer suas acusações contra os lordes rebeldes, que de sua parte podem falar alto e livremente e fechar acordos secretos — com essa perfídia desde o começo ela foi empurrada da posição de ataque para a de defensiva. Silenciosamente, todas as belas promessas caem uma após a outra sob a mesa de negociações. A mesma Elizabeth que há pouco declarara que não combinava com sua honra admitir Maria Stuart na sua presença antes de concluído o processo, recebe o rebelde Moray. E dos cuidados com a "honra" de repente nem se fala mais. A intenção de empurrar Maria Stuart para o banco dos réus é disfarçada de modo ainda mais pérfido — é preciso cuidar-se na frente dos estrangeiros —, e a fórmula diz que os lordes tinham de "justificar-se" pela sua rebelião. Mas esse justificar-se que Elizabeth pede dos lordes com tanta hipocrisia significa naturalmente que devem expor as razões pelas quais ergueram as armas contra sua rainha. Implicitamente pedem-lhes, pois, que comentem todas as circunstâncias do assassinato do rei, e por si então a ponta dessa lança se voltará contra Maria Stuart. Se os lordes apresentarem acusações suficientes contra ela, em Londres, é possível defender juridicamente o motivo de continuar mantendo

Maria Stuart prisioneira, e o indesculpável de sua prisão estará muito bem desculpado aos olhos do mundo.

Mas, pensada como jogo fingido, essa conferência — que não se pode chamar de processo legal sem ofender a Justiça — inesperadamente se transforma em comédia em bem outro sentido do que tinham desejado Cecil e Elizabeth. Pois mal as partes são colocadas em torno da mesa-redonda para trocar acusações, mostram pouca vontade de expor documentos e fatos, e ambos bem sabem por quê. Pois — curiosidade única nesse processo —, no fundo, acusadores e acusados são cúmplices do mesmo crime; ambos prefeririam calar sobre o melindroso tema do assassinato de Darnley, no qual ambos foram *art and part*. Se Morton, Maitland e Moray abrissem aquela caixinha de cartas e afirmassem que Maria Stuart fora cúmplice ou que pelo menos soubera do crime, os honrados lordes teriam toda a razão. Da mesma forma, no entanto, Maria Stuart teria direito de acusar os lordes, de terem também sabido de tudo e no mínimo tê-lo aprovado com seu silêncio. Se os lordes botarem sobre a mesa aquelas penosas cartas de Maria Stuart, ela, que através de Bothwell sabe quem assinou a aliança dos assassinos, e talvez até tenha essa folha em mãos, pode arrancar a máscara da cara dos que agora pretendem ser patriotas. Nada mais natural, pois, nada mais compreensível do que seu interesse comum de tratar esse assunto espinhoso *à l'amiable*, e deixar o pobre Henrique Darnley descansar em paz na sepultura: *Requiescat in pace!* é a devota oração das duas partes.

Assim acontece o singular, e totalmente inesperado para Elizabeth: na abertura do processo, Moray só acusa Bothwell — sabe que esse homem perigoso está a milhares de quilômetros de distância e não dirá os nomes de seus comparsas —, mas com estranha discrição evita acusar sua irmã, seja como for. Parece totalmente esquecido que há um ano a culparam diante do Parlamento de ser culpada de ajudar num assassinato. Esses estranhos cavaleiros não atacam tempestuosamente como Cecil esperava, não jogam na mesa as cartas acusadoras, e — segunda singularidade, mas não a última, dessa inventiva comédia — também os comissários ingleses permanecem mudos e não perguntam muita coisa.

Lorde Northumberland, como católico, talvez esteja mais próximo de Maria Stuart que de Elizabeth, a rainha; lorde Norfolk, por sua vez, trabalha num silencioso equilíbrio por razões particulares que só se revelarão paulatinamente. As linhas fundamentais do entendimento já foram traçadas: Maria Stuart recuperará o título e a liberdade; Moray, em compensação, ficará com a única coisa que lhe importa: o governo de fato. Onde Elizabeth desejara raios e trovões para destruir moralmente sua adversária, sopra uma brisazinha suave. Conversam cordialmente atrás de portas cerradas, em lugar de comentar em voz alta documentos e fatos. O clima é cada vez mais cálido e em alguns dias, em lugar de uma audiência rigorosa, acusados e acusadores, comissários e juízes colaboram entre si a fim de preparar um honroso enterro de primeira classe à conferência que Elizabeth desejaria que se dirigisse contra Maria Stuart como ação pública principal.

O intermediador, convocado para agir entre os dois partidos, é o secretário de Estado escocês Maitland de Lethington. Ele teve o mais sombrio papel nesse trevoso assunto do assassinato de Darnley, e como diplomata nato naturalmente foi um papel duplo. Quando, em Craigmillar, os lordes procuraram Maria Stuart, sugerindo-lhe que se livrasse de Darnley por divórcio ou outro modo, Maitland fora o porta--voz deles e fizera a sombria promessa de que Moray "fingiria nada ter visto". De outro lado, ele estimulara o casamento com Bothwell, foi "casualmente" testemunha no sequestro, e perto do fim voltou para o lado dos lordes. Numa artilharia intensa entre a rainha e os lordes, ele divisa a possibilidade sinistra de entrar no tiroteio. Por isso, emprega rapidamente todos os meios permitidos e não permitidos para conseguir um acordo.

No começo, ele intimida Maria Stuart, dizendo que os lordes estão decididos, no caso de ela não ceder, a empregar sem escrúpulos tudo que lhes sirva de defesa, ainda que isso represente opróbrio para ela. E para lhe mostrar as armas caluniosas com as quais já contam os lordes, ele manda sua mulher, Maria Fleming, copiar, secretamente, da caixinha a peça acusatória principal, as cartas de amor e os sonetos, e entregar as cópias a Maria Stuart.

Essa entrega secreta a Maria Stuart do material acusatório que ela ainda desconhecia é naturalmente um lance de xadrez de Maitland contra seus camaradas, e, além disso, uma grosseira infração de qualquer ordem normal de um processo. Mas é rapidamente compensada pela mesma atitude inaudita dos lordes, que também, de certa forma, por baixo da mesa de negociações, entregam as "cartas da caixinha" a Norfolk e os outros comissários ingleses. Com isso deu-se um duro golpe contra a causa de Maria Stuart, pois de antemão os juízes que há pouco ainda queriam intermediar ficam pessoalmente influenciados contra ela. Norfolk, em especial, fica consternado com os vapores ruins que emanam dessa caixa de pandora aberta. Imediatamente — o que também não devia fazer, mas nesse estranho processo vale tudo menos o Direito —, ele anuncia a Londres: "O amor desenfreado e sujo entre Bothwell e a rainha, a repulsa dela pelo seu marido assassinado, e a conspiração contra a vida dele ficaram tão evidentes que qualquer homem bom e bem-intencionado tem de se arrepiar e recuar de horror."

Mensagem péssima para Maria Stuart, muito bem-vinda para Elizabeth. Pois agora que ela sabe que material desonroso pode ser posto na mesa, não vai sossegar até que ele seja conhecido. Agora, quanto mais Maria Stuart insistir em um acerto silencioso, tanto mais ela vai querer exibir tudo publicamente. Pela posição hostil de Norfolk, pela sua sincera amargura desde que viu as cartas da famigerada caixinha, o jogo parece perdido para Maria Stuart.

Mas na mesa de jogo como na política nunca se deve dar por perdida uma partida enquanto se tem uma carta na mão. Exatamente nesse momento, Maitland dá um passo espantoso. Visita Norfolk, e tem uma longa e íntima conversa com ele. E, espantoso, de início a notícia é inacreditável, um milagre sucedeu do dia para a noite, Saulo transformou-se em Paulo: o juiz Norfolk, chocado e indignado com Maria Stuart, agora passou a ser seu mais solícito ajudante e partidário. Em vez de apoiar sua própria rainha, que quer o processo público, agora trabalha mais pelo interesse da rainha escocesa; de repente, fala com Maria Stuart, pede-

-lhe que não desista da coroa escocesa, nem do direito ao trono inglês, e a apoia, fortalece sua mão. Ao mesmo tempo insiste com Moray para que desista de apresentar as cartas, e, vejam só, também Moray muda de ideia depois de um diálogo secreto com Norfolk. Torna-se brando e conciliador, concorda inteiramente com Norfolk em responsabilizar unicamente Bothwell pelo ato, deixando Maria Stuart de fora; um vento suave parece ter soprado à noite sobre os telhados, o gelo se rompeu; mais alguns dias, e a primavera e a amizade brilham sobre aquela estranha casa.

O que pode ter levado Norfolk a fazer essa volta de 180 graus de um dia para outro, nós nos perguntamos, transformando o juiz de Elizabeth em um traidor da vontade dela, o adversário de Maria Stuart em seu melhor amigo? Primeira ideia: Maitland deve ter subornado Norfolk. Parece improvável. Pois Norfolk é o nobre mais rico da Inglaterra, sua família está pouco atrás dos Tudor; tanto dinheiro nem Maitland nem toda a pobre Escócia podem reunir. Como em geral ocorre, no entanto, a primeira impressão estava correta: Maitland realmente conseguiu subornar Norfolk. Ofereceu ao jovem viúvo a única coisa que poderia atrair um homem tão poderoso — isto é, mais poder ainda. Ofereceu ao duque a mão da rainha, e com isso o direito de sucessão da coroa real inglesa. E de uma coroa real emana um feitiço que torna os mais covardes corajosos, os mais indiferentes ambiciosos, e os mais sensatos ensandecidos. Agora compreendemos por que Norfolk, que ontem ainda insistira tanto com Maria Stuart para que desistisse por si só seus direitos de rainha, agora procura convencê-la a defender-se. Pois ele quer se casar com ela apenas por esse seu privilégio, que subitamente o coloca em pé de igualdade com os Tudor, que mandaram executar seu pai e seu avô como traidores. E não se pode interpretar mal o filho e neto por trair uma família real que matou a dele pela machadinha do verdugo.

No começo, nossa sensibilidade atual hesita em entender essa monstruosidade, de que o mesmo homem que ontem ainda se horrorizava com Maria Stuart, a assassina e adúltera, indignado com seus "sujos" casos de amor, tão depressa decidisse tomar essa mesma mulher como esposa. E, naturalmente, os defensores de Maria Stuart introduziram aqui a hipótese de que naquela conversa secreta Maitland deveria tê-lo persuadido da inocência dela, provando-lhe que aquelas "cartas da caixinha" eram falsificações. Mas os documentos que ficaram não fazem menção alguma sobre isso, e na realidade semanas mais tarde Norfolk ainda continuava chamando Maria Stuart de assassina diante de Elizabeth. Porém, nada seria mais errado do que querer reinterpretar conceitos morais quatrocentos anos depois, porque o valor de uma vida humana não é absoluto em diversas épocas e regiões; cada época os avalia diferentemente, a moral é sempre relativa. Somos hoje muito mais tolerantes quanto ao assassinato político do que foi o século XIX, e da mesma forma o século XVI não tinha grandes escrúpulos quando a isso. Escrúpulos de consciência eram totalmente estranhos num tempo que não extraía sua moral das Escrituras, mas de Maquiavel: quem então quisesse ocupar um trono não costumava onerar-se com ponderações de ordem sentimental, nem queria saber se os degraus para chegar a ele ainda estavam molhados de sangue. Afinal, a cena de *Ricardo III*, onde a rainha dá a mão ao homem que sabe ser assassino foi escrita por um contemporâneo, e não parecia inaceitável para os espectadores de então. Para ser rei se matava, envenenava o pai, o irmão, mandavam-se para a guerra milhares de pessoas inocentes, eliminava-se, assassinava-se sem ligar para o Direito, e dificilmente haveria na Europa daqueles tempos uma família de governantes na qual não se houvesse cometido abertamente algum crime desse tipo. Tratando-se de uma coroa, meninos de 14 anos casavam-se com matronas de 50, meninas imaturas com anciãos que podiam ser seus avôs, não se perguntava muito por virtude e beleza ou dignidade e moral, casavam-se deficientes e criminosos; por que logo desse vaidoso e ambicioso Norfolk se esperariam escrúpulos especiais, quando aquela princesa bela, jovem e de sangue quente, se declarava disposta a elevá-lo à posição de marido? Norfolk, cego pela ambição, não pensa muito no que Maria Stuart fez, mas apenas naquilo que ela poderá fazer por ele; em seus pensamentos, esse homem fraco e não muito inteligente já se vê em Westminster em lugar de Elizabeth.

Do dia para a noite a folha desse livro virou. A mão hábil de Maitland afrouxara a rede tecida para Maria Stuart, e onde ela deveria esperar um juiz severo havia de repente um pretendente e auxiliar.

Mas Elizabeth tinha bons informantes, uma inteligência viva e era muito desconfiada. *Les princes ont des oreilles grandes qui oyent loin et près,*[29] disse ela certa vez em triunfo ao embaixador francês. Em centenas de pequenos sinais, ela fareja que em York se prepara toda sorte de beberagens obscuras que não lhe fariam bem. Primeiramente manda chamar Norfolk, e lhe fala na cara, ironicamente, que ouviu dizer que ele fazia a corte a uma certa dama. Norfolk não é um herói. O poltrão começa a defender-se; imediatamente difama da maneira mais lamentável Maria Stuart, a quem ainda ontem cortejara. Tudo era mentira, disse, jamais se casaria com aquela adúltera e assassina, e mente com bravura:
— Só posso dormir num travesseiro seguro.

Mas Elizabeth sabe o que sabe, e mais tarde poderá dizer orgulhosa:
— *Ils m'ont cru si sotte, que je n'en sentirais rien.*[30]

Quando essa mulher, com sua força indomável, pressiona com firmeza um sonso na sua corte, imediatamente ele deixa cair todos os seus segredos da manga. E ela age imediatamente, com energia. Por ordem dela, a 25 de novembro as negociações são transferidas de York para Westminster, na *Camera depicta*. A poucos passos da sua porta e diretamente sob seus olhares desconfiados, Maitland não tem mais jogo tão fácil quanto em Yorkshire, a dois dias de viagem dali e longe de vigias e espiões. Além disso, Elizabeth acrescenta aos seus comissários que reconheceu como pouco confiáveis alguns com os quais pode contar sem problemas, sobretudo seu querido Leicester. E agora que sua mão firme agarrou as rédeas, o processo corre em ritmo acelerado, no curso que ela ordena. Moray, seu velho assalariado, recebe a ordem clara de "defender-se" e o perigoso estímulo de não recear nem de apresentar

---

[29] "Os príncipes têm orelhas grandes, que ouvem longe e perto." (*N. da T.*)
[30] "Pensavam que eu fosse tão boba que não perceberia nada." (*N. da T.*)

a *extremity of odious accusations*, portanto as provas de adultério com Bothwell, as cartas da caixinha. A solene promessa a Maria Stuart de que nada se faria *against her honour* desapareceu completamente. Mas os lordes ainda não se sentem muito confortáveis. Ainda hesitam e hesitam em entregar as cartas, e limitam-se a suspeitas generalizadas. E como Elizabeth não pode ordenar abertamente que apresentem as cartas porque sua parcialidade ficaria demasiadamente evidente, ela inventa um fingimento ainda maior. Faz de conta que está convencida da inocência de Maria Stuart e que conhece um caminho para salvar-lhe a honra, insistindo, com solicitude fraterna, num esclarecimento total e na apresentação do material de provas de todas as "infâmias". Ela quer as cartas e sonetos de amor a Bothwell na mesa de discussões. Maria Stuart tem de ser definitivamente liquidada.

Sob tal pressão os lordes finalmente cedem. Uma pequena comédia de resistência ainda ocorre no último minuto: quando Moray sem colocar pessoalmente as cartas na mesa, apenas mostra as missivas de longe, e então permite que um secretário as tire de suas mãos "à força". Porém, agora, triunfo de Elizabeth, elas estão sobre a mesa, são lidas em voz alta, e novamente no dia seguinte perante uma comissão maior. Os lordes há muito juraram sua autenticidade, mas não era mais suficiente. Como adivinhasse com séculos de antecipação todas as objeções dos que no futuro haveriam de querer salvar a honra de Maria Stuart, e declarariam que essas cartas eram falsificadas, Elizabeth ordena que se compare minuciosamente diante de toda a comissão a letra que há nelas com a das que ela própria recebera de Maria Stuart. Durante esse exame (mais uma vez argumento importante para a legitimidade das cartas), os representantes de Maria Stuart abandonam a discussão e declaram — com toda a razão — que Elizabeth não cumprira sua palavra de nada fazer *against the honour* de Maria Stuart.

Mas de que vale o Direito nesse mais ilegal de todos os processos, em que a principal acusada nem pode aparecer, enquanto seus inimigos, como Lennox, podem pronunciar livremente suas acusações? Mal os representantes de Maria Stuart se afastaram, os comissários reunidos já tomam unanimemente a "decisão provisória" de que Elizabeth não pode receber Maria Stuart enquanto esta não estiver livre de todas essas acusações. Elizabeth chegou aonde queria. Finalmente, fabricavam o pretexto de que ela tanto precisava para rejeitar a refugiada. E não será difícil agora encontrar também a desculpa para continuar mantendo-a *in honourable custody* — belo eufemismo para "prisão". Triunfante, um de seus fiéis seguidores, o arcebispo Parker, pode exclamar:

— Agora a nossa boa rainha está segurando o lobo pelas orelhas!

Com essa "constatação provisória", a cabeça de Maria Stuart curva-se diante da pecha de assassina; sua nuca ficou exposta. Agora a sentença pode cair sobre ela como um machado. Pode ser declarada assassina e entregue à Escócia, e lá John Knox não conhece misericórdia. Mas nesse momento Elizabeth ergue a mão e detém o golpe assassino. Sempre que se trata de uma última decisão, no bem ou no mal, falta coragem a essa mulher enigmática. Será um movimento generoso de humanidade que seguidamente transborda nela, será vergonha pela palavra real quebrada de que preservaria a honra de Maria Stuart? Será cálculo diplomático, ou — como em geral nessa natureza imperscrutável — uma confusão de sentimentos contraditórios? Seja como for, Elizabeth mais uma vez recua diante da oportunidade de liquidar definitivamente sua adversária. Em lugar de uma rápida sentença dura, ela adia a sentença em relação a essa mulher obstinada, que não cedia e não se deixava intimidar; quer apenas que ela se cale, e se humilhe. Portanto sugere-lhe que antes de ser dada a sentença derradeira ela proteste contra os documentos, e secretamente dizem a Maria Stuart que, se ela abdicasse de boa vontade, seria absolvida, e poderia permanecer na Inglaterra, livre e com uma pensão. Ao mesmo tempo — pão-doce e chibata —, assustam-na com a notícia de uma sentença pública, e Knollys, homem de confiança da corte inglesa, relata que a assustou o máximo que podia, com ameaças. Elizabeth trabalha com seus dois instrumentos prediletos: intimidação e sedução.

Mas Maria Stuart não se deixa intimidar nem seduzir. O perigo sempre tem de queimar a sua pele para que ela se recomponha, mas então, com a coragem, cresce a sua postura. Ela se recusa a examinar os documentos. Tarde demais reconhece a armadilha em que entrou, e recua para seu velho ponto de vista de que não se deixará confrontar de igual para igual com súditos. Sua mera palavra de rainha, de que todas as acusações e todos os documentos são falsos, deveria valer mais do que todas as provas e afirmações. Rejeita rudemente as ofertas de obter absolvição de um tribunal que não reconhece, e não pretende comprá-lo oferecendo sua abdicação. Determinada, ela lança sobre os interme-diadores as palavras que tornou verdadeiras com sua vida e sua morte:

— Nem uma palavra mais sobre a possibilidade de desistir da minha coroa! A concordar com isso, prefiro morrer, e as minhas últimas pala-vras em minha vida deverão ser as de uma rainha da Escócia.

A intimidação fracassou, Maria Stuart enfrentou com sua coragem total a meia-coragem de Elizabeth. Mais uma vez, Elizabeth começa a hesitar, e apesar da persistência de Maria Stuart não ousa dar uma sentença clara. Elizabeth sempre recua diante das últimas consequ-ências de sua própria vontade (veremos isso repetindo-se sempre e sempre). A sentença não é tão aniquiladora como ela planejara, mas não é tão pérfida como todo o processo. A 10 de janeiro, solenemente, anuncia-se a sentença torta e falha de que não se provou nada que ferisse a honra e o dever contra Moray e seus seguidores. Com isso, a rebelião dos lordes obteve aprovação definitiva. Essa declaração é infinitamente mais ambígua para Maria Stuart: significava que os lordes não tinham provado as acusações contra a sua rainha de modo suficiente para provocar na rainha da Inglaterra uma opinião negativa de sua irmã. Lendo de maneira superficial, podia parecer que a honra de Maria Stuart estava salva, e a prova em contrário fora insuficiente. Mas há uns ganchos venenosos nas palavras *been sufficiently*. Com isso quer dizer que muitas coisas altamente suspeitas e graves tinham sido apresentadas, apenas nada "suficientemente" provado para con-vencer uma rainha tão bondosa como Elizabeth. E Cecil não precisa mais que isto para seus objetivos: a suspeita continua pairando sobre

Maria Stuart, e encontraram motivo suficiente para manter prisioneira a mulher indefesa. Por ora, Elizabeth venceu.

Mas é uma vitória de Pirro. Pois enquanto ela mantiver Maria Stuart prisioneira, duas rainhas estarão vivendo dentro da Inglaterra, e, enquanto uma e outra viverem, o país não terá paz. Da injustiça sempre nasce a inquietação, o que foi maquinado com astúcia sempre é malfeito. Quando roubou a liberdade de Maria Stuart, Elizabeth privou-se da própria. Na medida em que trata Maria Stuart como inimiga, ela lhe dá o direito de ser hostil, sua quebra de palavra dá à outra o direito de romper a sua, sua mentira lhe dá o direito de mentir. Anos a fio Elizabeth terá de pagar pelo erro de não ter cedido ao primeiro e natural instinto. Tarde demais reconhecerá que, nesse caso, magnanimidade teria sido inteligência. Pois como teria acabado pobre e pequena a vida de Maria Stuart, se após a cerimônia barata de uma recepção fria Elizabeth tivesse mandado a pedinte sair de seu país! Para onde ela, despachada de maneira humilhante, teria podido ir? Nenhum juiz e nenhum poeta teria se interessado por ela; difamada por aqueles escândalos, humilhada pela generosidade de Elizabeth, teria vagado de corte em corte; Moray teria lhe fechado o acesso à Escócia; nem a França nem a Espanha receberiam com grande respeito aquela querelante incômoda. Talvez, segundo seu temperamento, ela tivesse seguido Bothwell para a Dinamarca. Mas seu nome teria desaparecido na história, ou quando muito seria nomeado desonrosamente como o da rainha que se casara com o assassino do marido. De todo esses destinos baixos e sombrios, a injustiça de Elizabeth salvou Maria Stuart na história universal. Engrandeceu a figura da inimiga; tentando humilhar Maria Stuart, elevou-a, e rodeou sua cabeça já curvada com a aura do martírio. Nenhum de seus atos alçou Maria Stuart de tal maneira a personagem lendária como a injustiça inutilmente sofrida, e nada reduziu tanto a medida moral de Elizabeth quanto o fato de não ter sabido ser magnânima num grande momento.

19
Os anos decorridos na sombra
(1569–1584)

Nada é mais difícil de descrever do que o vazio, nada mais duro de desenhar do que a monotonia. A prisão de Maria Stuart é um desses não acontecimentos — um ermo, uma noite sem estrelas. Com a sentença, o grande ritmo ardente de sua vida rompeu-se em definitivo. Anos e anos se passarão como ondas e ondas no mar, ora mais agitadas ora mais indiferentes e quietas; porém nunca mais se agitarão suas profundezas, não caberão àquela solitária nem felicidade completa nem tormento mais profundo. Sem incidentes e por isso duplamente insatisfatório, cochila agora o seu destino outrora tão apaixonado, num trote morto e preguiçoso passam os seus 28, 29, os 30 anos dessa jovem sedenta de vida. Então começa uma nova década, igualmente morna e vazia, os 31 anos, os 32, os 33, os 34, os 35, os 36, os 37, os 38, os 39 — só escrever os números já nos cansa. Mas é preciso mencioná-los, algarismo a algarismo, para adivinhar a duração esmagadora e exaustiva da agonia dessa alma, pois cada um desses anos tem centenas de dias, e cada dia, horas demasiadas, e nenhum deles realmente animado e alegre. Então chegam os 40 anos, e ela já não é uma jovem mulher vivendo essa virada, mas abatida e doente; lentamente, arrastam-se os 41 anos, 42 e 43, e depois finalmente a morte, não as pessoas, tem compaixão dela e tira a alma cansada da prisão. Muitas coisas mudam nesses anos, mas todas insignificantes e indiferentes. Às vezes, Maria Stuart está saudável, às vezes doente, às vezes chegam esperanças, e cem vezes as decepções; ora a tratam com mais dureza, ora com mais cortesia, e então ela escreve cartas iradas a Elizabeth, depois ternas, mas no fundo é sempre uma ladainha irritantemente correta, o mesmo rosário gasto de horas incolores, que desliza vazio pelos seus dedos. Externamente, as prisões mudam — ora a rainha fica no castelo de Bolton, ora no de Chatsworth e Sheffield e Tutbury e Wingfield e Fotheringhay —, mas apenas os nomes são outros, e as pedras e paredes, porém, no fundo, todos esses castelos são a mesma coisa, pois todos excluem a liberdade. Perversamente iguais giram em torno desse círculo estreito estrelas e sol e lua, é noite e dia, passam os meses e passam os anos. Reinos terminam e renovam-se, reis vêm e caem, mulheres amadurecem e dão à luz e murcham, atrás das costas e das montanhas o mundo está mudando incessantemente. Só aquela vida jaz interminavelmente à sombra; apartada de raiz e tronco, não tem flor nem fruto. Lentamente, devorada pelo veneno de uma saudade impotente, a juventude de Maria Stuart fenece e sua vida se consome.

Paradoxalmente, o mais cruel dessa prisão interminável foi que externamente nunca foi cruel. Pois uma personalidade forte pode defender-se de violência bruta, a amargura se incendeia com a humilhação, uma alma sempre cresce numa louca rebeldia. Apenas no vazio ela se entrega sem forças e se abate; a cela forrada de borracha em que não se pode bater os punhos contra as paredes é mais difícil de suportar do que a mais dura masmorra. Nenhuma chibata, nenhum insulto queima tão fundo no coração altivo quanto a violação da liberdade entre devotos protestos de veneração, nenhum sarcasmo é mais terrível do que o da cortesia por mera formalidade. Mas exatamente essa consideração falsa, que não se dirige à pessoa que sofre, mas à sua posição hierárquica, é a que Maria Stuart recebe, apenas, sempre, estar sendo espreitada, a guarda de honra da *honourable custody* que, chapéu na mão e com olhar servil, se gruda em seus calcanhares. Em todos esses anos, nem por um minuto esquecem que Maria Stuart é rainha; concedem-lhe todas as comodidades insignificantes, todas as pequenas liberdades, menos aquela, a coisa mais sagrada e importante da vida: ser livre. Elizabeth, com medo pelo seu prestígio como soberana humanitária, é suficientemente esperta para não tratar sua adversária com espírito de vingança. Ah, ela cuida de sua boa irmã! Quando Maria Stuart adoece, Elizabeth lhe oferece seu próprio médico, expressamente deseja que as refeições sejam preparadas pela própria criadagem de Maria Stuart. Não, ninguém poderá comentar de maneira vil que ela quer envenenar a rival, não a acusarão de encerrar numa prisão uma rainha ungida: apenas, insistindo, urgindo de maneira irresistível, ela pediu à sua irmã escocesa que ficasse morando definitivamente naquelas belas propriedades rurais inglesas! É verdade que seria mais cômodo e seguro para Elizabeth fechar aquela obstinada na Torre, em vez de hospedá-la em castelos dispendiosos. Mais experiente do que seus ministros, que sempre insistem nessa brutal medida de segurança, Elizabeth evita o ódio. Insiste: Maria Stuart deve ser tratada como rainha, mas segura pela cauda do respeito e presa com correntes de ouro. De coração pesado, ela, avarenta fanática, nesse caso até vence sua avareza doméstica e, entre gemidos e pragas, durante todos esses vinte anos paga 52 libras semanais para essa hospitalidade indesejada. E como, além disso, Maria Stuart ainda recebe da França anualmente a imponente pensão de 1.200 libras, na verdade não precisa passar necessidades. Pode viver como uma princesa nesses castelos. Não lhe recusam montar em sua sala de recepção o dossel da coroa, e pode mostrar a todos os visitantes: aqui, ainda que prisioneira, mora uma rainha. Ela come exclusivamente de baixelas de prata, seus aposentos são iluminados com dispendiosas velas de cera, em candelabros de prata. Tapetes turcos, então uma preciosidade extraordinária, cobrem as tábuas do assoalho: sua decoração doméstica é tão imponente que sempre são necessárias dúzias de carroças de quatro animais para transportar seus objetos de um castelo a outro. Para seu próprio serviço, Maria Stuart tem todo um bando de damas de honra, criadas e camareiras; nos tempos melhores, não são menos que cinquenta pessoas que a acompanham, uma corte em miniatura com mordomos, padres, médicos, secretários, administradores, camareiros, roupeiros, costureira, tapeceiros, mestres-cucas, que a mesquinha dona do país tenta reduzir e Maria Stuart defende obstinadamente.

A escolha do homem que a deve vigiar permanentemente, Jorge Talbot, revela desde o princípio que não se pretende para a soberana protegida uma masmorra romanticamente cruel. Talbot, conde de Shrewsbury, é um verdadeiro nobre e gentleman. E até aquele junho de 1569, quando Elizabeth o escolhe, podiam-no considerar também um homem feliz. Grandes propriedades nas províncias do norte e do centro, nove castelos, são dele, que vive calmamente em suas propriedades como um pequeno soberano à sombra da história, apartado de cargos e dignidades. Esse homem rico jamais foi oprimido por ambição política, viveu sua vida sério e satisfeito. Sua barba já está um pouco grisalha, e já pensa em descansar, quando então Elizabeth lhe impõe o cargo repulsivo de vigiar sua rival ambiciosa e injustamente amargurada. Seu antecessor, Knollys, respira com alívio logo que Shrewsbury é nomeado e lhe tirado dos ombros esse cargo perigoso.

— Por Deus, eu prefiro qualquer castigo a continuar nessa ocupação!

Pois é um cargo ingrato, essa *honourable custody*, cujos direitos e fronteiras são muito imprecisos, e cuja ambiguidade exige imensurável tato. De um lado Maria Stuart é rainha, mas também não é rainha, de nome é hospede, mas de verdade prisioneira. Assim, sendo um cavalheiro, Shrewsbury deve proporcionar-lhe todas as cortesias de dono da casa, e como homem de confiança de Elizabeth ao mesmo tempo deve limitar cuidadosamente a sua liberdade. Ele é seu superior, mas só de joelho dobrado pode aparecer diante dessa rainha, tem de ser severo, mas, sob a máscara da submissão, deve servir constantemente. Essa situação em si já confusa é complicada ainda por cima pela mulher dele, que já enterrou três maridos e agora leva esse quarto ao desespero com suas constantes indiscrições — ora é a favor de Elizabeth, ora contra; ora é contra, ora a favor de Maria Stuart, e faz intrigas nesse sentido. O bom homem não tem vida cômoda entre essas três mulheres nervosas, submetido a uma, ligado à outra, e à terceira preso com cadeias invisíveis: na verdade, ao longo desses quinze anos, o pobre Shrewsbury não é guarda, mas colega de prisão de Maria Stuart, e também nele se cumpre a secreta maldição de que essa mulher causa a desgraça de todos os que encontra em seu trágico caminho.

Como Maria Stuart passa todos esses anos vazios e sem sentido? Aparentemente, bem quieta e calma. Vista de fora, sua vida cotidiana em nada se distingue da de outras mulheres nobres, que ano após ano vivem em sua propriedade rural feudal. Quando está saudável, ela sai a cavalo para as caçadas que tanto aprecia, sempre com a ominosa companhia de seu "séquito de honra", ou procura manter em forma o corpo já um tanto fatigado, jogando bola ou praticando outro esporte. Não falta convívio social; seguidamente vêm convidados dos castelos vizinhos reverenciar aquela interessante prisioneira, pois — nunca se deve esquecer esse fato — essa mulher, ainda que no momento sem poder nenhum, ainda é pelo direito a próxima sucessora do trono, e, se acontecer algo a Elizabeth, amanhã ela poderá ser rainha em seu lugar. Por isso os inteligentes e de visão mais ampla, sobretudo seu constante guarda Shrewsbury, preferem se dar bem com ela. Até os favoritos, os mais íntimos amigos de Elizabeth, Hatton e Leicester, enviam por trás das costas de sua benfeitora cartas e saudações à sua mais encarniçada adversária e rival: quem sabe se amanhã já não terão de dobrar o joelho diante dela e mendigar benesses. Assim, embora encerrada em seu restrito ambiente no campo, Maria Stuart fica sabendo em detalhes de tudo o que acontece na corte e no grande mundo. Lady Shrewsbury até lhe conta várias coisas íntimas de Elizabeth que seria melhor esconder, e a prisioneira recebe injeções de ânimo por muitos caminhos subterrâneos. Não devemos pois imaginar o exílio de Maria Stuart como uma escura cela de masmorra, nem como abandono total. Nas noites de inverno se ouve música: com efeito, não é mais como os tempos de Chastelard, com jovens poetas fazendo doces madrigais, e passaram definitivamente os galantes jogos de máscaras de Holyrood; esse coração impaciente não tem mais espaço para amor e paixão — o tempo da aventura acaba silenciosamente com a juventude. Dos amigos sonhadores resta apenas o pequeno pajem Guilherme Douglas, o salvador de Lochleven, e de todos os homens de sua corte — ah, não são mais Bothwell nem Rizzio — o que ela mais solicita é o médico. Pois Maria Stuart adoece seguidamente, sofre de reumatismo e de uma estranha dor no flanco. Muitas vezes, suas pernas incham tanto que ela mal se pode mover, precisa procurar remédio em fontes de água quente, e pela falta de movimento seu corpo outrora tão esguio e delicado aos poucos fica mole e corpulento. Só muito raramente volta o antigo impulso enérgico. Acabaram para sempre os galopes de doze horas pelas terras escocesas, acabaram os passeios alegres de castelo em castelo. Quanto mais tempo dura seu isolamento, mais a prisioneira procura alegrar-se com ocupações domésticas. Horas a fio, vestida de negro como uma monja, ela se senta diante do bastidor e com sua mão fina, ainda bela e alva, faz bordados maravilhosamente tramados em ouro, dos quais ainda se podem admirar alguns hoje em dia, ou lê silenciosamente em seus amados livros. Nem uma única aventura se relata nesses quase vinte anos; desde que não se pode mais esbanjar em um Bothwell, o amado, a intensa ternura de sua personalidade se volta, mais branda e contida, para aquelas criaturas que não podem decepcioná-la, os animais. Maria Stuart manda vir da França os mais inteligentes e humanos dos cachorrinhos, os spaniels, e tem sempre pássaros canoros e um pombal, e ela própria cuida das flores no jardim e das mulheres de sua criadagem. Quem a observasse só de passagem, quem viesse só como hóspede e não olhasse no fundo, poderia pensar que aquela ambição selvagem que outrora abalara o mundo morrera totalmente nela, todo o desejo terreno se amornara. Pois essa mulher que envelhece lentamente vai à missa muitas vezes, em ondulantes véus de viúva, e muitas vezes ajoelha-se no genuflexório de sua capela, e só por vezes, muito raramente, ainda escreve versos em seu livro de oração ou numa folha em branco. Mas não são mais sonetos ardentes, e sim versos de devota entrega ou melancólica resignação, como:

> *Que suis-je, hélas, et quoy sert ma vie*
> *Je ne suis fors qu'un corps privé du cueur*
> *Un ombre vayn, un objet de malheur,*
> *Qui n'a plus rien que de mourir envie...*[31]

---

[31] "De que serve a minha vida/ Sou apenas um corpo privado de coração/ Uma sombra vã, um objeto de dor/ Que não pode senão morrer." (*N. da T.*)

Cada vez mais parece que essa mulher tão posta à prova superou todos os pensamentos de poder terreno, como se, devota e equilibrada, esperasse unicamente a morte que lhe trouxesse a paz.

Mas não nos enganemos: tudo isso é apenas aparência e jogo de máscaras. Na realidade essa mulher altiva, essa princesa fogosa, vive apenas para um só pensamento, a sua liberdade, recuperar seu trono. Maria Stuart nem por um segundo pensa seriamente em resignar-se covardemente com seu destino. Todo esse ficar-sentada-diante-do-bastidor e conversar e sonhar com tranquilidade encobre apenas sua verdadeira atividade diária: conspirar. Incessantemente, do primeiro ao último dia de sua prisão, ela engendra complôs e pratica a diplomacia; seus aposentos são na verdade uma chancelaria política secreta. Lá se trabalha febrilmente dia e noite. A portas fechadas, Maria Stuart, com seus dois secretários, escreve com o próprio punho indicações secretas aos embaixadores espanhóis, franceses e papais, a seus seguidores escoceses e para os Países Baixos. Por cautela, ao mesmo tempo, manda textos humildes ou suplicantes a Elizabeth, de exortação ou apaziguamento, que já nem são mais respondidos. Incessantemente passam mensageiros em centenas de disfarces para Paris e Madri, senhas são combinadas, sistemas de cifras elaborados e trocados mensalmente, um verdadeiro serviço com todos os inimigos de Elizabeth funciona dia e noite. Toda a casa — Cecil sabe disso e tenta reduzir constantemente o número de seus fiéis seguidores — trabalha como num quartel-general na eterna manobra de libertação, e sem trégua a criadagem de cinquenta pessoas recebe ou faz visitas nas aldeias próximas para saber notícias ou espalhá-las. Toda a população recebe subornos regulares sob pretexto de esmolas, e graças a essa refinada organização o serviço de estafeta diplomático chega a Madri e Roma. As cartas são contrabandeadas ora na roupa, ora sob a tampa de caixinhas de joias, por vezes atrás de espelhos. Inventam-se sempre novos artifícios para enganar Shrewsbury, ora se recortam solas de sapatos metendo ali dentro mensagens escritas com tinta invisível, ou se fabricam perucas especiais onde se enfiam rolinhos de papel. Nos livros que Maria Stuart manda vir de Londres ou Paris, segundo certo código, se sublinham letras isoladas que, reunidas, têm um sentido. Os documentos mais importantes, porém, ela costura na estola do seu confessor. Maria Stuart, que na juventude aprendera a escrever em códigos e a decifrá-los, dirige ela mesma as ações principais, e esse jogo excitante, de intervir nas ordens de Elizabeth, tenciona magnificamente suas forças intelectuais, substitui para ela qualquer outra excitação. Com todo o seu fogo e ímpeto ela se lança nesse jogo de diplomacia e conspiração, e muitas horas quando por caminhos sempre novos chegam ao seu quarto fechado mensagens e promessas de Paris, Roma e Madri, a humilhada pode sentir-se de novo uma verdadeira potência, até centro de interesse europeu. E exatamente o fato de Elizabeth saber do perigo que ela representa, sem, no entanto, poder dobrá-la, e que apesar de todos os guardas e vigias ela consegue empreender campanhas a partir de seus aposentos, interferindo no destino do mundo, talvez seja o único prazer que manteve a alma de Maria Stuart tão magnificamente ereta nesses longos anos vazios.

É maravilhosa essa energia inabalável, essa força presa nas correntes, mas é ao mesmo tempo trágica porque vã. Pois não importa o que Maria Stuart imagine ou faça, ela não tem sorte. Todas as muitas conspirações e os complôs que instiga incessantemente são de antemão destinados ao fracasso. O jogo é demasiadamente desigual. Contra uma organização cerrada, o indivíduo é sempre o mais fraco. Maria Stuart trabalha sozinha; atrás de Elizabeth, porém, todo um Estado com chanceleres e conselheiros, chefes de polícia, soldados e espiões, trabalha melhor do que numa prisão. Cecil tem dinheiro e meios de defesa ilimitados à disposição, pode tomar suas medidas com mãos livres e cheias, e com olhos de mil espiões vigiar aquela mulher sozinha e inexperiente. A polícia sabe cada detalhe de quase cada um dos então 3 milhões que viviam na Inglaterra, e qualquer estrangeiro que atracasse na costa inglesa seria examinado e observado — nas estalagens, nas prisões, nos navios, mandam-se informantes, espiões grudam-se nos calcanhares de todos os suspeitos, e onde esses métodos inferiores fracassam, entra imediatamente o mais forte: a tortura. Logo se evidencia a superioridade da violência coletiva. Um após o outro os amigos de Maria Stuart que estiverem dispostos ao sacrifício são naqueles anos arrastados para as sombrias celas dos porões da Torre, nos aparelhos de tortura são extraídos confissões e os nomes dos outros participantes, um complô após o outro é brutalmente desfeito com a tenaz do martírio. Mesmo que de vez em quando Maria Stuart consiga contrabandear suas cartas e sugestões ao exterior, quantas semanas uma carta dessas demora para chegar a Roma ou Madri, quantas semanas até que lá na chancelaria decidam responder, e quantas semanas para essa resposta chegar! E como é superficial a ajuda, como é insuportavelmente morna para aquele coração ardente e impaciente, que espera exércitos e armadas para sua libertação! O prisioneiro, o solitário ocupado dia e noite com seu próprio destino, sempre pensa que os outros no mundo livre e ativo também se ocupam exclusivamente com ele. Por isso é inutilmente que Maria Stuart considera sua libertação como a ação mais necessária da Contrarreforma, primeira e mais importante ação de salvamento da Igreja católica: os outros calculam e pechincham e não encontram acordo entre si. A armada não é preparada; o principal apoio dela, Filipe II da Espanha, reza muito, mas ousa pouco. Não pensa em declarar uma guerra de fim incerto em favor daquela prisioneira. De vez em quando ele ou o papa mandam um pouco de dinheiro para comprar alguns aventureiros que devem encenar rebeliões e atentados. Mas que complôs lastimáveis são sempre esses, como são ruins as tramas, e como os traem depressa os espiões de Walsingham, sempre alertas! E só alguns corpos mutilados e torturados no cadafalso da Torre de Londres lembram de tempos em tempos ao povo que em algum castelo ainda vive uma prisioneira que exige teimosamente ser reconhecida como legítima rainha da Inglaterra, e por cuja reivindicação sempre há tolos e heróis que arriscam a vida.

Há muito seus contemporâneos sabiam que esse incessante complô e toda essa conspiração finalmente levariam Maria Stuart à perdição, que é audaciosa a aposta, mas é jogo perdido lutar sozinha em sua prisão contra a mais poderosa rainha da terra. Já em 1572, depois da conspiração de Ridolfi, seu cunhado Carlos IX, diz, aborrecido:

— Essa pobre doida não vai dar sossego enquanto não lhe cortarem a cabeça. Eles realmente vão executá-la. Mas vejo que é culpa e loucura dela mesma, e não sei como ajudar.

Palavra dura de um homem que só se atreveu a disparar de seu lugar seguro na janela sobre fugitivos indefesos na noite de São Bartolomeu, e dessa forma muito pouco sabia sobre uma personalidade verdadeiramente heroica.

Mas sem dúvida, segundo uma mente calculista, Maria Stuart agia de modo insensato, não optando pelo caminho mais cômodo e covarde da capitulação, mas preferindo o da determinação sem esperança. Talvez realmente renunciando em tempo ao seu direito à coroa ela tivesse saído da prisão, e provavelmente em todos esses anos tivera nas mãos a tranca de sua própria masmorra. Bastaria que se humilhasse, bastava renunciar solenemente a todas as exigências ao trono escocês e inglês, e a Inglaterra a teria libertado, com alívio. Várias vezes Elizabeth — jamais por magnanimidade, mas por medo, porque a presença acusadora dessa perigosa prisioneira pesava na sua consciência como um pesadelo — tentou construir pontes de ouro para ela, repetidamente negociam-se e se oferecem compensações baratas. Mas Maria Stuart prefere permanecer uma prisioneira coroada a ser rainha sem coroa, e Knollys viu no fundo da sua alma quando logo nos primeiros dias de sua prisão disse dela que essa mulher tinha coragem suficiente para persistir enquanto lhe restasse um palmo de esperança. Pois uma coisa a sua nobre alma percebera, que pequena e miseranda liberdade lhe seria concedida em algum cantinho humilhante como soberana que renunciasse, e que unicamente o rebaixamento poderia lhe conferir uma nova grandeza na história. Sentia-se mil vezes mais presa a sua própria palavra de que jamais abdicaria do que ao cárcere onde estava, e suas últimas palavras ainda seriam as de uma rainha da Escócia.

Difícil é estabelecer aqui a fronteira entre insensatez e audácia, pois o heroico sempre é ao mesmo tempo insensato. Sancho Pança é sempre mais inteligente nas coisas objetivas do que Dom Quixote, um Tersites no sentido da razão mais ponderado do que Aquiles; a palavra de lutar também por uma palha quando se tratava da honra é sempre a prova de ouro de uma natureza heroica. E certamente a resistência de Maria Stuart era quase desesperançada em relação àquela superioridade gigantesca, mas seria injusto dizer que não fazia sentido apenas por estar fadada ao insucesso. Pois em todos esses anos, e até com mais força de ano em ano, essa mulher solitária e aparentemente impotente encarna com sua obstinação um poder inaudito, e exatamente porque sacode suas correntes, em muitas horas toda a Inglaterra tremeu, e o coração de Elizabeth também. Sempre vemos fatos históricos de pontos errados quando os julgamos do cômodo ponto de vista da posteridade, que ignora os fatos; mais tarde, é fácil demais dizer que um vencido foi insensato porque ousou um combate perigoso. Na verdade, porém, durante quase vinte anos a decisão entre essas duas mulheres esteve constantemente em xeque. Muitas das conspirações para levar Maria Stuart à coroa teriam com um pouco mais de sorte e habilidade realmente sido perigo de vida para Elizabeth; duas ou três vezes o golpe só passou por ela por um fio de cabelo. Primeiro Northumberland ataca com os nobres católicos, todo o norte está amotinado, e só com dificuldade Elizabeth controla a situação. Depois, ainda mais perigoso, começa a intriga de Norfolk. Os melhores nobres da Inglaterra, entre eles até os amigos mais próximos de Elizabeth, como Leicester, apoiam o plano dele de se casar com a rainha da Escócia, a qual, para incitá-lo — o que ela não faria para triunfar? —, lhe escreve as mais ternas cartas de amor. Por intermediação do florentino Ridolfi já há tropas espanholas e francesas de prontidão para atacar, e se esse Norfolk — ele já o provara pela sua negativa covarde — não fosse um fraco, se o acaso sempre hostil, o vento e o clima, o mar e a traição não se opusessem a esse empreendimento, talvez a página tivesse virado e os papéis sido trocados, e Maria Stuart residiria em Westminster e Elizabeth acabasse na Torre ou no caixão. Mas nem mesmo o sangue de Norfolk, o destino de todos os outros que nesses anos colocaram a cabeça no cepo por Maria Stuart, assustam um último pretendente. Aparece mais um candidato à sua mão, dom Juan d'Áustria, filho ilegítimo de Carlos V, meio-irmão de Filipe II, vencedor de Lepanto, imagem do cavaleiro livre, primeiro guerreiro da cristandade: excluído da coroa espanhola pelo nascimento ilegítimo, ele procura primeiro fundar um reino próprio em Túnis, mas com a mão da prisioneira já lhe acena a coroa da Escócia. Ele já prepara um exército nos Países Baixos, os planos de libertá-la já estão prontos, quando — eterna desgraça de Maria Stuart e dos que a querem ajudar — uma doença traiçoeira o derruba, e ele morre prematuramente. Nenhum dos que cortejaram Maria Stuart ou lhe serviram teve sorte em seu caminho.

Pois esse foi, em última análise, se quisermos ver clara e vorazmente, o verdadeiro fiel da balança entre Elizabeth e Maria Stuart: Em todos esses anos, a sorte foi fiel a Elizabeth, e o infortúnio permaneceu fiel a Maria Stuart. Se compararmos forças e personalidades, as duas quase se igualam. Mas as estrelas de ambas são bem diferentes. O que Maria Stuart realiza na sua prisão depois de caída, depois de abandonada pela sorte, sempre fracassa. As frotas enviadas contra a Inglaterra se despedaçam em tempestades, seus barcos erram o caminho, seus pretendentes morrem, seus amigos não têm força moral no último minuto, e quem a quer ajudar na verdade colabora com o seu fim.

Por isso é chocantemente verdadeira a palavra de Norfolk no cadafalso:

— Nada do que ela faz ou do que é feito por ela jamais acaba bem.

Pois uma lua sombria paira sobre cada um de seus passos desde o dia em que conheceu Bothwell. Quem a ama sucumbe, aquele a quem ela ama colhe amargura. A quem quer o seu bem ela traz danos, a quem lhe serve, sua própria morte. Como a montanha imantada da lenda atrai os navios, assim ela traz desgraça aos destinos alheios com seu próprio destino. Aos poucos seu nome já está rodeado da aura de uma sinistra lenda de magia da morte. Quanto mais sem saída a sua causa, tanto mais apaixonada a sua força. Em lugar de dobrá-la, a longa e sombria prisão apenas torna sua alma mais desafiadora. E por vontade própria, mesmo sabendo que é em vão, ela mesma provoca a última, a definitiva decisão.

20
Última tentativa
(1584–1585)

Os anos correm, correm meses, anos passam como nuvens sobre sua vida solitária, aparentemente sem a tocar. Mas o tempo modifica as pessoas e o mundo muda em torno delas. Chegou o seu quadragésimo aniversário, ano de mudança na vida de uma mulher, e Maria Stuart continua prisioneira, ainda não está livre. Lentamente, a idade já a atinge, o cabelo fica grisalho, o corpo mais cheio e corpulento, os traços mais calmos, matronais, certa melancolia começa a marcar sua personalidade, que prefere o consolo da religião. Essa mulher tem de sentir no seu íntimo que logo terminará o tempo do amor, o tempo da vida terá passado irreversivelmente: o que não se cumprir agora não acontecerá mais, chegou o anoitecer, a noite escura já se aproxima. Há muito nem um pretendente se aproximou, talvez nunca mais venha ninguém, pouco tempo ainda, e a vida terá acabado definitivamente. Será que ainda tem sentido esperar e esperar o milagre da libertação, a ajuda do mundo que hesita? Nesses anos se tem cada vez mais intensamente a sensação de que essa mulher tão posta à prova internamente já está farta de lutar e lentamente se prepara para a reconciliação e a renúncia. Cada vez mais frequentes as horas em que ela se pergunta se não é loucura vegetar tão inútil e tão desprezada como uma flor na sombra, se não seria melhor comprar sua liberdade depondo voluntariamente a coroa de seus cabelos que aos poucos vão branqueando. No seu quadragésimo ano, Maria Stuart começa a se cansar sempre mais dessa vida pesada e vazia; aos poucos, o louco desejo de poder se transforma numa nostalgia de morte, branda e mística. Nessas horas, certamente ela escreve em uma folha, meio queixa, meio oração, as chocantes frases latinas:

> *O Domine Deus! speravi in Te*
> *O cave mi Jesu! nunc libera me.*
> *In dure catena, in misera poena, desidero Te;*
> *Languendo, gemendo et genu flectendo*
> *Adoro, implora, ut liberes me.*[32]

Como seus libertadores vacilam e se intimidam, ela volta o olhar para o Salvador. Melhor morrer, tudo menos continuar nesse vazio, nessa incerteza, esse esperar e esperar e aguardar e desejar, sendo sempre decepcionada. Finalmente acabar, por bem ou por mal, em triunfo ou em renúncia! Inarredavelmente, sua luta chega ao fim, porque Maria Stuart, com todas as forças de sua alma, quer o fim.

Quanto mais tempo dura essa luta terrível, traiçoeira e sinistra e grandiosa e tenaz, tanto mais se defrontam rudemente as duas velhas adversárias Maria Stuart e Elizabeth. Elizabeth tem um sucesso atrás do outro em sua política. Está reconciliada com a França, a Espanha ainda não ousa a guerra com ela, que também controla os insatisfeitos. Só um inimigo, mortalmente perigoso, ainda está de pé neste país, aquela mulher vencida e mesmo assim invencível. Só quando ela, a última, estiver eliminada, Elizabeth estará realmente vitoriosa. Mas também Maria Stuart não tem ninguém mais para odiar senão Elizabeth. Mais uma vez, em uma louca hora de desespero, ela se dirige a sua parenta, sua irmã de destino, e com arrebatadora paixão apela para a sua humanidade:

"Não posso mais suportar, madame", gritou ela nesse escrito grandioso, "e morrendo devo nomear os culpados de meu fim. Os mais baixos

---

[32] "Ó Senhor Deus! Esperei em ti/ Ó caro Jesus meu! Agora liberta-me./ Em duras cadeias, em miseráveis penas, eu Te chamo;/ Enlanguescendo, gemendo e dobrando o joelho/ Eu Te adoro e imploro que me libertes." (*N. da T.*)

criminosos em suas prisões têm permissão de ser ouvidos para se justificar, seus defensores e acusadores são nomeados. Por que esse direito é negado logo a mim, uma rainha, sua mais próxima parenta e legítima herdeira? Penso que essa reivindicação tem sido até aqui a verdadeira causa de parte de meus inimigos... mas a senhora, ah, tem pouco motivo e nenhuma necessidade mais de me torturar por causa disso... Pois eu juro pela minha honra que não espero mais nenhum reino senão o reino de Deus, para o qual estou internamente preparada, porque será o melhor fim de todas as minhas aflições e tormentos."

Pela última vez, em toda a intensidade de sua verdade, ela exortou Elizabeth a deixá-la sair da prisão:

"Pela honra e pelo doloroso sofrimento de nosso Salvador e Redentor, eu lhe imploro mais uma vez que me permita ausentar-me deste reino e recolher-me a qualquer lugar tranquilo, para que eu tenha um pouco de descanso para meu corpo exausto, que está inteiramente esgotado deste sofrimento incessante, e preparar minha alma para Deus, que há muito me chama para si diariamente... Conceda-me essa graça antes que eu morra, para que assim que toda a discórdia entre nós duas for resolvida, livre deste corpo, minha alma não seja forçada a apresentar suas queixas a Deus e acusá-la do mal que aqui na terra tenho sofrido por sua causa."

Mas Elizabeth ficou muda diante desse apelo comovente; nem ao menos encontrou uma só palavra de ânimo. Agora também Maria Stuart cerra os lábios e os punhos. Agora conhece apenas um sentimento — ódio, frio e ardente, um ódio tenaz e fogoso contra essa mulher, e esse ódio é mais mortal a partir de então para essa mulher, pois todos os seus outros adversários e inimigos se foram; todos se liquidaram uns aos outros. Como se a mais misteriosa diabólica morte que emana de Maria Stuart e atinge a todos os que ela odeia e ama quisesse tornar-se visível, todos os que a seguiram ou foram seus inimigos, que lutaram por ela ou contra ela, morreram antes dela. Todos os que a acusaram em York, Moray e Maitland morreram de morte violenta, todos os que julgariam em York, Northumberland e Norfolk deitaram sua cabeça no cepo, todos os que conspiraram primeiro contra Darnley, depois contra Bothwell, eliminaram-se uns aos outros, e todos os traidores de Kirk o' Field e Carberry e Langside se traíram a si próprios. Todos esses desafiadores lordes e condes da Escócia, todo o bando perigoso, louco e sequioso de poder, todos se abateram mutuamente. Vazio está o campo de batalha. Não há ninguém mais nesta terra a quem ela ainda deva odiar, a não ser aquela, Elizabeth. A gigantesca luta de povos de duas décadas agora é um duelo. E nesse duelo de duas mulheres não há mais negociação — agora trata-se de vida e morte.

Para esse último combate, esse combate à faca, Maria Stuart precisa de suas últimas forças. Mais uma derradeira esperança lhe deve ser arrancada mais uma vez; mais profundamente ainda, ela tem de ser ofendida para reunir as forças extremas. Pois Maria Stuart sempre reencontra sua extraordinária coragem, sua determinação indomável, quando tudo está ou parece estar perdido. Ela só se torna heroica quando não há saída.

Essa última esperança que terá de ser arrancada da alma de Maria Stuart é a de um entendimento com seu filho. Pois em todos os anos vazios, horrivelmente parados, em que ela só espera sentindo as horas baixando ao seu redor como areia de uma parede arruinada que se esfarela, nesse tempo sem fim em que vai ficando velha e cansada, nasce uma criança, o filho do seu sangue. Como bebê ainda ela abandonou Jaime VI, quando saiu de Stirling a cavalo, quando Bothwell a rodeou com seus cavaleiros diante dos portões de Edimburgo e a levou consigo para a arruinar; nesses dez, quinze, dezessete anos, aquela criaturinha obscura se tornou uma criança, um menino, um adolescente e quase um homem. No seu sangue, Jaime I traz muitas qualidades de seus pais, mas muito misturadas e sombreadas, uma criança de personalidade singular, língua desajeitada, fala gaguejante, corpo pesado e forte, e alma tímida e amedrontada. À primeira impressão, o menino parece anormal. Foge de qualquer convívio, assusta-se ao ver um punhal, tem medo de cachorros, seus modos são desajeitados e rudes. De início, nada do refinamento e da elegância natural de sua mãe, não tem inclinações musicais, não aprecia música nem dança, não tem inclinação para conversa agradável e leve. Mas aprende muitíssimo bem idiomas, tem boa memória e até certa inteligência e tenacidade quando se trata de obter uma vantagem pessoal. Porém, a natureza pouco nobre de seu pai onera de maneira funesta o seu caráter. De Darnley ele herda a fraqueza da alma, a desonestidade e não confiabilidade.

— O que se pode esperar desse rapazinho de língua dupla? — irrita-se certa vez Elizabeth.

Como Darnley, ele sucumbe totalmente a qualquer vontade superior à sua. Não conhece nenhuma generosidade do coração, esse egoísta melancólico; sua ambição fria e exterior determina todas as suas decisões, e sua postura gélida com relação à mãe só se pode compreender quando a contemplamos sem nenhum sentimentalismo ou noção de piedade. Criado pelos mais hostis inimigos de Maria Stuart, tendo aulas em latim de George Buchanan, autor de "Detectio", os famigerados panfletos contra sua mãe, ele certamente só escutou, sobre aquela prisioneira no país vizinho, que ela ajudara a assassinar seu pai e que agora disputava com ele, rei coroado, o direito à coroa. Desde o começo, incutiram-lhe que devia ver sua mãe como uma estranha, um obstáculo a seu desejo de poder. E mesmo que um sentimento infantil em Jaime VI tivesse desejado ver a mulher que lhe dera a vida, a vigilância dos guardas ingleses e escoceses teria impedido qualquer aproximação entre os dois prisioneiros — Maria Stuart, prisioneira de Elizabeth, e Jaime VI, prisioneiro dos lordes e do atual regente. Aqui e ali, porém, muito raramente nesses anos alguma carta circula de um lado para outro. Maria Stuart envia presentes, brinquedos e certa vez um macaquinho. Mas a maior parte de suas cartas e mensagens não é aceita porque, em sua birra, ela insiste em não atribuir ao próprio filho o título de rei, e os lordes recusam como ofensivas todas as cartas que chamam Jaime VI de "príncipe da Escócia". Mãe e filho não ultrapassam uma relação morna e formal, enquanto nele e nela o desejo de poder fala mais alto que a voz do sangue, enquanto ela insiste em passar por única rainha da Escócia, e ele por sua vez se considera o único rei.

Uma aproximação só começa quando Maria Stuart não insiste mais em dizer que a coroação de seu filho pelos lordes é inválida e se dispõe a lhe conceder certo direito à coroa. Naturalmente, também agora ela não pensa em renunciar ao título de rainha. A coroa na cabeça ungida, assim ela quer viver e morrer; mas pelo preço da liberdade estaria disposta agora a pelo menos dividir o título com seu filho. Pela primeira vez, ela pensa num acordo. Ele poderia reger e chamar-se rei, desde que permitisse que ela continuasse chamando-se rainha, e que encontrassem uma forma de dourar sua renúncia com um tênue brilho de honra! Aos poucos são estabelecidas negociações secretas. Mas Jaime VI, a quem os barões sempre ameaçam com reduzir a liberdade, as conduz como um calculista frio. Totalmente sem escrúpulos, ele negocia ao mesmo tempo para todos os lados, lança Maria Stuart contra Elizabeth, Elizabeth contra Maria Stuart, e uma religião contra a outra; ele entrega seus favores a quem lhe oferece mais, pois não pensa na honra, mas unicamente em continuar sendo rei da Escócia e ao mesmo tempo assegurar a sucessão ao trono inglês; ele não quer apenas herdar de uma das duas mulheres, mas das duas. Está disposto a continuar protestante, se isso lhe trouxer vantagens; mas, de outro lado, também se inclina a tornar-se católico, na medida em que lhe paguem melhor preço por isso. Sim, para se tornar mais depressa rei da Inglaterra, o rapazinho de 17 anos não recua nem mesmo diante do plano repulsivo de se casar com Elizabeth, aquela mulher gasta, nove anos mais velha que sua própria mãe, mais feroz inimiga e adversária dela. Para Jaime VI, filho de Darnley, todas essas negociações são frios cálculos, enquanto Maria Stuart, eternamente iludida, apartada do mundo real, já arde e se incendeia nessa última esperança de ser livre e mesmo assim continuar rainha, reconciliada com seu filho.

Mas Elizabeth vê um perigo na harmonia entre mãe e filho. Isso não pode acontecer. Ela intervém na teia ainda fina dessas negociações. Com seu olhar penetrante e cínico, logo vê por onde pode pegar esse rapaz instável: nas suas fraquezas humanas. Manda ao jovem rei, que é louco por caçadas, os mais belos cães e cavalos. Suborna os conselheiros dele e finalmente lhe oferece o argumento decisivo numa corte que está sempre precisando de dinheiro: uma pensão anual de 5 mil libras. Além disso mostra-lhe a isca permanente da sucessão ao trono inglês. Como quase sempre, o dinheiro influi na decisão. Enquanto Maria Stuart, sem de nada saber, continua fazendo diplomacia no vazio e já elabora planos para uma Escócia católica com o papa e os espanhóis, Jaime VI, em silêncio, assina com Elizabeth um tratado de aliança que afirma expressamente o que esse negócio sombrio lhe traz em dinheiro e vantagens, mas não contém a cláusula esperada, de que se liberte sua mãe. Nem com uma só frase se pensa na prisioneira, que é totalmente indiferente a ele desde que não tem mais nada a lhe oferecer: por cima dela, como se ela nem existisse, o filho entende-se com a pior inimiga da mãe. Agora que nada tem a lhe dar, a mulher que lhe deu a vida deve ficar bem longe dele! No momento em que o acordo é assinado e o filho fraco recebe seu dinheiro e seus cachorros, subitamente interrompe os contatos com Maria Stuart. Para que ainda ser cortês com quem não tem mais nenhum poder? Por ordens reais, escreve-se a dura carta de renúncia, que num tom seco de cartório nega definitivamente a Maria Stuart o título e os direitos de uma rainha da Escócia. Agora, depois do reino, depois da coroa, depois do poder, depois da liberdade, aquela que nunca teve filhos arrancou da adversária ainda este último bem: seu filho. Enfim Elizabeth está definitivamente vingada!

Esse triunfo dela é o fim dos últimos sonhos de Maria Stuart. Depois de seu marido, depois de seu irmão, depois de seus súditos, agora que apartou-se dela o derradeiro, o filho do seu sangue, ela está completamente só. Agora, nada mais de escrúpulos! Já que seu filho a renegou, ela renega seu filho. Como ele vendeu o direito dela à coroa, ela vende o direito dele. Declara Jaime VI degenerado, ingrato, desobediente e mal-educado, amaldiçoa-o e anuncia que em seu testamento lhe negará não só a coroa escocesa, mas também o direito à sucessão do trono inglês. Melhor do que ficar esse filho herege e traidor, será a coroa dos Stuart passar para algum príncipe estrangeiro. Decididamente, ela oferece a Filipe II o direito e a herança sobre Escócia e Inglaterra se ele se declarar disposto a lutar pela liberdade dela e a humilhar definitivamente Elizabeth, essa assassina de todas as suas esperanças. De que valem ainda seu país, seu filho? Agora só quer viver, ser livre, e vencer! Não receia mais nada, nem o mais ousado é ousado o bastante para ela. Quem perdeu tudo não tem mais nada a perder.

Durante anos, a amargura e a ira se acumularam nessa mulher torturada e humilhada. Anos a fio ela esperou, negociou, pactuou, conspirou e procurou modos de entendimento. Agora chegou ao seu limite. Como uma fogueira, levanta-se finalmente o ódio reprimido contra a sua torturadora, contra a usurpadora, contra a carcereira. Não é mais apenas rainha contra rainha mas mulher contra mulher, e assim Maria Stuart se lança contra Elizabeth. Um incidente menor dá o motivo: num acesso de histeria, a esposa de Shrewsbury, uma intrigante maldosa, acusou Maria Stuart de manter uma relação amorosa com seu marido. Naturalmente, era apenas um lamentável mexerico de alcova, que nem a própria esposa de Shrewsbury levava a sério, mas Elizabeth, sempre esforçando-se por diminuir aos olhos do mundo a moral de sua rival, rapidamente faz com que essa nova história escandalosa chegue a todas as cortes estrangeiras e se espalhe, como antes disso já enviara a todos os príncipes o texto ignominioso de Buchanan com as "cartas da caixinha". Maria Stuart espumeja. Não basta então que lhe tenham tirado o poder, a liberdade, a esperança última que era seu filho; agora também pretendem manchar insidiosamente sua honra, tentam apresentá-la ao mundo como adúltera, a ela que vive sem prazer e sem amor, isolada como uma monja! Seu orgulho ferido salta, enfurecido. Ela exige seu direito, e com efeito a condessa Shrewsbury tem de desmentir de joelhos a mentira infame. Mas Maria Stuart sabe muito bem quem aproveitou essa mentira para difamá-la, sentiu a mão maldosa da sua adversária, sente o golpe que se desfere do escuro contra a sua honra, e devolve-o abertamente. Por tempo demais sua alma ardera cheia de impaciência por falar com essa rainha supostamente virginal que se faz homenagear como espelho de virtudes, tanto ansiou por falar-lhe uma vez ao menos de mulher para mulher, dizer-lhe uma palavra de verdade. Pois agora escreve a Elizabeth uma carta que presumivelmente deveria lhe dizer "como amiga" as infâmias que a condessa Shrewsbury andava espalhando sobre a vida privada de Elizabeth, mas na realidade é para gritar na cara da sua "querida irmã" que ela não tem nenhum direito de bancar a moralista. Nessa carta de ódio desesperado chove golpe sobre golpe. Tudo o que uma mulher pode dizer da outra com a mais cruel sinceridade é aqui expresso, todas as características ruins de Elizabeth lhe são lançadas sarcasticamente na cara, desvendados seus mais recônditos segredos femininos impiedosamente. Maria Stuart escreve a Elizabeth — aparentemente por amizade carinhosa, mas na verdade para feri-la de morte — que a condessa de Shrewsbury dissera que ela era tão vaidosa como se julgasse uma rainha dos céus. Nunca se cansando de lisonjas e obrigando suas criadas incessantemente a lhe dar a mais exagerada admiração, quando na verdade, em seus acessos de raiva, maltratava as damas da corte e as criadas. Quebrara um dedo de uma delas, e a outra golpeara na mão com a faca porque a moça servia mal a mesa. Mas tudo isso ainda eram acusações modestas diante das tremendas revelações quanto à vida física, mais íntima, de Elizabeth. A condessa Shrewsbury, escreve Maria Stuart, afirmava que Elizabeth sofria de uma ferida purulenta na perna — alusão à herança sifilítica de seu pai —, que sua juventude estava liquidada, que ela já nem menstruava mais, mas mesmo assim não cessava seu desejo de homens. Não apenas tinha dormido *infinies foys* com um deles (conde de Leicester), mas também procurava satisfações lascivas em todos os cantos e não queria *jamais perdre la liberté de fayre l'amour et avoir vostre plésir toujours aveques nouveaulx amoureulx.*[33] Que Elizabeth à noite se esgueirava procurando homens em seus quartos, só de camisola e manto, e pagava caro por tais prazeres. Maria Stuart cita nomes e mais nomes, detalhes e mais detalhes. Mas não poupa nem o mais terrível golpe secreto à mulher tão odiada: com sarcasmo, acusa-a (coisa que também Ben Jonson conta abertamente na mesa das tavernas) de que *undubitablement vous n'estiez pas comme les autres femmes, et pour ce respect c'estoit follie à tous ceulx qu'affectoient vostre mariage avec le duc d'Anjou, d'aultant qu'il*

---

[33] "Jamais perder a liberdade de fazer amor e obter vosso prazer sempre com novos amados." (*N. do E.*)

ne se pourroit accomplir.[34] Elizabeth precisava saber que seu segredo medrosamente guardado, o de sua imperfeição feminina, é conhecido de todos, esse que só lhe permite lascividade, mas não verdadeiro prazer, só um jogo insuficiente e não uma vivência plena, e que a exclui para sempre de casamento e maternidade. Nunca uma mulher na terra disse de maneira tão terrível a última verdade à mulher mais poderosa da terra, como o fez essa prisioneira em sua masmorra: vinte anos de ódio congelado, de indignação sufocada e de força contida de repente se levantam num golpe tremendo contra o coração da sua torturadora.

Depois dessa carta de ódio enfurecido não há mais reconciliação. A mulher que escreveu essa carta e a mulher que a recebeu não podem mais respirar o mesmo ar, nem viver no mesmo país. *Hasta al cuchillo*, como dizem os espanhóis, luta até o punhal, luta de vida e morte é agora a única última possibilidade. Depois de um quarto de século espreitando-se e vivendo de forma hostil, finalmente a luta histórica entre Maria Stuart e Elizabeth chegou ao auge, pode-se dizer: à ponta do punhal. A Contrarreforma esgotou todos os meios diplomáticos, e os militares ainda não estão prontos. Na Espanha, ainda se monta laboriosa e lentamente a armada, pois apesar dos tesouros da Índia essa infeliz corte sempre está sem dinheiro, e sempre lhe falta determinação. Por que, pensa Filipe, o Devoto, que como John Knox acha que eliminar um adversário incréu agradará aos céus, por que não escolher o caminho mais barato e comprar alguns assassinos que logo tirarão do caminho Elizabeth, protetora dos hereges? A era de Maquiavel e seus discípulos tem poucos escrúpulos morais quando se trata do poder, e aqui está em jogo uma decisão inarredável, fé contra fé, Sul contra Norte, e um único golpe de punhal no coração de Elizabeth pode livrar o mundo da heresia.

---

[34] "Indubitavelmente não sois como as outras mulheres, e por isso é tolice todos os que pensam em seu casamento com o duque de Anjou, pois este não se poderia consumar!" (*N. da T.*)

Quando a política chega ao mais alto grau de paixão, todos os escrúpulos morais e jurídicos se evaporam, desaparece a última consideração para com a decência e a honra, então até o assassinato é um sacrifício magnífico. Pela excomunhão, Elizabeth em 1570 e em 1580 o príncipe de Orange, ambos os principais inimigos do catolicismo, se tornam perseguidos, e desde que o papa comemorou como ato louvável a carnificina de 6 mil pessoas na Noite de São Bartolomeu, qualquer católico sabe que se tirar do mundo traiçoeiramente um desses inimigos figadais da fé estará agradando a Deus. Um golpe firme e corajoso, um rápido tiro de pistola, e Maria Stuart sai de sua prisão para subir os degraus do trono, e a Inglaterra e a Escócia serão unidas na verdadeira fé. Uma aposta tão elevada do governo espanhol eleva a morte traiçoeira de Elizabeth a um ato político. Mendoza, embaixador espanhol, repetidamente em seus muitos despachos, declara o *killing the Queen* uma empresa desejável, o comandante supremo dos Países Baixos, duque de Alba, concorda expressamente com isso; e Filipe II, senhor dos mundos, escreve de próprio punho sobre o plano de assassiná-la, dizendo que "espera que Deus o favorecesse". Não se tenta mais decidir pelas artes da diplomacia, ou numa guerra aberta e franca, mas com o punhal desembainhado, com o punhal assassino. Dos dois lados concorda-se com o método: em Madri; o assassinato de Elizabeth é decidido em reunião secreta, e aprovado pelo rei; em Londres, Cecil, Walsingham e Leicester concordam em que é preciso acabar violentamente com Maria Stuart. Não há mais rodeios nem soluções: só com sangue se pode liquidar essa conta há muito atrasada. Só uma coisa importa agora: quem agirá mais depressa, a Reforma ou a Contrarreforma, Londres ou Madri. Se Maria Stuart será eliminada antes de Elizabeth, ou Elizabeth antes de Maria Stuart.

21
Assunto encerrado
(setembro de 1585 a agosto de 1586)

"É preciso encerrar esse assunto" — *the matter must come to an end*. Com essa fórmula dura como aço um ministro de Elizabeth resume impacientemente o sentimento de todo o país. Nada pior para um povo ou uma pessoa do que a permanente insegurança. O assassinato do outro pioneiro da Reforma — o príncipe de Orange (junho de 1584), por um fanático católico — mostrou claramente à Inglaterra a que se destinava o próximo golpe de punhal, e cada vez mais depressa uma conspiração segue a outra; portanto, finalmente vamos pegar a prisioneira da qual emana toda essa perigosa agitação! Finalmente "cortar o mal pela raiz"! Quase na sua totalidade, os lordes e as autoridades protestantes se reúnem, em 1584, em uma *association*, obrigando-se não apenas a "na presença do eterno Deus levar a morte com honra e juramento a qualquer pessoa" que participasse de uma conspiração contra Elizabeth, mas também prender pessoalmente "qualquer pretendente em cujo favor essa gente conspirasse". O Parlamento então formaliza legalmente essas decisões em um *act for the security of the Queen's Royal Person*. Todo aquele que participar em um atentado contra a rainha ou concorda, ainda que em princípio, com ele, a partir de então está sob a machadinha do verdugo. Além disso, decide-se que "qualquer pessoa culpada de uma conspiração contra a rainha, deve ser condenada por qualquer um dos 24 membros do tribunal nomeado pela coroa".

Com isso, Maria Stuart recebe um duplo aviso expresso. Primeiro, que sua posição real não a protege mais de uma acusação pública; segundo, que um atentado bem-sucedido contra Elizabeth não será vantagem para ela, mas implacavelmente a levará ao cadafalso. É como um primeiro sopro de fanfarras conclamando a rendição de uma fortaleza renitente. Mais um pouco de hesitação e o perdão não virá mais. A penumbra e as ambiguidades entre Elizabeth e Maria Stuart agora acabaram, agora sopra um ar cortante e áspero. Agora finalmente reina a clareza.

Maria Stuart em breve reconhecerá também por outras medidas que passou o tempo das cartas corteses e do fingimento cortês, e que chegou a última rodada naquele combate de décadas, que não se tolerará mais condescendência — *hasta el cuchillo*. Pois depois de todos os atentados a corte inglesa decidiu ser mais severa com Maria Stuart, e tirar-lhe definitivamente qualquer possibilidade de continuar conspirando e fazendo intrigas. Shrewsbury, que como gentleman e grande senhor foi um carcereiro tolerante demais, é *released*, "liberado" de seu cargo, e com efeito agradece de joelhos a Elizabeth por finalmente, depois de quinze anos de aborrecimentos, ser de novo um homem livre. Em seu lugar, colocam um protestante fanático, Amyas Paulet. E agora, pela primeira vez com razão, Maria Stuart pode falar de uma *servitude*, uma servidão, pois em lugar do amável cuidador agora está em sua casa um carcereiro implacável.

Amyas Paulet, um puritano da mais dura cepa, um daqueles justos e superjustos como os exige a Bíblia, mas que não ama a Deus, não esconde suas intenções de tornar difícil e dura a vida de Maria Stuart. Com plena consciência, até com alegre orgulho, ele assume o dever de lhe tirar sem escrúpulos qualquer favorecimento. "Jamais pedirei que tenha tolerância comigo", escreve ele a Elizabeth, "se por alguma medida traiçoeira ou esperta ela escapar de minhas mãos, pois isso só poderia acontecer devido a uma grosseira negligência de minha parte." Com a sistemática clara e fria de um homem cumpridor de seus deveres, ele assume a vigilância e o controle absoluto de Maria Stuart como uma missão de vida que o próprio Deus lhe confiou. Nenhuma ambição senão a de cumprir exemplarmente sua tarefa de carcereiro vive a partir de então naquele homem severo, nenhuma sedução pode fazer cair esse Catão, mas nenhum movimento de bondade, nenhuma onda de calor jamais afrouxará por um minuto a sua postura gélida e hirta. Para ele, essa mulher doente e cansada não é uma princesa cuja infelicidade pede respeito, mas unicamente uma inimiga da sua rainha, que tem de ser eliminada como o anticristo da verdadeira fé. Que ela seja fraca e mal se possa mover com suas pernas reumáticas, ele considera cinicamente "uma vantagem para seus guardas, que não precisam se preocupar muito com a possibilidade de ela fugir correndo". Detalhe a detalhe, com uma alegria maligna pela sua própria eficiência, ele realiza seu dever de carcereiro, como um funcionário todas as noites anota no livro todas as suas observações. Se a história já viu guardas de prisão mais cruéis, mais violentos, malignos e injustos do que aquele justiceiro, dificilmente viu algum que soube transformar tão bem seu dever em prazer. Primeiro os canais subterrâneos que de vez em quando ainda ligavam Maria Stuart com o mundo exterior são implacavelmente fechados. Cinquenta soldados agora vigiam dia e noite todos os acessos ao castelo; a criadagem, que até ali podia livremente passear pelas aldeias vizinhas e transmitir mensagens orais ou escritas, é igualmente privada de qualquer liberdade de movimentos. Só com permissão expressa, acompanhada de soldados, uma pessoa da corte dela pode deixar o castelo; interrompe-se a distribuição de esmolas aos pobres dos arredores, que Maria Stuart regularmente fazia em pessoa; com razão, o perspicaz Paulet via nisso um meio de deixar aquela gente pobre disposta a contrabandear coxias para aquela devota benfeitora. E agora uma medida rigorosa segue a outra. As roupas, os livros, toda espécie de coisas enviadas são revistadas como atualmente se faz numa aduana, um controle cada vez mais minucioso reduz toda a correspondência. Nau e Curle, dois secretários de Maria Stuart, agora ficam sem ter que fazer, sentados em seus quartos. Não há mais cartas a decifrar nem escrever. De Londres, da Escócia nem de Roma e Madri chega mais nenhuma notícia, nem uma gota de esperança no abandono em que se encontra Maria Stuart. Em breve, Paulet lhe tira também sua última alegria pessoal: seus dezesseis cavalos têm de ficar em Sheffield, acabaram-se a amada caça e os passeios a cavalo. Seu espaço vital ficou muito restrito nesse último ano, sob Amyas Paulet; cada vez mais — pressentimento sombrio — a Maria Stuart se parece com uma masmorra e um caixão.

Pelo bem de sua honra, Elizabeth deveria ter colocado um carcereiro mais tolerante para sua irmã rainha. Mas infelizmente temos de admitir que para segurança dela não teria encontrado nenhum mais confiável do que esse calvinista frio. Paulet executa de maneira exemplar o dever que lhe foi imposto, de isolar Maria Stuart do mundo. Depois de alguns meses, ela está hermeticamente apartada como debaixo de uma redoma de vidro; nem uma carta, nem uma palavra mais entra em seu cárcere. Elizabeth tem todos os motivos para estar tranquila e satisfeita com seu súdito, e agradece a Paulet em palavras entusiásticas por seu excelente serviço. "Se soubesse, meu caro Amyas, como lhe sou grata pelos seus impecáveis esforços e suas ações corretas, e suas ordens inteligentes e medidas seguras numa tarefa tão difícil e perigosa, seria um alívio de suas preocupações e uma alegria para o seu coração."

Mas singularmente os ministros de Elizabeth, Cecil e Walsingham, no começo são pouco gratos ao *precise fellow*, aquele minucioso Amyas Paulet, pelo seu grande esforço. Pois esse isolamento total da prisioneira contradiz paradoxalmente os desejos secretos deles. Pois não se interessam em que se tire de Maria Stuart todas as oportunidades de conspirar, que com aquela rigorosa clausura Paulet a impeça de cometer imprudências — ao contrário; Cecil e Walsingham nem querem uma Maria Stuart inocente, mas culpada. Querem, ao contrário, que ela, na qual veem a eterna causa de todas as agitações e conspirações na Inglaterra, continue conspirando e finalmente se enrede naquela rede mortal. Querem que esse assunto acabe, levando *the matter to an end*, querem o processo de Maria Stuart, sua condenação, sua execução. Uma simples prisão não lhes basta mais. Para eles, não há segurança senão a eliminação definitiva da rainha dos escoceses, e para forçar isso têm de fazer tanto para atraí-la a um complô quanto Amyas Paulet com suas medidas rigorosas faz para impedi-la disso. O que precisam para seus fins é de uma conspiração contra Elizabeth, e a clara colaboração de Maria Stuart nesse complô.

Essa conspiração contra a vida de Elizabeth em si já existe. Pois pode-se dizer até que ela trabalha em estado permanente. Filipe II, no continente, organizou uma central de conspiração anti-inglês regular; em Paris Morgan, homem de confiança e agente secreto de Maria Stuart, incessantemente organiza e paga com dinheiro espanhol perigosas artimanhas contra a Inglaterra e Elizabeth. O tempo todo se conquistam jovens para a causa, por meio de delegados espanhóis e franceses fazem-se acordos secretos entre os nobres católicos insatisfeitos na Inglaterra e as chancelarias de Estado da Contrarreforma. Só uma coisa Morgan não sabe: que Walsingham, um dos mais capazes e inescrupulosos ministros da polícia de todos os tempos, mandou alguns espiões até a Chancelaria sob o disfarce de católicos apaixonados, e que exatamente aqueles mensageiros que Morgan considera os mais confiáveis na verdade foram comprados e pagos por Walsingham. O que acontece para Maria Stuart é sempre revelado à Inglaterra por traição, antes mesmo que o plano seja executado, e também no fim do ano de 1585 — o sangue dos últimos conspiradores ainda não secou no cadafalso — o gabinete de Estado inglês já sabe que novas ações contra a vida de Elizabeth estão em andamento. Walsingham cita nomes e nomes, todos nobres católicos na Inglaterra, que foram conquistados por Morgan para entronizar Maria Stuart. Ele só precisaria atacar, e com a ajuda dos instrumentos de tortura logo se descobriria a conspiração. Mas a técnica desse refinado ministro da polícia é muito mais ampla. Certo, agora ele já poderia estrangular os conspiradores com um só gesto. Mas mandar esquartejar alguns nobres ou aventureiros não tem valor político para ele. Para que cortar cinco ou seis cabeças dessa Hidra da eterna conspiração se durante a noite sempre lhe crescem novas? *Delenda est Carthago* é o lema de Cecil e Walsingham: é preciso liquidar a própria Maria Stuart, e para isso precisam como pretexto não apenas de ação inofensiva, mas bem ramificada, um crime comprovável. Em lugar, pois, de logo sufocar na semente a chamada conspiração Babington, Walsingham faz tudo para ampliá-la artificialmente: ele a nutre com benevolência, ele a alimenta com dinheiro, ele a estimula por aparente negligência. Somente graças à sua arte de provocar, aos poucos uma conspiração diletante de alguns provincianos contra Elizabeth se transforma no famoso complô Walsingham para eliminar Maria Stuart.

Três etapas são necessárias para o assassinato legal de Maria Stuart baseado nos parágrafos do Parlamento. Primeiro, os conspiradores precisam planejar de maneira comprovável o atentado contra Elizabeth. Segundo, precisam ser convencidos a avisar expressamente Maria Stuart de sua intenção. Terceiro, porém mais difícil, Maria Stuart tem de ser seduzida a aprovar por escrito, e expressamente, esse plano assassino. Como matar sem motivo claro uma inocente? Isso seria ruim demais para a honra de Elizabeth, perante o mundo. Melhor torná-la artificialmente culpada, melhor enfiar traiçoeiramente em sua mão o punhal com que ela própria vai se matar.

Esse complô da polícia inglesa contra Maria Stuart começa com a infâmia de subitamente concederem alívios para a prisioneira. Aparentemente, não custou muito esforço a Walsingham convencer o puritano e devoto Amyas Paulet de que será melhor atrair Maria Stuart para uma conspiração do que afastá-la de todas as tentações. Pois de repente Paulet muda sua tática, segundo o plano do quartel-general da polícia inglesa: certo dia o até então implacável aparece junto de Maria Stuart e muito amavelmente lhe diz que pensam em transferi-la de Tutbury para Chartley. Maria Stuart, totalmente incapaz de perceber as intrigas de seus adversários, não consegue esconder sua sincera alegria. Tutbury é uma fortaleza sombria, mais parecida com uma prisão que com um castelo. Chartley, em contrapartida não apenas fica num local mais bonito e mais livre, mas — o coração de Maria Stuart bate mais depressa — perto moram famílias católicas amigas, e talvez até ela possa receber notícias de seus parentes e amigos além-mar, e conseguir com coragem e astúcia aquilo que lhe vale mais que tudo: a liberdade.

E vejam só, certa manhã, Maria Stuart se espanta. Nem se atreve confiar em seus olhos. Como por mágica, o terrível feitiço de Amyas Paulet foi quebrado: uma carta cifrada chegou até ela, depois de semanas e meses de isolamento, a primeira carta outra vez. Ah, que habilidade de seus amigos cautelosos e espertos; finalmente encontraram um modo de engánar o implacável carcereiro Paulet. Que graça inesperada: ela não está mais isolada do mundo, pode sentir amizade, interesse, participação, pode novamente saber de todos os planos e preparativos para sua libertação! Mas um instinto misterioso ainda faz Maria Stuart ser cautelosa. Ela responde a carta de seu agente Morgan com o aviso insistente: "Cuide-se bem para não se imiscuir em assuntos que o poderiam onerar e aumentar a suspeita que têm aqui contra o senhor." Mas logo sua desconfiança se desfaz, assim que ela fica sabendo que genial meio de informação seus amigos — na verdade seus assassinos — encontraram para lhe fazer chegar cartas sem problema. Todas as semanas, da cervejaria próxima manda-se um barril de cerveja para os criados da rainha, e aparentemente seus amigos conseguiram convencer o carroceiro a deixar sempre boiar na cerveja uma garrafa de madeira bem fechada; nela escondem-se cartas secretas para a rainha. Regular como um correio regular, essa correspondência se desenrola sem problemas. Toda semana, esse homem honrado — *the honest man,* dizem dele os relatórios — leva sua cerveja com o conteúdo precioso até o castelo, o mestre da adega de Maria Stuart o pesca do recipiente e o coloca de novo na pipa vazia, com nova correspondência. O bravo carroceiro não tem do que se queixar, porque esse contrabando lhe proporciona um ganho duplo. De um lado é muito bem pago pelos amigos estrangeiros de Maria Stuart, de outro cobra preço dobrado pela cerveja ao administrador da casa.

Mas uma coisa Maria Stuart não adivinha, isto é, que aquele honrado carroceiro ganha mais uma terceira vez com aquele seu negócio obscuro. Pois além disso ainda é pago pela polícia inglesa, e naturalmente Amyas Paulet sabe de tudo. Não foram os amigos de Maria Stuart que inventaram aquele correio na cerveja, mas Gifford, um espião de

Walsingham, que se apresentou a Morgan e ao embaixador francês como homem de confiança da prisioneira; e com isso — imensurável vantagem para o chefe de polícia — a constante correspondência de Maria Stuart está sob controle de seus inimigos políticos. Cada carta para e de Maria Stuart, antes de entrar e sair da pipa de cerveja, é apanhada pelo espião Gifford, que Morgan considera seu homem de confiança, imediatamente decifrada por Tomas Phelippes, secretário de Walsingham, e copiada; essas cópias, então ainda com a tinta molhada, são enviadas a Londres. E aí sim impecavelmente apresentadas a Maria Stuart ou ao embaixador francês, para que a enganada não tivesse um momento de suspeita e prosseguisse despreocupadamente a correspondência.

Situação fantasmagórica. Os dois partidos se alegram por enganar um ao outro. Maria Stuart respira aliviada. Finalmente aquele frio e inatingível puritano Paulet foi logrado, ele que examina toda peça de roupa, corta toda sola de sapato, que a controla e aprisiona como a uma criminosa. Se ele pudesse adivinhar, sorri ela silenciosamente, que apesar de todos os soldados, as barreiras e os ardis ela recebe mensagens de Paris, Madri e Roma, que seus agentes trabalham corajosamente e já se preparam exércitos, frotas e punhais para ela! Por vezes, a alegria pode transparecer imprudente e clara demais de seus olhares, pois Amyas Paulet registra com sarcasmo o crescente bem-estar e a sensação de segurança dela, desde que ele alimenta sua alma com o veneno da esperança. Porém, mais fundamentado é o sorriso áspero em seus lábios frios quando semanalmente ele vê chegar a nova provisão de cerveja trazida pelo honrado carroceiro, quando observa, maligno, com que pressa cada vez o zeloso administrador de Maria Stuart rola a barriquinha para o porão escuro para secar ali dentro o precioso conteúdo de umas cartas. Pois o que Maria Stuart vai ler agora há muito foi lido pela polícia inglesa. Em Londres, Walsingham e Cecil estão em suas poltronas tendo à frente, textualmente, toda a correspondência secreta de Maria Stuart. A partir dela veem que Maria Stuart está oferecendo a coroa da Escócia e seu direito à coroa da Inglaterra a Filipe II da Espanha, caso ele a ajude a libertar-se — e sorriem porque uma carta dessas será útil um dia para acalmar Jaime VI, quando atacarem sua mãe com excessiva dureza. Eles leem que em seus escritos de próprio punho, impacientes, exige sempre de Paris uma invasão de tropas espanholas a seu favor. Também isso pode servir num processo. Mas o mais importante, o essencial, que esperam e de que precisam para a acusação, até agora infelizmente não aparece nessas cartas — que Maria Stuart favoreça algum plano de assassinar Elizabeth. Ela ainda não é legalmente culpada, ainda falta um único minúsculo parafuso para fazer funcionar a máquina assassina de um processo, o *consent*, a concordância expressa de Maria Stuart para que se mate Elizabeth. E agora Walsingham, esse perigoso mestre em seu ofício, trata decididamente de introduzir esse último parafuso. E com isso começa uma das mais inacreditáveis e bem documentadas perfídias da história: é o truque de Walsingham para tornar Maria Stuart cúmplice de um crime que ele próprio inventou, a chamada conspiração Babington, que na verdade foi uma conspiração Walsingham.

O plano de Walsingham — pois o processo provou isso — deve ser considerado magistral. Mas o que o torna tão repulsivo a ponto de ainda hoje, centenas de anos depois, a nossa alma ser tomada de repulsa, é que para a sua canalhice Walsingham se serve exatamente da mais pura força do ser humano: a credulidade de jovens naturezas românticas. Anthony Babington, escolhido em Londres como instrumento para derrubar Maria Stuart, merece ser encarado com compaixão e admiração, pois sacrifica sua vida e sua honra pelo mais nobre impulso. Um pequeno aristocrata de boa família, rico e casado, esse jovem romântico mora feliz com sua mulher e uma criança em sua propriedade de Lichtfield, bem perto de Chartley — e agora, de repente, também entendemos por que Walsingham escolhera logo Chartley para Maria Stuart ficar. Há muito tempo espiões lhe disseram que Babington era católico convicto, seguidor de Maria Stuart disposto a sacrificar-se por ela, e que várias vezes a ajudara a receber e mandar suas cartas secretas — é sempre privilégio da juventude nobre comover-se com um destino trágico. Um idealista inocente como aquele pode servir mil vezes melhor com sua loucura pura a um Walsingham do que qualquer espião alugado, pois a rainha confiará mais facilmente nele. Ela sabe: aquele nobre honrado, talvez um pouco confuso, não será atraído em seu serviço de cavalheiro, por uma ideia de lucro nem muito menos atração pessoal. Que antigamente, como pajem na casa de Shrewsbury, ele conhecera em pessoa Maria Stuart e aprendera a amá-la, pode ser invenção romântica; provavelmente jamais a encontrou, e apenas a serve pelo prazer de servir, porque acredita na Igreja católica, porque tem uma alegria romântica na aventura perigosa dessa mulher na qual enxerga a rainha legítima da Inglaterra. Desinibido, imprudente e loquaz, como todos os jovens apaixonados, ele faz apologia da prisioneira entre seus amigos, alguns jovens nobres católicos unem-se a ele. Figuras singulares reúnem-se em seu círculo para conversas agitadas, um padre fanático chamado Ballard, um certo Savage, um desesperado audacioso, e outros jovens nobres totalmente inofensivos e insensatos, que leram demais Plutarco e sonham vagamente com heroísmos. Mas em breve, nessa aliança de homens honrados, aparecem alguns homens que são ou parecem ser muito mais determinados do que Babington e seus amigos, sobretudo aquele Gifford que mais tarde Elizabeth compensará pelos serviços com uma pensão anual de 100 libras. Para eles, não parece suficiente salvar a rainha aprisionada. Com ímpeto singular, insistem numa ação incomparavelmente perigosa — o assassinato de Elizabeth, a eliminação da "usurpadora".

Esses amigos corajosos e excessivamente determinados são, naturalmente, espiões policiais alugados por Walsingham, que esse ministro inescrupuloso introduziu na aliança secreta de jovens idealistas, não apenas para ser informado, em tempo, de todos os seus planos, mas sobretudo para estimular o fantasista Babington e levá-lo mais longe do que ele realmente pretendia ir. Pois esse Babington (os documentos não deixam dúvidas quanto a isso) originalmente nada mais planejava com seus amigos senão partindo de Lichtfield, num ato decidido, em uma caçada ou outra ocasião semelhante, libertar Maria Stuart da prisão; um ato imoral como um assassinato não estava absolutamente nas cogitações daquela natureza politicamente exaltada mas muito humana.

Porém, um mero sequestro de Maria Stuart não é o que Walsingham precisa para seus fins, pois isso não lhe oferece ainda o motivo desejado para acusá-la no sentido da lei. Ele precisa mais que isso; precisa, para seus objetivos escusos, um verdadeiro complô de assassinato. Manda seus agentes canalhas e provocadores insistir e insistir até que finalmente Babington e seus amigos de fato começam a pensar no atentado contra Elizabeth, de que Walsingham precisa. A 12 de maio, o embaixador espanhol, sempre em contato com os conspiradores, dá ao rei Filipe II a alegre notícia de que quatro nobres católicos de alta posição, que têm acesso ao palácio de Elizabeth, juraram diante do altar eliminá-la com veneno ou punhal. Vemos que os agentes provocadores trabalharam bem. Finalmente, o complô de assassinato encenado por Walsingham está em curso.

Mas com isso resolveu-se apenas a primeira parte da tarefa que Walsingham se propôs, a corda dessa armadilha está presa apenas numa ponta; agora é preciso firmar a outra. O complô para matar Elizabeth foi bem construído, agora começa o duro trabalho de inserir Maria Stuart dentro dele e extrair da prisioneira — que de nada sabe — o seu *consent*. Mais uma vez Walsingham assobia chamando o seu espião. Envia sua gente para a central dos conspiradores católicos, para Morgan em Paris, agente geral de Filipe II e de Maria Stuart, para que ali se queixem de que Babington e seus homens estão sendo tíbios demais. Não querem pensar direito no assassinato, são hesitantes e fracos. Era urgente animar esses mornos, no interesse da sagrada causa; mas isso só poderia acontecer eficazmente com uma palavra incitadora de Maria Stuart. Se Babington tivesse certeza de que sua venerada rainha aprovava o assassinato, sem dúvida passaria à ação. Portanto, para que essa grande obra desse certo, dizem os espiões a Morgan, insistentemente, era essencial que levasse Maria Stuart a escrever a Babington algumas palavras de estímulo.

Morgan hesita. É como se num momento iluminado ele tivesse percebido o jogo de Walsingham. Mas os espiões insistem e insistem ainda, dizendo que, afinal, se trata apenas de algumas frases formais. Por fim, Morgan cede. No entanto, para impedir que ela cometesse alguma imprudência, ele escreve a Maria Stuart um rascunho da carta a Babington. E a rainha, confiando absolutamente em seu agente, copia palavra por palavra o texto que seria enviado a Babington.

Agora está bem instalada a ligação que Walsingham desejava entre Maria Stuart e a conspiração. Primeiro ainda se preserva a cautela de Morgan, pois aquela primeira carta de Maria Stuart a seu ajudante, apesar de todo o calor, é descomprometida. Walsingham, porém, precisa de imprudências, de confissões claras e do *consent* franco para o atentado que se planeja. Por ordens dele, seus agentes pressionam de novo do outro lado. Gifford insiste com o infeliz Babington, dizendo que agora que a rainha lhe mostrou tão generosamente sua confiança, ele tem um dever de também lhe revelar, confiante, suas intenções. Um ato perigoso como um atentado contra Elizabeth não poderia ser executado sem a concordância de Maria Stuart. Para que tinham aquele caminho seguro através do bravo carroceiro, se não para combinar livremente com ela todos os detalhes, e receber suas instruções? Babington, um insensato puro, mais audacioso do que prudente, cai direto na armadilha. Envia um longo escrito a sua *très chère souveraine*, revelando todos os detalhes dos planos preparados. Por que a infeliz não haveria de se alegrar? Por que não saberia de antemão que a hora de sua libertação está próxima? Tão inocente como se anjos trouxessem por caminhos invisíveis as palavras dele a Maria Stuart, sem saber que espiões e agentes espreitam como assassinos cada uma de suas palavras, o pobre insensato explica numa longa carta o plano de guerra da conspiração. Relata que ele próprio com dez nobres e cem ajudantes a tirarão de Chartley com um ataque ousado, enquanto ao mesmo tempo seis nobres, todos seus bons e confiáveis amigos e católicos devotados, eliminariam a "usurpadora" em Londres. Uma determinação fogosa, uma total consciência do próprio perigo, arde nessa carta insensatamente franca, que realmente só se pode ler com emoção. Seria preciso um coração frio e uma pobre alma sóbria para deixar sem resposta e sem estímulo, por covarde prudência, tal confissão de solicitude cavalheiresca.

Walsingham conta com esse coração ardente e essa imprudência de Maria Stuart, tantas vezes comprovada. Se ela receber esse anúncio de assassinato de Babington e responder concordando, ele terá atingido seu objetivo. Pois então Maria Stuart o dispensará do esforço de mandar matá-la em segredo. Ela mesma terá posto o laço da forca em seu próprio pescoço.

A carta funesta foi enviada. Gifford, o espião, a entregou cuidadosamente na Chancelaria, onde foi caprichosamente decodificada e copiada. Exteriormente intacta, ela é enviada, na barrica de cerveja, à mulher que tudo ignora. A 10 de julho, Maria Stuart a tem nas mãos, e duas pessoas igualmente nervosas, Cecil e Walsingham, inventores desse complô traiçoeiro e assassino, aguardam em Londres para ver se e como será respondida. Chegou o momento de maior tensão, o instante fremente em que o peixe já belisca na isca: Será que vai morder? Será que a vai deixar de lado? Um momento sinistro, mas, apesar de tudo, pode-se admirar ou rejeitar o método político de Cecil e Walsingham. Pois por mais repulsivos que sejam os meios que ele usa para eliminar Maria Stuart, Cecil, o estadista, está servindo a uma ideia: para ele, eliminar a inimiga figadal do protestantismo é uma necessidade política inadiável. E de Walsingham, um ministro da polícia, dificilmente se pode esperar que renuncie à espionagem e utilize unicamente de métodos morais.

Mas e Elizabeth? Ela, que, assustada, pensa na posteridade a cada ato de sua vida, sabe que nos bastidores se constrói uma máquina assassina mais traiçoeira e mais perigosa do que qualquer cadafalso? Essas práticas repulsivas de seus conselheiros acontecem com sua ciência e concordância? Que papel tem a rainha da Inglaterra nesse miserável complô contra a sua rival?

A resposta não é difícil: um papel duplo. Temos um testemunho claro de que Elizabeth sabia de todas as artimanhas de Walsingham, que do começo ao fim soube de todos os detalhes, passo a passo, tolerando as práticas de Cecil e Walsingham, aprovando e talvez até estimulando-as alegremente; a história jamais a poderá absolver da culpa de ter visto e até colaborado para atrair traiçoeiramente para sua ruína a prisioneira que lhe fora confiada. Mas Elizabeth não seria Elizabeth se agisse de maneira unívoca. Capaz de qualquer mentira, qualquer fingimento, qualquer logro, essa mulher das mais singulares não era desprovida de consciência, e nunca era inteiramente imoral nem mesquinha. Nos momentos decisivos, certa generosidade do coração sempre a domina. Também desta vez sente desconforto por tirar vantagens de uma prática tão reles. Pois, de repente, enquanto seus próprios criados enredam a vítima em suas tramas, ela faz uma mudança surpreendente em favor da ameaçada. Manda chamar o embaixador francês, que transmitiu toda a correspondência de Maria Stuart antes e depois de Chartley, sem saber que usava como mensageiros criaturas compradas por Walsingham.

— Senhor embaixador — diz ela sem rodeios —, o senhor tem frequentes contatos com a rainha da Escócia. Mas, acredite, sei tudo o que acontece no meu reino. Eu própria fui prisioneira quando minha irmã era rainha, e sei muito bem que caminhos artificiais prisioneiros encontram para conseguir criados e entendimentos secretos.

Com essas palavras, Elizabeth acalmou sua consciência. Preveniu claramente o embaixador francês, portanto Maria Stuart. Disse tanto quanto podia dizer sem trair sua gente. Se Maria Stuart não desistir de seus esforços, ela poderá lavar as mãos na inocência e dizer com orgulho: E a avisei; no último instante ainda a avisei.

Mas também Maria Stuart não seria Maria Stuart se aceitasse avisos e exortações, se agisse com cautela e sensatez. É verdade que primeiro só confirma a carta a Babington com uma frase que, como diz decepcionado o enviado de Walsingham, ainda não revela *her very heart*, sua verdadeira postura em relação ao plano de assassinato. Ela hesita, vacila, sem saber se deve confiar, e também seu secretário Nau a aconselha insistentemente a não dar uma palavra escrita num assunto tão comprometedor. Mas o plano é atraente demais, o chamado é promissor demais para que Maria

Stuart pudesse resistir ao seu fatídico prazer na diplomacia e nas intrigas. *Elle s'est laissée aller à l'accepter*, comenta Nau com visível desconforto. Três dias ela se encerra em seu quarto com seus secretários pessoais Nau e Curle, e responde extensamente, ponto a ponto, todas as sugestões. A 17 de julho, poucos dias depois de receber a carta de Babington, sua resposta é enviada pelo caminho habitual, a barrica de cerveja.

Mas desta vez a carta infeliz viaja pouco. Não vai a Londres, onde habitualmente a correspondência secreta de Maria Stuart é decodificada na Chancelaria. Pois na sua impaciência por conhecer mais cedo a decisão, Cecil e Walsingham enviaram-na diretamente a Chartley, ao secretário Phelippes, encarregado da decodificação, para que traduzisse a resposta praticamente ainda com a tinta fresca. Um acaso singular faz com que, numa saída do castelo, da carruagem Maria Stuart aviste esse mensageiro da morte. O estranho visitante chama sua atenção, mas como o feio rapaz, com a cara marcada de varíola (ela descreve seu rosto numa carta), a cumprimenta com um leve sorriso — sem conseguir disfarçar sua maligna alegria —, Maria Stuart, obnubilada pela esperança, pensa tratar-se de um enviado de seus amigos que se esgueirara até ali para investigar o terreno para sua libertação. Mas esse Phelippes tem coisas muito mais perigosas a fazer. Mal a carta dela é tirada do barril de cerveja, ele começa a decodificá-la avidamente. A presa foi agarrada, e agora é preciso abrir-lhe rapidamente as entranhas. Frase após frase é decifrada logo, primeiro só palavras comuns. Maria Stuart agradece a Babington e faz três sugestões diferentes para o golpe que deveria tirá-la à força de Chartley. Isso é interessante, mas não é ainda o mais importante, o decisivo. Mas então o coração de Phelippes bate em falso de alegria maldosa: finalmente chegou, preto no branco, o tão esperado *consent* de Maria Stuart, o consentimento para o assassinato de Elizabeth. Pois quando Babington a informa de que seus nobres abaterão Elizabeth em seu palácio, Maria Stuart responde fria e objetivamente com a indicação: "Pois então esses nobres devem ser enviados, ordenando que depois de resolverem seu assunto eu seja imediatamente tirada daqui... antes que meu vigia seja informado." Mais não era preciso. Com isso, Maria Stuart traíra *her very heart*, e aprovara o plano de assassinato; agora, finalmente a conspiração policial de Walsingham tivera sucesso. Mandantes e executores, senhores e criados, congratulando-se, dão-se as mãos sujas e em breve manchadas de sangue. "Agora o senhor tem papéis suficientes", escreve Phelippes triunfante ao seu senhor. Também Amyas Paulet, que adivinha que em breve, com a execução da vítima, estará livre de seu cargo de guardião, fica devotamente excitado. "Deus abençoou meus esforços", escreve, "e alegro-me porque Ele recompensa assim meus fiéis serviços."

Agora que a ave do paraíso caiu na rede, na verdade Walsingham não precisaria mais hesitar. Seu plano deu certo, seu assunto vergonhoso foi resolvido. Mas agora está tão seguro de si que se dá o sombrio prazer de brincar mais uns dias com sua vítima. Deixa ainda que a carta de Maria Stuart (há muito copiada) chegue a Babington; não faz mal, pensa Walsingham, que ele a responda mais uma vez, e com isso o dossiê de acusação se enriqueça com uma peça a mais. Mas, entrementes, por algum sinal, Babington deve ter reconhecido que seu segredo estava sendo observado por algum olho maligno. Um medo louco domina de repente aquele jovem audacioso, pois até o mais valente sente tremerem seus nervos quando é ameaçado por uma força invisível e incompreensível. Como um rato acossado, ele corre de um lado para outro. Toma um cavalo e dispara para o interior, para fugir. Depois, de repente, volta a Londres e — momento dostoievskiano — aparece exatamente junto da pessoa que brinca com seu destino, Walsingham. Incompreensível, mas compreensível fuga de um perturbado para junto de seu mais perigoso inimigo. Obviamente, ele quer descobrir com Walsingham se já existe alguma suspeita contra ele. Mas o chefe de polícia, frio e indiferente, nada revela, e deixa-o partir tranquilamente: melhor que com a sua imprudência esse insensato crie mais uma prova. Porém, Babington já sente a mão que sai das trevas. Rapidamente, escreve um bilhete a um amigo, o qual, para encorajar-se, encontra palavras realmente heroicas e românticas: "Está preparado o fogo ardente no qual nossa crença tem de ser posta à prova." Ao mesmo tempo, com uma última palavra tranquiliza Maria Stuart, pedindo que tenha confiança. Mas Walsingham agora tem suficiente material de provas, e ataca com um golpe. Um dos conspiradores é preso, e mal Babington recebe essa notícia, já sabe que tudo está perdido. Sugere a seu camarada Savage mais uma última ação desesperada, de correr direto para o palácio e matar Elizabeth, mas é tarde demais. Os carrascos de Walsingham já estão atrás deles e só por uma ousada determinação os dois conseguem fugir no momento em que iam ser apanhados. Mas fugir para onde? Todas as estradas estão bloqueadas, todos os portos foram avisados, eles não têm comida nem dinheiro. Por dez dias, escondem-se em St. John's Wood, floresta que naquele tempo ficava perto de Londres, hoje no coração da cidade — dez dias de horror, de medo sem solução. Mas a fome os tortura impiedosamente, e por fim a aflição os leva à casa de um amigo, onde recebem pão e a última comunhão; lá são presos e conduzidos acorrentados pela cidade. Numa prisão da Torre, esses jovens audaciosos e crentes aguardam tortura e execução, mas sobre suas cabeças reboam os sinos de Londres em triunfo. Com fogueiras de alegria e cortejos festivos, o povo comemora a salvação de Elizabeth, o fim da conspiração, e o fim de Maria Stuart.

Enquanto isso, sem saber de nada, depois de anos em seu castelo de Chartley, a prisioneira vive de novo horas de alegre excitação. Todos os seus nervos estão tensos. A qualquer hora deve chegar a galope o cavaleiro anunciando que o plano deu certo. Hoje, amanhã ou depois será levada a Londres para o castelo da soberana. Já sonha com nobres e povo aguardando por ela nos portões da cidade festivamente enfeitados, os sinos repicando com júbilo. A desgraçada não sabe que na verdade os sinos já repicam e reboam das torres para festejar a salvação de Elizabeth. Um dia ainda, dois dias, e tudo estará terminado, a Inglaterra e a Escócia estarão unidas sob sua coroa de rainha, e a fé católica recuperada no mundo todo.

Nenhum médico conhece um remédio tão eficiente para um corpo cansado, uma alma abatida, quanto a esperança. Desde que Maria Stuart, sempre crédula e confiante, julga estar tão próxima do triunfo, acontece nela uma transformação completa. Um novo frescor, outra espécie de juventude a domina de repente, e ela, que nos últimos anos sofria constantemente de exaustão, que mal podia caminhar meia hora sem se queixar de dores no flanco, fadiga e reumatismo, agora volta a saltar no cavalo. Ela própria espanta-se com aquela surpreendente renovação, e escreve (enquanto a foice já está sendo brandida sobre a conspiração) ao seu *good Morgan*: "Agradeço a Deus porque não me derrubou tanto e eu ainda tenha forças para matar um cervo e disparar a cavalo atrás dos cães."

Por isso ela também considera uma surpresa bem-vinda o convite de Amyas Paulet, habitualmente tão inamistoso — o tolo puritano nem adivinha, pensa ela, que em breve sua função de guarda estará terminada — para uma caçada a 8 de agosto no castelo vizinho de Tixall. Prepara-se uma imponente cavalgada, e o marechal da corte, os dois secretários dela, e seu médico, saltam nos cavalos; até Amyas Paulet, nesse dia particularmente amável e acessível, acompanha com alguns de seus oficiais aquele cortejo animado. A manhã está belíssima, radiante e cálida, os campos viçosos e verdes. Maria Stuart esporeia o cavalo para sentir melhor a sensação de vida, de liberdade nesse ímpeto e corrida. Há semanas, há meses não se sentia tão jovem, nunca em todos aqueles anos sombrios, tão alegre e renovada, como nessa manhã magnífica. Tudo lhe parece belo, leve; quando a esperança dá asas ao coração, sentimo-nos abençoados.

Junto dos portões do castelo de Tixall, o galope se reduz, os cavalos passam a um trote manso. De repente, o coração de Maria Stuart dispara. Junto do portal do castelo uma porção de homens a cavalo espera. Não serão — ah, manhã feliz! — os amigos, Babington e seus companheiros? Será que se cumpriu tão depressa a secreta promessa da carta? Mas é estranho: só um dos cavaleiros que aguardam se separa do grupo, aproxima-se lentamente e, com singular solenidade, tira o chapéu e faz uma mesura: é Sir Thomas George. No momento seguinte,

Maria Stuart sente que seu coração que antes ainda pulsava tão alegre, agora bate em falso. Pois Sir Thomas George lhe diz em poucas palavras que o complô de Babington foi descoberto, e ele tinha a missão de prender os dois secretários dela.

Maria Stuart não tem palavras. Qualquer sim, ou não, qualquer pergunta, qualquer queixa a poderia trair. Ela talvez ainda não adivinhe a dimensão do perigo, mas em breve deve ser assaltada pela cruel suspeita, pois nota que Amyas Paulet não dá sinal de querer voltar com ela a cavalo para Chartley. Só então entende o sentido desse convite para a caçada: queriam afastá-la da casa, para revistar em paz seus aposentos. Certamente agora todos os seus papéis estão sendo revirados e examinados, removida toda a rede diplomática que ela elaborara tão abertamente com seu soberano sentimento de segurança, como se ainda fosse rainha e não prisioneira num país estrangeiro. Mas ela terá muito tempo, até demais, para refletir sobre todos esses erros e omissões, pois é detida por dezessete dias em Tixall, sem lhe darem a possibilidade de escrever ou receber uma linha. Ela sabe, agora todos os seus segredos foram revelados, toda a esperança liquidada. Mais uma vez, caiu um degrau; já não é apenas prisioneira, mas ré.

Quando volta a Chartley, dezessete dias depois, Maria Stuart é outra pessoa. Nada mais de galope alegre, entrando pelos portões com a lança na mão rodeada de seus amigos confiáveis. Lenta e muda, entre guardas severos e inimigos, uma mulher cansada, decepcionada, envelhecida, que sabe que não tem mais o que esperar. Estará realmente espantada ao ver suas malas e seus armários arrombados, removidos os textos escritos e as cartas que deixara? Está admirada porque os poucos fiéis de seu séquito a saúdam com lágrimas nos olhos e olhares desesperados? Não, ela sabe que agora tudo está acabado, tudo terminou. Mas um pequeno incidente a ajuda a passar esse primeiro desespero mudo. No quartinho dos criados, uma mulher geme dando à luz — é a esposa de Curle, seu fiel secretário, que foi levado a Londres para testemunhar contra ela e ajudar a arruiná-la. A mulher está ali, sozinha, não se encontra um médico para ajudar, nem um padre. Assim, na eterna solidariedade fraterna das mulheres e dos infelizes, a rainha desce para ajudar a mulher que grita, e, como não há nenhum padre ali, ela mesma recebe a criança neste mundo batizando-a.

Maria Stuart fica mais dois dias naquele castelo odiado, depois vem a ordem para a transferirem para outro, onde estará ainda mais segura e mais isolada do mundo. Escolheram para ela Fotheringhay, o último dos muitos castelos pelos quais Maria Stuart passou como hóspede e prisioneira, como rainha e como humilhada. A peregrinação chegou ao fim; logo aquela inquieta terá paz.

Mas tudo isso que já parece o fim trágico é apenas sofrimento brando comparado com os horrendos tormentos que nesses dias se preparam para os infelizes jovens que sacrificaram sua vida por Maria Stuart. A história sempre é escrita de maneira injusta e não social, pois quase sempre descreve apenas a aflição dos poderosos, triunfo e tragédia dos príncipes desta terra. Mas cala-se indiferente sobre os outros, os pequenos na sombra, como se o tormento e o martírio em seu corpo terreno não fossem iguais aos dos outros. Babington e nove de seus companheiros — quem os conhece, quem ainda hoje diz seus nomes, quando o destino da rainha se perpetua em incontáveis livros, palcos e retratos! Sofrem em três horas de horrenda tortura mais do que Maria Stuart em todos os vinte anos de sua infelicidade. Segundo a lei, teriam morte no cadafalso, mas aos instigadores do complô isso parece pouco castigo para os que se deixaram instigar por eles. Junto com Cecil e Walsingham, Elizabeth em pessoa — mais uma nódoa escura em sua honra — ordena que a execução de Babington e seus companheiros seja prolongada por refinadas torturas, transformando-se em mil mortes. Seis desses jovens crentes, entre eles dois quase meninos, que nada fizeram senão dar um pouco de pão ao seu amigo Babington, que estava fugindo e foi pedir comida diante de sua casa, foram enforcados por uns momentos para cumprir a lei, mas depois, ainda vivos, também mutilados para que tudo o que um século bárbaro tinha de diabólico pudesse se exercitar em seus corpos, torturados com sofrimentos indizíveis. Com horrenda tenacidade começa o pavoroso trabalho de carniceiro do verdugo. As vítimas são despedaçadas, ainda vivas, tão lenta e dolorosamente que até a pior ralé de Londres se horroriza, e são obrigados a encurtar o martírio dos outros no dia seguinte. Mais uma vez, um local de execução é inundado com sangue e pavor, por causa dessa mulher a quem foi dado o mágico poder de arrastar para a ruína mais e mais jovens. Mais uma vez, mas agora a última vez! Pois a grande dança da morte, que começara com Chastelard, chegou ao fim. Agora não virá mais ninguém para sacrificar--se pelo seu sonho de poder e grandeza. Agora, ela própria será a vítima.

22
Elizabeth contra Elizabeth
(agosto de 1586 a fevereiro de 1587)

Finalmente a meta foi atingida. Maria Stuart caiu na armadilha, deu o seu *consent*, fez-se culpada. Agora na verdade Elizabeth não precisaria preocupar-se com nada mais, a justiça decide e age por ela. O combate de um quarto de século chega ao fim, Elizabeth venceu, poderia alegrar-se como o povo que percorre as ruas de Londres, ruidoso e entusiasmado, comemorando que sua soberana foi salva da tentativa de assassinato, e festejando o triunfo da causa protestante. Mas toda a realização sempre se mescla misteriosamente com amargura. Logo agora que Elizabeth podia dar o golpe, sua mão treme. Mil vezes mais fácil fora atrair a imprudente para a armadilha do que agora matar a que está amarrada e indefesa. Se Elizabeth quisesse tirar do caminho aquela prisioneira incômoda, há muito teria tido cem oportunidades discretas. Já há quinze anos o Parlamento pedira que dessem o último aviso a Maria Stuart com o machado, e de seu leito de morte John Knox ainda exortara Elizabeth: "Se a senhora não acertar a raiz, os ramos voltarão a brotar, mais depressa do que imaginamos." Mas ela sempre respondera que "não podia matar o pássaro que procurara sua ajuda quando fugia do falcão". Porém, agora não tem mais escolha a não ser entre morte ou misericórdia; agora, a decisão sempre adiada, mas inadiável, está diante dela. Elizabeth sente calafrios, sabe que efeitos monstruosos e quase imprevisíveis sua sentença terá. Nós, hoje em dia, quase não conseguimos compreender a gravidade, o revolucionário dessa decisão que naquela vez abalou toda a hierarquia vigente no mundo. Pois colocar sob o machado uma rainha ungida significa não menos do que dizer a todos os povos da Europa até então submissos que também o monarca é uma pessoa que pode ser julgada e executada, não mais um intocável — por isso, na decisão de Elizabeth, não está em questão uma pessoa mortal, mas uma ideia. Por cem anos esse gesto servirá de aviso para todos os reis da terra, dizendo que já uma vez uma cabeça coroada rolou no cadafalso; sem esse exemplo não haveria execução de Carlos I, neto dos Stuart; nem haveria Luís XVI nem Maria Antonieta sem o destino de Carlos I. Com sua ampla visão e seu forte senso de responsabilidade, Elizabeth adivinha em parte o irrevogável de sua decisão, e hesita, e se intimida, e vacila, e adia e transfere. Mais uma vez, mais apaixonadamente do que antes, começa dentro dela a luta entre razão e sentimento, a luta de Elizabeth contra Elizabeth. É sempre um espetáculo chocante ver uma pessoa lutando com sua consciência.

Premida por essa cisão entre querer e não querer, Elizabeth quer fugir uma última vez do inevitável. Ela sempre rejeitou a decisão, sempre deixou tombar a mão. Assim, tenta mais uma vez, na última hora desobrigar-se e passar a responsabilidade para Maria Stuart. Escreve-lhe uma carta (que não foi preservada), insistindo para que numa carta particular, de rainha para rainha, esta faça uma confissão clara de sua participação na conspiração, submetendo-se ao julgamento pessoal dela, Elizabeth, e não a um tribunal público.

Com efeito, essa sugestão de Elizabeth era a única solução possível que ainda se podia encontrar. Só assim podia-se poupar a Maria Stuart a humilhação de um interrogatório público, sentença e execução. Para Elizabeth, por outro lado, significava uma segurança imensurável, comprometer moralmente aquela pretendente incômoda com um escrito de sua própria mão confessando tudo. Provavelmente, então, Maria Stuart poderia viver com tranquilidade em algum lugar na sombra, impotente por causa dessa confissão, e Elizabeth continuaria na luz e nas alturas de seu poder. Os papéis estariam definitivamente distribuídos, elas não estariam mais lado a lado, nem uma contra a outra na história, mas a culpada estaria de joelhos ante a que perdoava, a perdoada diante da que lhe salvara a vida.

Mas Maria Start nem quer mais ser salva. Sua maior força sempre fora o orgulho, e ela prefere dobrar o joelho no cadafalso a fazê-lo diante de uma benfeitora. É melhor negar insensatamente do que admitir com clareza, melhor sucumbir a humilhar-se. Ela sabe que como soberana perdeu; só lhe resta um poder na terra: colocar sua adversária Elizabeth em posição de injusta. E como, viva, não pode mais prejudicar sua inimiga, pega decidida a última arma: apresentar Elizabeth ao mundo como culpada de impiedade, e envergonhá-la morrendo uma morte gloriosa.

Maria Stuart rejeitou a mão estendida, agora Elizabeth, premida por Cecil e Walsingham, tem de seguir o caminho odioso. Para conferir um verdadeiro fundamento legal ao processo pretendido, convocam-se primeiro os juristas da coroa, e juristas da coroa de hábito tomam a decisão que o atual portador da coroa pede. Investigam eficientemente na história em busca de precedentes, verificam se antes disso reis já foram submetidos a tribunais comuns, para que a acusação não parecesse uma ruptura visível com a tradição, uma novidade. Mas os exemplos que conseguem precariamente reunir são bastante lamentáveis: Caetano, um pequeno tetrarca no tempo de César, o também desconhecido Licínio, cunhado de Constantino, e finalmente Conradino von Hohenstaufen e Joana de Nápoles — são os únicos príncipes comprovadamente mortos por uma sentença legal. Mas na sua servil solicitude os juristas chegam ao ponto de declarar supérfluo o tribunal de nobres que Elizabeth sugeriu; segundo seu ponto de vista, bastaria colocar Maria Stuart perante o júri popular comum de Staffordshire, pois seu "crime" fora cometido lá. Mas um processo tão democrático não serve a Elizabeth. Ela insiste nas formalidades, quer que uma neta de Tudor e filha de Stuart seja eliminada como alguém da realeza, com honras e dignidade, com pompa e magnificência, com todo o respeito e toda a reverência devidos a uma princesa, não pelo veredito de meia dúzia de camponeses e pequenos comerciantes. E interpela iradamente os apressados: "Seria um belo procedimento com uma soberana. Julgo certo evitar esses absurdos (como o julgamento por doze cidadãos comuns), e deixar para um grande número de juízes e das pessoas das mais nobres deste país o exame de uma causa tão importante. Pois nós, soberanas, estamos expostas aos olhares do mundo, no palco do mundo." Um processo como de reis, uma execução de reis, um enterro de reis é o que ela quer para Maria Stuart, e por isso convoca um tribunal de nobres, escolhidos entre os melhores e mais nobres homens da nação.

Mas Maria Stuart não se mostra inclinada a ser interrogada ou sentenciada nem pelos mais nobres súditos de sangue azul de sua irmã rainha.

— Como — interpela o enviado que recebe em seu quarto sem dar um passo em direção deles — é que a sua senhora não sabe que nasci rainha? Ela pensa que vou rebaixar minha posição, minha classe, a linhagem da qual venho, o filho que me seguirá, os reis e príncipes estrangeiros cujos direitos serão humilhados na minha pessoa, atendendo a tal convite? Não! Nunca! Ainda que eu pareça alquebrada, meu coração está resoluto, e não se submeterá a nenhuma humilhação.

Mas é a lei eterna: nem felicidade nem infelicidade transformam inteiramente um caráter. As qualidades e falhas de Maria Stuart serão sempre as mesmas. Em momentos perigosos, ela sempre mostrará uma postura grandiosa, mas depois será fraca demais para manter sua firmeza inicial sob pressão prolongada. Como no processo de York, por fim ela mais uma vez se deixa desviar do seu ponto de vista de soberana intocável, e com isso deixa cair a única arma que Elizabeth temia. Depois de longa e dura luta, ela se declara disposta a ser interrogada pelos enviados de Elizabeth.

A 14 de agosto, o salão do castelo de Fotheringhay é uma imagem festiva. Na parede de fundo erigiu-se um dossel sobre uma poltrona pomposa, que ficará vazia em todas aquelas horas trágicas; só como símbolo, numa presença muda, se verá que, invisível, Elizabeth, a rainha da Inglaterra, preside esse tribunal e que, segundo sua vontade e em seu nome, se dará a sentença final. À direita e à esquerda, ao lado do estrado, ficam os membros do tribunal conforme sua posição na hierarquia; no meio do salão, uma mesa para os acusadores gerais, juízes, escrivães e oficiais de Justiça.

Nesse aposento, entra Maria Stuart, como sempre naqueles anos vestida rigorosamente de negro, pelo braço de seu administrador. Ao entrar, lança um olhar para todos e diz, em tom desdenhoso:

— Quantos peritos em Justiça estão aqui, e nem um único a meu favor.

Depois caminha até uma poltrona a poucos passos do dossel, mas a alguns degraus abaixo do trono vazio. A *overlordship*, essa primazia da Inglaterra sobre a Escócia, torna-se concretamente visível por essa pequena ordem tática, de que a cadeira de Elizabeth fique acima da dela. Mesmo tão perto da morte, contudo, Maria Stuart não reconhecerá essa disposição.

— Eu sou rainha — diz em voz alta, para ser ouvida e entendida —, fui casada com um rei da França, e meu lugar deveria ser ali em cima.

Agora começa o processo. Assim como em York e Westminster, o processo é encenado ignorando até os mais primitivos conceitos legais. Mais uma vez, as testemunhas principais — aquela vez criados de Bothwell, agora Babington e seus camaradas — já tinham sido executadas com suspeita pressa antes do processo: só seus depoimentos escritos, extraídos na aflição mortal, estão sobre a mesa. Outra infração da lei: mesmo os documentos acusatórios pelos quais Maria Stuart deverá ser sentenciada, suas cartas a Babington e as de Babington para ela, inexplicavelmente não são os originais, mas cópias. Com razão, Maria Stuart interpela Walsingham:

— Como posso ter certeza de que meus sinais em código não foram falsificados para que eu seja condenada à morte?

Juridicamente, aqui uma defesa poderia agir energicamente, e se tivessem concedido um advogado a Maria Stuart seria fácil para ele apontar essas ofensas ao direito. Mas Maria Stuart está sozinha diante de seus juízes, contrariando a lei inglesa, sem conhecer o material que a acusa, e fatidicamente ela comete o mesmo erro que outrora em York e Westminster. Não se limita a negar os fatos realmente suspeitos, mas nega tudo, em bloco, nega até o inegável. Nega, em princípio, até que conheceu Babington, mas no segundo dia, sob o peso das provas, tem de admitir o que antes havia negado. Com isso, sua posição moral piora, e é tarde demais quando no último minuto se refugia de novo na posição antiga, pedindo "como rainha, o direito de acreditarem em minha palavra real". De nada adianta ela exclamar:

— Vim a este país confiando na amizade e nas promessas da rainha da Inglaterra, e aqui — a essas palavras ela tira um anel do dedo e o mostra aos juízes — está um sinal da simpatia e proteção que recebi da sua rainha.

Pois os juízes não querem defender o direito eterno e indiscutível, e sim apenas a sua própria rainha, querem a paz em seu país. Essa sentença há muito foi dada, e quando a 25 de outubro os juízes se reúnem na Sala da Estrela de Westminster, lorde Zouche é o único que tem coragem de declarar que não está inteiramente convencido de que Maria Stuart realmente quis atentar contra a vida da rainha da Inglaterra. Com isso ele tira da sentença seu mais belo ornamento, a unanimidade, mas os outros obedientemente declaram Maria Stuart culpada. E assim um escrivão senta-se e desenha com belas letras a sentença em um pergaminho, dizendo que "a dita Maria Stuart, que reivindica o direito à coroa deste reino da Inglaterra, aprovou e elaborou diversos planos com a finalidade de ferir, aniquilar ou matar a pessoa real de nossa soberana, a rainha da Inglaterra". E a penitência para tal crime, o Parlamento decide de antemão, é a morte.

Proclamar justiça e dar uma sentença era dever do tribunal dos nobres reunidos. Ele reconheceu culpa e pena capital. Mas Elizabeth, a rainha, ainda tem um direito que está acima do terreno — o alto e sagrado, humano e magnânimo direito de perdoar uma culpa reconhecida. Unicamente da sua vontade depende agora transformar a morte pronunciada em vida viva; mais uma vez a odiada decisão recai sobre ela unicamente. Como escapar? Mais uma vez, Elizabeth enfrenta Elizabeth. Como na tragédia antiga os coros em estrofes e contraestrofes à direita e à esquerda de uma pessoa oprimida pela consciência, agora se erguem vozes de fora e de dentro, umas exortando à dureza, outras à tolerância. Mas acima de todas elas está, invisível, o juiz de nossos atos terrenos, a história, que sempre se cala diante dos vivos, e só quando sua existência termina avalia suas ações diante da posteridade.

As vozes à direita repetem sempre, implacável e claramente morte, morte, morte. O chanceler, o conselheiro da coroa, os amigos mais próximos, os lordes e cidadãos, o povo, todos só veem uma possibilidade de conseguir paz para o país e tranquilidade para a rainha: cortarem a cabeça de Maria Stuart. O Parlamento faz uma petição solene: "Pedimos humildemente, tendo em vista a preservação da religião que professamos, e tendo em vista a segurança da Vossa pessoa real e o bem-estar do reino, que Vossa Majestade ordene mais depressa possível que se anuncie publicamente a sentença contra a rainha escocesa, e, já que não conhecemos outro meio de garantir a segurança de Vossa Majestade, pedimos a justa e rápida execução da mencionada rainha."

Elizabeth aprecia essa insistência. Nada deseja tanto quanto mostrar ao mundo que não é ela quem persegue Maria Stuart, mas que o povo inglês insiste para que se execute a sentença do tribunal. E quanto mais alto esse rumor, quanto mais audível e visível, tanto melhor. Pois com isso o assunto se torna uma grande ária de bondade e humanidade no "palco do mundo", e como boa e treinada atriz ela aproveita ao máximo a ocasião que se oferece. Emocionada, escuta a exortação eloquente do Parlamento, e humildemente agradece a Deus que Sua vontade a tenha salvado desse perigo de vida. Mas depois ergue a voz e fala para o aposento e para todo o mundo, e para a história, a fim de livrar-se de qualquer culpa no destino de Maria Stuart.

— Embora minha vida tenha sido perigosamente ameaçada, reconheço aqui que nada me doeu mais do que alguém da minha linhagem, da mesma posição e origem, aparentada tão proximamente a mim pelo sangue, ter assumido uma tão grande culpa. Estive tão distanciada de qualquer maldade que imediatamente depois de descobertas as ações criminosas contra mim dirigidas escrevi em segredo a ela dizendo que se me fizesse uma confissão numa carta particular, e tudo seria resolvido em silêncio. Não lhe escrevi em absoluto para a atrair para uma armadilha, pois naquela ocasião já sabia tudo o que ela poderia me confessar. Mas mesmo agora que esse assunto já chegou tão longe, se ela quisesse mostrar arrependimento publicamente e ninguém mais me fizesse reivindicações em seu nome, ainda assim a perdoaria de boa vontade, desde que só minha vida dependesse disso e não a segurança e bem-estar do meu país. Pois só pelos senhores e pelo meu povo eu ainda desejo viver.

Ela admite publicamente o quanto sua vacilação é influenciada pelo medo do julgamento da história:

— Pois nós, soberanos, estamos como num palco diante do olhar e da curiosidade de todo o mundo. A menor nódoa em nosso traje é notada, qualquer fraqueza em nossos atos rapidamente observada, e por isso temos de ser particularmente cautelosos para que nosso modo de agir seja sempre justo e honrado.

Por esse motivo ela também pedia ao Parlamento que desculpasse se não decidia de imediato, pois seria à sua maneira, mesmo em assuntos bem menores, refletir longamente no que afinal deve ser decidido.

Essa fala é sincera ou não é? As duas coisas, pois em Elizabeth existe uma dupla vontade: ela queria estar livre da adversária, mas aparecer na frente do mundo como a magnânima, a que perdoa. Depois de doze dias, ela mais uma vez pergunta ao lorde chanceler se não haveria uma possibilidade de poupar a vida de Maria Stuart e ao mesmo tempo assegurar a própria. Mas mais uma vez o Conselho da coroa e o parlamento insistem em que não há outra saída. E mais uma vez Elizabeth toma a palavra. Dessa vez há em suas palavras — nunca ela falou mais lindamente — um tom forte e quase convicto de veracidade. Seu mais íntimo sentimento se expressa quando ela diz:

— Hoje estou diante da maior contradição de minha vida, entre falar ou calar. Se eu falasse, me queixasse, estaria sendo hipócrita; se, por outro lado, me calasse, todos os seus esforços seriam em vão. Pode-lhes parecer estranho que eu me queixe, mas admito que foi meu mais íntimo desejo que se encontrasse qualquer outra solução do que a sugerida para proteger a segurança dos senhores e meu bem-estar... mas, como foi constatado que nossa segurança não pode ser assegurada a não ser pela morte dela, tenho um profundo sentimento de tristeza porque logo eu, que perdoei a tantos rebeldes e ignorei com silêncio tantas traições, tenha de mostrar crueldade em relação a uma tão nobre soberana...

Ela já faz sentir, caso continuem a insistir, está inclinada a deixar-se persuadir. Mas, inteligente e ambígua como sempre, ela não se prende a nenhum sim ou não claro, porém encerra a fala com as palavras:

— E peço que de momento se contentem com minha resposta sem resposta. Não sou contrária a sua opinião, compreendo seus motivos, mas peço-lhes que recebam meu agradecimento e desculpem minha dúvida interior, e aceitem amavelmente que eu lhes responda sem responder.

Falaram as vozes da direita, em alto e bom som disseram morte, morte, morte. Mas também as vozes à esquerda, as vozes do lado do coração, são cada vez mais eloquentes. O rei francês envia sobre o mar uma delegação própria e exorta-a, lembrando o interesse comum de todos os reis. Recorda a Elizabeth que com a intocabilidade de Maria Stuart estará defendendo a sua própria, que o fundamento superior para reger bem e com felicidade é não derramar sangue. Lembra o sagrado direito de hospitalidade válido em todos os povos, e que espera que Elizabeth não peque contra Deus tocando na cabeça de uma rainha ungida. E como em sua maneira traiçoeira Elizabeth lhe dá afirmações dúbias e fala em termos obscuros, o tom dos enviados estrangeiros é cada vez mais rude. O que de início era um pedido agora cresce e se torna um aviso imperioso, uma ameaça aberta. Mas Elizabeth, versada em assuntos mundanos, e há um quarto de século familiarizada com todas as artimanhas da política, tem um ouvido apurado. Em todas essas falas patéticas, escuta apenas uma coisa: se os enviados também trazem nas dobras de sua toga a tarefa de romper as relações diplomáticas e declarar guerra. E logo ela percebe que por trás das palavras retumbantes não retinem ferros, nem Henrique III nem Filipe II estão seriamente decididos a puxar a espada caso o machado do carrasco irrompa no pescoço de Maria Stuart.

Assim, finalmente, ela responde apenas com um dar de ombros indiferente ao trovão diplomático teatral de França e Espanha. Mais habilidade exige resolver outra intervenção, a da Escócia. Pois se alguém na terra tem o dever sagrado de impedir a execução de uma rainha da Escócia em terra estrangeira, seria Jaime VI, pois o sangue a ser derramado era seu próprio sangue, a mulher cuja vida seria tirada era a que lhe dera a vida: sua mãe. Mas amor filial nunca teve grande espaço na vida de Jaime VI. Desde que passara a ser aliado pago de Elizabeth, sua mãe, que lhe recusara o título de rei, que o rejeitara solenemente e tentara passar seu direito de herdeiro a reis estrangeiros, na verdade apenas era um estorvo para ele. Mal ouve falar que descobriram o complô Babington, apressa-se em congratular Elizabeth, e ao enviado francês que o interrompe em sua ocupação predileta, a caça, pedindo que usasse de sua influência em favor da mãe, responde aborrecido: Ela que coma a sopa que preparou" (*qu'il fallait qu'elle bût la boisson qu'elle avait brassée*). Expressamente declara que lhe é indiferente "se a meterem na prensa e enforcarem todos aqueles seus criados infames". Mas melhor ainda seria "que ela só se ocupasse em rezar a Deus". Não, todo aquele assunto não o interessava, e de início esse filho pouco sentimental até se recusa a enviar delegados a Londres. Só quando a condenação de Maria Stuart já aconteceu, e em toda a Escócia se levanta uma indignação nacional porque uma rainha estrangeira quer tirar a vida de uma rainha ungida da Escócia, ele finalmente tem de perceber que triste figura desempenharia caso continuasse mudo, e pelo menos *pro forma* não fizesse alguma coisa. Não chega a fazer o que o Parlamento escocês exige, que no caso de uma execução imediatamente se rompa a aliança e até se declare guerra. Mesmo assim, senta-se a sua mesa e escreve cartas enérgicas, nervosas e ameaçadoras a Walsingham, e envia uma delegação a Londres.

Naturalmente, Elizabeth contava com esse protesto. Mas também aqui só escuta o tom oculto. Os enviados de Jaime VI dividem-se em dois grupos. Um, o oficial, exige em alta voz que a sentença de morte não seja executada. Ameaça desfazer a aliança, faz retinir a espada, e os nobres escoceses que transmitem a fala dura têm o *páthos* da convicção honesta. Mas nem adivinham que enquanto trovejam e gritam na sala de recepção, pela porta dos fundos outro agente, um representante pessoal de Jaime VI, se esgueirou até os aposentos privados de Elizabeth e lá negocia em voz baixa outra exigência, muito mais importante para o rei escocês do que a vida de sua mãe — isto é, ser reconhecido como herdeiro do trono inglês. Esse secreto negociador de Jaime VI tem a missão — relata o bem informado embaixador francês — de dizer a ela que se Jaime a ameaça em alta voz é apenas pela sua honra e pelas aparências (*for his honour and reputation*), e que ele lhe pede que não leve *in ill parte* essa veemência, não a considere como inamistosa. Assim, Elizabeth tem definitivamente confirmado o que provavelmente sabia de há muito: que Jaime VI está disposto a engolir em silêncio a execução de sua mãe (*to digest it*) na medida em que lhe estendam a isca de uma certeza ou meia certeza da sucessão ao trono. E logo começa atrás dos bastidores um jogo dos mais infames. A inimiga e o filho de Maria Stuart aproximam-se mais, ligados pela primeira vez pela mesma sombria intenção, e ambos não querem que isso seja revelado ao mundo. Maria Stuart está no caminho de ambos; os dois, porém, têm de fingir que protegê-la é a causa mais sagrada e importante. Na verdade nem Elizabeth luta pela vida de sua irmã de destino, nem Jaime VI luta pela vida de sua mãe, mas os dois apenas fazem um belo gesto "no palco da vida". De fato, Jaime VI há muito deixou entrever que mesmo em caso extremo não causaria dificuldades a Elizabeth, e com isso na verdade já lhe deu permissão para executar sua mãe. Antes que a estrangeira, a inimiga, a envie para a morte, seu próprio filho já a sacrificou.

Agora Elizabeth sabe que nem a França nem a Espanha ou a Escócia, ninguém realmente a impedirá se quiser liquidar Maria Stuart. Só uma pessoa talvez ainda pudesse salvar Maria Stuart: a própria Maria Stuart. Bastaria pedir misericórdia, e provavelmente Elizabeth se contentasse com esse triunfo interior. No fundo, secretamente, até espera esse chamado, que a livraria de tormentos de consciência. Faz-se de tudo nessa semana para quebrar o orgulho de Maria Stuart. Assim que a sentença de morte foi pronunciada, Elizabeth lhe envia o documento da sentença, e Amyas Paulet, esse funcionário seco, sóbrio, e mesmo assim repulsivo em sua minuciosa decência, aproveita imediatamente a oportunidade para ofender a condenada, que para ele é apenas *une femme morte sans nulle dignité*. Pela primeira vez fica de chapéu na cabeça na presença dela — pequena insolência tola de uma alma subalterna, a quem a desgraça dos outros torna arrogante em vez de humilde —, e ordena aos criados dela que removam imediatamente o dossel do trono com o brasão da Escócia. Mas os criados se recusam a obedecer ao chefe da prisão, e quando Paulet manda seus próprios subordinados arrancarem o dossel, Maria Stuart pendura no lugar onde até ali estivera preso o brasão da Escócia um crucifixo, para mostrar que atrás dela está um poder maior que a Escócia; a cada ofensa pequena e vexatória de parte de seu adversário, ela tem um gesto forte. "Ameaçam-me porque não peço misericórdia", escreve a seus amigos, "mas eu digo que se ela já decidiu minha morte, que siga esse caminho injusto." Elizabeth que a assassine, pior para Elizabeth! Melhor a morte, que deixará sua inimiga rebaixada na história, do que uma compaixão hipócrita, que vai coroar essa adversária com uma aura de magnanimidade! Em lugar de protestar contra a sentença de morte que lhe foi imposta, ou pedir misericórdia, ela agradece humildemente, como cristã, mas a Elizabeth responde com altivez de rainha:

— Madame, agradeço a Deus de todo o coração porque Lhe aprouve através de suas medidas terminar com a tediosa peregrinação de minha vida. Não peço que ela seja prolongada, tive tempo demais para sentir a amargura da vida. Já que dos ministros que agora ocupam as primeiras posições na Inglaterra não posso esperar favores, peça apenas que a senhora (e ninguém mais) me conceda o seguinte:

"Primeiro, que assim que meus inimigos se tiverem saciado em meu sangue inocente, meu corpo seja levado pelos meus criados para alguma terra consagrada para lá ser enterrado, de preferência a França, onde repousam os restos da rainha minha venerada mãe, e para que este pobre corpo, que jamais conheceu a paz enquanto esteve ligado a esta alma, encontre paz assim que se separar dela.

"Segundo, peço de Vossa Majestade que, pela preocupação que tenho com relação à tirania daqueles a cuja violência a senhora me entregou, que eu não seja executada em algum local oculto, mas na frente de minha criadagem e outras pessoas que depois possam testemunhar a lealdade de minha fé com a verdadeira Igreja, e que possam defender o fim da minha vida e meus últimos suspiros contra todos os boatos falsos que meus adversários poderiam espalhar.

"Em terceiro lugar, peço-lhe que meus criados, que em tantas contrariedades me serviram com tanta lealdade, possam ir livremente para onde quiserem, e gozar das pequenas posses que minha pobreza lhes deixou em meu testamento.

"Eu a exorto, Madame, a, pela memória de Henrique VII, nosso antepassado comum, e pelo título de uma rainha que usarei até a minha morte, que não deixe de cumprir estes meus desejos tão justos, e que me assegure isso por uma palavra de sua mão. Então morrerei como vivi, sua bem-intencionada irmã e prisioneira, Maria, rainha."

Vemos que nesses últimos dias de uma batalha de décadas os papéis foram trocados de maneira singular e contra todas as expectativas; desde que recebeu a sentença de morte, Maria se sente mais segura e firme. Seu coração treme menos, quando recebe o documento fatal, do que a mão de Elizabeth quando o tiver de assinar. Maria Stuart tem menos medo de morrer do que Elizabeth tem de matá-la.

Talvez, no fundo de sua alma, ela não acredite que Elizabeth terá a audácia de deixar que um carrasco levante a mão contra ela, uma rainha ungida; talvez essa segurança exterior seja apenas enganosa; mas, de qualquer modo, mesmo um observador tão maldoso quanto Amyas Paulet não consegue perceber nela o menor sinal de agitação. Ela não pergunta, não se lamenta, não pede favores a nenhum de seus guardas. Não tenta mais nenhum entendimento secreto com os amigos estrangeiros; sua resistência e recusa e defesa terminaram, e conscientemente ela entrega sua vontade ao destino, a Deus: Ele que decida.

Passa suas horas preparando-se seriamente. Faz seu testamento, distribui seus bens terrenos antecipadamente à criadagem, escreve cartas aos príncipes e reis do mundo, mas não mais para que mandem exércitos e preparem a guerra, mas para assegurar-lhes que está disposta a morrer com alma firme na fé católica e pela fé católica. Uma grande paz finalmente baixou sobre esse coração inquieto, medo e esperança, "os piores inimigos do ser humano", como diz Goethe, não têm mais poder sobre sua alma firme. Exatamente como sua irmã de destino Maria Antonieta, só diante da morte ela compreende sua verdadeira missão, o sentido de responsabilidade histórica supera grandiosamente sua negligência anterior, não se prepara mais para misericórdia, mas para uma morte eficiente e ostensiva, um triunfo no último momento. Ela sabe que só uma morte heroica e dramática pode compensar diante do mundo o trágico engano de sua vida, e só uma vitória ainda lhe é concedida nesta existência: um fim digno.

E, grande contraste com relação a essa paz controlada e majestosa da condenada em Fotheringhay: a insegurança, o louco nervosismo, a perplexidade enfurecida de Elizabeth em Londres. Maria Stuart está decidida, e Elizabeth ainda luta pela decisão. Nunca ela sofreu tanto com sua adversária quanto agora que a tem inteiramente na mão. Nessas semanas, Elizabeth perde o sono, dias a fio passa em silêncio sombrio; incessantemente sentem que se ocupa com esse único pensamento insuportável, se deve assinar a sentença de morte, se deve permitir que ela se cumpra. Rola esse pensamento como Sísifo rola a sua pedra, mas esta volta a rolar com toda a força sobre seu peito, esmagando sua alma. Em vão ministros insistem com ela, sua consciência ainda fala mais alto. Recusa qualquer sugestão e exige sempre sugestões novas. Cecil a encontra "instável como o clima", ora quer a morte da rival, ora a misericórdia, e sempre pergunta e insiste com seus amigos, se não haveria "outra saída", mas no fundo já sabe que não há. Porém, se pudesse acontecer, se fosse feito sem que ela soubesse, sem sua ordem expressa, feito *para* ela em lugar de *por* ela! O medo da responsabilidade a abala cada vez mais, sem cessar ela mede vantagens e desvantagens de um ato tão ostensivo, e para desespero de seus ministros vai adiando para um momento impreciso a decisão, com falas ambíguas, aborrecidas, nervosas e obscuras. *With weariness to talk, her Majesty left off all till a time I know not when,* queixa-se Cecil, que, como calculista frio e esperto, não entende a angústia dessa alma abalada. Pois se ela colocou sobre Maria Stuart um guarda implacável, outro muito mais implacável, o mais cruel que existe nesta terra, agora vigia Elizabeth dia e noite: sua consciência.

Três meses, quatro meses, cinco meses, quase meio ano dura essa luta interna de Elizabeth contra Elizabeth, para saber se vai ouvir a voz da razão ou da humanidade. E numa tensão tão insuportável dos nervos, é natural que um dia a decisão caia repentinamente como uma explosão.

Na quarta-feira, 1º de fevereiro de 1587, o escrivão oficial Davison — Walsingham tem a sorte ou a inteligência de ficar doente nesses dias — é subitamente chamado no jardim de Greenwich pelo almirante Howard, dizendo que procure imediatamente a rainha e lhe leve a sentença de morte de Maria Stuart para assinar. Davison apanha o documento escrito pelo próprio punho de Cecil, e o entrega imediatamente à rainha com uma série de outros papéis. Mas, estranhamente, Elizabeth, a grande atriz, parece não ter nenhuma pressa em assinar. Finge indiferença, conversa com Davison sobre coisas secundárias, olha pela janela para admirar a claridade da manhã invernosa. Só então pergunta a Davison, como se fosse coisa secundária — realmente esqueceu que o chamara expressamente com a sentença de morte? — o que afinal ele queria ali. Davison responde: tinha documentos para assinar, entre eles aquele que lorde Howard lhe recomendara de maneira especial. Elizabeth pega as folhas mas não as lê. Rapidamente assina uma depois da outra, entre elas naturalmente também a sentença de morte de Maria Stuart; aparentemente tencionara fingir que por negligência assinara entre outros papéis também o documento fatal. Mas com aquela mulher instável o vento sempre muda inesperada e rapidamente. No momento seguinte, revela o quanto estava consciente de sua ação, pois declara expressamente a Davison que só hesitara tanto para que todos vissem como concordara contrariada. Agora, no entanto, ele devia levar a sentença de morte assinada ao chanceler, mandá-lo selar com o grande sinete oficial sem que ninguém soubesse, e depois entregar o *warrant*[35] aos devidos encarregados. Essa ordem é clara, não deixa possibilidade a Davison de duvidar da firme decisão de Elizabeth. E em que grau ela já estava familiarizada com a ideia, testemunha ainda o fato de que agora comenta clara e friamente todos os detalhes com ele. A execução deve acontecer no grande salão do castelo, o pátio aberto ou o pátio interno não lhe parecem muito adequados. Além disso, ela o exorta insistentemente a esconder de todos que a sentença de morte fora assinada. Depois de longos tormentos, tomar a decisão sempre alivia. Ela também parece recuperar o bom humor; Elizabeth está praticamente divertindo-se, pois diz a Davison, brincando, que certamente a dor por essa notícia vai matar Walsingham.

Davison agora acredita — podemos entender que o assunto está resolvido. Faz uma mesura e vai até a porta. Mas, na realidade, Elizabeth nunca se decide univocamente por alguma coisa, e para ela jamais um assunto realmente termina. Chama Davison de volta mais uma vez, já na porta, e o humor alegre, a determinação verdadeira ou fingida daquela instável já desapareceram. Elizabeth vai até ele, inquieta. Não haveria realmente outra solução para o caso? Afinal os *members of the association* tinham jurado matar qualquer pessoa que participasse de um atentado contra ela. E como Amyas Paulet e seu companheiro em Fotheringhay eram membros dessa *association*— não seria maldito que eles executassem esse ato, e retirassem dos ombros dela, a rainha, o aborrecimento de ordenar uma execução pública? E tenta convencer Davison de que Walsingham bem que poderia escrever aos dois nesse sentido.

Aos poucos, o bom Davison começa a sentir um desconforto. Vê claramente que a rainha realizou a ação, mas não quer ter nada a ver com ela. Provavelmente ele já lamenta não ter testemunhas para essa

---

[35] "Mandado", ordem. (*N. da T.*)

conversa importante. Mas o que pode fazer? Sua tarefa é clara. Por isso, primeiro ele vai à Chancelaria e manda colocar o sinete na sentença de morte, depois procura Walsingham, que, segundo desejo de Elizabeth, escreve imediatamente uma carta a Amyas Paulet. Escreve que a rainha notou nele, com grande desagrado, certa carência de zelo, pois mesmo vendo o perigo que Maria Stuart representava para Sua Majestade ele não encontrara, "espontaneamente e sem ser mandado", um meio de eliminar Maria Stuart. Ele podia, de consciência tranquila, assumir essa tarefa, pois fizera o juramento da *association*, e com isso desonerava a rainha, cuja repulsa por derramamentos de sangue era conhecida de todos.

Essa carta mal deve ter chegado a Amyas Paulet, e a resposta de Fotheringhay não pôde ainda ter retornado, quando os ventos já mudaram de novo em Greenwich. Na manhã seguinte, quinta-feira, um mensageiro bate na porta de Davison com um bilhete da rainha. Se ele ainda não entregou a sentença de morte ao chanceler para colocar o sinete, esquecesse o assunto até ela lhe falar de novo. Davison corre até a rainha e declara que executou imediatamente a sua ordem; a sentença de morte já recebeu o sinete. Elizabeth parece insatisfeita. Não diz nada, nem censura Davison. E, sobretudo, não dá, nem uma palavra, a ordem de trazer de volta o documento agora selado. Apenas volta a queixar-se de que sempre deixavam recair sobre seus ombros aquela carga. Anda de um lado para outro no aposento, agitada. Davison aguarda alguma declaração explícita. Mas de repente Elizabeth sai da sala sem lhe dar nenhuma ordem.

Mais uma vez é uma cena shakespeariana a que Elizabeth representa aos olhos desse único espectador. Mais uma vez pensamos em Ricardo II queixando-se a Buckingham de que seu adversário vivia, mas não dá claramente a ordem de matá-lo. O mesmo olhar ofendido de Ricardo II porque seu vassalo o entende, mas não quer entender, fuzilou o infeliz Davison. O pobre escrivão sente que anda em chão escorregadio e faz esforços desesperados para segurar-se em outros: tudo menos assumir sozinho aquela responsabilidade histórica gigantesca! Primeiro, procura Hatton, amigo da rainha, e descreve-lhe sua situação terrível: Elizabeth lhe ordena que execute a sentença de morte, mas pela sua postura já percebe que depois ela haverá de negar a ordem formulada de maneira dúbia. Hatton conhece Elizabeth bem demais para não entender seu jogo duplo, mas também não tem vontade de dar um sim ou não claro a Davison. Um joga a responsabilidade para o outro como uma bola. Elizabeth a lançou para Davison, Davison procura passá-la para Hatton. Este, de sua parte, contata rapidamente o chanceler Cecil. Este também não quer ficar com aquela causa, mas convoca o seu Conselho de Estado para o dia seguinte. Só foram convidados os amigos mais chegados e os íntimos de Elizabeth, Leicester, Hatton e sete outros nobres que conhecem a inconfiabilidade de Elizabeth por conviverem bastante com ela. Aqui pela primeira vez fala-se claro; Elizabeth, constatam todos juntos, por causa do prestígio moral, procura evitar que pareça que ela ordenou a execução de Maria Stuart. Para conseguir um álibi, queria ser "surpreendida" aos olhos do mundo pelo fato consumado. Portanto, era dever de seus fiéis seguidores participar dessa comédia e aparentemente executar contra a vontade da rainha o que na verdade ela lhes pedia. Naturalmente, a responsabilidade por esse abuso aparente, mas desejado, era grande, e por isso a violência da indignação dela, verdadeira ou fingida, não poderia cair sobre um só. Cecil sugere que todos eles ordenem juntos a execução, mas também assumam juntos a responsabilidade por ela. Lorde Kent e lorde Shrewsbury são escolhidos para supervisionar a execução da sentença de morte, e o secretário Beale é enviado a Fotheringhay com as instruções respectivas. A pretensa culpa recai sobre os dez membros do conselho de Estado, o qual, com seu excesso de zelo — secretamente exigido por Elizabeth —, finalmente retirou o "ônus" dos ombros da rainha.

Uma das qualidades mais essenciais de Elizabeth é também a sua curiosidade. Ela sempre quer saber, e saber imediatamente, tudo o que acontece em seu castelo e em todo o reino. Estranhamente, porém, desta vez não pergunta nem a Davison nem a Cecil, nem a ninguém, o que na verdade está ocorrendo com a sentença de morte de Maria Stuart, que ela afinal assinara. Nesses três dias parece ter esquecido completamente do assunto, que a ocupara durante todas as horas ao longo de vários meses. Como se tivesse bebido do rio Lete, esse assunto grave parece ter desaparecido de sua memória. E também quando, na manhã do dia seguinte, um domingo, lhe transmitem a resposta de Paulet, ela se cala e não menciona a sentença de morte assinada.

A resposta de Amyas Paulet pouco alegra a rainha. Ao primeiro olhar ele entendeu o papel ingrato que lhe era atribuído. E entende imediatamente que péssima recompensa o aguarda, se realmente eliminar Maria Stuart: publicamente, a rainha o insultará, chamando-o de assassino, e o entregará à Justiça. Não, Amyas Paulet não espera nenhum agradecimento da casa dos Tudor, e não tem vontade de se deixar fazer de bode expiatório. Todavia, para não parecer desobediente com a rainha, esse esperto puritano se esconde atrás de uma instância mais alta, atrás do seu Deus. Imediatamente, recobre sua recusa com o manto da moralidade e responde, patético:

— Meu coração se enche de amargura pela desgraça de ter visto a luz do dia em que por desejo de minha bondosa rainha sou solicitado a cometer um ato que Deus e o Direito proíbem. Todas as minhas posses, minha posição e minha vida estão à disposição de Sua Majestade, e estou pronto a entregá-las amanhã mesmo, se ela desejar, pois tudo devo unicamente aos seus generosos favores. Mas Deus me livre de sofrer um naufrágio tão lamentável de minha consciência, e deixar para meus descendentes uma nódoa tão grande como a de ter derramado sangue sem consentimento da lei e sem uma ordem pública. Espero que Sua Majestade, com sua habitual bondade aceite amavelmente a minha devotada resposta.

Mas Elizabeth nem pensa em aceitar bondosamente aquela carta do seu Paulet, a quem havia pouco ainda elogiara, entusiasmada, pelas suas *spotless actions, wise orders and safe regards*;[36] anda pelo aposento,

---

[36] "Ações impecáveis, ordens sábias e considerações seguras." (*N. da T.*)

enfurecida, e zomba dos "sujeitos sentimentaloides e precisos" (*dainty and precise fellows*) que tudo prometem e nada realizam. E grita que Paulet é um perjuro, pois assinara aquele *Act of Association* de servir a sua rainha ainda que sob risco de vida. Haveria muitos outros dispostos a realizar esse ato por amor a ela — certo Wingfield, por exemplo. Com raiva legítima ou fingida, ela ataca o infeliz Davison (Walsingham, o esperto, escolheu a melhor parte pretextando estar enfermo), que, lamentavelmente ingênuo, lhe sugere que trilhe o caminho aberto do Direito. Gente mais esperta que ele, vocifera ela, pensava diferente. Estava mais do que na hora de finalmente resolver aquele assunto. Era uma vergonha para todos eles que ainda não estivesse resolvido.

Davison se cala. Poderia louvar-se de que a solução do assunto estava em pleno andamento. Mas sente que nada desgostaria mais a rainha do que ser honestamente informada de algo que desonestamente ela há muito devia saber: que o mensageiro com a sentença de morte selada já estava a caminho de Fotheringhay e com ele aquele homem robusto e atarracado que transformava palavra em sangue, ordem em execução: o carrasco de Londres.

23
Em meu fim está meu começo
(8 de fevereiro de 1587)

En ma fin est mon commencement. Maria Stuart bordara essa frase ainda não inteiramente compreensível em um trabalho em brocado, anos atrás. Agora seu pressentimento se realiza. Só a sua morte trágica realmente inicia sua glória, só ela apagará aos olhos da posteridade sua culpa juvenil, e limpará seus erros. Com circunspecção e determinação, há semanas a condenada se prepara para a provação extrema. Duas vezes quando jovem rainha tivera de ver um nobre morrer sob o machado, portanto cedo soubera que o horror de um ato desumano tão indesculpável só podia ser superado com uma postura heroica. O mundo todo, e a posteridade, Maria Stuart sabe disso, avaliarão a sua postura quando ela for a primeira rainha ungida a colocar a nuca sobre o cepo; cada tremor, cada hesitação, cada palidez covarde nesse minuto decisivo seriam traição da sua glória de rainha. Assim, nessas semanas de espera, ela concentra tranquilamente toda a sua força interior. Para nenhuma outra ocasião de sua vida aquela mulher impulsiva se preparou tão calma e objetivamente quanto para essa sua hora derradeira.

Nem um sinal de susto ou espanto se percebe nela, quando, na terça, 7 de fevereiro, seus criados anunciam que os lordes Shrewsbury e Kent tinham chegado com alguns magistrados. Manda reunir suas mulheres e a maior parte da criadagem. Só então recebe os enviados. Pois agora, para cada momento, ela deseja a presença dos que lhe são fiéis, para que um dia possam testemunhar que a filha de Jaime V, a filha de Maria de Lorena, ela, em cujas veias corria o sangue dos Tudor e dos Stuart, enfrentou com firmeza e glória mesmo o mais difícil. Shrewsbury, o homem em cuja casa ela morara por quase vinte anos, dobra o joelho e baixa a cabeça grisalha. Sua voz vacila um pouco, quando ele anuncia que Elizabeth não pudera evitar de ceder ao pedido insistente de seus súditos, de ordenar que se executasse a sentença. Maria Stuart não parece espantada com a terrível notícia; sem o menor sinal de emoção — ela sabe que cada gesto está se inserindo no livro da História — deixa que leiam a sentença de morte, depois faz o sinal da cruz tranquilamente e diz:

— Louvado seja Deus pela notícia que o senhor me traz. Eu não poderia receber outra melhor do que esta que anuncia o fim de meus sofrimentos, e a graça que Deus me concede de morrer pela honra do Seu nome, e sua Igreja, a católica romana.

Com mais nem uma palavra ela discute a sentença. Não quer mais defender-se como rainha contra a injustiça cometida por outra rainha, mas assumir o sofrimento como cristã, e talvez ela já ame o seu martírio como último triunfo que ainda lhe resta nesta vida. Tem apenas dois pedidos: que seu confessor a possa assistir com consolo espiritual, e que a execução não aconteça na manhã seguinte, para que ela possa tomar com cuidado suas últimas providências. Os dois pedidos são negados. Ela não precisa de nenhum padre da doutrina errada, responde o conde de Kent, fanático protestante, mas com prazer enviaria um padre reformado para que ele a instruísse na verdadeira religião. Naturalmente, Maria Stuart recusa receber lições sobre a verdadeira religião de um herege, na hora em que quer testemunhar sua fé diante de todo o mundo católico. Menos cruel do que essa exigência insensata a uma condenada à morte é recusarem seu pedido de adiamento da execução. Pois, como só lhe concedem uma noite para preparar-se, as poucas horas que lhe restam estão tão repletas que quase não sobra espaço para medo ou inquietação. O tempo sempre é curto para quem vai morrer — isso é um presente de Deus ao ser humano.

Com uma ponderação e circunspecção que antigamente lhe seriam estranhas, Maria Stuart divide suas últimas horas. Como grande rainha, ela quer uma grande morte, e com o impecável senso de estilo que sempre a distinguiu, com o senso estético herdado e a nobre postura inata em momentos graves, Maria Stuart prepara sua morte como uma festa, um triunfo, uma grande cerimônia. Nada deve ser improvisado, nada ficará a cargo do acaso, da emoção, tudo calculado em seu efeito, tudo magnífico e imponente, como deve ser com uma rainha. Cada detalhe é minuciosa e significativamente calculado como uma estrofe comovente ou chocante no poema heroico de uma exemplar morte de mártir. Maria Stuart pediu a refeição um pouco mais cedo do que habitualmente, para ter tempo de escrever com calma as cartas necessárias e concentrar seus pensamentos, e simbolicamente dá a essa refeição a forma solene de uma última ceia. Depois de ter comido, reúne a criadagem da casa em torno de si num círculo e manda servir um cálice de vinho. Com o rosto sério, mas de semblante sereno, ela ergue a taça cheia sobre seus fiéis seguidores, que estão todos de joelhos. Bebe à saúde deles, e depois pronuncia a fala na qual exorta todos com insistência a permanecer fiéis à religião católica, e viverem em paz entre si. Como numa cena de *Vida dos santos*, pede perdão a cada um deles por toda a injustiça que lhe possa ter causado, consciente ou inconscientemente. Só então entrega a cada ali presente um regalo especialmente escolhido — anéis e pedras preciosas e correntes e rendas, todas as pequenas preciosidades que alegraram e enfeitaram sua vida que está acabando. De joelhos, calados, soluçando, os presenteados recebem as dádivas, e contra a sua vontade a própria rainha se emociona com o doloroso amor de seus fiéis.

Finalmente, ela se levanta e vai ao seu quarto onde as velas de cera já ardem ao lado da escrivaninha. Há muito que fazer ainda entre a noite e a manhã: reler o testamento, tomar as providências para a difícil caminhada, e escrever as últimas cartas. A primeira e mais insistente carta pede a seu confessor que fique acordado esta noite e reze por ela, que está a apenas dois ou três aposentos no mesmo castelo, mas o conde de Kent — o fanatismo é sempre impiedoso — proibiu ao consolador que deixasse seu quarto para não poder dar a Maria Stuart os santos óleos "papistas". Depois, a rainha escreve aos parentes, a Henrique III e o duque de Guise; uma preocupação especial, mas que também a honra particularmente, a oprime nesta última hora: que depois de se extinguir sua pensão de viúva da França sua criadagem fique sem recursos. Assim, ela pede ao rei da França que assuma o dever de pagar a essa gente e mande rezar missas "por uma rainha cristã que vai para a morte como católica e despojada de todos os bens". A Felipe II e ao papa ela mandara cartas previamente. Restaria apenas escrever a uma soberana deste mundo, Elizabeth, mas a ela Maria Stuart já não dirige a palavra. Não quer mais pedir nada nem agradecer por nada; só com orgulhoso silêncio ainda pode envergonhar a velha inimiga, e com uma morte grandiosa.

Passa muito da meia-noite quando Maria Stuart se deita na cama. Tudo o que precisava ser feito na vida ela fez. Só por mais algumas horas a alma tem direito de morar naquele corpo fatigado. No canto do quarto, as criadas se ajoelham rezando em silêncio; não querem perturbar a que dorme. Mas Maria Stuart não dorme. De olhos abertos, contempla a noite grande, só deixa o corpo repousar um pouco, para que amanhã possa andar mais firme e de alma forte ao encontro da morte, que é mais forte do que tudo.

Maria Stuart vestiu-se para muitas festas, coroação e batizado, casamento e jogos cavalheirescos, viagens e guerras e caçadas, recepções e bailes e torneios, sempre envolta em pompa e sabendo do poder que a beleza tem nesta terra. Mas para nenhuma ocasião se vestiu com mais cuidado do que para a maior hora do seu destino: a sua morte. Dias e semanas antes, ela deve ter imaginado o mais digno ritual de morte, escolhendo intencionalmente cada detalhe. Peça a peça, deve ter examinado seu guarda-roupa procurando a etiqueta mais digna dessa ocasião sem precedentes; é como se também como mulher quisesse ser, no último momento, o exemplo de como uma rainha pode andar com perfeição até ao encontro do cadafalso. Por duas horas, das 6 às 8 da manhã, as criadas a vestem. Não quer aproximar-se do cepo como uma pobre pecadora, em farrapos; para sua última caminhada, escolhe uma roupa de festa, um vestido de feriado, o mais sério e melhor, de veludo castanho-escuro com beiradas de zibelina, a gola branca bem alta, as mangas ondulantes. Um manto de seda negra envolve essa pompa digna, tão comprida a cauda pesada que Melville, o administrador da casa, tem de carregá-la respeitosamente. Um véu de viúva branco desce da cabeça aos pés, escapulários escolhidos e rosários cravejados de joias substituem todo o enfeite mundano, sapatos brancos de couro marroquino devem abafar os passos no silêncio expectante quando ela caminhar em direção ao cadafalso. A rainha escolheu pessoalmente de suas caixas o lenço com que devem vendar seus olhos, um tecido finíssimo da organza mais fina, com franjas douradas, provavelmente bordado por ela mesma. Cada fita de sua roupa foi escolhida com significado, cada detalhe orquestrado para a ocasião, e cuidadosamente pensou até que teria de despir-se dessa magnificência escura diante de homens estranhos. Para esse último momento sangrento, Maria Stuart escolheu roupas de baixo vermelho-sangue, e longas luvas escarlate, para que quando o machado caísse em sua nuca a cor do sangue jorrando não se destacasse demais das roupas. Nunca uma condenada se preparou para a morte de maneira mais artística e majestosa.

Às 8 da manhã batem à porta. Maria Stuart não responde. Ainda no genuflexório, lê em voz alta as orações dos mortos. Só quando termina sua meditação ela se levanta e abre à segunda batida. O xerife entra, bastão branco na mão — logo será quebrado — e diz respeitosamente, com uma profunda mesura:

— Madame, os lordes a aguardam, e me enviaram até aqui.

— Vamos — responde Maria Stuart. E prepara-se.

Agora começa a última caminhada. Apoiada dos dois lados por seus criados, ela caminha lentamente com pernas reumáticas. Vestiu-se triplamente com as armas da fé para que nenhum acesso de medo a abalasse: no pescoço, um medalhão Agnus Dei, na cintura, dois rosários presos ao cinto, na mão — como espada devota —, uma cruz de marfim. O mundo deve ver como uma rainha morre na fé católica e pela fé católica. Que seja esquecida a culpa e insensatez de sua juventude, e que está sendo levada ao carrasco como cúmplice de um complô de assassinato: para todos os tempos, ela mostrará que tomba como mártir da causa católica, vítima de seus inimigos hereges.

Seus próprios criados só a acompanham e a amparam até a porta; assim foi calculado e combinado. Pois não deve parecer que conduzindo sua senhora ao cadafalso participarão do ato odioso. Só a auxiliarão e lhe servirão em seus próprios aposentos, não vão colaborar naquela morte cruel. Da porta até o pé da escada, dois subalternos de Amyas Paulet têm de apoiá-la: unicamente inimigos, adversários podem participar do crime de levar ao cepo do carrasco uma rainha ungida. Embaixo, no último degrau da escada, junto da entrada do grande salão onde será realizada a execução, ajoelha-se Andrew Melville, seu administrador; a ele, como nobre escocês, cabe a tarefa de dar a notícia da execução ao filho de Maria Stuart. A rainha o faz levantar, e abraça-o. É bem-vinda aquela testemunha, pois sua presença apenas pode fortalecer sua firme postura, que ela mesma se prometeu. E Melville diz:

— Será a tarefa mais dura de minha vida dizer que minha venerada rainha e senhora está morta.

Ao que ela responde:

— Pois devias alegrar-te porque cheguei ao fim de meu sofrimento. Dá a notícia de que morri fiel à minha religião, como verdadeira católica, verdadeira escocesa, uma verdadeira princesa. Deus perdoe aqueles que pediram meu fim. E diz ao meu filho que jamais fiz nada que lhe pudesse causar dano, e jamais cedi a outros o nosso direito de soberania.

Depois dessas palavras ela se volta para os condes de Shrewsbury e de Kent, e pede que as mulheres de seu séquito possam assistir à sua execução. O conde de Kent objeta: as mulheres causariam agitação, com choros e gritos, e talvez provocassem futuros aborrecimentos, mergulhando seus lenços no sangue da rainha. Mas Maria Stuart não cede na sua última vontade.

— Dou minha palavra — responde ela — de que não farão nada disso, e estou certa de que a sua soberana não negaria a outra rainha ter a seu lado em seu último momento suas mulheres solícitas. É impossível que ela tenha dado uma ordem tão dura. Mesmo que eu fosse de posição inferior, ela me permitiria isso, e sou a sua parenta mais próxima, sou do sangue de Henrique VII, rainha viúva da França, e rainha ungida da Escócia.

Os dois condes ponderam entre si; finalmente permitem ser acompanhada por quatro de seus criados e duas mulheres. Isso basta a Maria Stuart. Seguida desse grupo escolhido e de Andrew Melville, que carrega a cauda de seu manto, ela entra atrás do xerife, de Shrewsbury e de Kent no grande salão de Fotheringhay.

Martelou-se nesse salão a noite inteira. Afastaram mesas e cadeiras, no fundo da sala construíram uma plataforma, dois pés de altura e coberta com pano negro como um catafalco. Diante do bloco negro já está no centro uma banqueta negra com almofadas negras; ali a rainha deve se ajoelhar para receber o golpe mortal. À direita e à esquerda, uma poltrona já aguarda os condes de Shrewsbury e de Kent como autoridades representando Elizabeth; mas, junto da parede, há dois vultos sem rosto, hirtos como se feitos de bronze, vestidos de veludo negro com máscaras negras: o carrasco e seu ajudante. Nesse palco sinistro e grandioso só podem subir a vítima e o verdugo. No fundo do salão, porém, os espectadores se acotovelam. Vigiada por Paulet e seus soldados, estendeu-se ali uma barreira atrás da qual há duzentos nobres de pé, que vieram apressados da vizinhança para assistir àquele espetáculo único e inaudito, de uma rainha ungida sendo executada. Além disso, junto dos portões do castelo, há centenas e centenas de pessoas do povo mais simples atraídas pela notícia, mas é-lhes negado o acesso. Só sangue nobre pode assistir quando se derrama sangue de rainha.

Imperturbável, Maria Stuart entra no salão. Rainha desde seu primeiro ano de vida, desde o começo aprendeu a comportar-se como rainha, e essa nobre arte não a abandona em seu momento mais difícil. De cabeça erguida, sobe os dois degraus para o cadafalso. Assim aos 15 anos subiu para o trono da França, assim subiu os degraus do altar da catedral de Reims. Assim teria subido para o trono da Inglaterra se outros astros tivessem decidido seu destino. Assim, humilde e ao mesmo tempo altiva, ela se ajoelhara ao lado de um rei da França, ao lado de um rei da Escócia, para receber a bênção do sacerdote, do mesmo modo como agora curva a cabeça para receber a bênção da morte. Indiferente, ouve o secretário ler mais uma vez a sentença. Em seu semblante há uma expressão tão amável, quase alegre, que até Wingfield, um inimigo encarniçado, em seu relatório a Cecil tem de mencionar que ela escutara o anúncio de sua execução como uma mensagem de misericórdia.

Mas ela ainda tem de passar por outra dura provação. Maria Stuart quer fazer dessa sua última hora uma hora pura e grandiosa; como um fanal de fé, como uma grande labareda de martírio católico, ela deve iluminar o mundo. Mas os lordes protestantes querem impedir que o último gesto da vida dela se torne a confissão impressionante de uma católica devota; assim, no último momento ainda tentam reduzir a altivez de Maria Stuart com pequenos truques odiosos. Várias vezes no breve trajeto do quarto até o salão da execução a rainha olhara em torno para ver se seu confessor não estaria entre os presentes, para que pelo menos por um sinal mudo ela recebesse absolvição e bênção. Mas em vão. Seu confessor não tem permissão de sair do quarto. Mas agora, para aliviar a execução, aparece de repente no cadafalso o pastor reformado de Peterborough, dr. Fletcher; até no último segundo de sua vida prossegue a luta cruel e sinistra das duas religiões, que perturbara a juventude dela e destruiria sua vida. Os lordes sabem de sua recusa: que a católica crente Maria Stuart prefere morrer sem ajuda espiritual a morrer com a de um sacerdote herético. Mas, assim como Maria Stuart quer honrar sua religião diante do cadafalso, os protestantes querem honrar a sua, e também exigem a presença de Deus. Sob o pretexto de afetuosos cuidados com a salvação da alma dela, o pastor reformado começa um sermão muito medíocre, que Maria Stuart, impaciente por morrer depressa, tenta em vão interromper. Três a quatro vezes ela pede ao dr. Fletcher que não se dê esse trabalho, pois ela permaneceria na fé católica romana por cuja defesa agora, com a graça de Deus, ia derramar seu sangue. Porém, o pastorzinho medíocre tem pouco respeito pela vontade de uma moribunda, e é muito vaidoso. Preparou direitinho um sermão e sente-se muito honrado em poder apresentá-lo diante de ouvintes tão nobres. Continua tagarelando e tagarelando e, por fim, Maria Stuart se vê sem alternativa àquele sermão repulsivo, a não ser pegar seu crucifixo na mão como uma arma, e na outra seu livro de reza, ajoelhando-se e rezando alto em latim para que suas palavras sagradas superem aquele palavrório. Em lugar de erguer suas vozes, unidas ao mesmo Deus pela alma de um ser humano sacrificado, a dois passos do cadafalso as duas religiões brigam entre si. Como sempre, o ódio é mais forte que o respeito pelo sofrimento alheio. Shrewsbury e Kent, e com éles a maior parte dos presentes, rezam em inglês. Maria Stuart e sua criadagem rezam em latim. Só quando finalmente o pastor se cala e o silêncio retorna, Maria Stuart também toma a palavra em inglês e faz um pedido pela Igreja de Cristo que está sendo atingida. Agradece pelo fim de seus sofrimentos, em voz alta, apertando o crucifixo ao peito; diz que espera ser salva pelo sangue de Jesus Cristo, cuja cruz tem nas mãos, e por quem está disposta a derramar o seu sangue. Mais uma vez, o fanático conde de Kent tenta perturbar aquela pura oração, e a exorta a deixar de *popish trumperies*, esses truques papistas. Mas a moribunda está longe demais de toda a disputa terrena. Não responde nem com um olhar, um tom de voz, mas diz bem alto no salão que, de coração, perdoa a todos os seus inimigos, que tanto tempo procuraram derramar seu sangue, e pede a Deus que os conduza à verdade.

Baixa o silêncio. Maria Stuart sabe o que agora virá. Mais uma vez, beija o crucifixo, faz o sinal da cruz e diz:

— Com esses teus braços misericordiosos abertos neste crucifixo, Jesus Cristo, recebe-me também e perdoa todos os meus pecados. Amém.

A Idade Média foi violenta e cruel, mas não desprovida de alma. E em muitos de seus costumes tem uma consciência mais profunda da sua desumanidade do que estes nossos tempos. Naquela época, toda execução, por mais bárbara que fosse, tinha um momento de breve grandeza no meio do horror; antes de agir para matar ou torturar, o carrasco tinha de pedir perdão a sua vítima pelo que faria com seu corpo vivo. Assim agora carrasco e seu ajudante, de máscaras, se ajoelham diante de Maria Stuart e pedem seu perdão pela morte que são forçados a lhe infligir. E Maria Stuart responde:

— Eu lhes perdoo de todo o coração, pois espero que esta morte ponha fim a todos os meus sofrimentos.

Só então o carrasco e seu ajudante se levantam e preparam-se para seu trabalho.

Ao mesmo tempo, as duas mulheres começaram a despir Maria Stuart; ela mesma ajuda a tirar do pescoço a corrente com o Agnus Dei. Faz isso com mão firme, e — como diz o relatório de seu inimigo Cecil — "com tanta pressa como se estivesse impaciente por deixar este mundo". Quando caem de seus ombros o manto negro e o vestido escuro, a roupa de baixo de seda vermelha reluz, e quando as criadas colocam as luvas rubras sobre as mangas, de repente ela está ali como uma labareda de sangue, uma figura grandiosa e inesquecível. E então vem a despedida. A rainha abraça suas criadas e as exorta a não soluçar nem lamentar-se em voz alta. Só então ajoelha-se na almofada e, com voz alta, pronuncia o salmo em latim:

— *In te, Domine, confido, ne confundar in aeternum.*

Não há mais muito que fazer. Basta curvar a cabeça sobre o cepo, que ela abraça como uma amante enlaçando a morte. Até o último momento, Maria Stuart manteve a grandeza de rainha. Não revelou medo com uma palavra ou movimento sequer. A filha dos Stuart, dos Tudor e dos Guise preparou-se dignamente para morrer. Mas de que adianta toda a dignidade humana, toda a postura aprendida e herdada, contra o horror ligado a qualquer assassinato! Jamais — e aqui todos os livros e relatos mentem — a execução de um ser humano pode ser romântica e puramente comovente. A morte pelo machado é sempre uma carnificina vulgar e um susto medonho. O primeiro golpe do carrasco acertou mal; não varou o pescoço, mas atingiu com um som cavo a parte de trás da cabeça. Um estertor, um gemido sufocado e baixo brota da boca da martirizada. O segundo golpe entra fundo no pescoço e faz o sangue saltar, numa cor berrante. Mas só o terceiro golpe separa a cabeça do tronco. E novo horror: o carrasco quis pegar a cabeça pelos cabelos para exibi-la, mas agarra apenas a peruca e a cabeça se desprende. Rola como uma bola sangrenta, batendo no chão de tábuas, coberta de sangue, e quando o carrasco a apanha de novo e a levanta — visão espectral —, veem uma mulher velha com cabelo bem curto e branco. Por um momento, o horror da carnificina paralisa os espectadores; ninguém respira, ninguém fala. Depois finalmente o pastor de Peterborough consegue, com dificuldade, exclamar:

— Viva a rainha!

A cabeça estranha, pálida e branca como cal, com seus olhos baços, contempla os nobres que, se os dados tivessem caído de modo diferente, teriam sido seus mais fiéis criados e solícitos súditos. Durante mais um quarto de hora os lábios crispados estremecem depois de terem se comprimido com sobre-humana força na hora do medo, e os dentes ficam batendo. Para suavizar a horrenda visão, jogam depressa um pano negro sobre o tronco e aquela cabeça de medusa. E, já no meio do silêncio paralisado, os criados querem levar dali a carga escura, quando um pequeno incidente desfaz o clima de horror. Pois no momento em que os carrascos levantam o tronco ensanguentado para carregá-lo até o quarto contíguo, onde será embalsamado, algo se move sob os vestidos. Sem ser notado, o cachorrinho de estimação da rainha se esgueirara por trás do corpo e, temendo por ela, aconchegara-se nela. Agora, molhado e coberto pelo sangue derramado, ele salta, late e morde e avança, não quer se separar do cadáver. Os carrascos procuram afastá-lo à força. Mas ele não se deixa pegar nem atrair, salta loucamente em direção daquelas grandes bestas negras e estranhas que o tingiram com sangue de sua amada dona. Mais do que todos, melhor do que o filho dela e os milhares que lhe juraram lealdade, aquele animalzinho lutava pela sua senhora.

Epílogo
(1587–1603)

No drama grego, depois da sombria e prolongada tragédia sempre se segue um jogo satírico breve e insolente, e também no drama de Maria Stuart ele não falta. Na manhã de 8 de fevereiro, a sua cabeça tombou; e já na manhã seguinte toda a Londres sabia da execução. Júbilo ilimitado saúda — a na cidade e no campo. E se o ouvido sempre alerta da soberana não estivesse de repente surdo e embotado, Elizabeth agora na verdade deveria indagar que festa fora do calendário seus súditos comemoravam de forma tão intempestiva. Mas, sabiamente, não pergunta nada; enreda-se cada vez mais no manto mágico da sua ignorância. Quer ser oficialmente informada da execução de sua rival, ou talvez "surpreendida" por ela.

A sombria tarefa de avisar da execução de sua *dear sister* à rainha que supostamente de nada sabe cabe a Cecil. Ele não acha nenhuma graça nisso. Há vinte anos, em ocasiões semelhantes, caíram sobre o conselheiro muitas tempestades, de fingimento político ou indignação pessoal. Dessa vez, também aquele homem calmo e grave se arma internamente com especial indiferença antes de entrar na sala de recepções de sua soberana para finalmente lhe dar o aviso oficial da execução. Mas a cena que agora explode é sem precedentes. Como? Atreveram-se a executar Maria Stuart sem que ela soubesse, sem a sua ordem expressa? Impossível! Inconcebível! Ela jamais pensara numa medida tão cruel, enquanto um inimigo estrangeiro não pisasse solo inglês. Seus conselheiros a tinham enganado, agindo como canalhas à sua revelia. O prestígio dela e a sua honra estavam irremediavelmente sujos aos olhos de todo o mundo com esse ato pérfido e traiçoeiro. Ah, pobre infeliz da sua irmã, que erro lamentável, que canalhice baixa a sacrificara! Elizabeth soluça e grita e bate os pés feito louca. Da maneira mais grosseira insulta o homem grisalho dizendo que ele e outros membros do conselho ousaram, sem sua permissão expressa, mandar executar a sentença de morte — que, na verdade, ela havia assinado.

Cecil e seus amigos em nenhum momento haviam duvidado de que Elizabeth negaria participação na ação pública "ilegal" que ela própria maquinara, dizendo tratar-se de um "erro de funcionários inferiores". Conscientes da desobediência desejada que cometiam, eles haviam-se reunido para juntos retirar de sua rainha o "ônus" da responsabilidade. Mas pensavam que Elizabeth só se serviria desse recurso diante do mundo, e *sub rosa*, na sala de audiências privada, até lhes agradeceria a pronta eliminação da sua rival. Mas de tal modo Elizabeth preparou internamente sua fingida indignação que, contra a sua vontade ou pelo menos para além de sua vontade, ela se torna real. E o que agora desaba sobre a cabeça baixada de Cecil não é uma tempestade teatral, mas a descarga esmagadora de raiva legítima, um vendaval de xingamentos, uma tromba d'água de opróbrios. Elizabeth quase ataca fisicamente seu mais fiel conselheiro, ofende-o com palavras tão inauditas que o ancião apresenta sua demissão, e, com efeito, como castigo pela sua suposta audácia, por algum tempo não deve aparecer na corte. Só agora fica claro como foi hábil e previdente Walsingham, o verdadeiro instigador de tudo, preferindo ficar ou dizer-se doente nesses dias decisivos. Pois sobre seu representante, o infeliz Davison, despeja-se todo o caldeirão fervente da ira real. Ele se torna o bode expiatório, o objeto que confirma a inocência da Elizabeth. Elizabeth berra que ele jamais teria direito de entregar a sentença de morte a Cecil e colocar nela o sinete real. Agira por conta própria, contra o desejo e a vontade dela, e com sua impertinência lhe causara danos imensuráveis. Por ordem dela faz-se uma acusação oficial na Sala da Estrela contra o infiel, que na verdade fora fiel demais; uma decisão de tribunal deve afirmar solenemente diante de toda a Europa que a execução de Maria Stuart cabia unicamente àquele patife, e que Elizabeth de nada soubera. Naturalmente os mesmos conselheiros de

Estado que juraram dividir fraternalmente entre si a responsabilidade agora deixam vergonhosamente na mão o seu camarada; correm apenas para salvar daquela tempestade real suas benesses e seus ministérios. Davison, que não tem testemunho para a ordem de Elizabeth além das paredes mudas, é condenado à multa de 10 mil libras, quantia que jamais poderá pagar, e é jogado na prisão; secretamente, depois lhe concedem uma pensão, mas nunca mais, enquanto Elizabeth viver, ele poderá aparecer na corte; sua carreira está liquidada, sua vida definitivamente acabada. É perigoso para os cortesãos não compreenderem os desejos secretos de seus soberanos. Mas por vezes é ainda mais funesto compreendê-los bem demais.

A lenda sublime da inocência e ignorância de Elizabeth foi deveras petulante para que o mundo acreditasse nela. E talvez aja só uma única pessoa neste mundo que acredita nesse fingimento, e espantosamente é a própria Elizabeth. Pois uma das qualidades singulares da natureza histérica ou de tendência histérica é sua capacidade de não apenas mentir com perfeição mas mentir para si mesma. Aquilo em que deseja acreditar torna-se verdadeiro, e, por vezes, seu testemunho pode ser a mais honrada das mentiras, por isso o mais perigoso. Provavelmente a própria Elizabeth é sincera quando declara e jura aos quatro ventos que jamais ordenou nem desejou a execução de Maria Stuart. Pois realmente existe nela uma meia vontade de não querer essa ação, e agora a lembrança desse não querer aos poucos expulsa a lembrança do ato que no fundo desejava. Seu acesso de cólera ao receber a notícia não foi apenas teatral, previamente ensaiado, mas, ao mesmo tempo — em sua natureza tudo é ambíguo —, uma indignação legítima e verdadeira, um não-poder-se-perdoar por ter deixado que violentassem seus instintos mais puros, uma indignação sincera também contra Cecil, que a levara a essa ação e mesmo assim não soubera poupá-la da responsabilidade. Na sua autossugestão de que a execução ocorrera contra a sua vontade, Elizabeth se convenceu e mentiu a si mesma tão apaixonadamente que a partir dali um tom quase convincente ressoa nas suas palavras. Não parece farsa quando recebe o embaixador francês em trajes de luto, "nem a morte de seu pai nem a de sua irmã tocara tanto seu coração", mas ela era "uma pobre mulher frágil rodeada de inimigos". Se aqueles membros do seu conselho, que lhe tinham pregado essa peça lamentável, não estivessem havia tanto tempo a seu serviço, teria mandado botar suas cabeças no cepo. Ela própria apenas assinara a sentença de morte para acalmar seu povo, mas deixaria que se concretizasse caso algum exército estrangeiro entrasse na Inglaterra.

Elizabeth mantém essa meia verdade e meia mentira, de que ela jamais quisera realmente a execução de Maria Stuart, na carta que a próprio punho dirige a Jaime VI da Escócia. Mais uma vez, afirma sua extrema dor com o "abjeto engano" que acontecera sem seu conhecimento e consentimento (*without her knowledge and consent*). Invoca Deus como testemunha de que "estava inocente nesse assunto" e jamais pensara em mandar executar Maria Stuart (*she never had thought to put the Queen, your mother, to death*), embora seus conselheiros lhe enchessem diariamente as orelhas com isso. E, pressupondo naturalmente que haveria a objeção de que estava usando Davison apenas como suposto culpado, ela diz orgulhosa que nenhum poder na terra a poderia fazer descarregar nos ombros de outro o que ela própria tivesse ordenado.

Mas Jaime VI não tem muita vontade de saber a verdade, de sua parte quer apenas afastar de si a suspeita de que não defendera o suficiente a vida de sua mãe. Naturalmente não pode dizer logo sim, e amém, mas, como Elizabeth, precisa manter a aparência de surpresa e indignação. Portanto, num grande gesto, declara solenemente que tal ato não pode ficar sem vingança. Proíbe-se ao embaixador de Elizabeth de pisar na Escócia, e a carta dela é apanhada por um mensageiro próprio na cidade fronteiriça de Berwick — o mundo deve ver que Jaime VI mostra ferozmente os dentes aos assassinos de sua mãe. Mas o gabinete de Londres está preparando o digestivo certo para fazer o filho irado "engolir" em silêncio a notícia da execução de sua mãe.

Simultaneamente com a carta de Elizabeth "destinada ao palco do mundo", segue para Edimburgo uma particular na qual Walsingham participa ao chanceler escocês que Jaime VI tem assegurada a sucessão ao trono da Inglaterra, e com isso o sombrio tema está perfeitamente resolvido. Essa bebida doce tem efeito mágico sobre aquele que supostamente tanto sofre. Jaime VI não diz mais uma palavra sobre quebrar a aliança. Nem se importa de que o cadáver de sua mãe continue sem ser enterrado, em um canto de igreja. Nem protesta porque ignoraram grosseiramente a última vontade dela, de repousar em solo francês. Como por magia de repente ele está convencido da inocência de Elizabeth, e de boa vontade aceita a versão mentirosa do "erro". "A senhora purifica-se assim da cumplicidade naquele infeliz acontecimento" (*ye purge yourself o one unhappy fact*), escreve ele a Elizabeth, e como bom pensionista deseja à rainha inglesa que sua "postura honrosa seja eternamente conhecida do mundo". Um dourado sopro de promessas acalmou rapidamente sua tempestuosa onda da indignação. E paz e harmonia reinam a partir dali entre o filho e a mulher que deu a sentença de morte à mãe dele.

Moral e política seguem caminhos singulares. Por isso, sempre julgamos um acontecimento de maneiras inteiramente diferentes, conforme o avaliamos do prisma da humanidade ou da vantagem política. Moralmente, a execução de Maria Stuart é um ato totalmente indesculpável: contrariando todo o direito dos povos, em pleno tempo de paz havia-se mantido prisioneira uma rainha vizinha, colocando-a secretamente no laço e enganando-a, da maneira mais pérfida. Mas também não se pode negar que, do ponto de vista político, a eliminação de Maria Stuart foi a medida certa para a Inglaterra. Pois — infelizmente! — na política o que decide não é o acerto de uma medida, mas o seu resultado. E na execução de Maria Stuart o resultado aprova o assassinato no sentido político, pois estabelece a paz, não a agitação para a Inglaterra e sua rainha. Cecil e Walsingham avaliaram acertadamente as relações positivas de poder. Sabiam que os países estrangeiros sempre enfraquecem diante de um soberano de fato forte, e com covardia aceitam suas violências e até seus crimes. Calcularam de maneira correta que o mundo não ficaria muito agitado com essa execução, e com efeito: as fanfarras da vingança da França e da Escócia calam-se de repente. Henrique III não rompe em absoluto, como ameaçara, as relações diplomáticas com a Inglaterra; empenha-se menos do que quando se tratara de salvar Maria Stuart ainda viva, pois não manda um único soldado atravessar o Canal. É verdade que faz rezar um belo réquiem na Notre-Dame, mas com isso Maria Stuart está liquidada para a França, e esquecida. No Parlamento escocês se faz algum barulho, Jaime VI até veste luto; mas logo volta a suas cavalgadas nos cavalos que Elizabeth lhe deu, acompanhado pelos cães sabujos que Elizabeth lhe deu, e diverte-se na caça, sendo ainda o vizinho mais cômodo que a Inglaterra jamais tivera. Só Felipe, o Lento, da Espanha se mexe e prepara a armada. Mas está sozinho, e contra ele está ainda a sorte de Elizabeth, que faz parte da sua grandeza e da de todos os soberanos gloriosos. Antes da batalha, a armada é destruída por uma tempestade, e com isso o ataque longamente planejado da Contrarreforma desmorona. Elizabeth venceu definitivamente, e com a morte de Maria Stuart a Inglaterra superou seu maior perigo. Os tempos da defesa passaram; agora a frota inglesa poderá varar os oceanos para todas as partes do mundo, ligando-as magnificamente no reino universal. A riqueza cresce, uma nova arte floresce nos últimos anos de vida de Elizabeth. Nunca a rainha foi mais admirada, nunca mais amada e venerada do que depois de seu pior ato. Os maiores edifícios públicos sempre foram construídos com as pedras da dureza e da injustiça, seus alicerces amalgamados com sangue; na política, só os vencidos estão errados, e a História passa por cima deles com passo firme.

Mas um duro teste de paciência ainda aguarda o filho de Maria Stuart: ele não chega ao trono inglês de um salto como sonhara, nem tão depressa quanto esperara que se pagasse o preço da sua covarde indulgência. Precisa esperar, esperar, esperar — pior tormento para um ambicioso. Quinze anos, quase tantos quantos sua mãe foi prisioneira de Elizabeth, ele tem de passar inativo em Edimburgo, esperar, esperar, esperar até finalmente o cetro cair da mão gélida da velha mulher. Senta-se aborrecido em seus castelos na Escócia, cavalga nas caçadas, compõe tratados sobre questões políticas e religiosas, mas sua ocupação principal continua sendo a longa, vazia e aborrecida espera por certa notícia de Londres. Ela demora muito a vir. Pois é como se o sangue derramado da sua inimiga animasse as artérias de Elizabeth. Ela está cada vez mais forte, mais segura, mas saudável desde que Maria Stuart morreu. Acabaram suas noites de insônia, a febril agitação da consciência que sofrera nos meses e anos enquanto não conseguia se decidir; ela fica mais equilibrada pela tranquilidade que reina em seu país e em sua vida. Mais nenhum ser desta terra se atreve a disputar seu trono, e até diante da morte essa ciumenta ainda resiste com apaixonada energia, nem à morte ela concede a coroa. Aos 70 anos, dura e implacável, ela não quer morrer, dias a fio erra de sala em sala pelo palácio, não consegue ficar na cama. De maneira horrenda e grandiosa, ela se recusa a deixar seu lugar para alguém desta terra, aquele lugar pelo qual lutou tão tenaz e implacavelmente.

Mas, afinal, sua hora chega; afinal, naquela luta dura, a morte derruba essa mulher obstinada, mas o pulmão ainda arqueja, o velho coração indomável ainda bate, embora menos, menos, menos. Debaixo da janela, cavalo selado, um enviado do herdeiro da Escócia aguarda, impaciente, um sinal combinado. Pois uma dama da corte de Elizabeth prometeu baixar um anel no minuto mesmo em que Elizabeth der o último suspiro. Em vão o mensageiro olha para cima. A velha rainha virgem, que rejeitou tantos pretendentes, ainda não permite que a morte chegue até seu corpo. Finalmente, a 24 de março, a janela tilinta, uma mão feminina aparece rapidamente, o anel cai. Imediatamente o mensageiro salta no cavalo e galopa, uma cavalgada sem descanso de dois dias e meio até Edimburgo, que será famosa no futuro. Assim como ocorrera exatamente 37 anos antes, com o mesmo fervor, lorde Melville viera galopando de Edimburgo a Londres para avisar Elizabeth de que Maria Stuart dera à luz um filho, agora esse outro mensageiro retorna a esse filho para lhe anunciar que a morte de Elizabeth lhe assegura uma segunda coroa. Pois Jaime VI da Escócia a partir dessa hora enfim é ao mesmo tempo rei da Inglaterra, por fim Jaime I. No filho de Maria Stuart as duas coroas se unem para sempre, a infeliz batalha de tantas gerações chegou ao fim. Muitas vezes a História segue caminhos tortos e escuros mas por fim o sentido histórico sempre se cumpre, as necessidades sempre conseguem se impor.

Jaime I instala-se totalmente no palácio de Whitehall, que sua mãe sonhara ocupar. Enfim livrou-se das preocupações financeiras, e sua ambição se satisfez; ele agora só se interessa pelo bem-estar, não pela imortalidade. Cavalga seguidamente nas suas caçadas, gosta de ir ao teatro e, única coisa boa de que o podem louvar, protege um certo Shakespeare e outros poetas. Fraco, preguiçoso e sem talentos, sem nenhum dos dons intelectuais de Elizabeth, sem a coragem e a paixão de sua romântica mãe, ele administra de maneira banal a herança comum das duas inimigas: o que as duas desejavam para si, com alma e sentidos ardentes, caiu sem luta alguma no colo dele, que esperara pacientemente. Agora que a Inglaterra e a Escócia estão unidas, contudo, pode-se também esquecer que uma rainha da Escócia e uma rainha da Inglaterra destruíram mutuamente suas vidas em ódio e inimizade. Não há mais uma certa e outra errada; a morte as deixou na mesma posição. Assim, finalmente, elas, que tanto tempo se opuseram, podem repousar lado a lado. Jaime I manda retirar o cadáver de sua mãe do cemitério de Peterborough, onde jazia isolada como qualquer defunto, e conduzi-la solenemente num cortejo de tochas ardentes até a cripta dos reis da Inglaterra, na abadia de Westminster. A imagem de Maria Stuart esculpida em pedra é erigida ali; em pedra se esculpe a imagem de Elizabeth perto da dela. Agora a velha rixa está resolvida eternamente, uma não disputa mais reino e direito da outra. E as que em vida se evitaram com hostilidade, e nunca se viram cara a cara, agora, enfim, repousam irmãmente no mesmo sagrado sono da imortalidade.

Este livro foi composto na tipografia Times Ten
LT Std, em corpo 11/16, e impresso em papel
off-white no Sistema Digital Instant Duplex
da Divisão Gráfica da Distribuidora Record.